Aprendiendo de los mejores 5

Francisco Alcaide Hernández

Aprendiendo de los mejores 5

Tu desarrollo personal es tu destino

alienta
EDITORIAL

© Francisco Alcaide Hernández, 2023

© de las ilustraciones: Axier Uzkudun

© Centro de Libros PAPF, SLU., 2023
Alienta es un sello editorial de Centro de Libros PAPF, SLU.
Av. Diagonal, 662-664
08034 Barcelona
www.planetadelibros.com

Primera edición: noviembre de 2023
Depósito legal: B. 18.346-2023
ISBN: 978-84-1344-281-5
Preimpresión: Maria García
Impreso por Egedsa

Impreso en España - *Printed in Spain*

PEFC Certificado

Este libro procede de bosques gestionados de forma sostenible

PEFC/14-38-00305   www.pefc.es

El papel utilizado para la impresión de este libro está calificado como **papel ecológico** y procede de bosques gestionados de manera **sostenible**.

FRANCISCO ALCAIDE HERNÁNDEZ es conferenciante, formador, escritor y coach en liderazgo y motivación.

Licenciado en Administración y Dirección de Empresas, licenciado en Derecho, máster en Banca y Finanzas, y doctor *cum laude* en Organización de Empresa.

Comprometido con la excelencia personal y profesional, lleva más de veinte años estudiando por qué unas personas (empresas) consiguen las metas que se proponen y otras se quedan a mitad de camino. Alcaide ha entrevistado y conversado con «los mejores», cientos de personalidades de referencia del mundo de la empresa, el deporte, la moda, la ciencia, la economía o el desarrollo personal. También ha estudiado las obras de los principales especialistas en *management*, tales como Simon Sinek, Gary Hamel, Adam Grant, Eric Ries o Jim Collins, entre otros muchos.

Ha prestado sus servicios a empresas de múltiples sectores (EY Spain, Banco Mediolanum, Novartis, SHA Wellness Clinic, Johnson & Johnson, STADA, EGADE Business School, Getabstract México, ING…) y publicado, solo o en colaboración, más de diez libros, entre ellos el bestseller *Aprendiendo de los mejores*, del que se han vendido más de 250.000 ejemplares en cuatro idiomas (inglés, italiano, portugués y español) y con ediciones en diferentes países extranjeros (México, Colombia, Perú y Argentina), siendo el libro más vendido de *management* de un autor español de los últimos años.

Alcaide ha sido incluido en el TOP 30 *influencers* de liderazgo y emprendimiento (revista *Emprendedores*) y premiado en diferentes ocasiones por su trabajo: Premio Coach de Honor 2017 (Aprocorm), Premio al Mejor Blog de RRHH 2012 (Tatum/Observatorio de RRHH) o Premio Accésit CEF Gestión 1999 (Centro de Estudios Financieros).

Colaborador habitual de los medios de comunicación, ha publicado más de un centenar de artículos en prensa y revistas especializadas, y ha aparecido en medios como *Forbes*, *Expansión*, TVE, La Sexta, RNE, Cadena Ser, Diario *ABC*, *Cinco Días*, Cadena Cope o *Despierta América* (Miami), entre otros.

En 2022 su artículo «10 claves para una empresa (vida) con propósito» fue el único de un autor español entre los diez más leídos de la revista de alta dirección *Executive Excellence*, junto a Lynda Gratton (London Business School), Rita McGrath (Columbia Business School), Sinan Aral (MIT), Herminia Ibarra (Insead), Roger Martin (Rotman School of Management), Susan David (Harvard) o Daniel Pink (Thinkers50).

Además, ha sido incluido entre «los cinco pensadores nacionales de *management* que trascienden fronteras, crean conocimiento y hacen marca España también en este ámbito» (Executive Excellence, 2023).

Es creador del concepto «Fast Good Management», una filosofía que hace referencia a la necesidad en un mundo cambiante de decir *mucho* con *poco*, aportando valor de manera breve y práctica.

www.franciscoalcaide.com
www.conferenciasfranciscoalcaide.com
www.topconferenciantes.com
@falcaide

Si las pasiones y los sueños no pudieran crear nuevos futuros, la vida sería un engaño.

H. R. Lenormand (1882-1951),
dramaturgo francés

Cuando confías en ti mismo, confías en la sabiduría que te creó.

Wayne W. Dyer (1940-2015),
escritor y autor de *Tus zonas erróneas*

SUMARIO

Introducción 17

ADAM GRANT
Profesor de psicología en la escuela
Wharton de la Universidad de Pensilvania.
Autor de *Piénsalo otra vez* 25

ALEXANDER OSTERWALDER
Consultor, conferenciante y autor en Temas de
Modelos de Negocios. Fundador y CEO de Strategyzer.
Autor de *Generación de modelos de negocio* 37

BERNARD HILLER
Actor, productor y coach de actores.
Autor de *Deja de actuar: Empieza*
a vivir 47

CARLO ANCELOTTI
Exjugador y entrenador de fútbol.
Autor de *Carlo Ancelotti: Liderazgo*
tranquilo 57

CARMINE GALLO

Coach de presentaciones y hablar en público.
Fundador de Gallo Communications.
Autor de *Hable como en TED* 69

CHIP HEATH & DAN HEATH

Respectivamente, profesor de la escuela de
negocios de Stanford y profesor de la Universidad
de Duke. Especialistas en gestión del cambio
y toma de decisiones. Autores de *Cambia el chip* 79

DABIZ MUÑOZ

Chef y fundador de DiverXO.
Premio al Mejor Cocinero del Mundo. 93

EL REY LEÓN

Protagonista de la película *El Rey León*. 103

FRIDA KAHLO

Pintora. Autora de *El diario de Frida Kahlo* 113

GARY HAMEL

Profesor, consultor y pensador
en *Management* y Estrategia Empresarial.
Autor de *Lo que ahora importa* 123

HARVEY CHEYNE (EL PESCAÍTO)

Protagonista de la película *Capitanes intrépidos* 137

JAMES NESTOR

Periodista e investigador. Autor de *Respira* 149

JASON FRIED

Emprendedor, fundador y CEO de 37signals.
Autor de *Reinicia* 163

JULIA CAMERON

Escritora y formadora en temas de creatividad.
Autora de *El camino del artista*. 173

KEN ROBINSON
Escritor, conferenciante y asesor
internacional sobre temas de educación.
Autor de *El elemento* 185

KRISTIN NEFF
Psicóloga y profesora de la Universidad
de Texas. Autora de *Sé amable contigo mismo* 197

LISE BOURBEAU
Fundadora de la escuela de crecimiento
«Escucha a tu cuerpo». Autora de
Las 5 heridas que impiden ser uno mismo 211

MAFALDA
Personaje de tira cómica creado por Quino 225

MARTIN SELIGMAN
Psicólogo y profesor de la Universidad
de Pensilvania. Autor de *La auténtica felicidad* 235

MARY POPPINS
Protagonista de la película *Mary Poppins* 247

NAVAL RAVIKANT
Emprendedor, inversor y fundador
de AngelList. Autor de *El almanaque de
Naval Ravikant*. 259

NIKOLA TESLA
Inventor, Ingeniero y Físico creador del motor
de inducción de corriente alterna. Autor de
Mis inventos — Autobiografía 273

PEMA CHÖDRÖN
Monja budista y directora de
La Abadía de Gampo. Autora de *Cuando
todo se derrumba* 285

REID HOFFMAN
EMPRESARIO, INVERSOR Y FILÁNTROPO.
FUNDADOR DE LINKEDIN. AUTOR DE *EL MEJOR
NEGOCIO ERES TÚ* 297

ROBERT GREENE
PSICÓLOGO Y ESCRITOR EN TEMAS DE PODER,
ESTRATEGIA E INFLUENCIA. AUTOR DE
LAS 48 LEYES DEL PODER. 309

SALIM ISMAIL
DIRECTOR EJECUTIVO DE SINGULARITY
UNIVERSITY Y ESPECIALISTA EN INNOVACIÓN CONTINUA.
AUTOR DE *ORGANIZACIONES EXPONENCIALES* 319

SIMONE DE BEAUVOIR
ESCRITORA Y ACTIVISTA POR LOS DERECHOS
SOCIALES DE LAS MUJERES. AUTORA DE
EL SEGUNDO SEXO 331

SUSAN DAVID
PSICÓLOGA, CONSULTORA Y COACH.
COFUNDADORA DEL INSTITUTE OF COACHING.
AUTORA DE *AGILIDAD EMOCIONAL* 341

TIM GROVER
ENTRENADOR PERSONAL, CONFERENCIANTE
Y EMPRESARIO. AUTOR DE *IMPLACABLE* 355

VITO CORLEONE
PROTAGONISTA DE LA PELÍCULA *EL PADRINO* 367

A MODO DE RESUMEN: **300** *TIPS* PARA TU DESARROLLO
PERSONAL 379

QUERID@ LECTOR@ 395

Anexos 397
   Anexo I. Clasificación por temáticas y disciplinas . . . 397
   Anexo II. Documentales y películas 407
   Anexo III. Charlas TED 419
   Anexo IV. Guía de 200 libros para el éxito
   clasificados por temática 425

INTRODUCCIÓN

Patanjali, pensador hindú, decía: «Cuando te inspira algún gran propósito, algún proyecto extraordinario, todos tus pensamientos rompen sus ataduras: tu mente trasciende las limitaciones, tu conciencia se expande en todas las direcciones y te encuentras en un mundo nuevo, grande y maravilloso».

Tomar conciencia del propósito de nuestra vida lo cambia todo. No estamos aquí sólo de paso. Estamos para algo más, para cumplir nuestra misión y dejar nuestra huella. Y ése es el objetivo que hay detrás de *Aprendiendo de los mejores*: ayudar a encontrar y desplegar nuestro propósito, a desarrollarnos para poder servirle mejor y, al mismo tiempo, ser más abundantes y plenos en todos los sentidos.

Gary Keller, autor de *Lo único*, apunta: «Conectar propósito, prioridades y productividad determina en qué medida destacan los individuos exitosos del resto y hasta dónde llegan las empresas». Tener claro tu propósito te hace fácil priorizar (foco); priorizar te lleva a la productividad (rendimiento); y la productividad te lleva a los resultados (rentabilidad).

La vida no va de tratar de ser bueno en todo, sino de cumplir tu propósito con excelencia. La Real Academia de la Lengua Española define *propósito* como «el ánimo o intención de hacer o de no hacer algo». Donde pones tu atención, allí va tu vida. La calidad de nuestros resultados depende de la claridad de nuestra visión. Lo contario también sucede: la falta de claridad conduce a la mediocridad.

Cuando tu propósito guía tu vida, los miedos pierden fuerza, las capacidades se estiran al máximo, la disciplina surge de manera natural, y el compromiso y la resiliencia se convierten en un estilo de vida. Cuando tu vida tiene propósito, tienes más poder. Steve Jobs decía en una ocasión: «Cuando estás trabajando en algo que te importa de verdad, nadie tiene que empujarte: tu visión te empuja». Cuando haces algo que es importante para ti, es imposible no intentar hacerlo de manera excelente. Un propósito superior siempre conduce a un desempeño superior.

El propósito da sentido al trabajo y a la vida. El propósito es la energía que impulsa el talento. La pasión aumenta al estar convencidos de que nuestro trabajo es importante (que el mundo sea un lugar mejor). El sentido de la vida es una vida con sentido, y un propósito estimulante hace que merezca la pena vivir. Tienes que encontrar aquello que más te importa y luego que se convierta en tu propósito de vida. Hay algo en ti que el mundo necesita. El éxito es siempre una mezcla de *pasión* (disfrutar con lo que se hace) y *contribución* (impactar con nuestro trabajo en la vida de los demás).

Con los treinta nuevos personajes que aparecen en este volumen 5 (treinta y uno contando a los hermanos Heath) de *Aprendiendo de los mejores* sumamos en conjunto más de doscientas personalidades de las que extraer inspiración para la vida y la empresa. Al igual que en los volúmenes precedentes, en éste hemos querido incorporar temáticas no abordadas específicamente con anterioridad. En concreto:

- La ciencia de respirar, algo a lo que poca gente le presta atención consciente y que tiene un impacto trascendental en nuestra salud (James Nestor).

- La compasión como elemento imprescindible para el bienestar emocional y la felicidad (Kristin Neff).
- La sanación de las heridas de la infancia que arrastramos desde pequeños y que condicionan nuestra vida (Lise Bourbeau).
- La importancia de encontrar nuestro Elemento (la intersección entre nuestra pasión y nuestra habilidad) para destacar (Ken Robinson).
- Las claves para afrontar grandes cambios sin dejarnos vencer por las resistencias (Chip & Dan Heath).
- El valor de la autenticidad como único camino para dejar nuestra huella e impronta en el mundo (Bernard Hiller).

Asimismo, como en el volumen anterior, aparecen autores que han creado conceptos novedosos de gran impacto como el de *Agilidad emocional* (Susan David), el de *Organizaciones Exponenciales* (Salim Ismail), el de *Cleaner* (Tim Grover) o el de *Modelo Canvas* (Alex Osterwalder).

Igualmente, se han tenido presentes temáticas ya abordadas anteriormente que, por su trascendencia, se han desarrollado más ampliamente en este volumen; nos referimos a personalidades del mundo de la psicología positiva (Martin Seligman), la creatividad (Julia Cameron), del *management* (Adam Grant/ Gary Hamel), de las presentaciones y hablar en público (Carmine Gallo), del desarrollo personal (Naval Ravikant), el emprendimiento (Jason Fried), la marca personal (Reid Hoffman), la influencia y la persuasión (Robert Greene), el arte (Frida Kahlo), la innovación (Dabiz Muñoz), el deporte-liderazgo (Carlo Ancelotti), la literatura (Simone de Beauvoir) o la ciencia (Nikola Tesla).

La espiritualidad, como siempre, también está presente en estas páginas. Matthieu Ricard, monje budista, apuntaba: «Cualquiera puede encontrar la verdadera felicidad si la busca en el lugar correcto. A la verdadera felicidad sólo se llega cultivando sostenidamente la sabiduría, el altruismo y la compasión, y tras la erradicación completa de toxinas mentales como el odio, la codicia y la ignorancia». Si hay alguien que nos puede ayudar en este «camino espiritual» es la figura de Pema Chödrön, autora de obras como *Cuando todo se derrumba* o *Tal como vivimos, morimos*. Entre otras perlas, nos dice: «No dejes que las personas te atraigan a su tormenta, atráelas a tu paz»; o también: «Tú eres el cielo. Todo lo demás es sólo el clima»; asimismo señala: «El ego busca dividir, el espíritu busca unir y sanar»; por último: «El mayor obstáculo para ser felices es el resentimiento».

A lo largo de estos años, los lectores de *Aprendiendo de los mejores* me han ido haciendo algunas sugerencias para incorporar a los distintos volúmenes de la obra, lo que he hecho con muchas de ellas. Entre las nuevas solicitudes que me han hecho llegar desde la publicación del tercer volumen en 2020 estaban:

- Incorporar *personajes del cine*. El séptimo arte es uno de los ámbitos de los cuales más se puede disfrutar y aprender. Las salas de cine son aulas de las que se pueden extraer lecciones de gran valor para la vida, en general, y para la empresa, en particular. La gran pantalla nos permite tomar conciencia de muchos aspectos que a menudo nos pasan desapercibidos. En concreto, en este volumen 5 aparecen El Rey León, Mary Poppins, Vito Corleone (*El Padrino*) o El Pescaíto (*Capitanes intrépidos*).
- Incorporar *personajes de ficción*. En algunos casos, la huella de estos personajes ha superado con creces a la del creador. Tanto en el volumen 4 como en el 5 aparecen unos cuantos ejemplos de la literatura, el cómic o los dibujos animados. En este volumen nos detenemos en la sabiduría de Mafalda, uno de los personajes más queridos por el público —creado por Quino—, que destaca por su carácter irreverente y afán de lucha por un mundo más justo y humano.

En cuanto a la distribución de personajes, el porcentaje de mujeres en este nuevo volumen también es superior a los volúmenes precedentes, pasando del 6 por ciento (volumen 1), el 22 por ciento (volumen 2), el 23 por ciento (volumen 3), el 29 por ciento (volumen 4), hasta el 30 por ciento (volumen 5). En concreto, la presencia femenina está representada por: Frida Kahlo, Julia Cameron, Kristin Neff, Lise Bourbeau, Mafalda, Mary Poppins, Pema Chödrön, Simone de Beauvoir y Susan David.

Respecto a la época en la que se encuadran los personajes, los más actuales son Dabiz Muñoz (1980) y Adam Grant (1981), y el menos contemporáneo es Nikola Tesla que vivió entre los siglos XIX y XX.

Finalmente, también hay algunas novedades en el apartado de los anexos:

- En el volumen 2 se incluyó por primera vez un anexo donde aparecían todos los personajes de los dos volúmenes publicados, clasificados por temáticas, para así facilitar al lector acudir directamente a aquellos personajes que más le interesan según sus necesidades.

- En el volumen 3, junto al anexo anterior, se incluyó otro anexo con películas/documentales que cuentan la vida y obra de todos los personajes incluidos en los tres volúmenes publicados, así como las charlas TED de los que han participado en los eventos de esta plataforma de conocimiento. El formato audiovisual cobra cada vez más relevancia en nuestra sociedad donde los niveles de atención han caído en picado. Este formato facilita seguir aprendiendo de «los mejores» de una forma complementaria más flexible.

Como ya te comenté en el volumen 4, en esta nueva doble entrega de *Aprendiendo de los mejores* se ha añadido otro anexo más con:

- Una guía de doscientos libros clasificados por temáticas que engloban gran parte de los temas referidos al crecimiento personal: productividad, hábitos, felicidad, liderazgo, emprendimiento, *networking*, marca personal, influencia y persuasión, ventas, negociación, libertad financiera, emociones, estoicismo, espiritualidad, creatividad, innovación, trabajo en equipo, compasión, propósito, resiliencia, PNL o toma de decisiones, entre otros muchos.

Todo ser humano es una mezcla de luz y oscuridad, confianza y miedo, amor y odio. El objetivo de los libros de *Aprendiendo de los mejores* es siempre el mismo: aumentar la luz y disminuir la oscuridad, incrementar la confianza y reducir el miedo, potenciar el amor y minimizar el odio. En resumidas cuentas, las siguientes páginas no tienen otra finalidad que ayudarte a crecer. Espero que encuentres en ellas algo de inspiración que te impulse a ser mejor profesional y mejor persona, y así tener una vida más plena en todos los sentidos: emocional, espiritual, material y relacional.

No lo olvides: no eres tus circunstancias, eres tu potencialidad. Tu capacidad de cambiar y transformarte siempre está ahí. Piensa en el juego del ajedrez. El peón es la ficha más pobre del tablero, pero si alcanza la casilla octava puede ser muy poderoso. Lo mismo ocurre con las personas. La gente puede cambiar porque puede mejorar; y tu capacidad de mejora depende de cuánto estás dispuesto a invertir en ti mismo. Como decía Myles Munroe, autor de *Los principios y el poder de la visión*: «La persona, o es una creadora de hechos o es una criatura de circunstancias; o le da color a su entorno o, como un camaleón, toma el color del entorno». Tú decides qué alternativa elegir: o te resignas y dejas que el entorno te moldee, o lideras tu vida y conviertes tu entorno en aquello que más deseas. La autorresponsabilidad es una actitud ante la vida... y la mejor actitud. Las tres actitudes ante una situación son: negación, queja o autorresponsabilidad. La última es la única que te salvará. Caer en la culpa, las excusas o el victimismo es una forma segura de seguir con un problema. El filósofo y escritor James Allen lo expresó así: «Las personas están ansiosas por mejorar sus circunstancias, pero no están dispuestas a desarrollarse a sí mismas; por tanto, permanecen atascadas». Lo que no cambias, lo estás eligiendo. La grandeza es una elección. Asumir tu responsabilidad es la forma de recuperar tu poder. Con una actitud de responsabilidad se logra más, se sufre menos y se es menos dependiente del azar y las circunstancias.

ADAM GRANT

Adam Grant (1981) es doctor en Psicología Organizacional y profesor en la Escuela Wharton de la Universidad de Pensilvania, donde ha sido el docente mejor valorado durante varios años consecutivos. Entre sus clientes como conferenciante y consultor se encuentran Google, la NBA, Bridgewater, Merck, Goldman Sachs, Pixar, Facebook, Johnson & Johnson y la Fundación Gates. Es autor de varios libros que se han convertido en bestsellers internacionales traducidos a más de cuarenta idiomas. Entre ellos destacan *Dar y recibir*, *Originales* o *Piénsalo otra vez*. En la primera obra habla del poder de la generosidad para crecer; en la segunda sobre cómo desarrollar buenas ideas y fomentar la creatividad; y en la tercera se centra en la necesidad de cuestionar nuestras creencias e ideas en un mundo cambiante para adaptarnos y prosperar. Su trabajo también ha sido resaltado en los libros de influyentes autores actuales como Daniel Pink, Arianna Huffington o Malcolm Gladwell. Igualmente es autor de más de sesenta publicaciones en las principales revistas de psicología y gestión. Además, escribe en *The New York Times* y presenta el pódcast de TED «WorkLife with Adam Grant». Ha sido elegido entre los diez pensadores de *management* más influyentes del mundo, uno de los cuarenta influyentes menores de cuarenta años de *Fortune* y Joven Líder Global del Foro Económico Mundial. Antes de dedicarse al ámbito académico y de divulgación, Grant trabajó como director de publicidad en Let's Go, compitió a nivel nacional en salto de trampolín, y también ejerció como mago profesional. Ha impartido dos charlas TED que acumulan más de treinta millones de visionados: *Los sorprendentes hábitos de los pensadores originales* (febrero de 2016) y *¿Eres un altruista o un oportunista?* (noviembre de 2016).

1. **Cuando adoptamos el «modo científico» nos negamos a convertir nuestras *ideas* en *ideologías*.**
   A poca gente (¿nadie?) le gusta aceptar que está equivocada ni cambiar de opinión ni dar su brazo a torcer. De hecho, el cerebro nunca busca la verdad, sino confirmar sus creencias. Pero la evidencia científica ha demostrado que existen muchos *sesgos cognitivos* —hay una amplia literatura empírica al respecto: sesgo de arrastre, confirmación, falso consenso…— a los que deberíamos prestar atención para no estrellarnos. Los *sesgos cognitivos* son distorsiones de la realidad que se utilizan inconscientemente como mecanismo de defensa para no aceptar ciertas verdades. Lo peligroso de los *sesgos cognitivos*, como apunta el economista Richard Thaler y autor de *Todo lo que he aprendido de la Psicología Económica*, «es que fácilmente los reconocemos cuando actúan en los demás, pero no en nosotros mismos». La vida son decisiones, y buenas (malas) decisiones van acompañadas de buenos (malos) resultados. ¿Cómo conseguirlo? De tres maneras: buenas preguntas, buenos datos, buenos análisis. Dice el profesor de Wharton: «Entramos en el modo científico cuando buscamos la verdad: realizamos experimentos para comprobar hipótesis y obtener nuevos conocimientos». El modo científico se basa en la humildad: humildad para buscar, para cuestionar, para corregir, para aprender de otros, para anestesiar prejuicios. El autor de *Piénsalo otra vez* escribe: «Pensar en modo científico es buscar los motivos por los que podríamos estar equivocados, no sólo las razones por las que podríamos tener razón, y a la vez revisar nuestros puntos de vista a partir de todo lo que aprendemos».

2. **La arrogancia es la suma de ignorancia y convicción.**
   ¿Qué es lo contrario de la humildad? La arrogancia, que no es otra cosa que falta de inteligencia (mentalidad cerrada). El problema no es ser ignorante —todos lo somos— sino no ser consciente de ello. Grant escribe: «Los grandes pen-

sadores tienen dudas porque saben que todos sufrimos de ceguera parcial y sienten un profundo compromiso por mejorar su visión. No alardean de lo mucho que saben, se asombran ante lo poco que entienden. Son muy conscientes de que cada respuesta genera nuevas preguntas y de que la búsqueda del conocimiento nunca puede darse por concluida». La arrogancia nos da una visión *estrecha* de la vida con fronteras; la humildad nos da una visión *amplia* sin perímetro definido. Dice Grant: «La arrogancia nos ciega ante nuestros propios defectos. La humildad es una lente reflectante: nos ayuda a verlos con nitidez y claridad. La confianza humilde es una lente correctiva: nos permite superar esos defectos». La humildad se basa en la *curiosidad* intelectual mientras que la arrogancia se basa en la *superioridad* intelectual. Para el arrogante, aceptar que está equivocado es admitir una derrota, mientras que para el humilde es un paso más hacia la verdad, un poco menos equivocado que antes: «El pensamiento científico —apunta Grant— prefiere la humildad al orgullo, la duda a la certeza, la curiosidad a la cerrazón. Cuando salimos del modo científico, el ciclo de la reconsideración se cierra y da paso al ciclo de la autosuficiencia».

3. **Cuanto menos brillantes somos en una materia en particular, más sobreestimamos nuestras capacidades en ese campo concreto.**
    Igual que existe el «síndrome del impostor» (las competencias superan a la confianza), también existe el «síndrome del pasador» (la confianza supera a las competencias). Los arrogantes suelen pecar de este síndrome: transmiten una seguridad en sí mismos que excede sus capacidades. Grant reflexiona sobre este punto: «En muchos casos, aquéllos *que no pueden no saben que no pueden.* Es lo que se conoce como el "efecto Dunning-Kruger", cuando carecemos de las competencias necesarias somos mucho más propensos

a rebosar confianza». Como aceptar carencias no es algo habitual en el ser humano, intentamos compensar la incompetencia con seguridad. Los líderes «incompetentes-arrogantes» suelen ser nefastos para las compañías: cuando uno se pasa de listo, se convierte en tonto. Son personas que habitualmente desprecian las ideas de otras personas, porque «estar abiertos» a otros puntos de vista implicaría dejar al descubierto sus taras, algo que no soportan. La soberbia intelectual es lo contrario a las «culturas de aprendizaje», tan importantes en entornos cambiantes y de gran complejidad como los que vivimos. Todos tenemos creencias que guían nuestras decisiones y comportamientos, la clave está en asumir con normalidad que no son infalibles. Progresamos cuando nuestras creencias evolucionan. En eso se basan las «culturas de aprendizaje» que caracterizan a las organizaciones excelentes. Grant explica: «En ellas, la norma es que la gente sepa lo que no sabe, dude de sus prácticas actuales y conserve la curiosidad por probar nuevas rutinas. En ellas se innova más y se cometen menos errores». Un arrogante se oxida, falla, no crece y se estanca; su confianza extrema en unas capacidades que no tiene le debilita: «En un mundo turbulento, la capacidad para repensar y desaprender importa mucho más que la inteligencia». Hoy día, la flexibilidad mental y la agilidad práctica son críticas.

4. **Resiste la tentación de predicar, juzgar y politiquear.**
    Son las recomendaciones para mantener a raya al «yo arrogante» —siempre peligroso— que se manifiesta de tres modos distintos a los que es tentador sucumbir:

    1. *Predicador*: «Ponemos en marcha el "modo predicador" cuando nuestras creencias más sagradas se ven amenazadas: soltamos sermones para proteger y promover nuestros ideales».

2. *Fiscal*: «Entramos en el "modo fiscal" cuando detectamos puntos débiles en el proceso de razonamiento de los demás: reunimos los argumentos necesarios para demostrar que se equivocan y ganar el caso».

3. *Político*: «Cambiamos al "modo político" cuando queremos ganarnos al público: hacemos campaña y movemos los hilos que hagan falta para obtener la aprobación de nuestros electores».

Nos gusta ser los más listos (hablamos mucho y escuchamos poco), rebajar a los demás (sacando sus vergüenzas) y contar con la opinión favorable de la gente (traicionando la verdad, la ética o la autenticidad): «El riesgo —escribe Grant— es que estamos tan obsesionados con *predicar* que tenemos razón, *fiscalizar* a quienes se equivocan y *politiquear* en busca de apoyos que no nos tomamos la molestia de reconsiderar nuestros puntos de vista». Todo ello son muestras de autoafirmación —síntoma de inseguridad— que nos alejan de los demás, de la búsqueda de la verdad y del crecimiento personal.

5. **Vivimos en un mundo que cambia a tanta velocidad que resulta necesario dedicar tanto tiempo a pensar como a reconsiderar.**
La historia está plagada de casos donde la arrogancia y la soberbia han conducido al despeñadero a muchas compañías. Grant cuenta ampliamente el caso de Mike Lazaridis y la Blackberry, un dispositivo para enviar y recibir correos electrónicos a través del móvil que revolucionó el mercado décadas atrás: «Literalmente ha cambiado mi vida. No puedo vivir sin ella», manifestó en su día Oprah Winfrey. En el verano de 2009 Blackberry dominaba casi la mitad de los smartphones en Estados Unidos; en 2014 su cuota de mercado se había reducido a menos del 1 por ciento. Habitualmente, cuando sucede esto, se suele achacar el hundimien-

to de una empresa a múltiples causas. Es la forma de dar una visión menos dramática de lo ocurrido: «Ha sido incapaz de adaptarse». Sin embargo, no son las empresas las que no se adaptan a los entornos, sino la incapacidad de las personas que las dirigen para adaptarse, lo que hace que las empresas sucumban. Mike Lazaridis, como cofundador y CEO, era el responsable de todas las decisiones técnicas y operativas de Blackberry. Grant explica: «Aunque sus ideas fueran la chispa que puso en marcha la revolución de los smartphones, su dificultad para reconsiderar la situación acabó absorbiendo todo el oxígeno de su empresa hasta llegar a la práctica extinción de su invento». Y añade: «Muchos de los estudios revelan que los personajes agresivos que se sirven del entorno para llegar a la cumbre, debido a su ambición y a la confianza que tienen en sí mismos, en muchos casos acaban destruyendo sus propias compañías». Nuestras virtudes se convierten en nuestros mayores defectos. Son las consecuencias de un liderazgo narcisista. La pregunta es: ¿por qué sucede esto? Porque «cuestionarnos a nosotros mismos hace del mundo un lugar más impredecible. Nos obliga a reconocer que la realidad puede haber cambiado, que aquello que en el pasado era correcto ahora quizá sea incorrecto». Aceptar nuestra ignorancia nos vuelve más vulnerables, algo que poca gente sabe gestionar bien. Sin embargo, la flexibilidad mental es esencial en un mundo tan cambiante. Podríamos decir que la humildad es la nueva inteligencia: si el conocimiento es poder, saber que no se sabe es sabiduría. En 1950 los conocimientos en medicina tardaban cincuenta años en duplicarse; en 1980 eran cada siete años; y en 2010 cada cinco años. Siempre hay que estar dispuesto a reconsiderar nuestras creencias porque podríamos estar equivocados. Por ejemplo, Plutón ya no es considerado un planeta desde 2006.

6. **El gran reto de los líderes es crear «seguridad psicológica». Es mucho más importante *cómo* trabaja un equipo que *quién* lo compone.**
Los grandes éxitos nacen de los grandes equipos, pero todos sabemos que la mera acumulación de talento no forma un equipo, sino sólo un grupo. Todos conocemos equipos deportivos repletos de estrellas con rendimientos mediocres y que han pasado temporadas sin ganar ningún título. Hace algún tiempo en Google llevaron a cabo una investigación para evaluar qué tenían los equipos de más éxito de su compañía. Tras estudiar a cientos de grupos concluyeron que la clave estaba en las normas que los miembros establecen (la cultura de ese equipo), y de todas ellas, el factor más importante sería la «seguridad psicológica»; es decir, un contexto en el que uno se siente seguro para ser con autenticidad, o como apunta Grant, «un contexto que fomenta la exposición de los errores de forma pública, y uno ha de aceptar el fracaso y asumir las críticas de manera visible, lo cual envía un mensaje claro a toda la organización de que es algo aceptado, incentivado y valorado». A pesar de ello, en muchos equipos se funciona de manera opuesta: se penaliza el error, el debate está mal visto, las ideas son peligrosas, las carencias se esconden, se ningunea por edad o sexo y, en términos generales, un clímax de miedo invade todos los rincones de la organización.

7. **La educación debería centrarse menos en lo que absorbes y más en las capacidades que adquieres para aprender.**
Si el mundo hoy día ha venido a denominarse en inglés VUCA (Volátil, Incierto, Complejo y Ambiguo) y en los últimos tiempos BANI (Frágil, Ansioso, No lineal, Incomprensible), está claro que las habilidades más importantes son la flexibilidad y la capacidad de aprendizaje. Sin embargo, la educación sigue estando muy enfocada en la transferencia de conocimientos. Grant apunta: «La educa-

ción es, sin duda, el mejor indicador de una economía exitosa. No es sólo un indicador, sino una causa del éxito económico». Pero no se puede generar innovación (la base de todo progreso) con una educación inapropiada (útil para entornos más lineales y estables) para el contexto actual caracterizado por la impredecibilidad. En su libro *Originales*, Grant aporta datos y estudios que estiman, únicamente sabiendo cuáles son las temáticas más vendidas en los libros infantiles, cuáles serán los niveles de patentes e innovaciones en esos países cuarenta años más tarde. Incluso antes de ir a la escuela, el tipo de libros que los padres dan a sus hijos son un indicador de lo que pasará en la economía de sus países en el futuro. Grant explica: «*Harry Potter, El Señor de los Anillos* o los libros de ciencia ficción son un ejemplo de ello. Esos libros que hablan de historias de chavales que ayudan a solucionar problemas importantes de forma creativa tienen un efecto importante sobre quienes los leen. Les ayudan a cuestionar la autoridad y a imaginar ideas locas».

8. **Quién eres debería ser una cuestión de valores, no de creencias.**
    Estamos tan acostumbrados a definirnos en términos de creencias, ideas o ideologías, que damos a nuestras opiniones el carácter de algo sagrado, y aunque el mundo cambie, somos reacios a cuestionarlas y mucho menos a cambiarlas. Grant señala: «Los valores son los principios básicos que sigues en la vida, pueden ser la excelencia y la generosidad, la libertad y la justicia, o la seguridad y la integridad. Basar tu identidad en esta clase de principios te permite mantener la mente abierta para encontrar la mejor manera de cultivarlos». Lo importante es vivir cada día más fiel a nuestros valores, no defender nuestras ideas a muerte, quedar por encima de nadie o ser los más listos de la reunión. Esas actitudes son propias del ego, y cuando somos víctimas del bicho del ego, dejamos a los valores en un segundo plano para reafirmar

nuestra identidad. El problema del ego es que es una droga dura, no es fácil lidiar con ella, siempre hay síndrome de abstinencia. El ego siempre intenta tapar carencias y debilidades, cuando es precisamente el reconocimiento de las carencias y las debilidades lo que nos lleva al crecimiento, el aprendizaje y la evolución.

9. Un buen debate no es una guerra. Más bien es como un baile.

El profesor de Wharton lo explica así: «[un baile] que no sigue una coreografía predeterminada y que debes negociar con una pareja que tiene en la cabeza un juego de pasos diferente. Si intentas marcar el paso con demasiada insistencia, tu pareja se resistirá. Si puedes adaptar tus movimientos a los suyos y conseguir que ella haga lo mismo que tú, hay muchas más probabilidades de que al final marquéis juntos el compás». Repensar y reconsiderar nuestros puntos de vista de manera individual es esencial para buscar la verdad, pero la vida son relaciones (negociaciones) y también es clave ayudar a que nuestros interlocutores reconsideren los suyos, porque cuando intentamos convencer a alguien frontalmente, lo normal es que se ponga a la defensiva. Quien tiene mayor probabilidad de persuadir a una persona para que cambie de opinión es ella misma. La persuasión no se basa en demostrar cuán brillante eres. No intentes *derrotar* a los demás simplemente por la lógica. No sobrevalores tus argumentos. De lo que se trata es de que la otra parte se convenza a sí misma de que la solución que deseas es su propia idea. Para ello, hay dos herramientas muy útiles:

1. Preguntas abiertas. *Para hacer pensar y que pueda cambiar de opinión por sí misma*: «Cuando hacemos preguntas, en vez de pensar en nombre del público, lo estamos invitando a unirse a nosotros como pareja de baile y a que reflexione por sí mismo».

2. *Escucha activa*. Es hacer sentir importante a la otra parte; es hacerla notar que nos interesamos por su mundo, por lo que piensa y considera. Además, escuchar también es admitir la posibilidad de que el otro pudiera tener razón: el poder de la duda sobre la convicción. Escuchar (de verdad) es estar dispuestos a cambiar de opinión.

En definitiva, enfoca los desacuerdos como bailes, no como batallas: «Cuando intentamos convencer a los demás —señala Grant—, solemos adoptar una actitud de oposición directa. En vez de abrir sus mentes, lo único que conseguimos es que se cierren en banda o pierdan los nervios. Si abordamos una discusión como si fuera una guerra, habrá ganadores y perdedores». Por el contrario, «si la vemos como un baile, podremos empezar a coreografiar la manera de salir adelante». Grant concluye: «Una discusión honesta es un proceso en el que nos dedicamos a sacarnos mutuamente la verdad y las motas de los ojos para poder ver ambos con claridad».

10. **Considero que crear estructuras que favorezcan la interacción entre personas de forma positiva [y no exclusivamente basadas en temas conflictivos] mejoraría significativamente las relaciones y los resultados de éstas.**
La vida es una negociación continua en todos los ámbitos, cuyo objetivo no es otro que llegar a acuerdos satisfactorios para ambas partes. En el mundo político particularmente —donde cada vez es más difícil gobernar con mayorías absolutas— es fundamental llegar a pactos con la oposición para sacar adelante las leyes. Y para ello los factores personales son críticos. Es difícil vender, negociar y llegar a acuerdos con alguien a quien no se soporta o que está muy lejos ideológicamente. Muchos conflictos y negociaciones se enquistan, no por lo que está en juego, sino por las diferen-

cias personales. Los factores personales ayudan a cerrar acuerdos. Cuando hay sintonía con nuestros interlocutores resulta más sencillo escuchar y ceder. Grant nos cuenta que en Estados Unidos se ha podido constatar cómo los mayores incentivos de colaboración entre partidos políticos, aquéllos que permitían generar alianzas sobre temas conflictivos, se producían cuando los senadores de diferentes partidos que tenían que volar a Washington coincidían en el aeropuerto y tenían que esperar juntos a la salida del avión. Aquel roce y contacto facilitaba que se conociesen y que sus mujeres se relacionasen y se hiciesen amigas. De este modo, razonaban más como personas y se tenían mayor consideración mutua. La distancia ideológica aparentemente insalvable se reducía gracias al factor personal. Tener buenas relaciones facilita llegar a acuerdos.

ALEXANDER OSTERWALDER

Alexander Osterwalder (1974) es un pensador, consultor, escritor y conferenciante suizo, reconocido como uno de los principales expertos en el mundo de los negocios, la innovación y el marketing. Es doctor en Sistemas de Gestión de la Información por la Universidad de Lausana (Suiza) y cofundador y CEO de la empresa Strategyzer, una empresa de software especializada en herramientas y contenido para gestión estratégica e innovación. Su fama a nivel mundial se debe al desarrollo del *Business Model Canvas* ('Modelo de Negocio Canvas'), que plasma en su libro *Generación de modelos de negocio*, un bestseller internacional traducido a cuarenta idiomas, en el que a través de un método visual pretende resumir y reflexionar de forma creativa sobre cualquier idea de negocio o producto utilizando una sola hoja de papel (lienzo o *canvas*). El Modelo Canvas facilita desarrollar, visualizar, evaluar y alterar modelos de negocios nuevos o existentes, y ha sido utilizado por empresas como Coca-Cola, General Electric, IBM, Deloitte, Lego, 3M o Ericsson, entre otras. Junto a esta obra, Alexander Osterwalder es autor también de *Tu modelo de negocio*, en el que siguiendo este eficaz método enseña a los lectores a esbozar «modelos de negocio personales» para adaptar sus competencias al cambiante mercado laboral con el objetivo de encontrar alternativas más satisfactorias. Asimismo, ha escrito *Diseñando la propuesta de valor*, con subtítulo: *Cómo crear los productos y servicios que tus clientes están esperando*, en el que desarrolla cuáles son las claves para ofrecer una propuesta irresistible para los clientes; y finalmente hay que destacar *La empresa invencible*, con subtítulo: *Las estrategias de modelos de negocios de las mejores empresas del mundo*, en el que se enseña cómo convertirse en una empresa ganadora inspirándose en las mejores prácticas del mercado. Con palabras del editor: «Es como un libro de recetas que siempre hay que tener al lado cuando uno va a cocinar un nuevo negocio». Alexander Osterwalder ha sido incluido en el Thinkers50 como uno de los mejores pensadores contemporáneos del *management*.

1. **Un *modelo de negocio* describe las bases sobre cómo una empresa crea, entrega y captura valor.**

La primera pata del éxito de una organización reside en un buen *modelo de negocio*, que intenta reflejar todo el proceso de lo que es una empresa: creación (innovación), entrega (distribución) y captura (rentabilidad) de valor. Un *modelo de negocio* debe ser, como señala Osterwalder, «simple, relevante e intuitivamente comprensible, sin simplificar demasiado las complejidades del funcionamiento de las empresas». En ello consiste el Modelo Canvas, una herramienta que a través de un lienzo (cuadro) de nueve bloques refleja cómo una empresa pretende ganar dinero. En concreto:

1. *Segmentos de clientes*: a quién ayudas.
2. *Propuesta de valor*: cómo ayudas.
3. *Canales*: cómo te conocen y compran.
4. *Relaciones con clientes*: cómo interactúas.
5. *Fuentes de ingresos*: qué obtienes.
6. *Recursos clave*: qué tienes.
7. *Actividades clave*: qué haces.
8. *Asociaciones clave*: quiénes te ayudan.
9. *Estructura de costes*: qué consumes.

El *modelo de negocio* vendría a ser un anteproyecto de una estrategia que se implementará a través de estructuras, procesos y sistemas organizacionales. El Modelo Canvas es una herramienta práctica para plasmar un modelo empresarial en un folio. Es ideal para comprender un negocio de forma sencilla, visual, directa, estructurada y organizada. En un negocio influyen muchos factores que se interrelacionan entre sí, y el Modelo Canvas permite aportar esa visión de conjunto de todos ellos para luego trabajarlos por separado. Representa el esqueleto del negocio, una panorámica general que aporta claridad y es de fácil interpretación.

2. **SEGMENTOS DE CLIENTES. Define los diferentes grupos de personas u organizaciones que una empresa pretende alcanzar y servir.**
La pregunta es: ¿para quién creamos valor? ¿Para quién creamos nuestros productos y servicios? Los clientes son el corazón de cualquier negocio. Sin clientes (rentables) no hay negocio. Sin embargo, no todos los clientes son iguales, por tanto, con el objetivo de satisfacerlos mejor se deben agrupar en distintos *segmentos* con características similares: necesidades, comportamientos u otros atributos. Además, no todos los *segmentos* son igual de rentables, lo que permite identificar a aquéllos a los que dar mayor prioridad. Un modelo de negocio puede definir uno o varios *segmentos de clientes*, para luego decidir qué *segmentos* atender y qué *segmentos* ignorar. A partir de una sólida comprensión de las necesidades específicas de los segmentos de clientes, se puede diseñar un óptimo modelo comercial y así apuntar y disparar con mayor precisión.

3. **PROPUESTA DE VALOR. Describe el paquete de productos y servicios que crean valor para un segmento de clientes específico.**
La pregunta es: ¿qué valor entregamos al cliente? ¿Cuál de los problemas de nuestros clientes estamos ayudando a resolver? ¿Qué necesidades del cliente estamos satisfaciendo? La *propuesta de valor* es la razón de ser de cualquier nego-

cio; una *propuesta de valor* diferenciadora es lo que justifica la creación de una empresa. Una empresa existe para hacer mejor o más fácil la vida de la gente. La *propuesta de valor* es la causa por la que los clientes recurren a una empresa en lugar de otra, y se basa en resolver un problema o en satisfacer una necesidad. Cada *propuesta de valor* consta de un paquete seleccionado de productos y/o servicios que satisface los requisitos de un segmento de clientes específico. Con otras palabras: la *propuesta de valor* es el conjunto de beneficios que una empresa ofrece a sus clientes. Algunas *propuestas de valor* pueden ser innovadoras y representar una oferta nueva o disruptiva, mientras que otras pueden ser similares a las ya existentes en el mercado, pero con características y atributos diferenciadoras, como pueden ser el precio, la calidad, el diseño, la personalización, la marca (estatus/prestigio), la accesibilidad, la reducción de riesgos, los menores costes asociados (gastos de envío) o la facilidad de uso, entre otros.

4. **CANALES. Describe cómo una empresa se comunica y llega a sus segmentos de clientes para entregar una propuesta de valor.**
    La pregunta es: ¿cuáles son los *canales* que prefieren nuestros segmentos de clientes? ¿Cómo los estamos alcanzando ahora? ¿Cómo se integran nuestros *canales*? ¿Cuáles funcionan mejor? ¿Cuáles son más rentables? ¿Cómo los integramos con las rutinas del cliente? Los *canales* (comunicación, distribución y ventas) comprenden la interfaz de una empresa con los clientes. Son puntos de contacto con el cliente que juegan un papel clave en la experiencia del cliente. Los *canales* cumplen varias *funciones* que representan todas las *fases* del proceso de compra:

    - *Fase de concienciación y evaluación.* Dar a conocer y sensibilizar a los clientes sobre las bondades de nuestros productos y servicios, y ayudarles a evaluar la *propuesta de valor*.

- *Fase de compra*. Permitir a los clientes comprar los productos y servicios *dónde*, *cuándo* y *cómo* ellos quieran.
- *Fase de entrega y posventa*. Entrega de la *propuesta de valor* al cliente, así como brindar soporte después de la venta.

Los *canales* (comunicación, distribución y ventas) tienen *cinco fases* (concienciación, evaluación, compra, entrega y posventa), y cada canal puede cubrir algunas o todas estas fases. Encontrar la combinación adecuada de canales para satisfacer la forma en que los clientes desean ser alcanzados es crucial para el éxito comercial.

5. **RELACIONES CON CLIENTES. Describe los tipos de relaciones que una empresa establece con segmentos de clientes específicos.**
La pregunta es: ¿qué tipo de relación espera que establezcamos y mantengamos cada uno de nuestros segmentos de clientes con ellos? ¿Cuáles hemos establecido? ¿Cómo de costosos son? Las *relaciones con los clientes* pueden estar impulsadas por diferentes motivaciones:

- *Captación de clientes* (nuevos usuarios).
- *Retención de clientes* (aumentar el gasto medio).
- *Estimulación de clientes* (adquisición de productos de mayor gama o *upselling*).

En cualquier caso, las *relaciones con los clientes* que exige el modelo comercial de una empresa influyen profundamente en la experiencia general del cliente. Cada empresa debe clarificar qué tipo de relación quiere establecer con cada segmento de clientes: redes sociales, eventos, atención telefónica, oficina física u otras. Además, las relaciones varían de la mayor o menor personalización a la mayor o menor automatización. Puede existir *atención personal* (existe trato humano), *atención individualizada* (hay trato humano con una persona asignada específicamente), *autoservicio* (todo lo hace el cliente sin ayuda), *servicios automatizados* (forma más sofisticada de autoservicio con ayuda automatizada), *comunidades* (grupos online de ayuda empresa/usuarios) u otras.

6.   **FUENTES DE INGRESOS. Representa el efectivo que una empresa genera de cada cliente.**
La pregunta es: ¿por qué valor están realmente dispuestos a pagar nuestros clientes? ¿Por qué pagan actualmente? ¿Cómo pagan hoy día? ¿Cómo preferirían pagar? ¿En qué medida contribuye cada *fuente de ingresos* a los ingresos totales? Si los clientes constituyen el corazón de un modelo de negocio, las *fuentes de ingresos* son sus arterias. Es clave investigar por qué valor está dispuesto a pagar el cliente, porque ello permitirá generar más *fuentes de ingresos* de cada segmento de clientes y/o a mejores precios. Al final, los ingresos vienen determinados por dos variables:

- *Cantidad* (unidades vendidas).
- *Precio* (lo que se paga).

Cuantas más unidades vendidas y a un precio más alto, mejores ganancias. Asimismo, cada *fuente de ingresos* puede tener diferentes mecanismos de fijación de precios: pagos *únicos* (por venta de activos: productos/servicios) o pagos *recurrentes* (suscripción, alquiler, licencia…) y los mecanismos de precios pueden ser *fijos* (según características del producto/servicio) o *dinámicos* (según oferta y demanda, subasta, negociación…).

7. **RECURSOS CLAVE. Describe los activos más importantes necesarios para que un modelo de negocio funcione.**
La pregunta es: ¿qué *recursos clave* requieren nuestras propuestas de valor? ¿Y nuestros canales de distribución? ¿Y las relaciones con el cliente? ¿Y las fuentes de ingresos? Todo modelo de negocio requiere *recursos clave*. Estos recursos (activos) permiten a una empresa crear y ofrecer una propuesta de valor, llegar a los mercados, mantener relaciones con los segmentos de clientes y obtener ingresos. Se necesitan diferentes *recursos clave* según cada modelo de negocio particular. El fabricante de microchips requiere instalaciones de producción intensivas en capital, mientras que un diseñador de microchips se centra más en los recursos humanos. Los *recursos clave* pueden ser: *físicos* (vehículos, máquinas...), *financieros* (préstamos, *renting*...), *intelectuales* (patentes) o *humanos* (personas: programadores, diseñadores web...). Los *recursos clave* pueden ser: *propios* (propiedad) o de *terceros* (alquiler o subcontratación). Cuando las necesidades de *recursos clave* sean menores y la facilidad de acceso a esos *recursos clave* sea mayor, más sencillo resultará implantar nuestro modelo de negocio.

8. **ACTIVIDADES CLAVE. Describe las cosas más importantes que una empresa debe hacer para que su modelo de negocio funcione.**
La pregunta es: ¿qué *actividades clave* requieren nuestras propuestas de valor? ¿Y nuestros canales de distribución? ¿Y las relaciones con el cliente? ¿Y las fuentes de ingresos? Cada modelo de negocio requiere una serie de *actividades clave*. Éstas son las acciones más importantes que debe realizar una empresa para operar con éxito. Las *actividades clave* están orientadas a crear y ofrecer una propuesta de valor, llegar a los mercados, mantener relaciones con los clientes y obtener ingresos. Las *actividades clave*, de forma similar a

los recursos clave, varían según el tipo de modelo de negocio. Por ejemplo, desde el punto de vista de la propuesta de valor, las *actividades clave* pueden estar referidas a la *producción* (las empresas manufactureras: Coca-Cola), la *resolución de problemas* (las empresas consultoras: Mckinsey & Co.) o el *desarrollo y mantenimiento de plataformas / redes* (las empresas de comercio online: Ebay).

9. **ASOCIACIONES CLAVE. Describe la red de proveedores y socios que hacen que el modelo de negocio funcione.**

La pregunta es: ¿quiénes son nuestros socios clave? ¿Quiénes son nuestros proveedores estratégicos? ¿Qué recursos clave estamos adquiriendo de nuestros socios? ¿Qué actividades clave realizan los socios? Las empresas forjan *asociaciones clave* porque no disponen de todos los medios y recursos necesarios para hacer todo. No pueden ganar solas, necesitan ayuda. Las empresas establecen alianzas para optimizar sus modelos de negocio y así reducir riesgos, minimizar costes o llegar a un público objetivo más amplio, entre otras cosas. Las empresas buscan socios estratégicos en los que delegar para así poder centrarse al cien por cien su *core business*. Las *asociaciones clave* pueden ser: socios estratégicos, uniones temporales o simples proveedores.

10. **ESTRUCTURA DE COSTES. Describe todos los costes incurridos para operar un modelo comercial.**

La pregunta es: ¿cuáles son los costes más importantes inherentes a nuestro modelo de negocio? ¿Qué recursos clave son más caros? ¿Qué actividades clave son las más caras? Este bloque de construcción describe los costes más relevantes en los que se incurre al operar bajo un modelo de negocio particular. Todo genera costes: la creación y entrega de valor, el mantenimiento de las relaciones con los clientes y la generación de ingresos. Dichos costes se pueden calcular con relativa facilidad después de definir los recursos clave, las actividades clave y las asociaciones clave. Sin embargo, algunos modelos comerciales se basan más en los costes que otros; por ejemplo, las aerolíneas *low cost* (Easyjet o Ryanair) que han construido modelos de negocios completamente alrededor de *estructuras de costes*. Cualquier empresa intenta minimizar su *estructura de costes*, ya que ello tiene un impacto en la rentabilidad final, puesto que cualquier negocio se puede resumir en dos variables: ingresos menos gastos. Al analizar la *estructura de costes* es clave analizar no sólo su cuantía, sino también si los costes son *fijos* o *variables*, ya que en el caso de los primeros representan un riesgo mayor, sobre todo en épocas de incertidumbre y cambio como las que vivimos. Disponer de una *estructura de costes* lo más liviana y flexible posible es crítico para operar en el contexto actual. Si una empresa cuenta con costes muy elevados y además son fijos, las garantías de supervivencia son mínimas.

BERNARD HILLER

Bernard Hiller (1962) es un actor argentino que empezó su carrera artística en la High School of Performing Arts de Nueva York, la «escuela de *Fama*». Luego hizo giras por Estados Unidos con numerosos musicales de Broadway y actuó en teatros de ópera de toda Europa. También formó parte del elenco de actores en importantes obras de teatro y ha aparecido en más de doscientos anuncios de televisión. Asimismo, ha sido estrella invitada en series de televisión y ha participado en numerosas películas, tanto como actor como productor. Pero su gran carrera y reconocimiento se la ha labrado como coach de actores para conseguir su máximo rendimiento. A lo largo de más de treinta años ha elaborado un método que enseña a través de talleres y clases magistrales por todo el mundo, en ciudades como Berlín, Roma, Londres o Madrid. Bernard Hiller ha sido el impulsor de las carreras de algunas caras conocidas de Hollywood como Cameron Diaz y Chace Crawford, y ha trabajado también con actores de renombre como Jeff Goldblum, Billy Crystal o Jamie Dornan, entre otros. Fruto de su trabajo es el bestseller *Deja de actuar: Empieza a vivir*. En la obra, Hiller alienta a sus alumnos a ser diferentes siendo ellos mismos. Su metodología se basa en poner orden a los miedos e inseguridades que impiden a un actor actuar de forma auténtica. Insiste en la necesidad de trabajar el autoconocimiento y la aceptación como principal herramienta para lograr nuestros sueños. El libro, aun dirigido principalmente a actores, es igualmente de aplicación a otros muchos ámbitos, ya que es una invitación a desplegar nuestro potencial como los seres únicos que todos somos. En el prólogo de la versión española, se dice: «Éste no es sólo un libro sobre actuación, yo diría que es un pequeño y hermoso manual para una vida más satisfactoria y plena, con consejos muy claros, directos y aplicables a cualquier campo de lo humano». Todos nacemos con un don especial, pero tenemos que descubrirlo, nutrirlo y desarrollarlo para que se manifieste en nuestra vida, y la única forma de conseguirlo es con autenticidad, atreviéndonos a ser diferentes, o lo que es lo mismo, a ser quienes somos: «Lo que tienes diferente es lo que te hace especial», dice Hiller.

1. **Tener talento no es nada especial en sí mismo. Sí es especial, en cambio, la persona que tiene el valor de ver hasta dónde puede llevarle su talento.**

    Y añade: «Hay cientos de miles de personas que estudian interpretación en Estados Unidos y en todo el mundo todos los días, pero hay muy pocas historias de éxito, ¿por qué? El talento no es el ingrediente más importante para triunfar en Hollywood». Ni en Hollywood ni en ningún lado, diríamos. El talento se da por hecho. Se da por hecho que si juegas al fútbol sabes darle patadas a un balón; que si tu actividad está en la cocina, sabes coger una sartén; y que si estás encima de un escenario, sabes interpretar. El problema es que hay miles de personas iguales. O como señala Hiller: «A la hora de hablar del talento tengo una buena y una mala noticia. La buena noticia es que tienes talento; la mala noticia es que todo el mundo lo tiene». Hay mucha gente con talento, sin embargo, *muchas personas conocen su oficio, pero no cómo triunfar.* Son dos cosas distintas. Hay una multitud de personas que han estudiado la carrera de Derecho, pero pocos son reconocidos abogados; mucha gente ha estudiado Arquitectura, pero poca ha dejado su huella en construcciones emblemáticas; miles de individuos estudian la carrera de a Administración y Dirección de empresas, pero muy pocos tienen negocios exitosos; y así podríamos seguir. Dice Hiller: «La cosa más normal del mundo es que haya mucha gente con mucho talento que no le saca ningún partido»; y también: «Las personas de más éxito que conozco no lo son sólo por su talento, sino porque se han esforzado más que los demás por desarrollar su talento». Con otras palabras: las historias de éxito a lo grande son historias de personas que se han atrevido a conocer la *verdad* sobre quiénes son, y a tener el coraje de explotar esa *verdad* hasta sus últimas consecuencias. Eso es todo lo que necesitas: descubrir *quién eres* de verdad (autenticidad), *atreverte a serlo* (coraje) y *hacer crecer tu talento* al máximo (trabajo duro). Como dice Hiller: «¡Tu talento te está esperando para desarrollarse!».

2. **Podremos dejar nuestra huella en el mundo cuando seamos conscientes de nuestro propio valor.**
Dicho de otra forma: tu éxito es simplemente una expresión de quién eres. A menudo pensamos en el éxito como un resultado, sin darnos cuenta de que el resultado no es más que la consecuencia de nuestra proyección como personas. *Nadie puede competir contigo en ser tú mismo.* Por tanto, si te empeñas en ello, el éxito es inevitable. Bernard Hiller nos dice: «Todas las grandes actuaciones se dan cuando el actor desaparece de pantalla y sólo vemos al personaje». No son dos, sino uno; como espectador no ves una actuación (interpretación), sino la realidad (vida) misma. Lo mismo ocurre en el mundo real. La mayoría de nosotros somos dos personas: el yo *auténtico* (quiénes somos) y el yo *actor* (nuestra actuación), y así es difícil de calar e impactar en los demás. Cuando el yo *auténtico* y el yo *actor* se fusionan y son el mismo —sólo uno— entonces es cuando de verdad se impacta y se deja huella en los demás. Hiller nos pregunta de manera incisiva: «¿Ganarías un Óscar por tu forma de vivir la vida?». No hay distinción entre tú (persona) y el actor (personaje), sois el mismo. Por eso, «el éxito no es un accidente —dice Hiller—, es un estilo de vida». 49

Ser fiel a ti mismo —a quién eres: tu esencia y diferencia— te dará grandes alegrías a nivel personal y profesional.

3. **¿Qué tienes para ofrecer al público que pueda desear comprar? La respuesta siempre es *tú*. Eres único e irrepetible.**
   «La manera de triunfar en la industria del espectáculo es estar dispuesto a ser diferente», nos dice Hiller. Lo mejor de todo es que ser diferente es simplemente ser tú mismo. Es sencillo. Ya lo decía con total naturalidad Larry King, maestro de las entrevistas que durante más de dos décadas estuvo al frente del *late night* norteamericano *Larry King Live* en la CNN: «No hay ningún truco en ser tú mismo». La mayoría de la gente, sin embargo, se empeña en interpretar un papel, y entonces es cuando surgen los problemas. Admirado por muchos, Larry King fue preguntado una vez acerca de su secreto como gran entrevistador. Su respuesta nos aporta un poco más de luz: «A veces, cuando alguien empieza y no sabe cómo entrevistar, se fija en las personas que admira, observa cómo entrevistamos e intenta copiarlo. Es el peor error que puede cometer. No debes centrarte en lo *que* hacemos, sino en *por qué* lo hacemos». Luego añadía: «Cuando los entrevistadores jóvenes intentan copiar nuestros estilos, no piensan por qué tenemos esos estilos. La razón es porque estos estilos son los más cómodos que nos hacen sentir. Y, cuando nosotros estamos realmente cómodos, los invitados también están cómodos, y éste es el secreto de las mejores entrevistas». Por tanto: sé-tú-mismo, no-hay-nadie-como-tú. O como escribe Hiller, «tú eres una creación que se da una vez en la vida. No copies a otros porque nadie es tan bueno como el original».

4. **La mayoría de las personas desean gustar a los demás tan desesperadamente que nunca se atreverán a ser quienes son de verdad.**

¿Conclusión? La vida se basa entonces en *encajar*, no en *destacar*. Y si no destacas, no impactas. El talento se basa en la diferencia. Las marcas personales de referencia se diferencian en algo. Y la mejor forma de ser diferente es siendo auténtico. Tu autenticidad es tu poder. La mejor forma de huir de la trampa de la competencia es siendo tú mismo. Dice Hiller: «Muestra al mundo algo que todavía no ha visto: ¡el único y auténtico tú!». Todo se resume en eso. Vivir de verdad es vivir con autenticidad. Sólo puedes vivir una vida plena siendo auténtico. Otra cosa no es vivir. Por desgracia, a la mayoría de la gente le asusta demasiado distinguirse de los que les rodean; y como apunta Hiller, «si tu principal objetivo en la vida es ser como los demás, entonces nunca podrás llegar a ser auténtico, y no conseguirás alcanzar tu sueño». En la vida sólo hay dos opciones: o destacas o encajas; cada uno supone pagar un precio, tú decides cuál prefieres pagar: «Leonardo DiCaprio me dijo una vez —señala el coach argentino— que empezó a trabajar en serio como actor sólo a partir del momento en que estuvo dispuesto a mostrar a los directores de reparto y a los productores su *auténtica* personalidad. Decidió no preocuparse por lo que los demás pudieran decir de él. Hoy Leo es uno de los actores más respetados de Hollywood y siempre pone su verdadero yo en el trabajo».

5. **La mayoría de la gente va por la vida actuando como quien no es en realidad.**
   La pregunta es inmediata: ¿cómo saber si vas por la vida fingiendo? «Si no eres feliz, no te sientes fuerte, y no confías en tu instinto —dice Hiller— es que eres otra persona.» Debido a una educación *prêt-à-porter*, gran parte de la gente desarrolla un *falso yo* (el *yo actor*) sobre lo que es socialmente aceptable. Luego, ya de adultos, nos esforzamos en defenderlo a muerte con el fin de adaptarnos a lo que es correcto, alejándonos aún más de nosotros mismos. Y al

comportarnos según ese *falso yo*, recibimos cosas que no nos hacen felices: *si proyectas lo que no eres, recibes lo que no quieres*. Nos desconectamos de nuestro propósito en la vida —el despliegue de nuestros talentos— y nos frustramos, aunque no demos esa sensación aparentemente por estar acoplados a lo socialmente aceptable. La vida se convierte así en un baile de máscaras. Howard Fine, fundador del Howard Fine Acting Studio en Hollywood, dice: «La verdad es algo tan raro en la vida, que si la ves o la oyes no puedes dejar de prestarle atención». Por eso la autenticidad cautiva, engancha, atrapa y es sexi. Las personas auténticas —y eso se nota— seducen por su autenticidad. La perfección —hacer siempre «lo esperado»— es estándar y, por tanto, es aburrida y no seduce. La «magia» de la autenticidad reside en la *verdad*, en la verdad de quienes somos. Lo que nunca falla es ser uno mismo. El mejor consejo nos lo dio André Gide, Premio Nobel de Literatura en 1947: «Es mejor que no gustes por ser quien eres, que ser querido por ser quien no eres».

6. **La única forma de descubrir tu fuerza es superar los bloqueos y temores.**
   ¿Qué es lo que nos impide ser nosotros mismos? Los bloqueos (miedos) personales. Cada uno tiene los suyos y tienes que identificarlos y trabajarlos (sanarlos). Dice Hiller: «Si estás triste, furioso, perdido o deprimido, no estás mostrando tu verdadero tú. Sólo significa que tienes problemas personales sin resolver que te están paralizando». Y continúa: «Tienes que resolver esos problemas inmediatamente. En el momento que atravieses esas barreras que obstaculizan tu camino encontrarás el verdadero *tú* y adquirirás una fuerza desmedida». Mientras no te enfrentes a tus sombras (bloqueos) no lograrás expresar tu potencialidad (individualidad). Muchas personas están frustradas consigo mismas porque les gustaría ser otra cosa diferente a lo que «aparen-

tan» que son; esto es, les gustaría ser ellas mismas, pero buscamos adaptarnos a los estereotipos sociales porque tenemos miedo. ¿Miedo a qué? Miedo a ser rechazados, a no ser aceptados, comprendidos y amados. «Todos buscamos el amor. Siempre —afirma Hiller—, pero cuando quieres complacer a los demás olvidas tus necesidades con el fin de dar mayor importancia a los deseos y necesidades de la otra persona.» El resultado es obvio: insatisfacción y mediocridad, ser uno más diluido entre la multitud. Por eso, «hasta que no superes tus bloqueos (temores) no podrás convertirte en la persona que estás destinado a ser». Ser auténtico no significa ser perfecto, por eso a muchos no les gustarás, pero por esa misma razón, a otras muchas personas sí les cautivarás. La clave de todo está en la aceptación: la aceptación te lleva a quererte, y quererte te lleva a ser auténtico, y ser auténtico te conduce inexorablemente al éxito y a la felicidad. La gente de éxito incorpora su verdadero yo al trabajo.

7. **El bloqueo y el miedo son regalos del alma. Se han presentado en tu camino para que empieces a trabajar. Son los obstáculos que tienes que superar para ser fuerte.**
El miedo es siempre una señal sobre lo que debes hacer, te indica hacia dónde debes dirigirte: *lo que más miedo da hacer es lo que tiene que ser hecho.* Cada vez que no rechazas tu miedo y lo miras cara a cara, tu fuerza (poder) interior crece. Somos los miedos que superamos. Tu nivel de desarrollo personal es proporcional a los miedos que te atreves a afrontar. Crecer es ir afrontando miedos, uno tras otro. La confianza y el miedo son vasos comunicantes: cuanto mayor es el miedo, menor es la confianza; cuando aumenta la confianza, el miedo disminuye. Y la confianza sólo se adquiere a través de la experiencia (práctica); la confianza es el resultado de la *cantidad, variedad* e *intensidad* de experiencias que acumulamos. Recuerda: las creencias limitantes son eso: creencias, no hechos. La gente puede ser más

de lo que sus creencias limitantes le dicen que son. Y la mejor forma de doblegarlas es a través de la experiencia. Si tú solo no te atreves, busca a alguien (coach/mentor) que te dé un empujón, que te achuche y te eche el aliento en el cogote. Les Brown dice: «Tienes la grandeza en tu interior». La grandeza no es un privilegio reservado a unos pocos, es una posibilidad para todos. Para ti también, pero tienes que ejercer tu derecho; ya sabes, «para descubrir nuevas tierras uno debe estar dispuesto a perder de vista la costa».

8. **Todos los hábitos negativos son decisiones. Decisiones que uno cree que le van a proteger del dolor.**
    Todos los hábitos negativos son formas de huida, un mecanismo de protección, una forma para no afrontar la realidad que duele. Cuando nuestra seguridad emocional está en peligro tendemos a negar, culpar, victimizarnos, buscar excusas o recurrir a las adicciones. Es algo normal e instintivo, pero eso es lo peor que podemos hacer. Cada vez que repetimos esas conductas, nuestros hábitos (negativos) se hacen más fuertes y nos frustran más, porque pasa el tiempo y todo sigue igual: «Al crear hábitos negativos —dice Hiller—, crees que te estás salvaguardando de todo sufrimiento, pero lo cierto es que este comportamiento poco constructivo te está haciendo más daño. De tal manera, que al final estás sintiendo más dolor del que tanto estabas intentando evitar. Una locura, ¿no?». Cuando algo te duele, lo peor que puedes hacer es negarlo: fingir que no te duele. *Tú puedes querer olvidarte del dolor, pero el dolor no se olvida de ti.* Lo que niegas se repite. Siempre vuelve, aunque sea con otros ropajes. El dolor es un mensajero para que abramos los ojos. La finalidad del dolor es movernos a la acción, a que cambiemos algo. Si te duele, importa. El dolor, afrontado de cara y con compasión, es instructivo y nos hace crecer. Hiller lo explica así: «La clave para desterrar los malos hábitos es hacer las paces con la vulnerabilidad». El

cambio sólo es posible desde la aceptación, no desde la negación. La aceptación es sanación, a partir de ahí se puede iniciar un proceso de transformación. «Lo contrario de la negatividad es la vulnerabilidad. Ser vulnerable es estar abiertos», no encerrarnos en nosotros mismos. La protección tiene ventajas, nos aísla aparentemente del sufrimiento, pero al coste más grande: no vivir con intensidad. Ser vulnerable es ser valiente, y ser valiente (vivir) es aceptar riesgos: puede haber dolor (un divorcio, una quiebra, una infidelidad, una decepción...) pero también hay emociones intensas (alegría, pasión, entusiasmo, éxito, placer...). Encerrándose en uno mismo, no hay dolor *aparente*, pero lo que tampoco hay seguro son experiencias intensas, y eso es precisamente la vida. Atrincherarse y cercarse para no sufrir es una postura cobarde, y la peor postura vital.

9. **¿Por qué son tan incómodas las zonas de confort?**
En *Deja de actuar: Empieza a vivir* se nos dice: «Tienes que admitir que el dolor es parte de la vida. Al intentar eludir el dolor también te estás cerrando a las cosas que pueda ofrecerte la vida». En la vida se sufre mucho más por lo que no se ha hecho que por los fracasos, errores y equivocaciones. El director de cine Andy Tennant lo expresaba magistralmente: «La vida es cometer errores y la muerte es desear haber cometido más». La pregunta es inmediata: ¿cómo puedo hacer para que el miedo a sufrir no venza al deseo de experimentar? Aplicando la regla 20-80 por ciento del dolor. Veamos cómo Hiller la desarrolla con un ilustrativo ejemplo: «Digamos que ves en una fiesta a una persona con la que te gustaría hablar, pero te da miedo acercarte a ella porque podría rechazarte. Así que te quedas quieto y no te acercas. Crees que estás evitando que te hagan daño, pero en realidad has perdido una oportunidad que podía haber sido beneficiosa para ti. Lo cierto es que podrías ser rechazado, lo que sería doloroso en un 20 por ciento. Pero al

perder la oportunidad de establecer relación con esa persona te has llenado de reproches que pueden durar toda una vida, lo que supone un 80 por ciento del dolor. ¿Cuál crees que es la mejor opción, el 20 por ciento o el 80 por ciento?». No hace falta contestar. Tienes que ser optimista y confiar en que todo irá bien. Entonces te abres a la vulnerabilidad y disfrutas del proceso, aunque por el camino haya algún arañazo. Si actúas así de forma habitual, cuando eches la vista atrás, verás lo acertado de esta actitud.

10. **Si persigues un sueño y un «no» puede desanimarte, entonces no es tu sueño.**
El productor y guionista estadounidense Neil Simon afirmaba una vez: «Si algo puede detenerte es que no es lo tuyo». La mejor forma de desarrollar una actitud de resiliencia ante la vida es estando alineado con tu propósito al cien por cien. Con un propósito grande e inspirador entre manos, renunciar no se contempla como una opción. Hasta dónde de lejos puedes llegar en la vida tiene mucho que ver con cómo afrontas los momentos de decepción: errores, fracasos, dudas o crisis. La tolerancia a la frustración es clave en la vida, porque no siempre las cosas salen bien ni todo lo rápido que uno desearía. Y la mejor forma de demostrar resistencia emocional ante los acontecimientos adversos es teniendo claro nuestro propósito vital. Los errores, los fracasos, las crisis forman parte del guion de cualquier biografía interesante y son síntoma de que uno lo está intentando. Por eso, en lugar de hundirnos, deben servirnos de acicate. Los obstáculos son una señal de vida, todos los grandes sueños presentan grandes dificultades; están ahí para que demuestres tu grandeza. Cuanto mayor es el sueño, mayores son las resistencias, mayor es la gloria, mejor es la vida. Con palabras de Hiller: «Si alguien o algo puede impedirte que seas artista, entonces es que ésta no es la carrera para ti».

CARLO ANCELOTTI

Carlo Ancelotti (1959) es un exfutbolista y entrenador de fútbol italiano. Comenzó su carrera en las categorías juveniles del Parma, debutando en el primer equipo en 1976. En 1979 se marchó a la Roma, donde conquistó un *Scudetto* (una Liga) en 1983, y cuatro Copas de Italia (1980, 1981, 1984, 1986). Tras ocho temporadas en el conjunto romano, en 1987 ingresó en las filas del AC Milan, donde viviría su época más gloriosa, formando parte de uno de los mejores conjuntos de la historia del fútbol, junto a Marco Van Basten, Ruud Gullit, Frank Rijkaard, Franco Baresi, Paolo Maldini, y en el banquillo Arrigo Sacchi. En el cuadro *rossonero* ganó dos veces la Copa de Europa, la Supercopa de Europa, la Copa Intercontinental y, en dos ocasiones, la Serie A (la Liga italiana), la última en 1992, año en que se retiraría del fútbol profesional. Con la Selección de Italia fue internacional en veintiséis ocasiones y disputó dos Copas del Mundo (México 86 e Italia 90). Como técnico, Ancelotti se inició como asistente de Arrigo Sacchi en Italia (1992-1995) y como primer entrenador en 1995, en las filas del AC Reggiana, con la que consiguió el ascenso a la Serie A. Un año después fichó por el Parma donde logró un subcampeonato en la Serie A en la temporada 1996-97 y una sexta posición en la 1997-98. De 1999 a 2001 entrenaría a la Juventus, donde sus números fueron más discretos. En 2001 pasaría a entrenar al club que le había dado las mayores alegrías, el AC Milan, con el que lograría en 2002 una Liga de Campeones y una Copa de Italia, un año después el *Scudetto*, y en 2007 volvería a ganar la Champions League. En 2009 pasó por el banquillo inglés del Chelsea, logrando un doblete: Premier League y FA Cup. En 2011 empezó a entrenar al conjunto francés del Paris Saint-Germain, ganando en su segunda temporada el campeonato de liga. Su siguiente destino, en 2013, sería el Real Madrid, donde permanecería hasta 2015 y con un palmarés de una Champions League, una Copa del Rey y una Supercopa de Europa. Tras esta etapa le seguirían: Bayern de Múnich (2015-2017), con el que ganó una Liga y dos Supercopas de Alemania; Nápoles (2018-2019), Everton (2019-2021), hasta su vuelta de nuevo al Real Madrid en 2021, donde continúa en la actualidad, conquistando la Liga de Campeones, la Liga, la Copa del Rey y la Supercopa de España. En su etapa en los banquillos, Carlo Ancelotti es el único —*the only one*— que ha ganado cuatro títulos de la prestigiosa Champions League y el único que ha ganado el título liguero de las cinco grandes ligas (las *Big Five*): España (Real Madrid), Italia (AC Milan), Francia (PSG), Inglaterra (Chelsea) y Alemania (Bayern de Múnich). Además, es el entrenador con más Supercopas de Europa ganadas, también con cuatro títulos. Es autor del libro *Carlo Ancelotti: el Liderazgo tranquilo*, junto a Chris Brady y Mike Forde, en el que después de cincuenta horas de grabación, se desmenuza su filosofía de vida tanto dentro como fuera del terreno de juego en todo lo referente al liderazgo de equipos. También es autor de la obra *Mi árbol de Navidad*, junto a Giorgio Ciaschini, un libro más técnico dirigido a aquéllos que aspiran a entrenar en los banquillos. En una entrevista concedida al diario italiano *Il Messaggero* dijo que se retiraría al término de su contrato con el Real Madrid (previsto para 2024), dando fin a cerca de treinta años de carrera como entrenador.

1. **Un *liderazgo tranquilo* podría parecerles a algunos un método blando, quizá débil, pero eso no es lo que significa para mí.**

Ancelotti reflexiona sobre ello y nos da algunas pistas más sobre lo que quiere decir: «Hay poder y autoridad en ser tranquilo y mesurado, en dar confianza y tomar decisiones fríamente, en utilizar la influencia y la persuasión, y en ser profesional en nuestros enfoques. Cuando vemos a Vito Corleone en *El Padrino*, ¿vemos a un hombre débil y temeroso, o vemos a un hombre poderoso y sereno que domina la situación?». La calma es poder. Las personas calmadas siempre inspiran respeto, tal vez porque es sinónimo de confianza en uno mismo. El propio Ancelotti revela más pautas sobre el concepto de *liderazgo tranquilo*: «Mi enfoque se basa en que un líder no debería tener ninguna necesidad de discursear, despotricar, ni mandar con mano de hierro, sino que su poder debería sobreentenderse. Debería estar claro como el agua quién es el jefe, y su autoridad debe derivar del respeto y la confianza, y no del miedo». Y prosigue: «Creo que yo me he ganado el respeto que me muestran [los jugadores], en parte por mi eficaz trayectoria profesional, ya que he conquistado trofeos para mis clubes, pero quizá sea más importante el hecho de que respeto a quienes trabajan conmigo. Estas personas confían en que haré lo que sea justo y necesario, al igual que yo confío en que ellas cumplirán con el papel que tienen en la organización». David Beckham, que coincidió con él en las filas del AC Milan, decía: «Su método en el vestuario es invitar a la calma. Algunos mánagers gritan y se enfadan para expresar su autoridad, pero Carlo tiene ya esa autoridad, porque se le respeta mucho. La serenidad que inspira en todo el vestuario ayuda a los jugadores a estar tranquilos, los incita a jugar para él y ésa es una de sus grandes fortalezas».

2. **Las relaciones forman los cimientos de todo lo que hago como líder: relaciones con los que están por encima de mí, con el equipo que me apoya y, lo más importante, con los jugadores.**
La vida es, sobre todo, un entramado de relaciones: con proveedores, clientes, empleados, socios, jefes, medios de comunicación, administraciones, amigos o familia.

Por eso, liderar es, sobre todo, inteligencia emocional para relacionarse con la gente. En ello hay dos aspectos a subrayar:

1. *Respeto*. «El respeto lo es todo», apunta el entrenador italiano. Curiosamente, hace algunos años la consultora de recursos humanos Otto Walter hizo un estudio sobre las conductas que más irritan a los empleados de sus superiores, y en el primer lugar aparecía con diferencia la falta de respeto. No nos sorprende, ya que el respeto no se negocia; cualquier ser humano, con independencia de su estatus, género, profesión o cualquier otra variable, se lo merece. Dice Carlo: «Hay muchas cosas que no pueden tolerarse: una es faltar al respeto a los compañeros. Si faltas al respeto a mi cuerpo técnico, se acabó. Eso es inadmisible. Cualquier ofensa contra mi equipo de gestión es una ofensa contra mí».

2. *Interés*. Por cada una de las personas del equipo. Pat Summitt, entrenadora de baloncesto universitario que batió todos los récords, decía: «A los demás no les importa mucho qué sabes hasta que se enteran de lo mucho que te preocupas por ellos. Para conseguir que los demás trabajen duro para ti, has de demostrarles que quieres que triunfen profesionalmente en su propio beneficio». Cristiano Ronaldo se refería a Carlo Ancelotti con estas palabras: «Es un entrenador inteligente porque se preocupa y quiere lo mejor para los jugadores».

Si quieres que la gente de tu equipo dé lo mejor, muestra respeto por cada uno de ellos: todos se lo merecen; después, muestra un gran interés por ellos, por cómo son y cómo puedes ayudarles a crecer y a dar el máximo.

3. **Hay una cosa difícil que hay que entender bien: tienes que tener buena relación con los jugadores, pero has de ser el jefe al mismo tiempo.**
El liderazgo es, sobre todo, inteligencia emocional, que no es otra cosa que equilibrio (madurez) emocional. Un líder es una especie de malabarista que siempre está en la cuerda floja. Te contaré una historia personal. Hace algún tiempo fui a visitar al presidente de un equipo de fútbol que había tenido importantes logros a nivel europeo a pesar de ser modesto. Acudí a la sede del club para conocer las claves del éxito de su modelo de gestión. En un momento dado, le pregunté:

—¿Cómo gestiona su relación con los jugadores y el vestuario, donde suele haber mucho ego?

A lo que me contestó:

—Con los jugadores hay que tener la *cercanía justa* y la *distancia precisa.*

Si te pasas de cercano, se aprovechan de ti; si eres muy distante, no conectas. Ése es el reto. Lo sencillo —y habitual— es aplicar mano dura (modelo *dictador*) o ser un flojo (modelo *pelele*). Ir de amigo no suele dar resultados; aplicar el látigo, menos todavía. El éxito está en encontrar el equilibrio. Ésa es, probablemente, la principal virtud de Carlo Ancelotti: su capacidad para lograr con los jugadores un maduro equilibro entre *cercanía* y *distancia.*

4. **Si salgo ganador es porque soy un tipo tranquilo; si salgo perdedor, también es porque soy un tipo tranquilo.**
Él mismo reflexiona: «Puede que así sea el ciclo natural de los entrenadores en general, que la razón por la que son contratados al final se convierte en la razón de su despido.

61

Me contratan para que sea amable y tranquilo con los jugadores, pero en cuanto hay algún descontento, es muy propio de los dirigentes [decir] que el problema está ahí». Una de las peores épocas de Ancelotti fue su paso por el club inglés del Chelsea. Las presiones, exigencias y expectativas de su presidente, el ruso Abramóvich, fueron desde el primer momento difíciles de gestionar. Carlo lo explica tomando con ejemplo un partido de eliminatoria de Champions contra el Inter de Milán: «Abramóvich reunió al grupo y pidió explicaciones. Fue un episodio que me ayudó a tratar con esa otra clase de presidente; una vez más, preferí no responder con agresividad, no es mi estilo. Me gusta afrontar los momentos difíciles reflexionando sobre ellos, tratar los problemas con frialdad y usando la cabeza». Después de un difícil periplo de dos años, Ancelotti fue despedido a pesar de hacer doblete (Premier League y FA Cup) por no utilizar el látigo tanto como le gustaba al dirigente ruso. El liderazgo se basa en la autenticidad, en ser fiel a uno mismo con todas las consecuencias. Luego, si hay que marcharse, uno se marcha. La vida también son ciclos, y hay perfiles más acomodaticios a unos ciclos (expansivos) que otros (recesivos). Lo importante es que durante el tiempo que un líder está al frente de un equipo, sea auténtico, esté comprometido con la causa e intente ser justo con todos. Ancelotti así lo expresa: «Vaya donde vaya yo soy siempre el mismo. Mi personalidad o estilo no cambian y se me contrata por ser como soy». Adriano Galliani, director general del AC Milan cuando el italiano entrenó al club *rossonero*, señalaba: «La gente debe aceptar lo que es en la vida. No puedes exigir a nadie que irradie serenidad si no la tiene o que sea Arnold Schwarzenegger si no lo es. Carlo está hecho así. Es inútil que yo le diga que sea más duro o más estricto, o que sea esto o lo otro, porque si me obedeciera, perdería algunas de sus otras cualidades». Zlatan Ibrahimović —a sus órdenes en el PSG— también afirmaba: «No finge, no hay nada falso en él. Carlo siempre es fiel a sí mismo».

5. **[Al llegar al Paris Saint-Germain] tuve que introducir las condiciones y la organización imprescindible para forjar esa mentalidad ganadora que tienen los grandes clubes.**
Los grandes triunfadores (empresas o personas) se distinguen por dos cosas: mentalidad ganadora y hábitos ganadores. Lo mejor para ello es estar en un entorno ganador. Cuando Ancelotti llegó al equipo parisiense, la estructura organizativa del club era bastante deficitaria; por decirlo de algún modo, pocas cosas estaban en su sitio: «Tuve que iniciar este proceso muy despacio y con mucho tacto. Poco a poco fuimos mejorando la cultura del club. Pusimos un pequeño restaurante [ni siquiera había eso] para que los jugadores desayunaran cuando llegaran y comiesen después de entrenar: de ese modo estarían juntos y desarrollarían un cierto espíritu de equipo [...]. Luego empezamos a contratar jugadores con la mentalidad conveniente que servirían de ejemplo a los demás». Zlatan Ibrahimović y Thiago Silva fueron esos primeros jugadores que dotaron de personalidad al equipo y sirvieron de referencia al resto a través de su ejemplo marcando los estándares exigibles. Carlo decía cierta vez: «Tomad a los líderes como puntos de referencia porque son ellos los que os ayudarán en vuestra profesión». El liderazgo siempre viene definido por el ejemplo: «[Cuando aterricé en el Real Madrid, en 2013], lo más importante que hice fue poner paz en el vestuario después de la marcha de Mourinho. Muchos jugadores estaban inquietos y yo necesitaba entablar relación con los veteranos. Para mí es importante identificar a los líderes del equipo y a las diferentes clases de líderes». Sin liderazgo no hay equipo, sólo un conjunto de personas sueltas. Los líderes marcan el camino a seguir con su actitud.

6. Cualquier líder debe sentirse cómodo con las exigencias de su cargo.
O lo mejor es que dé un paso al costado y deje el puesto a otro. Estar al frente de un gran proyecto liderando, conlleva una enorme responsabilidad, exigencia y compromiso. No es una guardería. Ancelotti siempre ha tenido que lidiar con las fuertes presiones propias de los grandes clubes gestionados por dirigentes a los que no les vale cualquier cosa. El entrenador italiano ha tenido que despachar con cuatro peces gordos: Silvio Berlusconi (Milan), Florentino Pérez (Madrid), Román Abramóvich (Chelsea) y Nasser Al-Khelaïfi (PSG). Quizá el más duro, no sólo por sus exigencias sino también por sus formas, fue el ruso Román Abramóvich. En el fútbol, sobre todo en los clubes de élite, las expectativas están siempre ahí. El propio Ancelotti manifestaba: «Gestionar las expectativas de arriba es el pan nuestro de cada día». ¿Cómo se consigue? Mucha mano izquierda, respeto, comunicación o cordialidad son, entre otras cosas, aspectos clave para mantener la fluidez entre los distintos peldaños de la estructura organizativa del club. Carlo lo tiene claro: «Yo pongo muchísimo empeño en crear lazos alrededor del club».

7. Un entrenador tiene que trabajar con el jugador para conseguir que éste tenga claro el objetivo de su desarrollo; para que entienda qué es lo que le hace grande.
Hay que aceptarlo: nadie somos válidos para todo y, además, tampoco hay necesidad de serlo. La clave de la vida reside en identificar aquello para lo que somos buenos y luego tratar de ser excelente en eso, trabajando duro y no dejando de mejorar nunca. Puede sonar más aburrido que otras alternativas más glamurosas basadas en hacer muchas cosas diferentes, pero es la más eficaz y la que nos da la posibilidad de ser referentes en nuestra profesión. Ancelotti reflexiona sobre esta cuestión: «A veces, jugadores que lle-

gan al nivel más alto por sus habilidades particulares quieren hacer cosas diferentes, quieren experimentar. Olvidan lo que les ha permitido llegar al nivel superior. Yo tenía un jugador que era muy potente físicamente, podía esprintar cien veces sin cansarse, tenía fuerza y velocidad y gracias a ello conquistó el Balón de Oro. Pero entonces le dio por creer que poseía un talento distinto y dejó de esforzarse, dejó de correr deprisa, dejó de hacer todo lo que le había hecho grande y su posición profesional se resintió». Céntrate en tu «círculo de competencia» (concepto del que tanto habla Warren Buffett), aquello que representa tu área de *expertise*, busca ser excelente en eso, y desde ahí, crece y amplía ese «círculo de competencia». Si sigues esta sencilla regla tienes una oportunidad de triunfar.

8. **Siempre hay que estar abierto a nuevas ideas.**
«Me gusta estar abierto a las ideas ajenas —dice Carlo—, vengan de donde vengan: de mis superiores, de mis iguales, de mi personal ayudante, de los jugadores, incluso de personas ajenas al fútbol.» La falta de humildad es falta de inteligencia. Además, en entornos tan complejos como los que vivimos, los especialistas son esenciales. Hoy día, en un club de fútbol de élite conviven nutricionistas, fisioterapeutas, preparadores físicos, analistas de datos y otras personas que aportan cada uno un punto de vista particular que puede ser muy enriquecedor para la toma de decisiones. Estar abierto, escuchar y ser flexibles son cualidades que distinguen a los mejores líderes. «Los líderes no pueden permitirse el lujo de estar quietos —apunta Ancelotti—, tienen que estar siempre en desarrollo, progresando. Una cultura de superación es esencial para el éxito.» El futbolista John Terry, que estuvo a sus órdenes en el Chelsea, decía: «Estaba abierto a las ideas ajenas. Teníamos un equipo de nutricionistas y analistas, así que mientras jugábamos llevábamos siempre pulsómetros, GPS y aparatos por el es-

tilo y querían utilizar esa información para los entrenamientos. Una vez que sabes que alguien te escucha, te sientes más relajado exponiendo tus ideas». Muchas veces las mejores ideas vienen de quienes menos pensamos: estemos abiertos.

9. **Sin jugadores no hay fútbol, ni afición, ni nada. Gestionar el talento es el eje del desafío que afronta el liderazgo en toda organización.**
Si ya de por sí la gestión del talento es complicada en cualquier organización, más aún en el mundo del fútbol, dado que los futbolistas son personalidades muy jóvenes, que ganan mucho dinero, son reconocidas socialmente, y encima tienen mucha gente a su alrededor metiendo baza. Sin duda, un cóctel nada sencillo de administrar. Por eso, son muchas las enseñanzas que podemos extraer del fútbol para su aplicación a la *guerra* empresarial («una guerra sin balas», como diría Phil Knight, fundador de Nike). El fútbol, en particular, y el deporte, en general, son una metáfora de la empresa. Clive Woodward, único entrenador de rugby que ha ganado la Copa del Mundo para Inglaterra, decía: «Hay un paralelismo estricto entre dirigir una compañía próspera y dirigir un equipo deportivo triunfador; se necesitan las mismas habilidades». También Thomas J. Whatson, fundador de IBM, manifestaba: «La empresa es un deporte, el mayor del mundo si sabes jugarlo». La gestión del talento engloba muchas cosas, pero siempre comienza por conocer muy bien a cada individuo. Los directivos gestionan equipos, pero sobre todo personas, porque ninguna persona es igual a otra. Los mejores líderes son especialistas en cada uno de los seres humanos que tienen a su alrededor. Muestran un gran interés por cada uno de ellos. Carlo apunta: «Mi punto de partida es que los jugadores y el personal técnico son primero y ante todo personas: no vienen definidos por sus papeles, sus posiciones o sus empleos.

Procuro ver a la persona total y ayudarla a verse a sí misma en sentido amplio». También señalaba: «Me gusta hablar con los jugadores, no sólo de táctica, sino también de asuntos personales y bromear. No todo tiene que ser tan serio en el trabajo. Para mí, el interés en la persona es importante en sí mismo, me preocupo por cada jugador en particular y esto contribuye a estrechar la relación para cuando llegue el momento, tomar decisiones difíciles». John Terry, al que citamos otra vez, afirmaba: «Trata a los jugadores como seres humanos, ganes, pierdas o empates». Para sacar lo mejor de cada persona tienes que conocerla y comprenderla: si no conoces a la gente no puedes relacionarte con ella; y para conocerla bien tienes que mostrar interés por su vida; y mostrar interés por su vida es escucharla bien.

10. **[En el liderazgo] todo depende de lo que podamos hacer por ellos [los futbolistas], porque el personal con talento es muy egoísta.**
Los líderes son creadores de contextos donde el talento pueda florecer. El liderazgo es, sobre todo, vocación de servicio, porque es el equipo el que hace que las cosas sucedan. Todo lo que ocurre en una organización directa o indirectamente es a través de las personas. Jim Collins, autor de *Empresas que perduran*, habla de los grandes líderes como una mezcla de ambición y humildad, pero no una ambición centrada en sus objetivos personales sino en los de la organización. Estos líderes están centrados en lo que pueden aportar al equipo para el éxito organizativo. Carlo es de la misma opinión: «Si no creen que podamos aportarles algún valor, a los jugadores les traerás sin cuidado para quién hemos jugado o a quién hemos dirigido. La ecuación funciona también en sentido inverso. Si creen que podemos aportarles valor les traerá sin cuidado si hemos jugado o no al fútbol». Y añade: «[Los futbolistas] quieren que se alimente su talento. Para los jugadores todo consiste en

ayudarles a ser mejores, y si no podemos, no somos de utilidad». Para cada persona, ella es la más importante, y si nos preocupamos por ella, la alentamos y le facilitamos su trabajo, el rendimiento será mucho mejor y la organización saldrá ganando. El talento, para dar lo mejor, necesita apoyo: *técnico* (herramientas, sistemas, procesos, formación...) y *emocional* (confianza y seguridad).

CARMINE GALLO

Carmine Gallo (1965) es considerado uno de los principales especialistas del mundo de las presentaciones y hablar en público, calificado por *Publishers Weekly* como un «gurú de la comunicación». Fundador de Gallo Communications, ha asesorado a múltiples empresas como Amazon, Google, Coca-Cola o Apple, entre otras. Es autor de diferentes libros, varios de ellos bestsellers. El primero es *El secreto de las presentaciones de Steve Jobs*, obra de referencia para quienes quieren mejorar sus dotes en un escenario. El famoso discurso de Steve Jobs en Stanford en 2005 está considerado por muchos como uno de los mejores de la historia junto a otros tan conmovedores como *I have a dream* ('Tengo un sueño') de Martin Luther King en 1963 o el discurso de Winston Churchill dirigido al pueblo británico a través de la BBC el 4 de junio de 1940 durante el asedio de las tropas nazis en la Segunda Guerra Mundial. En él se desgranan las claves que hicieron al creador de Apple un referente sobre el escenario. Otra de sus obras de referencias es *Hable como en TED*, con subtítulo: *Nueve secretos para comunicar utilizados por los mejores*, que es el resultado de analizar más de quinientas charlas TED (unas ciento cincuenta horas de grabación), hablar con muchos conferenciantes y haber entrevistado a numerosos neurocientíficos, psicólogos y expertos en comunicación. Tomando como fundamento los estudios científicos sobre el cerebro, Carmine Gallo explica de forma práctica qué es lo que funciona y lo que no cuando una persona está enfrente de una audiencia. Las conocidas charlas TED (Tecnología, Educación, Diseño) han revolucionado la forma de aprender. Disponibles online desde 2006, traducidas a múltiples idiomas, en formato breve y con la experiencia de «los mejores», nos ponen delante de las pantallas a los mejores especialistas de cada disciplina. No es casual que Tony Robbins dijese sobre la plataforma: «Soy una máquina de aprender, y éste es el lugar para hacerlo». Por sus escenarios pasean la flor y nata de todas las profesiones, no sólo profesores, investigadores o científicos, sino también actores (Ben Affleck) o músicos (Bono de U2). Como apunta Gallo: «Cuando los famosos quieren que se les tome en serio, suben al escenario de TED. Las presentaciones de TED cambian la manera en que la gente ve el mundo». Algunos han denominado a TED como «un Circo del Sol para la mente». Quizá quien mejor ha expresado lo que es TED es la presentadora Oprah Winfrey: «El lugar donde las personas brillantes acuden a oír cómo otras personas brillantes comparten sus ideas». Carmine Gallo es articulista de medios como *Inc*, *Harvard Business Review* o *Forbes*, ha participado en numerosos programas de radio y televisión, y también en *The New York Times*, *The Wall Street Journal*, *USA Today* y *Success Magazine*.

1. Las presentaciones de éxito son: *emocionantes* (nos tocan el corazón), *originales* (nos enseñan algo) y *memorables* (no las olvidamos).

    No hay nada más inspirador que una gran idea presentada por un gran orador. Como señala Carmine Gallo: «Algunas personas tienen una especial capacidad para presentar sus ideas. Su habilidad agranda su talla e influencia social. Cuando se estructuran y se presentan de forma eficaz, las ideas pueden cambiar el mundo». Por tanto, la pregunta es inmediata: ¿qué factores utilizan los grandes comunicadores para que una presentación sea memorable? *Hable como en TED* intenta explicar la ciencia —aquello demostrado empíricamente— de la comunicación. Hoy día gracias a las técnicas de imagen por resonancia magnética funcional (IRMf), los científicos pueden escanear el cerebro de una persona para ver exactamente qué áreas se activan cuando hace una determinada tarea: hablar o escuchar a otra persona. En las últimas décadas hemos aprendido más sobre el cerebro de lo que hemos sabido en todos los siglos anteriores. Estos descubrimientos tienen importantes repercusiones sobre nuestra vida y también a la hora de hablar en público y hacer presentaciones. Gracias a ello podemos responder a preguntas como: ¿puede una presentación de dieciocho minutos impactar más que otra de sesenta minutos? ¿Es contagiosa la pasión sobre el escenario? ¿Puede la narración de una historia sincronizar una mente con la de la persona que la escucha?

2. **Las presentaciones más exitosas comparten nueve elementos. El primero de ellos: pasión.**
«La pasión —dice Larry Smith (TEDx, noviembre 2011), profesor de Economía en la Universidad de Waterloo— será la que te permitirá plasmar la expresión más elevada de tu talento.» Las personas que más impactan a la hora de comunicar son las que más pasión transmiten. Sí, la pasión es contagiosa, así lo ha demostrado la ciencia: no podemos inspirar a otros si nosotros no estamos inspirados. ¿Cómo vas a conmover a los demás si no te brillan a ti los ojos sobre el escenario? Cuando uno siente pasión por lo que habla, eso se transmite de manera natural y los demás lo captan. Es algo que se expresa por todos los poros. Carmine Gallo escribe: «Los oradores más populares de TED comparten una característica común: una pasión (obsesión) que deben compartir. Los conferenciantes apasionados siempre son más interesantes y atractivos que los aburridos y pasivos. Como hay tantos conferenciantes tediosos, porque no sienten ningún vínculo emocional con el tema que exponen, escuchar a un conferenciante entusiasta resulta refrescante como un vaso de agua bien fría en pleno desierto».

3. **Segundo elemento de una presentación exitosa: contar historias.**

Las historias ayudan a crear un vínculo *emocional* con el oyente, y las emociones afectan a la atención y al recuerdo. Las historias sincronizan nuestras mentes como conferenciantes con las mentes del público como oyentes. Las historias ayudan a conectar el contenido con la audiencia. No es posible persuadir exclusivamente a base de lógica (*logos*), con datos, sino que se precisa llegar a los asistentes a un nivel emocional (*pathos*), que se sientan identificados e involucrados con el tema que se presenta. Un tema es tanto más interesante cuanto mayor es el impacto que tiene en las vidas de las personas que la escuchan. Las historias que más nos emocionan son aquéllas con las que más nos identificamos. Si una persona que está atravesando un cáncer escucha a otra hablando de la misma enfermedad en primera persona, esa historia tendrá más impacto que la de un reputado científico exponiendo datos de estudios acerca de la misma. El conocido discurso de Steve Jobs en Stanford en 2005 —que a todos nos conmueve— comienza con las siguientes palabras: «Hoy les quiero contar tres historias de mi vida». Las historias que podemos contar a la audiencia pueden ser variopintas: historias personales (como la de Steve Jobs), historias sobre otras personas (ejemplos históricos: Abraham Lincoln) o historias de casos de éxito (de marcas comerciales: Starbucks).

4. **Tercer elemento de una presentación exitosa: lenguaje no verbal.**

La calidad de una presentación depende del tiempo invertido en su preparación: tienes que practicar y ensayar tanto que cuando estés sobre el escenario parezca un descanso. Te olvidas del texto y te preocupas por conectar. Los mejores conferenciantes despliegan un lenguaje corporal genuino y auténtico como resultado de su práctica y ensayo. Llenan el escenario con su *presencia*, como explica hábilmente Amy Cuddy en su charla TED con el título *El lenguaje corporal moldea nuestra identidad*. Gran parte del impacto que causamos en los demás no reside tanto en lo *que* decimos sino en *cómo* lo decimos: la seguridad que transmitimos. *Si lo que decimos no está avalado por lo que transmitimos, lo que transmitimos tiene más valor que lo que decimos.* Albert Mehrabian, profesor emérito de Psicología en la Universidad de California, realizó un experimento en 1967 que le valió un gran reconocimiento internacional. Mehrabian intentó cuantificar el grado de influencia de los distintos elementos que componen la comunicación: palabras, cuerpo y voz. Las conclusiones fueron:

- El 7 por ciento de nuestra comunicación consiste en las palabras que pronunciamos.
- El 38 por ciento lo transmitimos como comportamiento verbal, es decir, la voz.
- El 55 por ciento de nuestra comunicación es el resultado de la comunicación no verbal, esto es, el cuerpo.

Lo que transmitimos tiene mucho que ver con la voz, silencios, pausas, mirada, ritmo, entonación o cómo nos desplazamos en el escenario; todo ello impacta decisivamente en la percepción que tiene el público del conferenciante. Por ejemplo, hablar demasiado lento produce aburrimiento, mientras que hablar de manera apresurada transmite nerviosismo y que la gente no pueda seguir el ritmo. Según algunos estudios realizados, se estima que alrededor de ciento noventa palabras por minuto es lo óptimo.

5. **Cuarto elemento de una presentación exitosa: originalidad.**
   Kevin Alloca, director de tendencias de YouTube, explica: «Sólo lo que es realmente único e inesperado está en condiciones de destacar del resto». Está demostrado científicamente que el cerebro no puede ignorar la novedad. El aburri-

miento nace de lo rutinario. Las personas somos animales curiosos por naturaleza, y todo aquello que huela a nuevo despierta inicialmente nuestro interés. Si no es posible estimular al público con nueva información, la clave está en utilizar un enfoque llamativo para hablar de algo ya sabido. Esto ocurre, por ejemplo, en el mundo del desarrollo personal. Los temas abordados suelen ser recurrentes y universales (miedos, creencias, metas, propósito...) pero la forma de abordarlos (investigaciones, encuestas, hechos históricos, metáforas, datos estadísticos...) cambia radicalmente entre unos autores y otros, y de igual modo, el impacto que causan. Se puede hablar de temas conocidos, pero siempre despertando el interés y la atención gracias a un enfoque novedoso a lo común. Como demuestra la ciencia, la novedad libera en el cerebro dopamina, la hormona del placer. La charla TED de Susan Cain con el título *El poder de los introvertidos* tuvo una gran repercusión en la audiencia porque socialmente tendemos a atribuir mayor éxito a los extrovertidos. La novedad de la charla, en la que demostraba con evidencias científicas lo contrario, no dejó indiferente a nadie por la originalidad de sus conclusiones.

6. **Quinto elemento de una presentación exitosa: asombro.** En un escenario no sólo es importante a la hora de comunicar la originalidad de la temática, sino que también es clave crear momentos de asombro. Hay demasiadas presentaciones lineales, planas y estándares. Se trata de introducir en nuestras presentaciones «momentos *wow*» que producen un gran impacto emocional en el público. Pueden ser unos datos espeluznantes, un vídeo impactante, un ejemplo descabellado o una escenificación sorprendente. El impacto (diferencia) siempre está en los extremos, ya sea por exceso o por defecto, no en lo habitual. En los promedios no hay sorpresa, sólo algo normal y previsible que se olvida fácilmente. Si te pregunto qué hecho destacable ocurrió el 11-S de 2016,

con toda seguridad no sepas contestarme, pero si te pregunto qué hecho destacable sucedió el 11-S de 2001, no tendrás ninguna duda al responderme. Un acontecimiento tan horroroso (extremo) no se olvida nunca. Siempre hay que hacerse estas preguntas: ¿qué sucesos con carga emocional puedo introducir en mi presentación? ¿Qué acciones pueden despertar a la audiencia? Según el científico molecular John Medina, «los sucesos con carga emocional (en inglés, *Emotionally Competent Stimulus*) persisten durante mucho más tiempo en nuestra memoria y se evocan con mayor precisión que los recuerdos neutros». La explicación científica está en la amígdala, que como él mismo apunta, «está llena a rebosar del neurotransmisor dopamina, y la usa como un administrativo utiliza notas adhesivas. Cuando el cerebro detecta un suceso con carga emocional, la amígdala libera dopamina en el sistema. Como esta sustancia mejora en buena medida la memoria y el procesamiento de información, podríamos decir que en la nota adhesiva ha escrito: "Recuerda esto". Si el cerebro le coloca una nota química a un determinado fragmento de información, eso significa que éste se procesará con mayor intensidad».

7. **Sexto elemento de una presentación exitosa: humor.**
¿A quién no le gusta esbozar una sonrisa fruto de algo gracioso? A nadie. Si a alguien que asiste a un evento para dejar de hacer otras cosas —siempre hay un coste de oportunidad— se le regala unas notas de humor, no hay ser humano en el mundo que no se sienta agradecido por ello. La clave del humor, que también tiene su lado oscuro, reside en *cómo* y *cuándo* usarlo. Pero el humor bien manejado es un arma muy poderosa para conectar con los demás y así lograr que una presentación se convierta en más memorable y se recuerde mejor. El humor hace que la gente se relaje y esté más receptiva a nuestro mensaje. La evidencia científica ha demostrado que el humor tiene un efecto positivo en nuestras relaciones

con los demás. Atribuimos rasgos positivos y deseables como amistad, inteligencia y estabilidad emocional a las personas que tienen un buen sentido del humor. En un estudio publicado en *Harvard Business Review* se señalaba cómo el humor reduce la hostilidad, alivia la tensión y mejora el compañerismo entre las personas. Incorporar el humor a nuestras presentaciones —según nuestro estilo y en las dosis adecuadas— siempre es una buena recomendación. No hace falta hacer chistes ni ser un profesional de los monólogos. Simplemente compartir una anécdota graciosa que nos haya pasado a nosotros o a alguien conocido es suficiente para que la gente suelte una pequeña carcajada, hacerle sentir mejor y conectar más con ellos. Hazte esta pregunta: ¿qué motivo para sonreír (una pequeña risa/carcajada) podemos dar al público?

8. **Séptimo elemento de una presentación exitosa: tiempo.** La habilidad para presentar ideas de manera persuasiva también tiene mucho que ver con *cuánto* contamos, tanto desde el punto de vista de la *duración* de nuestro discurso (tiempo) como de la *cantidad* de ideas transmitidas (contenido):

    1. *Duración*: la atención no es ilimitada y mucho menos en un mundo muy digitalizado. El cerebro tiene mucha menos capacidad de mantenerse concentrado que en el pasado. La ciencia ha demostrado que dieciocho minutos es el tiempo ideal para una presentación, que es precisamente la razón por la que las charlas TED duran esos minutos. Según Chris Anderson, presidente de la plataforma, «es un tiempo suficientemente largo para aportar valor y suficientemente corto para no cansar». La brevedad es uno de los aspectos más valorados por los asistentes a un evento y al mismo tiempo uno de los más olvidados por los ponentes.

    2. *Cantidad*: el exceso de información impide la transmisión efectiva de las ideas. En una presentación, mucho

más importante que lo que se cuenta es lo que se descarta. Ello genera habitualmente muchos quebraderos de cabeza en los ponentes a los que les cuesta mucho decidir qué ideas incorporar a la presentación y cuáles desechar. No se trata de contar todo lo que se sabe, sino de que lo que se cuente sea relevante para la audiencia. Como pauta general, tres ideas potentes es más que suficiente. *Más no es mejor, más es simplemente más*. El exceso de información bloquea el cerebro.

9. **Octavo elemento de una presentación exitosa: sentidos.**
¿Qué podemos hacer para que el público *sienta* nuestra presentación? Las presentaciones memorables crean experiencias intensas y multisensoriales. Importa lo que se dice y cómo se vive. Hay que utilizar la imaginación para convocar a los sentidos. Además, en la medida que pongamos en juego más sentidos (vista, olfato, oído, tacto, gusto) a más público impactaremos, porque cada persona reacciona de manera diferente según nuestro estilo de comunicación. Hay personas más auditivas, otras más visuales y otras más cinestésicas. Lo que es evidente es que no es lo mismo hablar de una rosa, que olerla; hablar de un vino, que beberlo; hablar de un cuadro, que verlo; hablar de un nuevo coche, que probarlo; hablar del sol, que sentir al astro rey en la cara. Para vivir experiencias intensas —y memorables— tenemos que convocar al máximo a los sentidos, y a poder ser, al mayor número de ellos. El psicólogo Richard E. Mayer, de la Universidad de California en Santa Bárbara, ha demostrado la relación entre la estimulación multisensorial y nuestra memoria. Los estudiantes que reciben la información por múltiples canales (vídeos, texto, imágenes...) la recuerdan mejor que aquéllos que sólo la reciben por un único canal sensorial. Recordamos las cosas mejor cuando las experimentamos con todos nuestros sentidos.

10. Noveno elemento de una presentación exitosa: autenticidad.

Hay dos pecados que destrozan la percepción que el público tiene de un conferenciante: no controlar el ego y la falta de autenticidad. Mientras que la humildad (rasgo de humanidad) nos acerca a los demás, la arrogancia (rasgo de inhumanidad) nos distancia de ellos. Por otro lado, hay muchas formas de comunicar bien, pero todas ellas convergen en algo: la autenticidad. La falta de autenticidad apesta. Actuar de forma impostada penaliza y su efecto es el contrario al que se quiere lograr. Sé tú mismo, con tus luces y sombras, porque no hay nadie como tú. Eres único, como el resto de los mortales, así que aprovecha tu singularidad y ponla en valor. Chris Anderson, presidente de TED, explica: «La clave del formato TED es que tenemos humanos que conectan con otros humanos de forma directa, casi vulnerable. Estamos desnudos sobre el escenario, por decirlo de algún modo. Las charlas que mejor funcionan son aquéllas en las que la gente pueda sentir esa humanidad, son sus emociones, sus sueños y su humanidad». No busques ser perfecto, pon tu empeño en ser auténtico. La gente no busca personas sin defectos, sino personas que tengan el valor de expresar quiénes son. La autenticidad siempre vende y cautiva, y sobre un escenario mucho más. Hablar en público es una de las mejores formas para llegar a la gente, seducir y mejorar nuestra marca personal; es un privilegio que no debemos desaprovechar, y la mejor forma de hacerlo es con autenticidad. Chris Anderson, en su libro *Charlas TED*, apunta: «La comunicación entre seres humanos es una de las auténticas maravillas del mundo. La ponemos en práctica todos los días, de manera inconsciente. Y alcanza su forma más intensa sobre una tarima, en un escenario público».

CHIP HEATH Y DAN HEATH

Chip Heath (1963) y Dan Heath (1973) son dos hermanos estadounidenses considerados como los principales divulgadores sobre temas relacionados con la gestión del cambio y la toma de decisiones. Por su parte, Chip Heath es profesor de Comportamiento Organizacional en la Graduate School of Business de la Universidad de Stanford, ingeniero industrial por la Texas A&M University y doctor en Psicología por Stanford. Es columnista de *Fast Company*, ha asesorado a numerosas empresas e imparte conferencias por todo el mundo. En el caso de Dan Heath, éste trabaja en la Universidad de Duke asesorando a jóvenes emprendedores en sus proyectos. Fue fundador de Thinkwell, una editorial innovadora de libros de texto multimedia, y ha sido investigador de la Harvard Business School. Ambos son coautores de varios libros de gran éxito como *Cambia el chip*, con subtítulo: *Cómo afrontar cambios que parecen increíbles*. El título en inglés es *Switch*, que hace referencia al encendido (*switch on*) de un interruptor; es decir, qué debemos hacer para activar nuestra puesta en marcha y lograr cambios que marcan diferencias. El libro es un bestseller internacional y estuvo durante cuarenta y siete semanas consecutivas entre la lista de los más vendidos de *The New York Times*. También son autores de otras publicaciones de igual éxito como *Ideas que pegan*, con subtítulo: *Por qué algunas ideas sobreviven y otras mueren*, que fue galardonado como «mejor libro del año» y estuvo durante veinticuatro semanas en la lista de los más vendidos del *Businessweek*. Otros dos de sus libros son: *Decídete*, con subtítulo: *Cómo tomar las mejores decisiones en la vida y en el trabajo*; y *Momentos mágicos*, con subtítulo: *Cómo crear experiencias que nos cambien la vida*.

1. **Hay cambios fáciles y cambios difíciles, pero ¿en qué se diferencian?**

Habitualmente pensamos que los grandes cambios generan grandes resistencias. Pero no siempre es así. Imaginemos el nacimiento de un hijo. Traer un vástago al mundo cambia la vida a cualquiera. De repente, una persona es totalmente dependiente de ti y se convierte en tu absoluta responsabilidad. Además, si uno lo piensa en frío, tener un hijo trae consigo muchas incomodidades: llora a cada rato, hay que darle de comer y asearle, llevarle al médico con frecuencia, despierta a sus progenitores varias veces durante la noche y, por si fuera poco, supone un gasto de dinero considerable entre pañales, biberones, vacunas y otros. Sin embargo, y a pesar de cómo altera la vida la llegada de un hijo, los padres lo asumen encantados y están felices con sus retoños. Otros cambios grandes, por contra, se hacen muy cuesta arriba: dejar de fumar, hacer dieta, salir a correr o aprender un idioma, por citar sólo algunos ejemplos. La pregunta es: ¿por qué unos cambios nos cuestan tanto, y otros, a pesar de suponernos grandes incomodidades, los asumimos con buen ánimo y los sacamos adelante? La respuesta está en tres aspectos que deben funcionar al unísono: *jinete* (razón/cabeza), *elefante* (emoción/corazón) y *camino* (contexto/entorno).

2. **El problema del cambio es que a veces el corazón y la cabeza están en conflicto.**

La cabeza hace referencia al lado *racional*, lo que deberíamos hacer; el corazón hace referencia al lado *emocional*, lo que nos apetece hacer. Y cuando están en conflicto, el corazón (la parte instintiva) es más poderosa. Queremos bajar de peso y sabemos que es bueno para nuestra salud, pero acabamos comiéndonos una tableta de chocolate. A todos nos resulta familiar esta situación o alguna similar. Las personas tomamos decisiones que no son racionales, pero sí humanas. Jonathan Haidt, psicólogo de la Universidad de Virginia, en su libro *The Happiness Hypothesis*, dice que «nuestro lado emocional es un elefante y nuestro lado racional es su jinete. Encaramado sobre el elefante, el jinete sujeta las riendas y parece ser el líder. Pero el control del jinete es precario porque es muy pequeño comparado con el elefante. Cada vez que el elefante, de seis toneladas, y el jinete difieran con respecto a la dirección a seguir, el jinete perderá. No tendrá nada que hacer». Todos hemos experimentado esa sensación al intentar dejar de fumar, o al ir al gimnasio, o al madrugar para correr, o al hacer dieta, o al estudiar un idioma. La debilidad del elefante (lado *emocional*) es clara: prefiere la gratificación *inmediata* (un bollo) a la *diferida* (estar delgado). Cuando los esfuerzos de cambio fracasan, suele ser culpa del elefante, ya que implica sacrificios a corto plazo para obtener recompensas a largo plazo. El ansia del elefante por el corto plazo (lo que le pide el cuerpo) se impone a la fortaleza del jinete (el autocontrol de no dejarse llevar) de pensar a largo plazo.

3. **El elefante (lado *emocional*) también tiene fortalezas enormes y el jinete (lado *racional*) debilidades muy serias.**
No siempre el elefante (lado *emocional*) es el malo de la película y el jinete (lado *racional*) es el bueno. Las emociones son necesarias, hacen que se hagan las cosas. Para progresar hacia un objetivo hay que tener energía, pasión por ese cambio. Detrás de un cambio siempre hay una emoción que nos impulsa. Por otro lado, el jinete también oculta debilidades: su lado racional le lleva a dar demasiadas vueltas a las cosas, a analizar excesivamente cada detalle, lo que conduce muchas veces a no hacer nada: parálisis por análisis. Por tanto, para que las cosas cambien hay que apelar a ambos, al jinete y al elefante; el primero aporta planificación, dirección y voluntad, y el segundo aporta energía, pa-

sión y motivación. En el equilibrio está la virtud. Tanto el exceso como el defecto de uno o de otro generan problemas: *la dirección sin emoción no genera avance*; *la emoción sin dirección conduce al caos*. Como explican Chip y Dan en su libro *Cambia el chip*: «Si llega a los jinetes de su equipo pero no consigue llegar a los elefantes, su equipo tendrá comprensión sin motivación. Si llega a los elefantes pero no a sus jinetes, tendrá pasión sin dirección. En ambos casos, los resultados pueden resultar paralizantes. Un elefante reticente y un jinete que piense demasiado pueden hacer que no se produzca ningún cambio». Si corazón y cabeza no van de la mano, el cambio se resistirá. Los dos deben actuar en sintonía. Por ejemplo, el jinete puede someter al elefante: decido por voluntad propia no fumar porque sé que es bueno; pero sólo lo podrá hacer por un tiempo, porque el peso del elefante es demasiado grande y es cuestión de tiempo que acabe cediendo a su deseo: darle una calada a un pitillo. El autocontrol no es un recurso ilimitado, se agota. No se pueden generar cambios consistentes sólo con la palanca de la *razón* (debo hacerlo), se necesita también la palanca de la *emoción* (quiero hacerlo). Cuando la emoción está implicada, las cosas se hacen porque se sienten, porque se desean hacerlas: «Cuando alguien dice que el cambio es difícil porque la gente es perezosa o se resiste al cambio —escriben Chip y Dan—, está totalmente equivocado. Muchas veces lo que parece pereza, en realidad es agotamiento». Por eso, para liderar y obtener lo mejor de las personas no podemos apelar sólo a la *razón* (datos, estrategia, presupuestos...), sino que hay que apelar también a la *emoción* (reto, alegría, pasión, logro, entusiasmo, propósito). Liderar es seducir, influir positivamente, tocar el lado emocional de la gente. Los proyectos, si no somos capaces de conectarlos con las emociones de las personas, tienen poco recorrido. La gente cambia cuando se siente emocionada por cambiar. Los líderes son especialistas en vender un futuro atractivo, en vincular la visión empresarial con las motivaciones personales. En 1996, Gary Hamel —también presente en estas páginas— escribió un artículo en *Harvard Business Review* (julio-agosto) con el título «Strategy as Revolution» [La estrategia como revolución] donde decía: *Change is not the problem; engagement is* ('El problema no es el cambio; es el compromiso').

4. **Si quieres que la gente cambie tienes que darle una dirección muy clara, como el agua.**
El jinete (lado *racional*), como hemos visto, también tiene sus carencias: es excesivamente analítico y planificador. Cuando uno da vueltas a las cosas una y otra vez, el resultado es el inmovilismo: no-dirección, no-acción, no-resultados. La motivación (emoción) es necesaria, pero la motivación sin dirección (razón) está desorientada. Para que algo cambie, hay que actuar de forma diferente; y para actuar de forma diferente, hay que saber qué hacer diferente. Por eso es esencial tener un sentido claro de dirección. *Muchas veces, lo que parece resistencia al cambio es falta de claridad.* La gente no cambia no porque no quiera, sino porque no sabe realmente qué tiene que hacer para cambiar: les falta dirección, y como consecuencia de ello, la inercia es seguir haciendo lo mismo. Los hermanos Heath nos dicen: «Si le dice a una persona que tiene que llevar una vida más sana, piense de cuántas formas puede interpretarlo. Imagine a su jinete contemplando las opciones hasta la saciedad: ¿tengo que tomar más cereales y menos carne? ¿O al revés? ¿Tengo que empezar a tomar vitaminas? ¿Tendría que pasarme a la Coca-Cola *light* o es peor el edulcorante artificial que las calorías?». Evidentemente, al final se colapsa y no hace nada. Por eso, «si quiere que una persona cambie, no le pida que se alimente de una forma más sana. Le tiene que decir, "la próxima vez que estés en la sección de lácteos del supermercado, elige leche con un 1 por ciento de materia

grasa en lugar de leche entera"». Es la forma de convertir algo *abstracto* que genera *inacción* en algo *concreto* que provoca *acción*. Pasar de los objetivos ambiguos a los comportamientos concretos. Para liderar el cambio hay que evitar la ambigüedad: la ambigüedad genera confusión, y la confusión provoca inacción. La claridad, por el contrario, diluye la resistencia: «Hasta que no eres capaz de transformar una idea de cambio en un comportamiento específico, no estás preparado para liderar un esfuerzo de cambio. Para crear un movimiento, hay que ser específico y concreto», concluyen los hermanos Heath.

5. **Los grandes cambios rara vez responden a la secuencia ANALIZAR-PENSAR-CAMBIAR, sino más bien a VER-SENTIR-CAMBIAR.**
La primera fórmula puede funcionar bien en entornos estables: primero, piensas; luego, analizas; después, cambias. Sin embargo, en contextos de grandes cambios, como los que vivimos hoy día, las personas no responden a esta secuencia. Hay mucha incertidumbre y el elefante es reacio a moverse, prefiere la seguridad. Los argumentos analíticos no son suficientes para hacerlo, se necesitan *pruebas* que generen algún tipo de sentimiento que mueva a la acción, algo que active emocionalmente a la persona: una *visión molesta de un problema* (dolor que mueve) o una *visión esperanzadora de la solución* (placer que activa). La gente tiene que sentir una visión que le remueva sus emociones como punto de partida del cambio. La mera presentación de datos financieros, hojas de cálculo, gráficos y PowerPoint son insuficientes. En *Las claves del cambio*, John Kotter y Dan Cohen describen un estudio que realizaron con un equipo de Deloitte Consulting. El equipo de proyectos entrevistó a más de cuatrocientas personas de más de ciento treinta compañías de Estados Unidos, Europa, Australia y Sudáfrica, con el fin de averiguar por qué se producía el cambio en

las grandes organizaciones. Basándose en los datos, Kotter y Cohen concluyeron que, en muchas situaciones de cambio, los directivos inicialmente se centran en la estrategia, la estructura, la cultura o los sistemas, lo cual les lleva a pasar por alto lo más importante: «Lo más importante es cambiar el comportamiento, y el cambio de comportamiento se consigue, básicamente, apelando a los sentimientos. Esto es cierto incluso en organizaciones que están muy centradas en el análisis y en las mediciones cuantitativas, incluso en personas que se creen inteligentes en el sentido de un MBA. En esfuerzos de cambio altamente exitosos, la gente encuentra la manera de ayudar a los demás a ver los problemas o soluciones de formas que influyan en las emociones, no sólo en la mente».

6. **La emoción es lo que motiva al elefante. Para conseguir el cambio hay que identificar el sentimiento. Pero ¿qué sentimiento?**
Si hay que provocar una acción rápida y específica en la gente, las emociones negativas pueden ayudar a ello. El miedo puede ser un factor de motivación poderoso en situaciones de crisis, pero su efectividad es dudosa para grandes cambios a medio y largo plazo que requieren creatividad y flexibilidad. Eso no lo aporta el miedo. A pesar de ello, ha sido (y sigue siendo) la estrategia preferida de muchos directivos: infundir miedo para motivar. Un ejemplo lo encontramos en la película *Glengarry Glen Ross*, en la que el director de un equipo de vendedores les arenga diciéndoles: «El primer premio es un Cadillac Eldorado, el segundo premio es un juego de cuchillos... el tercer premio es que estás despedido». En 1998, después de que los psicólogos dedicaran décadas a estudiar las emociones negativas, la psicóloga Barbara Fredrickson hizo un informe provocador titulado «¿Hasta qué punto son buenas las emociones positivas?». El documento se convirtió en un clá-

sico citado recurrentemente. Allí se señala cómo «las emociones negativas tienden a tener un "efecto limitador" en
nuestros pensamientos». Fredrickson sostiene que «a diferencia de los efectos limitadores de las emociones negativas,
las emociones positivas [alegría, ilusión, entusiasmo,
amor...] están diseñadas para ampliar y construir nuestro
repertorio de pensamientos y acciones». Es decir, las emociones positivas facilitan la creatividad, la investigación, el
juego, la flexibilidad: «Cuando nos interesa algo, queremos
involucrarnos en ello, aprender cosas nuevas, vivir nuevas
experiencias. Nos abrimos más a las ideas nuevas. La emoción positiva de orgullo, que experimentamos cuando superamos un reto personal, amplía el tipo de tareas que contem-
plamos para el futuro, animándonos a perseguir objetivos
más ambiciosos». Muchos de los grandes cambios a los que
se enfrentan las organizaciones en el mundo actual son ambiguos e inciertos y requieren de las personas una gran
apertura de mente, creatividad, pasión y esperanza para dar
lo mejor de sí mismas. Para conseguirlo, debemos apelar a
todas aquellas emociones que les estimulan a desplegar
todo su talento.

7. **Una forma de motivar a la acción es hacer que la gente
se sienta como si estuviera más cerca de la línea de meta
de lo que pensaba.**
Cualquier persona que haya logrado algún gran desafío, si
hubiese sabido anticipadamente todo lo que tendría que
hacer, aguantar y soportar para lograrlo, no hubiera em-
prendido el camino. Los grandes cambios asustan y desmo-
ralizan: demasiado camino por delante. Por tanto, hay que
facilitar a la gente que empiece a recorrerlo, que les parezca
menos de lo que es. ¿Cómo conseguirlo? Un túnel de lavado de coches lanzó una promoción en la que ofrecía tarjetas de fidelización para sus clientes. Cada vez que un cliente lavaba su coche, le ponían un sello en la tarjeta, y cuando

la tarjeta estaba completa con ocho sellos, tenía de premio un lavado gratis. Asimismo, otros clientes del mismo túnel de lavado recibieron otra tarjeta de fidelización, pero ligeramente diferente: para conseguir un lavado gratis tenía que reunir diez sellos (en lugar de ocho), pero su punto de partida era mejor que el de los otros dos. Cuando recibían sus tarjetas de fidelización, ya tenían dos sellos estampados en ellas. Ambos grupos de clientes tenían la misma recompensa, un lavado gratis por cada ocho, pero la propuesta psicológica era diferente: en el primer caso se parte de cero, y en el segundo ya tienes el 20 por ciento del camino recorrido. Unos meses después de realizar seguimiento de ambos grupos de clientes, se comprobó que sólo el 19 por ciento de los clientes del primer grupo habían conseguido un lavado gratis frente al 34 por ciento del segundo grupo. ¿Conclusión? Siempre es más motivador haber recorrido un trozo de un camino largo que estar al principio de un camino más corto. Esto es lo que explica por qué nunca hay que anunciar públicamente una campaña de recogida de dinero para una organización benéfica hasta que no se tenga ya el 50 por ciento, ya que ¿quién quiere dar los primeros 100 euros o la cantidad que sea de una campaña de recogida de dinero? Como dicen los hermanos Heath, «si está liderando un esfuerzo de cambio, más vale que empiece a buscar esos dos primeros sellos para poner en las tarjetas de su equipo [...]. Si quiere que el elefante reacio cambie, tiene que reducir la dimensión del cambio». La sensación de progreso es fundamental, o lo que los americanos llaman *quick wins* ('ganancias rápidas'), de otro modo la sensación de desánimo aparece y el elefante quiere volver a lo rutinario, conocido y fácil. Con las *quick wins* lo que se hace es sembrar esperanza, y la esperanza (para mejor) es esencial para un esfuerzo de cambio. La esperanza hace creer que el cambio es posible; es el combustible que mueve al elefante. Hay que celebrar las pequeñas victorias:

dan confianza, estímulo e ilusión para seguir adelante. La sensación de avance da fuerzas y hace que cada vez uno se sienta menos asustado. Los líderes de éxito son capaces de reducir la dimensión del cambio y generar pequeños cambios visibles: «Los grandes cambios proceden de una sucesión de pequeños cambios —dicen los hermanos Heath—. No importa que los primeros cambios parezcan casi triviales. Lo importante es conseguir que el elefante se mueva, aunque al principio el movimiento sea muy lento.» De lo que se trata es de generar inercia.

8. **Para crear un cambio y mantenerlo, hay que actuar más como un entrenador que como un árbitro.**
   Los cambios no son lineales, sino que hay *ups and downs*: errores, fracasos, ajustes y correcciones. La pregunta es inmediata: ¿cómo mantener al elefante motivado cuando por el camino se producen estos retrocesos? De una manera: hay que crear la expectativa de fracaso; es decir, la gente debe saber que el fracaso (error) es algo consustancial al camino. Un árbitro juzga la actuación (bien/mal), mientras que un entrenador estimula y anima a corregir y mejorar. La diferencia es sustancial. Ello lo ha estudiado en profundidad Carol Dweck, profesora de Psicología de la Universidad de Stanford y autora del libro *Mindset: la actitud del éxito*. Para Dweck hay dos tipos de personas: las que tienen mentalidad *fija* y las de mentalidad de *crecimiento*. Las primeras son aquéllas que piensan que sus capacidades son estáticas, es decir, soy bueno o malo para algo: hablar en público, negociar, bailar o cocinar. Esas habilidades reflejan nuestra manera de ser: vales o no vales. Las personalidades con mentalidad *fija* tienden a evitar los desafíos porque piensan que si fracasan, ese fracaso representará una imagen de su capacidad real: soy un perdedor. Para las personalidades con mentalidad de *crecimiento*, las habilidades son como músculos que con la práctica se pueden desarrollar. Es decir, con pa-

sión, esfuerzo, actitud y tiempo las personas consiguen mejoras notables. Esto lleva a que este tipo de personas acepten más desafíos a pesar del riesgo de fracaso, porque saben que el camino del éxito es un camino de ensayo-error-aprendizaje-mejora. La pregunta es: ¿se puede cultivar y aprender una mentalidad de *crecimiento*? Por supuesto. Hay mucha evidencia empírica que así lo constata, y Dweck da buena cuenta de ello en su libro. Por desgracia, en el mundo empresarial se rechaza de manera implícita la mentalidad de *crecimiento*, porque se piensa que hay dos etapas: planificación y ejecución, obviando el aprendizaje (práctica) entre medias; es decir, se planifica, se ejecuta y se obtienen resultados. Pero las cosas no funcionan así, o como dice Rosabeth Moss Kanter, profesora de Harvard Business School, al estudiar organizaciones excelentes, «en el medio, todo puede parecer un fracaso». Todos los grandes procesos de cambio pasan por procesos de confusión, algo parecido a lo que relataba Winston Churchill sobre lo que era el proceso de escribir un libro: «Escribir un libro es una aventura. Al principio es un juguete, después una diversión. Más tarde se convierte en una amante, y después se transforma en un amor, hasta que pasa a ser un tirano y, en la última fase, cuando estás a punto de resignarte a tu servidumbre, matas al monstruo y lo lanzas al público». Cuando uno aborda los procesos de cambio con una mentalidad de *crecimiento*, los aborda de otra manera: con actitud positiva. La mentalidad de *crecimiento* es un bálsamo para los momentos críticos. En la cabeza está el siguiente razonamiento: *lucharemos, fracasaremos, nos derribarán; pero al final, mejoraremos, y acabaremos ganando.*

9. **Lo que parece un problema de las personas es un problema de la situación.**
Al realizar un cambio, es importante la dirección (jinete) y la motivación (elefante), pero se necesita algo más: *allanar*

el camino, es decir, que el contexto acompañe. Una persona puede saber qué es lo que *debe* hacer y *querer* hacerlo, pero finalmente no realizarlo. En estos casos, el problema suele estar en el medio. Los contextos son facilitadores o dificultadores del cambio. Si una persona es alcohólica y quiere dejarlo, mejor que no viva en un barrio rodeado de bares o le resultará complicado abstenerse de probar el alcohol. Hay formas fáciles y difíciles de hacer las cosas. Con otras palabras: *cuanto más favorable sea el contexto, más probable el cambio.* El objetivo es hacer que sea fácil abrazar el cambio. Los contextos impulsan o reprimen el cambio. De lo que se trata es de ponérselo lo más sencillo posible a la gente. Eliminar al máximo las fricciones. En el día a día hay muchas modificaciones del entorno para modificar nuestro comportamiento: existen señales de tráfico que dirigen nuestros actos y así parar en un semáforo en rojo o no adelantar en línea continua; los dueños de las tiendas le dan vueltas a la cabeza para que entremos en ellas y pasemos más tiempo; los cajeros no dan el dinero hasta que no has quitado la tarjeta para evitar que se te olvide: «Modificar el entorno es hacer el comportamiento adecuado un poco más fácil y el comportamiento inadecuado un poco más difícil», dicen los hermanos Heath. Muchas veces creemos que las personas no hacen lo que tienen que hacer porque son perezosas o rebeldes o cabezotas, o cualquier otro factor personal. Pero no siempre es así. A veces el problema está en el medio, en el contexto. Si se allana el camino, cambia el comportamiento. Una empresa había desarrollado una plataforma online para que sus empleados pasasen los gastos al departamento de administración por vía digital. A pesar de ello, lo seguían haciendo en papel. Según ellos «era más fácil». La dirección obligó entonces a todos a usar la herramienta. Sólo el 50 por ciento la adoptó, a pesar de las amenazas. Investigado el problema, se dieron cuenta de que al iniciarse la herramienta aparecía un tutorial sobre cómo utilizar el sistema para enviar los gastos. Eso echaba para atrás a los empleados. Se había diseñado para «facilitarles» la tarea, pero la estaba «complicando». ¿Eran rebeldes? No, simplemente optaban por el camino más fácil, el de menor resistencia, el que les resultaba más familiar.

10. **Hacemos las cosas porque vemos a los demás hacerlas. El comportamiento es contagioso.**

Por eso, para lograr cambios exitosos en una organización es importante el ejemplo de los líderes *formales*, los que ocupan puestos clave, pero también de los líderes *informales*, aquéllos que sin ocupar un cargo de autoridad arrastran al resto por su capacidad de influencia. Es clave identificar a estas personas dentro de la organización porque son críticas para el cambio, ya que provocan que el grupo las sigan. Es una forma de *allanar el camino*. Pongamos un ejemplo empírico acerca de la presión del grupo (presión social). Un estudio liderado por el doctor Nicholas Christakis de la Harvard Medical School, que hizo un seguimiento a 12.067 personas durante treinta y dos años, concluyó que cuando una persona se vuelve obesa, la probabilidad de que sus amigos más íntimos también se vuelvan obesos ¡se multiplica por tres! Curiosamente, la proximidad física no parecía importar. La obesidad parecía expandirse entre los amigos incluso cuando estaban en distintos puntos del país. Al explicar estas conclusiones, el Dr. Christakis dijo: «Cuando miras a los que tienes a tu alrededor, cambia tu idea de lo que es un cuerpo aceptable». El grupo arrastra, y los líderes son iniciadores del cambio. No hay nada más eficaz que el ejemplo de la autoridad (formal e informal) para producir un «efecto arrastre» de otras personas, a las que se unen otras personas, y después otras más, y así sucesivamente. Imitamos los comportamientos de los más cercanos, sobre todo cuando una situación es desconocida o ambigua. Y las situaciones de cambio, por definición, son así: ambiguas. Ante un contexto desconcertante tendemos a mirar alrededor para saber cómo actuar, y luego, actuamos como ellos. Buscamos pistas que nos indiquen por dónde tirar. Los grupos cumplen esta función. Cuando la mayoría hace algo, el resto también tiende a hacerlo. En algunas compañías de teatro uno de sus miembros está de incógnito entre el público para reírse y aplaudir en los momentos apropiados. Cuando inicia sus risas o aplausos, el resto del público también acompaña logrando el efecto deseado. Somos extremadamente sensibles al entorno y la cultura.

DABIZ MUÑOZ

David Muñoz (1980), o Dabiz (con *b* y *z*), como él firma, es un chef español que ha sido galardonado con tres estrellas Michelin por su restaurante DiverXO, y considerado en varias ocasiones como «mejor cocinero del mundo» por The Best Chef Awards. Su coqueteo con la cocina empezó con apenas ocho años. Ya entonces hacía sus primeros pinitos, sin embargo, fue con doce años cuando se produciría un punto de inflexión. Su padre ahorró durante un año para poder invitar a la familia a Viridiana, restaurante madrileño que frecuentaban personajes conocidos (actores, futbolistas, políticos...) del mundo social de la época. Dabiz «flipó» cuando vio lo que allí sucedía: «Yo aluciné: los colores, su cocina, la creatividad, los sabores... A partir de entonces, empezamos a ir dos veces al año; en mis cumpleaños y en alguna otra ocasión anual que elegían mis padres». Desde aquel momento, Abraham García, chef y propietario del restaurante, se convirtió en su modelo a seguir y en su máxima fuente de inspiración. Tras cursar sus estudios profesionales de hostelería, con veinte años, conseguiría entrar a trabajar en Viridiana, no sin dar muchas pataletas y rogarle llorando que le aceptase. Posteriormente se marcharía a Londres donde pasaría por las cocinas de Nobu y Hakkasan, dos restaurantes de referencia, a los que incluso acudía en sus días libres sin cobrar para seguir aprendiendo. Tras la experiencia internacional, volvió a España en 2007 y abrió en Madrid su primer local, DiverXO, que a pesar de sus limitaciones llamó la atención del público y la crítica. El restaurante ha pasado por tres etapas en las que ha ido evolucionando, profesionalizándose y cambiando de ubicación: una primera de 2007-2009; una segunda de 2009-2014; y una tercera de 2014 en adelante. En 2009 recibió su primera estrella Michelin. Dos años después obtuvo la segunda, y en 2013 alcanzó la tercera. Con treinta y tres años fue el cocinero más joven en ganar las tres estrellas de la prestigiosa guía. En 2022 anunciaba que en el primer trimestre de 2024 DiverXO se mudaría a un nuevo emplazamiento de 1.900 metros cuadrados con capacidad para cuarenta comensales. Junto a DiverXO, y como parte del grupo XO, han surgido durante los últimos años otras iniciativas gastronómicas como StreetXO, en 2012, un concepto de restaurante basado en los puestos de comida callejera del sudeste asiático; también el GoXO, idea que surgió en 2021 como restaurante de comida a domicilio debido a la pandemia y que en la actualidad se ha materializado en *food trucks* repartidos por diferentes ciudades; y finalmente RavioXO, un local especializado en pasta con orientación hacia los *dumplings* asiáticos. En 2016 se estrenó *El Xef*, un docurreality de cuatro capítulos grabado durante dos años siguiendo al cocinero por todo el mundo, donde explica su forma de entender la cocina y la vida. Como curiosidad, Dabiz Muñoz jugó al fútbol en las categorías inferiores del Atlético de Madrid, llegando a debutar con el club colchonero en Segunda B.

1. **Me siento cómodo en la zona de *no-confort*. La zona de *confort* me aburre y me produce mucho hastío.**
   La zona de confort no es el lugar adecuado para el crecimiento. «Creo que todo lo que sea conformarse con lo que uno tiene —dice Dabiz—, vivir en la zona de confort y hacer lo que la sociedad espera de ti, es un error». Quizá por eso es un «ganador». Innovar (la base de toda creación) es transitar por parajes no recorridos. Y eso exige atrevimiento. El inmovilismo y la indecisión a menudo nacen del miedo al fracaso. Cuando el miedo al fracaso desaparece (ganar es no tener miedo a perder), es un ir hacia delante de manera permanente. Cada reto se renueva con otro. «Eso de que si

algo funciona no lo cambies, nosotros no lo llevamos a cabo. Al revés, si funciona debes cambiarlo para que siga funcionando», dice con total naturalidad el chef madrileño.

DiverXO, su buque insignia, es una evolución permanente: «Cada día tengo más claro que DiverXO debe ser más salvaje en sus planteamientos, en su cocina, en sus sabores y en sus productos»; y concluye: «El presente y futuro de DiverXO tiene un compromiso irrenunciable con abrir caminos y asumir riesgos como nunca antes. El pasado hay que tenerlo en la cabeza, pero cuando vas a avanzar y vienen cosas mejores, hay que dejarlo atrás». Cuando uno echa la mirada atrás con demasiada frecuencia, la autocomplacencia es inevitable, y también la caída.

2. **Yo tengo claro que si algún día dejo de cocinar bien, todo esto se va a esfumar.**
Nada es casualidad: el mercado reconoce tu trabajo mientras aportas valor; cuando el nivel cae, el mercado penaliza de la misma manera. Dan igual los éxitos pasados. Cada servicio (cliente) es un nuevo partido que hay que jugar y ganar. Desde fuera, la Champions League de la alta gastronomía puede parecer bonita, pero desde dentro no es un camino fácil ni gratuito ni cómodo. «Sólo vale la puta perfección», arenga Dabiz a su equipo en el documental que retrata su vida al frente de DiverXO. Y continúa: «Yo no voy a sacrificar nada porque vosotros no seáis capaces de dar lo que tenéis que dar de sí». Más adelante señala: «La perfección se debe buscar y existe en el cerebro de cada uno. Hay que buscar y conseguir esa perfección. La que yo tengo en mi cabeza la tengo lejos y cada vez que me acerco se va alejando un poco». Pablo Sobrino, chef ejecutivo del restaurante, comenta lo que supone trabajar en los fogones de DiverXO: «Desde que coges la cebolla y la estás pelando y cortando tiene que ser un trabajo bien hecho desde el principio. No puedes decir esto tiene menos importancia.

Todo tiene que estar perfecto, empezando por tu actitud que tiene que ser perfecta para que tu trabajo sea perfecto». En DiverXO trabajan más de cuarenta personas para dar servicio a treinta y dos comensales con un menú que consta de unos veinte platos, en el que intervienen entre cinco y ocho personas y cuya duración oscila entre tres y cuatro horas. El precio del menú son 365 euros por cubierto, a los que hay que sumar 150 euros por persona por la selección de vinos. La gente más cercana de su equipo le define como «exigente, perfeccionista y ambicioso». Su madre, probablemente la persona que mejor le conoce, habla sobre él en los siguientes términos: «Es perfeccionista, competitivo y tiene un carácter muy fuerte». Otra miembro de su *staff* le retrata así: «Es muy rápido, es muy intenso y nos hemos acostumbrado a vivir así. La cabeza de Dabiz va a dos mil revoluciones más que la de cualquiera».

3. **Yo soy feliz cocinando.**
    También apunta: «Estoy convencido de que es mi vocación. Con doce años cocinaba en casa de mis padres, con doce años fantaseaba con tener un restaurante como es DiverXO hoy día, que la gente hiciese cola para divertirse. Desde que tengo doce años esto lo he soñado». Cualquiera que haya visto hablar a Dabiz, ya sea en una entrevista en un programa de televisión o de manera informal a través de sus redes sociales, ve que desborda una pasión inusual. Es difícil no dejarse arrastrar por ese entusiasmo apabullante, o bien cocinando o como comensal en alguno de los restaurantes del mundo a los que acude buscando inspiración. Sus vacaciones las diseña en función de los locales que quiere conocer y la comida que quiere probar: «Sólo hay una cosa que me gusta más que cocinar: comer», dice con cara de disfrutón mientras sonríe. Así hablaba en uno de sus viajes a Bangkok sobre los puestos callejeros de la capital tailandesa: «Me encantan las ensaladas de Tailandia, son la puta fiesta. Te metes algo

en la boca y te sabe a dulce, salado, picante, ácido, amargo…». La felicidad es un concepto ambiguo pero no cabe duda que intentar disfrutar al máximo es una de las claves de la existencia. Él lo sabe hacer bien. La actividad laboral debe ser una extensión de quiénes somos, de aquello con lo que más nos identificamos y con lo que podemos contribuir mejor a los demás. Otra cosa es difícil que produzca retornos duraderos. Si haces lo que te gusta y disfrutas haciéndolo, siempre lo harás mejor. Ése es Dabiz Muñoz.

4. *No pain, no gain. Winner attitude always* ('Sin sufrimiento no hay recompensa. Actitud ganadora siempre'). Es el cartel que se puede ver en la zona reservada para el *staff* en el interior de DiverXO. El sufrimiento es consustancial a cualquier logro que sea digno de ser recordado. Aprender a ganar es aprender a sufrir. No hay otra alternativa. Han pasado más de tres lustros desde que el primer DiverXO (2007-2009) abriese sus puertas en la calle Francisco Medrano del barrio de Tetuán, una ubicación modesta muy alejada de lo que se supone que debe ser un restaurante de alta gastronomía. La infraestructura era precaria y era como trabajar en un zulo debido a sus reducidas dimensiones. Dos personas cocinaban y fregaban, y otras dos servían en el comedor. Aquella aventura la inició con veintisiete años y 50.000 euros de crédito. Daban servicios seis días de la semana con jornadas maratonianas de ocho de la mañana a dos de la madrugada. Por si fuera poco, el propio Dabiz durmió durante casi un año en el restaurante. El cierre sólo se podía abrir desde fuera, y su padre iba por las mañanas a abrir y llevarle el desayuno. Tras aquella primera ubicación hubo una mudanza a un segundo local más grande en el mismo barrio (2009-2014) hasta el actual emplazamiento en el Paseo de la Castellana dentro del hotel NH Eurobuilding (2014-…). El día de su apertura ya había ocho meses de lista de espera. Si hay una palabra que defina este periplo empresarial es preci-

samente la palabra «sufrimiento». Las reflexiones de Dabiz no dejan indiferente a nadie:

- «Nunca he disfrutado de lo que me ha pasado en DiverXO durante los primeros siete años. Me levantaba atormentado, tenía ansiedad, engordé treinta kilos. Las personas que más lo han pagado eran las que estaban cerca de mí. Mucha gente que me quiere la he dejado de cuidar.»
- «Echo la vista atrás y me pregunto si volvería a ser capaz de hacer lo que he hecho en estos ocho años, de llegar hasta ese límite de esfuerzo físico y psicológico.»
- «Lo que nos ha hecho llegar donde hemos llegado es la actitud ante el emprendimiento y ante la vida.»
- «Tengo una relación tormentosa y tóxica con el éxito. Lo gestiono mal y me hace sentir abrumado y con más sentimiento de responsabilidad para hacer mejor las cosas. Lo vivo desde el sufrimiento.»

5. **Desde el primer día nunca me han interesado las reglas preestablecidas del juego que había alrededor de la gastronomía, ni los dogmas sobre los que se ha construido la alta cocina. Siempre he creído que tenía que crear mis propias reglas.**
La gente más disruptiva, la que de verdad transforma los mercados, crea nuevas reglas que hacen que la sociedad vire hacia otro lugar. En la vida hay líderes y seguidores. Los primeros emergen fruto de la innovación. Para ello es fundamental beber de fuentes diversas y poco habituales, porque si todo el mundo absorbe del mismo lugar, la repetición y la copia son inevitables. Dabiz Muñoz, después de tres años trabajando en Viridiana, decidió emigrar a Londres, la capital británica. Así lo explicaba: «Cuando llevaba tres años en Viridiana todos los chefs de mi edad querían trabajar con los grandes cocineros de España, entonces pensé que todos íba-

mos a aprender lo mismo, que seguro que estaba bien, pero si todos aprendíamos lo mismo, no sé, no me cuadraba». Su creatividad e innovación es fruto de esa inquietud por beber continuamente de multitud de fuentes, entre las que se encuentran sus viajes al extranjero: «Cuando viajo lo único que busco es aprender, porque cuanto más aprendes de una cultura que nada tiene que ver con la tuya, más enfoques diferentes encuentras». La creatividad y la innovación se alimentan de la diversidad: «La gastronomía, como otras muchas cosas, cuanto más amplías tu conocimiento, más fácil que luego hagas tu propio concepto». Otra de sus fuentes de inspiración —como no podía ser de otra manera— son los libros. En cierta ocasión le preguntaba un periodista:

—¿Cuántos libros de cocina tiene en su biblioteca?

Y contestaba:

—Todos; creo que los tengo todos. En total debo tener 1.000 o 1.200 libros. Con mis primeros sueldos me compraba libros de cocina, los leía y luego adaptaba cosas del libro.

6. **Mis obsesiones siguen siendo las mismas: cocinar rico y ser diferente.**
Y por ese orden. Es decir, el espectáculo, la *performance* y los fuegos artificiales están bien, pero siempre al servicio de una causa: comer bien y que al cliente le sepa todo muy rico en el paladar. ¿Cómo podría definirse a DiverXO? El propio chef lo explica: «Conceptos muy modernos, experiencias muy únicas, ingenio e imaginación, pero en el fondo lo que nos interesa es que todo esté muy bueno, y eso se consigue a base de cocinar, cocinar y cocinar». DiverXO es, sobre todo, una experiencia única en la que se mezcla la calidad (comer bien) con el disfrute (pasarlo bien), en un ambiente relajado y nada serio. «Sólo pienso en satisfacer al cliente, pero desde

una mente que es muy disfrutona. Planteo todo muy disfrutón», dice el chef. A diferencia de otros restaurantes incluidos en el olimpo de la alta gastronomía, DiverXO lo ha logrado sin que el ambiente sea serio, formal, gris y estirado: «DiverXO está hecho para la gente que le gusta comer. DiverXO es una fiesta hedonista y glotona».

7. **El mundo está lleno de gente que quiere cambiar su vida y no la cambia.**
Y añadía: «Yo en algún momento cambié todo; no me gustaba lo que me rodeaba y lo cambié. La gente tiene que ser más valiente consigo misma». Crecer es mejorar y mejorar es cambiar. No existe otra alternativa posible. No puedes subir de nivel en tu vida sin hacer cambios: «En el fondo, objetivamente, todo el mundo puede cambiar lo que desee: puedes cambiar tu trabajo, puedes cambiar tu pareja, puedes cambiar tu casa, puedes cambiar tu ciudad... Lo decides tú. Es un riesgo, te saca de la zona de confort, te genera estrés, te genera ansiedad, te genera nerviosismo, pero qué es mejor, ¿vivir al límite, con intensidad y pasión, o vivir en la zona gris de confort? ¿Cuántas veces vivimos? Una. ¿No merece de verdad la pena vivir la vida a tope?». Todos los «ganadores» confluyen en un aspecto: su capacidad de asumir riesgos, de ser valientes, de tirar siempre para delante. Si deseas algo y no cambias, no te mereces nada mejor.

8. **No me interesa nada la parte espumosa del éxito.**
El éxito no es la carcasa que rodea al éxito. Eso es sólo una consecuencia inevitable de la visibilidad y la notoriedad. Lo importante es ser auténtico, reconocerte y ser fiel a uno mismo. Las palabras de Dabiz son claras: «Yo necesito levantarme por la mañana y hacerme entender que lo que soy es verdad, que lo que la gente ve es verdad, que no hay un discurso vacío, que no hay postureo detrás de lo que está ocurriendo. Que más allá del éxito y de la fama que nos rodea, la esencia

es real». Cierta vez, con motivo de una conferencia para más de seiscientos directivos de un importante grupo de comunicación, confesaba: «No tengo problema en subirme a un escenario y dar una charla a mil tíos en traje. Porque en mi historia hay mucha verdad». El éxito es, sobre todo, autenticidad. Cuando hay autenticidad, simplemente hay que ser. Y eso implica tener fans y *haters*. No se puede gustar a todo el mundo; es el precio que siempre va unido al gran éxito. Quizá por eso, refiriéndose a Abraham García, su mentor y fuente de inspiración, decía: «Abraham es diferente. Abraham es él, para lo bueno y para lo malo. Lo compras o no».

9. **Pasión, sinceridad, intensidad, exigencia máxima, afán enfermizo de superación, y mucha ambición bien entendida.** Ésas son las claves del éxito para el chef madrileño. Veámoslas una por una:

* *Pasión.* «Solamente soy feliz cocinando —dice Dabiz—. Soy feliz cogiendo una sartén, cogiendo un cuchillo y friendo un huevo.»
* *Sinceridad.* «Conozco a tanta gente gris que vive en un mundo creado por sí mismo que me parece absurdo.» Si te niegas a ti mismo, sólo puedes aspirar a la mediocridad. No hay nadie como tú, explota tu singularidad.
* *Intensidad.* «Estamos acostumbrados a vivir con el estrés. No sabríamos vivir de otra forma», dice Manuel Villalta, mano derecha de Dabiz durante quince años. Su chef ejecutivo, Pablo Sobrino, piensa de la misma manera: «DiverXO es alta gastronomía y estrés brutal al servicio del cliente».
* *Exigencia máxima.* «No hay lugar para el error, aunque asumimos que lo habrá», asevera el chef madrileño. Esa búsqueda de la perfección define a DiverXO. Los equipos necesitan una «sana tensión» para dar lo mejor o sólo se puede aspirar a la normalidad.

- *Afán enfermizo de superación.* «Una de las cosas de las que más orgulloso estoy es de haberme obligado siempre a buscar nuevos objetivos y a seguir soñando, a mantener ese hambre por continuar comiéndome el mundo», se sinceraba en una entrevista.
- *Ambición bien entendida.* El crecimiento es un mecanismo de supervivencia. Crecer es la respuesta natural de cualquier ser vivo o el retroceso es inevitable.

10. **Confío en mi talento, confío en mi instinto y confío en mí mismo.**
    Confianza, del latín *cum-fidia*, esto es, *con-fe*. Las personalidades disruptivas son siempre incomprendidas y navegan a contracorriente, y eso exige mucha personalidad, firmeza de carácter, una inquebrantable determinación y mucha fe. Una persona muy cercana al chef explicaba una vez: «DiverXO y Dabiz Muñoz son vanguardia pura, y hacer vanguardia es abrir un camino nuevo que al principio puede dar vértigo. Sin mucha pasión, muy buena actitud, muchísimo esfuerzo y una fe ciega... es complicado». El propio Dabiz, refiriéndose a la primera etapa de DiverXO (2007-2009) tras su vuelta de Londres, manifestaba: «No tenía mucho dinero, por lo cual lo monté en el barrio Tetuán, que es un barrio humilde de Madrid, de mucha inmigración. Era un local muy humilde, pequeño, mal ubicado y feo; tenía todo para no triunfar, pero yo sabía que en una ciudad como Madrid si haces algo único, es muy difícil que te vaya mal». Eso es confianza, eso es fe. Asimismo, sobre la segunda etapa del restaurante (2009-2014), a pocos metros del primer local, en la calle Pensamiento 28, y con el que conseguiría su primera estrella Michelin, decía: «La clave del éxito en Pensamiento ha sido la fe ciega en lo que hacíamos». La fe siempre es necesaria: si tienes fe en ti y en tus proyectos, tienes mucho ganado. La fe no hace las cosas fáciles, hace las cosas posibles.

EL REY LEÓN

El Rey León es una película animada producida por Walt Disney que es de gran inspiración en muchos aspectos de la vida. La trama es la siguiente: Simba es un cachorro de león hijo del rey Mufasa y la reina Sarabi. Su tío Scar, que ambiciona para sí el trono, no le ve con buenos ojos. Joven e ingenuo, Simba no es consciente de las trampas sutiles de su tío para deshacerse de él. Cuando muere Mufasa en un intento por salvar a su cachorro de una estampida de ñus, Scar aprovecha la ocasión para culparlo de lo acontecido y pedirle que abandone el reino de *Pride Lands* y de esta manera evitar represalias del resto de los miembros del reino animal por la muerte del rey. Simba así lo hace y renuncia a su trono. Pasados los años, sin embargo, descubre que todo ha sido una maniobra de Scar, que ha asesinado a su padre, y vuelve al reino con la intención de enfrentarse a su tío y recuperar la corona. Para ello y teniendo como telón de fondo la sabana africana, contará con la ayuda entrañable de otros personajes como Timón, Pumba, Rafiki o Zazú, todos ellos especies singulares del hábitat africano, y también de Nala, su prometida, de la que está enamorado desde pequeño. Tras *La Bella y La Bestia* (1991) y *Aladdín* (1992), el estudio Disney llevó a la gran pantalla esta producción. *El Rey León* fue la primera película de Disney no basada en una historia real o novela. Cierta polémica surgió en torno a este metraje entre los estudios de Disney y los japoneses de Osamu Tezuka que años atrás habían creado un cómic –*Janguru Taitei* [Kimba, el León Blanco]– con el mismo argumento. Elton John escribió cinco canciones para la película, una de la cuales, *Can you feel the love tonight*, recibió el Óscar a la Mejor Canción Original. Además, la banda sonora, obra de

Hans Zimmer, también resultó premiada con otra estatuilla. Bajo la dirección de Rob Minkoff y Roger Allers, la cinta se estrenó el 15 de junio de 1994 convirtiéndose en la película más taquillera del año, recaudando sólo en el mercado norteamericano 312 millones de dólares. Cuatro años de trabajo, más de seiscientos dibujantes, artistas y técnicos, un millón de dibujos, 1.190 escenas individuales pintadas a mano y 1.155 fondos son sólo algunos de los espectaculares datos de esta producción. En las primeras fases de preproducción, para que los dibujos de los animales –aparecen más de veinte especies animales sin contar insectos– y el entorno tuvieran mayor realismo, el equipo de animación se desplazó a África durante quince días. La gran acogida de la película dio lugar a otros trabajos posteriores, como su adaptación al teatro en versión musical, que desde su estreno el 13 de noviembre de 1997 ha contado con más de sesenta millones de espectadores de todo el mundo. Además, la factoría de Disney realizaría también *El Rey León 2: El tesoro de Simba* (1998) y *El Rey León 3: Hakuna Matata* (2004).

1. **EJEMPLO. «Tengo que dar a mi hijo una lección.»**
Son palabras de Mufasa a Zazú después de que Simba hiciese caso omiso a sus recomendaciones de no adentrarse más allá de las fronteras de su reino, *Pride Lands*. Luego le dice:

—Simba, me has decepcionado. Han podido matarte. Me desobedeciste deliberadamente y arriesgaste la vida de Nala.
—Sólo intentaba ser valiente como tú —le replica el cachorro.
—Yo soy valiente cuando debo serlo. Ser valiente no significa buscarse problemas —concluye Mufasa.

Siempre es bueno contar con instrucciones de quienes están más experimentados y nos pueden indicar el camino más correcto sobre cómo actuar. A veces serán los padres, otras los mentores, y en otras ocasiones los jefes o los amigos. Nadie puede vivir por otros, pero es bueno disponer de puntos de referencia vitales, tanto en lo profesional como en lo personal, que nos permitan allanar el camino y evitar ciertos tropezones que a veces se pueden pagar muy caro.

2. **ENVIDIA. «Le mataremos... y a Simba también.»**
Scar, el hermano de Mufasa, le dirige estas palabras a las hienas con quienes busca complicidad para sus tropelías y así alzarse con el trono. Cuando alguien ocupa una posición de responsabilidad, siempre hay alguien que intenta asaltar la poltrona. Scar, corroído por la envidia tras el nacimiento de Simba que le sitúa por delante en la línea sucesoria, hará todo lo posible por quitárselo de en medio. Sus artimañas maquiavélicas para liquidar tanto al pequeño león como a su padre no tienen desperdicio. La vida real no es nada diferente y algunas personas actúan de forma similar tendiendo trampas y esparciendo basura. La envidia surge por la incapacidad para valorar las propias virtudes y talentos. Es síntoma de baja autoestima, y como decía Miguel de Unamuno, «es mil veces más terrible que el hambre, porque es hambre espiritual». Una persona dominada por este sentimiento negativo se consume. Vive en un estado de amargura y desazón permanente. Scar lo ejemplifica bien durante todo el largometraje.

3. **PASADO/DEJAR IR. «Siempre hay que dejar el pasado atrás. *Hakuna Matata*, o sea, no te angusties.»**
Simba huye de su reino creyendo que la muerte de su padre se ha debido a su imprudencia, sin ser consciente de que detrás estaba su tío Scar manejando los hilos sutilmente. De repente se encuentra con dos personajes, Timón (un suricato) y Pumba (un facóquero), que se convertirán desde entonces en sus compañeros inseparables y le ayudarán a

recuperar la confianza y la autoestima. Nada más aparecer en acción se da un suculento diálogo entre los tres:

—¿Podemos ayudarte en algo? —pregunta Pumba.

—No, a menos que podáis cambiar el pasado —dice Simba.

—En momentos como éste mi amigo Timón dice: «Siempre hay que dejar lo atrasado en el pasado» —prosigue Pumba.

—No —dice Timón—, yo siempre digo: «Siempre hay que dejar el pasado atrás». Verás chico, a veces ocurren cosas malas y no puedes evitarlo, ¿verdad?

—Verdad —dice Simba compungido.

—Falso. Siempre que el mundo te dé la espalda, lo que has de hacer es darle la espalda al mundo —le replica Timón.

—No fue eso lo que me enseñaron —vuelve a insistir Simba.

—Puede ser que necesites nuevas lecciones —dice Timón—. Repite conmigo: *Hakuna Matata*.

—*Hakuna Matata*, o sea, no te angusties —añade Pumba.

A partir de ahí comenzará un «mano a mano» musical entre la pareja y Simba con una de las canciones más pegadizas de la cinta, el *Hakuna Matata*:

—*Hakuna Matata*, vive y sé feliz. Ningún problema debe hacerte sufrir. Lo más fácil es saber decir *Hakuna Matata* […]. Esas dos palabras resolverán todos tus problemas […]. *Hakuna Matata*, qué bonito es vivir.

4. **COACHING/CAMBIO. «Cambiar es bueno.»**
A lo largo de la vida todos pasamos por momentos de confusión. Son momentos en que nos cuesta ver las cosas con claridad. En esos casos, la ayuda externa puede sernos muy útil. Simba, que ha huido de su pasado pero también de sí mismo y está desorientado existencialmente, se topa con el sabido Rafiki que ejercerá de coach ayudándole a tomar conciencia de quién es, a mirar hacia dentro y a encontrar su propio ca-

mino. Gracias a su figura le hace reflexionar acerca de lo que diría su padre si estuviese a su lado. Entonces aparece su espíritu hablándole y ayudándole a encontrarse consigo mismo:

—Me has olvidado —dice el espíritu de Mufasa—. Has olvidado quién eres y por tanto me has olvidado. Mira en tu interior. Eres más de lo que eres ahora. Debes ocupar tu lugar en el ciclo de la vida. Recuerda quién eres. Eres mi hijo, el único y verdadero rey.

Tras ello, Rafiki y Simba conversan con sinceridad:

—Cambiar es bueno —le dice Rafiki.

—Sí, pero no es fácil —contesta Simba—. Sé lo que tengo que hacer, pero si regreso tendré que enfrentarme al pasado... y llevo tanto huyendo de él.

—No importa —contesta Rafiki—, es el pasado. Sí, el pasado puede doler, pero tal como yo lo veo, puedes huir de él o aprender.

El diálogo entre coach y coachee da sus frutos y Simba decide no demorar más su responsabilidad. Ha llegado el momento de dar un paso al frente y comportarse como un adulto maduro:

—Éste es mi reino, si no lucho por él, quién lo hará.

5. **VOCACIÓN DE SERVICIO. «Ser rey significa mucho más que salirte siempre con la tuya.»**
Son palabras de Mufasa al pequeño Simba al inicio del metraje. La juventud e ingenuidad del leoncillo le hacen creer que es omnipotente y puede hacer lo que quiera. Su padre, ya con cierta experiencia sobre sus espaldas, le hace ver que todo privilegio (poder) conlleva responsabilidad (deber). El siguiente diálogo entre ambos así lo muestra:

—¿Qué me dices de aquel lugar oscuro? —dice Simba.

—Eso está más allá de nuestro reino, no debes ir allí, Simba —contesta Mufasa.

—Creía que un rey podía hacer lo que quisiera.

—Ser rey significa mucho más que salirte siempre con la tuya.

Quienes ocupan puestos de mando pensando exclusivamente en sí mismos están condenados, antes o después, a ser abandonados por su tropa. Una organización funciona correctamente gracias a la labor conjunta de muchas personas. La misión de un líder es tener *vocación de servicio*, es decir, crear un entorno en el que los demás puedan florecer. Liderar es invertir tiempo en los demás. Liderar es servir. Los líderes deben ser exigentes —la excelencia nace de la exigencia—, pero al mismo tiempo ofrecer apoyo *material* (herramientas, recursos, procedimientos) y *emocional* (que se está cerca de la gente, se les acompaña y confía en ella) para que puedan dar todo su potencial.

6. **HUMILDAD. «Si sigues con esa actitud vas a ser un rey bastante patético.»**
    Eso es lo que le suelta el personaje de Zazú —inspirado en el cálao de pico rojo de África Meridional— a Simba. Cuando éste es todavía un cachorro y está empezando a descubrir el mundo, se deja llevar por un arrebato de soberbia sabedor de que será el futuro rey. En un momento dado se dirige a Zazú, el mayordomo de Mufasa, y le dice:

    —Yo seré el futuro rey, así que tendrás que hacerme caso.

    Zazú, entonces, le para los pies:

    —Si sigues con esa actitud vas a ser un rey bastante patético.

Para gobernar hay que estar cerca de la gente, y pocas cosas nos desconectan tanto emocionalmente del equipo como la arrogancia y falta de humildad. Siempre es bueno tener gente cerca que nos lo recuerde, ese tipo de personas que nos ayudan a tener los pies en el suelo y a no dejarnos deslumbrar por el cargo de la tarjeta de visita. Los líderes trabajan siempre a través de las personas, así que lo más aconsejable es: primero, tratarlas con respeto y educación (esto es innegociable); y segundo, acompañarlas y darles todo el apoyo técnico y humano posible.

7. **MENTIRAS.** «**Yo seré el rey, apoyadme y jamás volveréis a pasar hambre.**»
Son palabras del malintencionado Scar dirigidas a las hienas con las que busca aliarse para destronar a Simba, pero que no tiene ninguna intención real de cumplir. Los charlatanes abundan en todos los lados. Prometen el oro y el moro antes de acceder al poder para al poco tiempo olvidarse de todo y de todos y trabajar exclusivamente en su propia causa; para el resto, las migajas. Con la llegada de Scar al trono se inicia la decadencia del reino de *Pride Lands*. No tiene en cuenta a nadie excepto a sí mismo. Al poco de asumir su reinado, las promesas se las empieza a llevar el viento y comienza el caos. Llega un momento en que la situación es insostenible y las hienas le echan en cara la falta de comida:

—Tenemos que arreglar cuentas contigo, no hay ni comida ni agua.

Con el resto de los animales sucede lo mismo. El siguiente diálogo entre él y Sarabi, la mamá de Simba, lo ejemplifica bien:

—¿Dónde está la partida de caza? No cumple con su deber —le recrimina Scar.

—Scar, ya no hay comida, las manadas se han ido —le contesta Sarabi.

—No, no les estáis buscando bien.

—Se acabó, ya no nos queda nada. Sólo una alternativa: abandonar este reino.

—No nos moveremos de aquí.

—Entonces nos has condenado a muerte.

—Que así sea. Yo soy el rey y haré lo que me plazca.

—Si fueses la mitad de rey de lo que Mufasa era...

8. CULPAS. «Las hienas son el verdadero enemigo, la culpa es de ellas.»
La vuelta de Simba a casa supone el inicio del fin del reinado de Scar. Descubre que su tío fue el que planeó el asesinato de su padre. Acorralado, Scar intenta salvar su pellejo y sin ningún tipo de pudor inculpa a las hienas como las verdaderas asesinas de Mufasa:

—Las hienas son el verdadero enemigo, la culpa es de ellas...
—le dice a Simba.

No se distingue el ser humano —y mucho menos los *caraduras*— por asumir la responsabilidad de sus actos, sino más bien todo lo contrario, por escurrir el bulto a toda costa en cuanto las cosas se ponen feas. Menos mal que la reputación de Scar es muy dudosa y nadie le cree. Sólo las personas éticas y con valores muy asentados saben entonar el *mea culpa*. Por el contrario, los cobardes e inseguros, que son los menos aptos para ocupar puestos de dirección, suelen mirar hacia otro lado cuando el horizonte se nubla. En el fondo, detrás de la estrategia de culpar a otros, lo que hay es miedo. Como decía el escritor y filósofo estadounidense Eric Hoffer, «jugar limpio es no culpar a los demás de nuestros errores».

9. **VENGANZA vs. PERDÓN. «¿No matarás a tu propio tío?»**

Scar, ya sin apoyos y sin ninguna alternativa digna para limpiar su nombre después de descubrirse todas sus tretas, suplica misericordia a Simba. Éste, a pesar de que tiene todo tipo de justificaciones para vengarse, no cae en la tentación:

—No, Scar, yo no soy como tú. Huye, huye lejos y no regreses.

Es difícil resistirse a no ajustar cuentas cuando nos han hecho una buena faena, pero ahí es donde verdaderamente una persona puede demostrar su grandeza como ser humano. La humanidad no consiste sólo en no hacer daño sino, sobre todo, pudiendo hacerlo, abstenerse de ello. A pesar de todas las fechorías que le hace Scar durante toda la cinta, Simba decide no pagarle con la misma moneda. Decide dejarle ir y que siga su camino, un acto que sin duda le humaniza. Sólo hay una forma productiva de mirar al pasado: perdonando. Lo que no perdonas, te limita. Quien perdona, gana. El perdón siempre es sanación.

10. **CINISMO. «La muerte de Mufasa fue una tragedia terrible, pero perder a Simba, que apenas había comenzado a vivir, para mí es una pérdida personal profunda. Así es, con gran tristeza, que asumo el trono.»**

Son palabras de Scar poco después de huir Simba de *Pride Lands* y que nada tienen que ver con sus auténticos sentimientos. Los cínicos llevan una doble vida: una, lo que dicen por delante, la de cara a la galería; y otra, lo que piensan por detrás, la auténtica y verdadera. Así es la figura del malvado y resentido Scar que intenta dar siempre una imagen pulcra, generosa, bondadosa y solidaria ante Simba, pero que no se corresponde en absoluto con sus intenciones poco confesables nada más darse la vuelta. El problema de adoptar esta actitud como forma de vida es que es complicado mantener la careta indefinidamente. Al final, acaba cayéndose. Y eso es precisamente lo que le sucede a él, con el tiempo unos y otros descubren sus patéticas artimañas.

FRIDA KAHLO

Frida Kahlo (1907-1954) fue una pintora mexicana cuya obra giró en torno a su figura y sufrimiento. Dejó como legado más de ciento cincuenta cuadros, principalmente autorretratos, en los que proyectó sus angustias y dificultades por sobrevivir como una forma de terapia: «Nunca pinté sueños, pinté mi propia realidad», diría. Su vida estuvo marcada por la tragedia. Con seis años tuvo que pasar nueve meses en cama sin moverse debido a una poliomielitis que le dejó la pierna derecha más delgada. Más adelante, con dieciocho años, el autobús en el que regresaba a su pueblo, Coyoacán, fue arrollado por un tranvía y su cuerpo quedó destrozado. Aquel episodio la mantuvo postrada en cama durante largos periodos, llegando a someterse hasta a treinta y dos operaciones quirúrgicas, y le marcaría de por vida debido a los dolores que sufría en la espina dorsal y otros efectos secundarios. Obligada a estar en la cama tumbada sin moverse —no se podía ni sentar— empezó a pintar por aburrimiento, ya que su verdadera vocación era la medicina. El primer autorretrato fue de 1926, dedicado a su novio Alejandro, que cada vez lo sentía más alejado de ella y que finalmente la acabaría dejando. Recuperada en 1928, abandonó la idea de dedicarse a la medicina y optaría por la pintura. Poco después conoció al que sería su marido, el también pintor Diego Rivera. Debido a los encargos que este tenía en Estados Unidos, pasarían allí cuatro años. Las calamidades de salud no fueron las únicas que sufrió Frida, sino también las sentimentales; el revés más duro fue cuando se enteró de que su marido tenía una relación sentimental con su hermana menor Cristina. Se fue a vivir sola, pero al tiempo volvió con él, aunque ya no era la mujer sumisa de años atrás y ambos tenían relaciones extramatrimoniales. En noviembre de 1938 realizó su primera exposición individual en Nueva York y su carrera empezaría a despegar. De ahí le siguió París, donde calificarían su obra de surrealista. Ella diría: «No sabía que era surrealista, lo único que sé es que pinto porque necesito hacerlo y siempre pinto todo lo que pasa por mi cabeza». El gobierno francés le compraría un cuadro para el museo del Louvre, *El marco*, algo que no había conseguido ningún artista mexicano, que actualmente se encuentra en el Centro Pompidou. Estos éxitos le darían más seguridad e independencia. Tras su vuelta a México se divorciaría de su marido, lo que le llevaría a una profunda depresión, pero de la que surgió una de sus obras más conocidas: *Las dos Fridas*. En esta época pintaría algunos de sus mejores cuadros. De 1939 a 1940 pasó largas temporadas enferma y empezó a beber: «Bebía porque quería ahogar mis penas, pero las malvadas aprendieron a nadar». Poco después se volvería a casar con su exmarido, aunque en esta ocasión la relación sería mucho más armoniosa. La década de los cuarenta fue de gran éxito profesional, con numerosas exposiciones en Estados Unidos y encargos particulares. En 1953 tuvo lugar su primera muestra en su propio país, lo que supuso todo un acontecimiento y un gran triunfo para ella. Poco después, sin embargo, sufriría otra terrible desgracia, tendrían que amputarle una pierna. Además, a lo largo de su vida tuvo varios abortos debido a las lesiones que sufría. Fallecería en 1954, y aunque gozó de la admiración de destacados pintores de la época como Pablo Picasso, Vasili Kandinski, y de intelectuales de la talla de André Breton, su obra no alcanzó fama internacional hasta después de su muerte, especialmente a finales de la década de 1980 y principios de 1990. Símbolo del feminismo, dejó multitud de frases sobre la vida, el empoderamiento o el amor que siguen estando muy presentes con continuas referencias a su figura. En el museo que acoge su obra en México hay una semblanza que dice: «Su personalidad ha sido adoptada como una de las banderas del feminismo, de la discapacidad, de la libertad sexual y de la cultura mexicana». Aquéllos que han estudiado su vida afirman: «Tiene una actitud rebelde, contestataria, distinta a lo que se esperaba de una mujer de su época». Frida Kahlo ha inspirado a numerosos escritores, se han realizado diferentes biografías sobre ella y también películas sobre su vida y obra como *Frida, naturaleza viva* (1983) o *Frida* (2002); y también documentales como *Frida Kahlo: la cinta que envuelve una bomba* (1999). En la música, la banda estadounidense Red Hot Chili Peppers le dedicó la canción *Scar Tissue*, y en el vídeo *Bedtime Story* de la cantante Madonna, producido en 1994, hay varias escenas inspiradas en sus pinturas. Además, en 2015, se inspiró en una fotografía tomada a Frida para la portada de su álbum *Rebel Heart*, donde además es mencionada en la canción *Graffiti Heart*. La casa donde vivió en Coyoacán es hoy día el museo que le rinde homenaje. Una pintura de Frida Kahlo, *Raíces*, tiene el récord de ser la pieza más cara vendida por un artista latinoamericano, adquirida por más de 5 millones de dólares en 2006.

1. **Enamórate de ti, de la vida, y luego de quien tú quieras.** Un amor de dos sólo puede ser sano si cada una de las partes se quiere (acepta) a sí misma incondicionalmente. Otra cosa es descargar la responsabilidad de nuestro bienestar en terceros, y eso no puede acabar bien, porque los reproches siempre van a acabar apareciendo. El siguiente diálogo entre maestro y pupilo lo expresa bien:

—Maestro, ¿qué es trabajar en uno mismo?
—Dejar de esperar que los otros cambien.

Louise Hay, autora de *El poder está dentro de ti*, decía: «Sólo hay una cosa que sana todo problema: amarse a uno mismo». Cuando tú estás bien contigo mismo, lo que está a tu alrededor también lo está. Y si hay algo o alguien que no vibra con tu frecuencia, le mandas tus bendiciones y sigues tu camino. Las relaciones sanas se basan en la aceptación de uno mismo y de los demás; y a menudo, lo segundo es consecuencia de lo primero: cuando te aceptas a ti mismo tal y como eres, es más fácil que aceptes a los demás como son. Gran parte de los conflictos que surgen en las relaciones, del tipo que sean (amigos, parejas, socios...), son producto de las expectativas que volcamos en otras personas. Frida Kahlo decía: «Donde no puedas amar [ser tú], no te demores». Y añadía: «Y una cosa puedo jurar: yo, que me enamoré de tus alas, jamás te las voy a querer cortar». Por último: «Escoge una persona que te mire como si quizá fueras magia».

2. **Pies, ¿para qué los quiero si tengo alas para volar?**
    Esta frase fue encontrada en su diario personal. Está ubicada en la parte inferior de una acuarela donde se observa un pie cercenado que se sobrepone a otro pie. La parte superior de la pantorrilla del pie visible se convierte en una maceta y de ahí surgen unas ramitas de una planta marchita. Desde un punto de vista metafórico, los pies representan lo terrenal, lo ordinario; y las alas, el vuelo y la sensación de que no hay límites para nuestra imaginación. Es todo un alegato al potencial de las personas. A luchar por los sueños y a superar las adversidades. La frase y el cuadro se pueden contextualizar referidos a dos momentos. Primero, la artista con seis años contrajo una poliomielitis y esto la obligó a pasar nueve meses en cama. La imaginación —que no tiene límites y es símbolo de potencialidad— era una forma de escapar de esa dura realidad. Segundo, Frida Kahlo sufría un terrible dolor en su pierna derecha como consecuencia de un grave accidente que arrastraba desde la infancia; finalmente empeoró y era tanto el dolor que tuvo que ser amputada en 1953, mismo año del cuadro. En ambos casos la interpretación es la misma: no te conformes con nada menor que lo que te mereces, tus sueños, y lucha por ello a pesar de todo.

3. **El arte más poderoso de la vida es hacer del dolor un talismán que cura, una mariposa que renace florecida en fiesta de colores.**

El sufrimiento es inherente a la condición humana, y así fue —y de manera virulenta— en el caso de la pintora mexicana. Ahí es donde entra en juego la magia para convertir ese dolor en virtud. Anthony Robbins señalaba cierta vez: «El secreto del éxito es aprender cómo usar el dolor y el placer, en lugar de que el dolor y el placer te usen. Si haces eso, estás en control de tu vida. Si no, la vida te controla». Dolor siempre va a haber en nuestras vidas: un divorcio, un accidente, una enfermedad, un despido, una quiebra, una deslealtad... Lo importante es tener muy presentes dos cosas:

1. *La capacidad de resiliencia del ser humano es inmensa*; o con palabras de Frida Kahlo, «al final del día, podemos aguantar mucho más de lo que pensamos que podemos». También apuntaba: «Creo que, poco a poco, podré solucionar mis problemas y sobrevivir».
2. *El propósito del dolor es movernos a la acción*; de tomar conciencia de nuestra situación para que cambiemos a mejor. El dolor es una forma de abrirnos los ojos para expandirnos. Y si lo negamos, nos come y nos estancamos. Frida decía: «Todo puede tener belleza, aún lo más horrible. Del año más maligno, nace el día más bonito»; y también: «Amurallar el propio sufrimiento es arriesgarse a que te devore desde el interior».

4. **No dejes que le dé sed al árbol del que eres sol.**

Las relaciones, los proyectos, los estudios, los negocios y cualquier cosa en la que nos embarcamos, florecen y se expanden en la medida que nos involucramos en ellos y les prestamos atención, cuidado y mimo. Lo contrario hace que se vayan marchitando poco a poco hasta perderse. Por eso, antes de lanzarnos a cualquier aventura, que demandan de nosotros tiempo, energía y recursos, deberíamos contestar con sinceridad a esta pregunta: ¿estoy dispuesto a comprometerme? Si no es así, es mejor no empezarlo, porque las probabilidades de éxito son muy limitadas. Muchos proyectos comienzan como la gaseosa, con mucha fuerza, pero al poco tiempo se desinflan y con la misma explosión que empezaron, terminan y quedan en agua de borrajas. También sucede con aquellos proyectos que se empiezan con ilusión y ganas, pero que el paso del tiempo los convierte en rutina hasta que pierden su encanto. Los proyectos, del tipo que sea, hay que estar alimentándolos y empujándolos continuamente para que perduren y no se vayan apagando. O como le gustaba decir a Frida: «Yo le duro lo que usted me cuide, yo le hablo como usted me trate, y le creo lo que usted me demuestra».

5. **Si actúas como si supieras lo que estás haciendo, puedes hacer lo que quieras.**
    El Talmud, libro sagrado de los judíos, dice: «Cada hoja de hierba tiene su ángel inclinándose sobre ella y susurrando "Crece, crece"». Todos tenemos más recursos en nuestro interior de los que creemos. Todos tenemos más posibilidades de las que imaginamos. Lo que tenemos que hacer es ganar el *juego interior*. El término fue acuñado por W. Timothy Gallwey —su libro lleva por título *El juego interior del tenis*— para aludir al *estado interno* de un jugador que condiciona su *juego exterior*. En sus propias palabras: «El oponente que habita en la cabeza del propio jugador es más formidable que el que hay en el otro lado de la red». Toda persona que haya competido a nivel deportivo sabe la importancia del estado mental para el éxito. Tal es así que hay partidos que se ganan (pierden) antes de salir del vestuario. Para Gallwey el *Rendimiento* (R) es igual al *Potencial* (P) menos las *Interferencias* (I). Y ése es precisamente el objetivo del coaching y para eso existe, para ayudar a las personas a

optimizar su *Rendimiento* (R) aumentando su *Potencial* (P) reduciendo las *Interferencias* (I). Gran parte de las dificultades que nos impiden avanzar en la vida no tienen que ver tanto con los obstáculos *externos* como con los *internos*. O como escribía Deepak Chopra: «Debes encontrar el lugar dentro de ti donde nada es imposible».

6. Si usted me quiere en su vida usted me pondrá en ella. Yo no debería estar peleando por un puesto.

Bert Hellinger, teólogo alemán creador de las Constelaciones Familiares, decía: «Eso de amar sin esperar nada a cambio es bonito en los cuentos de hadas. Pero en la vida real, un amor maduro exige un delicado equilibrio entre dar y recibir, porque todo aquello que no es mutuo, resulta ser tóxico». Las relaciones (de cualquier tipo) son carreteras de doble sentido, y si alguna de las partes no está dispuesta a apostar por una relación con compromiso, no pasa nada, el mundo no se acaba. Pero lo que no se puede hacer es mendigar afecto, eso nunca funciona y genera frustraciones, rencores y dependencias que acaban pasando factura y provocando conflictos innecesarios. Las relaciones son flujos de energía basados en lo que cada parte siente. Y si uno no está contento con su contrapartida, lo que debe hacer es alejarse o poner punto final. ¿Por qué perder el tiempo en una relación con la que uno no está a gusto y no ve un futuro ilusionante? Somos 8.000 millones de personas en el mundo, hay cientos de personas por ahí que potencialmente pueden ser tu pareja, tu amigo o tu socio. Frida manifestaba: «No quiero un amor a medias, rasgado y partido por la mitad. He luchado y sufrido tanto que me merezco algo entero, intenso, indestructible».

7. Nada es más valioso que la risa. Se requiere de fuerza para reír y abandonarse a uno, para ser ligera. La tragedia es lo más ridículo.

Nada requiere menos esfuerzo que ser negativo. Nada resulta más fácil que caer en el victimismo, el dramatismo y el pesimismo. Lo que de verdad requiere fuerza de espíritu es, ante las desgracias (que no suelen ser pocas), tomarse la vida con un poco de filosofía y distancia. No es fácil, claro que no, ahí es donde entra en juego nuestra voluntad de elegir; esa libertad de elección dado un conjunto de circunstancias de la que tanto hablaba el doctor Viktor Frankl. El humor siempre ha sido un buen aliado en este terreno. Él mismo decía: «Es sabido que el humor, más que cualquier otra cosa en la existencia humana, proporciona el distanciamiento necesario para sobreponerse a cualquier situación, aunque sea un instante»; y añadía: «Los intentos por desarrollar un sentido del humor y ver la realidad bajo una luz humorística constituyen una especie de truco que aprendemos en el arte de vivir». Roberto Canessa fue uno de los supervivientes del trágico accidente aéreo de 1972 en los Andes en el que sobrevivieron dieciséis personas después de pasar más de dos meses en condiciones inhumanas: temperaturas de cuarenta grados bajo cero, falta de alimento, densidad de nieve muy gruesa o ausencia de ropa de abrigo. En una conferencia contaba la siguiente anécdota. Allí en la cordillera, una noche, uno de los supervivientes (Pedro Algorta) se levantó y dijo:

—Voy a por una Coca-Cola.

El que estaba a su lado comentó:

—Fíjate, Roberto, cómo delira.

A lo que éste saltó y gritó:

—Pedro, ¡tráeme una a mí también!

Aquella broma despertó una enorme carcajada en todo el grupo que supuso una bocanada de aire fresco para aliviar durante algunas horas la tensión del momento y la incertidumbre. El humor no siempre es la solución, pero ayuda mientras la encontramos. Las palabras de Charles Chaplin son inmortales: «Mirada de cerca, la vida parece una tragedia; vista de lejos, parece una comedia».

8. **Tan absurdo y fugaz es nuestro paso por este mundo, que sólo me deja tranquila el saber que he sido auténtica.**
Sólo una vida auténtica merece la pena ser vivida. ¿Qué es una vida auténtica? La que sientes en tu interior. Otra cosa no es vivir, sólo pasar por el mundo. Pero para ser auténticos debemos dejar a un lado la perfección. Autenticidad y perfección son incompatibles. El perfeccionista mide en exceso todo, y eso le lleva a ser demasiado prudente en lo que hace, dice y siente por miedo al fracaso o al rechazo. El perfeccionista vive de las opiniones ajenas, del reconocimiento exterior, algo que no casa muy bien con la autenticidad. El reto es siempre el mismo: *date la oportunidad de ser auténtico en lugar de buscar ser perfecto.* Sé tú mismo, con tus brillos y aristas. Algunos te criticarán, sí, pero otros te amarán y te admirarán por la misma razón. Lo peor es ser una fotocopia. Hacer lo que sientes, eso es una vida plena, eso es una vida más feliz. Frida Kahlo decía: «Tú mereces lo mejor de lo mejor, porque tú eres una de esas pocas personas que, en este mísero mundo, siguen siendo honestas consigo mismas, y ésa es la única cosa que realmente cuenta».

9. **Madurar es aprender a querer lo bonito, extrañar en silencio, recordar sin rencores y olvidar despacito.**
Hay estudios empíricos que concluyen que las personas más mayores son más felices que las más jóvenes. Tiene su sentido. Con la edad, a menudo, se alcanza una mayor madurez, que no es otra cosa que ver las cosas con más claridad: saber

qué es importante y secundario, qué merece y qué no merece tanto la pena, separar lo esencial de lo insustancial. Las edades más tempranas suelen estar más relacionadas con las altas expectativas, con la frustración porque las cosas no transcurren como uno desearía, con la premura con la que se esperan las cosas, con la rapidez con que se vive, o con la apariencia de perfección. La madurez (y no el simple paso de los años), por el contrario, tiene mucho más que ver con la aceptación, con el dejar ir, con la vulnerabilidad, con relativizar, con el valor de las personas sobre lo material, con pasar página, con perdonar, con la gratitud y con otras cuestiones que tienen que ver con una mirada más espiritual de la vida, que es la que nos conecta más con nosotros mismos. Madurar es eso, aprender a vivir, a vivir con más paz interior.

10. **Pinto flores para que así no mueran.**
    ¿Qué flores quieres pintar tú? Esas flores que no mueren a las que se refiere Frida Kahlo —las pintadas en sus cuadros— son una forma simbólica de hablar de nuestro legado. Pregúntate cuál quieres que sea el tuyo porque lo estás escribiendo todos los días. Sólo los buenos actos perviven en el tiempo; los demás están destinados a ser condenados o desaparecer. Una vida plena está relacionada siempre con la «vocación de servicio», con aquello que entregamos a los demás, de la forma que sea y en el ámbito que sea, personal o profesional. Nuestro legado viene determinado por el grado de impacto que causamos en nuestra área de influencia. Cada palabra, cada gesto y cada acción que realizamos generan una reacción del mismo signo, construyendo o destruyendo nuestro entorno. *No construyas sólo una carrera* (lo que alcanzas), *construye un legado* (lo que dejas). Anthony Robbins lo expresó así: «Aquello que consigues nunca te hará feliz a largo plazo. Es aquello en lo que te conviertes y en lo que contribuyes lo que sí lo hará».

GARY HAMEL

Gary Hamel (1954) es consultor, profesor y autor norteamericano referente en temas de *management* y estrategia. Es graduado por la Universidad de Andrews y por la Escuela de Negocios Ross (Universidad de Míchigan). Compagina su actividad como profesor de la London Business School (LBS) con su tarea como consultor a través de la firma de Strategos con sede en Chicago de la que es fundador, asesorando a empresas como GE, Time Warner, Nokia, Nestlé, Shell, Best Buy, Procter & Gamble, 3M, IBM y Microsoft. Gary Hamel es quizá el académico vivo más influyente en lo que se refiere a la gestión empresarial. Colaborador habitual de medios como *Harvard Business Review* o *Financial Times*, es autor de numerosos libros, entre los que se pueden destacar: *Compitiendo por el futuro, Liderando la revolución, Humanocracia* o *El futuro del management*. Entre sus últimas publicaciones destaca *Lo que ahora importa*, en la que intenta dar las claves para sobrevivir en un mundo cambiante; una forma de reinventar el *management* donde la innovación, el liderazgo y las personas son el eje central. El libro está estructurado en torno a cinco secciones en las que habla en cada una de ellas de los cinco aspectos más determinantes para competir hoy día con éxito: valores, innovación, pasión, adaptabilidad e ideología. Hamel ha sido calificado como «el gurú del *management* más influyente del mundo» por el periódico *The Wall Street Journal* y por la revista *Fortune*.

1. **Nuestras organizaciones son inhumanas por la manera en la que han sido diseñadas, lastran inercias que son el resultado de estructuras de poder que dilatan los tiempos de respuesta.**

Escribe Hamel: «Ya no se pueden resolver los problemas a la antigua. Los principios de la burocracia —estratificación, formalización, rutinización, especialización, estandarización— son estupendos si el único objetivo es la eficiencia». Algo que no es suficiente hoy día donde la innovación es una necesidad. Por eso, añade: «Como seres humanos somos sorprendentemente adaptables y creativos, aunque la mayoría de nosotros trabajamos para empresas que no lo son. En otras palabras, trabajamos para organizaciones poco humanas». Gary Hamel (junto a Michele Zanini) en su libro *Humanocracia*, hace una crítica ácida y lúcida sobre los peligros de la burocracia, que como la definió Jack Welch en su día, «es el Drácula de la empresa». Una crítica inmisericorde por su capacidad de corromper la creatividad y la autonomía individual. El título de la obra se refiere al modelo alternativo que propone frente a las organizaciones y los liderazgos burocráticos. El planteamiento de *Humanocracia* no es otro que el desarrollo de organizaciones que permitan un despliegue más creativo, autónomo y responsable de las personas. El éxito reside hoy día en el empoderamiento de los individuos y no en concepciones jerárquicas verticales que actúan como si la inteligencia estuviera solamente en la cúspide de las organizaciones y el resto solamente fuera capacidad operativa. La pandemia surgida en 2020 fruto de la COVID-19 puso a prueba la capacidad adaptativa de las organizaciones, muchas de las cuales quedaron por el camino. Durante el confinamiento Hamel ya advertía que «el virus va más rápido que la burocracia», haciendo referencia a la necesidad de espabilar, ser flexibles, ágiles y adaptables. Hoy todo se mueve a gran velocidad, por tanto: *o espabilas o desapareces*. La burocracia es un freno injustificable en los tiempos que vivimos. Por dar algunos datos, en Estados Unidos sólo el 20 por ciento de los trabajadores sienten que sus opiniones cuentan en su empresa y sólo un 10 por ciento se siente libre para experimentar nuevos métodos y soluciones. En tiempos tan cambiantes, el *management* basado en «uno decide y el resto obedece» es inútil. Hamel escribe: «Ahora mismo, buena parte de lo que invertimos en desarrollo del talento se malgasta porque las organizaciones institucionalizan la distinción entre pensantes y actuantes».

2. **La mayoría de las organizaciones están excesiva y equivocadamente controladas.**
En la mayoría de las empresas la capacidad para tomar decisiones está muy limitada. El miedo y el control son incompatibles con la innovación. O con palabras de Hamel, «resulta imposible liberar las capacidades humanas sin haber extendido antes el espacio de la autonomía de los empleados. Para crear una organización que sea adaptable e innovadora, la gente necesita libertad para desafiar el modelo precedente, perder el tiempo, funcionar fuera de los canales, experimentar, asumir riesgos y seguir sus pasiones». En los tiempos que vivimos, de rápido cambio e innovación constante, las organizaciones burocráticas son una garantía de desaparición. Las reflexiones de Hamel son siempre esclarecedoras: «Para poder prosperar en tiempos turbulentos, las organizaciones deben volverse un poco más desorganizadas y menos gestionadas: menos estructuradas, menos jerárquicas y menos rutinarias». La burocracia es un juego de suma cero, unos ganan y otros pierden; un juego al que algunos saben jugar muy bien, y como es lógico, no quieren cambiar. Tienen demasiados intereses y se resisten. Por eso, como apunta Hamel, «no podemos permitirnos organizaciones que empoderan a unos pocos y desempoderan a muchos». Es desaprovechar energía creati-

va: «La burocratización es el cáncer de las organizaciones. La burocracia es un régimen de gestión que empodera a unos pocos a expensas de muchos, que premia la conformidad más que la originalidad, que limita a los seres humanos para que realicen unas funciones limitadas, les priva de su capacidad de acción y les trata como meros recursos». El problema es que *el cuello de botella está en lo alto de la botella*, y las personas, «de una u otra forma somos adictos al poder. Es imposible desmantelar la burocracia sin redistribuir la autoridad de forma radical». Y más aún: «Si ha trabajado alguna vez en organizaciones grandes, sabrá que esperar que sean estratégicamente hábiles, incansablemente innovadoras o altamente atractivas para el empleado (o algo más que simplemente eficaces) es como esperar que un perro baile un tango. Los perros son cuadrúpedos. Bailar no figura en su ADN. Lo mismo ocurre con las empresas».

3. **Hoy, la pregunta más importante que debe formularse cualquier organización es: ¿estamos cambiando a la velocidad que lo hace el mundo que nos rodea?**
   El cambio ha cambiado. El cambio siempre ha existido, pero hoy es vertiginoso, exponencial y frenético en comparación con épocas pretéritas. Por eso, como insistía Jack Welch, «cambia antes de que tengas que hacerlo». Las organizaciones, todas sin excepción, están obligadas a adaptarse. El cambio es oportunidad, pero también peligro. Que sea una cosa u otra para una organización concreta depende de su capacidad de adaptación. La adaptabilidad es crítica. El cambio es posibilidad, pero también incomodidad. Supone modificar conductas, rutinas y actitudes mentales, y las organizaciones (como las personas) estamos programadas para seguir la tendencia, para ir con velocidad de crucero. Ahí es donde está el gran reto. El cambio es producto de la *inspiración* o la *desesperación*, y habitualmente más de lo segundo que de lo primero: las personas (organizaciones) cambian cuando ya no

les queda más remedio. Sólo las empresas líderes van un paso por delante del mercado y hacen de la *inspiración* (propósito) su *modus vivendi*. El resto se deja llevar por la inercia hasta que no les queda más remedio que tomar acción, a menudo, con poco margen de reacción. Muchas se ven obligadas a desaparecer. Las que intentan subsistir tienen que hacer frente a un brusco cambio que no permite una transformación oportuna. El cambio, como todo, también tiene su método. Por eso, como apunta Hamel, «necesitamos cambiar la forma en que cambiamos». *Lo que ahora importa* (como el título de su libro) no es la ventaja competitiva de una compañía en un *momento determinado*, sino una ventaja evolutiva *a través del tiempo*. Una compañía *adaptable* es aquélla que es capaz de redefinir su negocio para seguir creciendo. Una compañía *adaptable* siempre está reinventándose. La mayoría de las organizaciones viven encadenadas a sus modelos de negocio. Las organizaciones pierden relevancia en el mercado cuando el cambio *interno* (organizacional) es más lento que el cambio *externo* (social): «En un mundo donde los líderes de la industria pueden convertirse en rezagados de la noche a la mañana —señala Hamel—, la única manera de sostener el éxito es reinventarlo».

4. Los modelos de negocio no son eternos y en los últimos años su tasa de mortalidad ha aumentado.
La *adaptabilidad* es la base de los negocios duraderos: *o eres adaptable o desapareces*. Las siguientes palabras ilustran el funcionamiento natural de las organizaciones: «Con el tiempo la entropía aumenta. Los creadores visionarios pasan el testigo a administradores fijos que explotan el legado pero fallan a la hora de reinventarlo. Los burócratas extrapolan pero no rejuvenecen. A medida que pasan los años, el muelle principal de la pasión y la visión anticipada se desenrolla lentamente. La organización mejora pero no se vuelve diferente, y poco a poco renuncia a su relevancia».

Es decir, no son adaptables. La pregunta es: ¿qué podemos hacer para mejorar la adaptabilidad? Lo primero de todo es protegerse contra la negación: cuanto más se permanece en ese estado, más se posterga la renovación. ¿Y cómo se supera la negación?

1. *Con humildad.* Nuestras creencias pueden estar equivocadas. Todos tenemos *sesgos cognitivos* que distorsionan la realidad. El «endiosamiento» (creer que uno lo sabe todo) es falta de inteligencia. Es frecuente escuchar entre directivos con bagaje: «Así es como funciona la industria». A lo que habría que contestarles: «Hasta que deje de hacerlo». Toda organización es exitosa hasta que deja de serlo.

2. *Con honestidad.* Mirando la realidad a calzón quitado, con sinceridad brutal hacia los hechos. Si algo no funciona, no hay que ocultarlo ni excusarse ni negarlo. No hay mayor verdad que los resultados. Los resultados no mienten, no se discuten. Las cifras hablan por sí solas. Estar a la defensiva es demoledor para los negocios.

3. *Con inspiración.* Nunca hay que perder de vista nuestro propósito. Las personalidades más adaptables son las que tienen más claridad de propósito. Son capaces de buscar soluciones (cambiar y corregir) para que su propósito (lo más importante para ellos) siga impactando positivamente a otras personas. Cambiar es síntoma de sabiduría.

Dice Hamel: «Las organizaciones no mueren por "causas naturales". Es posible que lo hagan por causas previsibles, pero previsible no es lo mismo que inevitable. Cuando las organizaciones mueren, sucede habitualmente por suicidio, por las decisiones tomadas y no tomadas que hicieron que la institución no fuese apta para el futuro». O dicho de otra forma: por falta de adaptabilidad.

5. **Un gran éxito es el producto de una gran pasión; surge de la búsqueda incansable y creativa de un ideal noble.** El profesor de la London Business School escribe: «Para poder exhibir años de un rendimiento excepcional, una compañía debe dedicarse primero a la búsqueda de un ideal excepcional». Y continúa: «Yo creo que, a pesar de todo, el éxito duradero, tanto en términos personales como corporativos, proviene de la fidelidad a lo sublime y majestuoso». Las contribuciones extraordinarias nacen habitualmente de un apasionado compromiso con valores humanos intemporales: belleza, verdad, sabiduría, justicia, caridad, fidelidad, alegría, coraje u honor. Es decir, de un *propósito* elevado que trasciende lo inmediato, personal, cuantitativo, tangible o visible. Dice Hamel: «Un propósito noble inspira sacrificio, estimula la innovación y alienta la perseverancia. Al hacerlo, transforma un gran talento en un logro excepcional». Lo mejor de estar alineado con un propósito estimulante es que los miedos pierden fuerza, las capacidades se estiran hasta límites insospechados, la disciplina surge de manera natural y la resiliencia se convierte en un estilo de vida. Viktor Frankl (incluido en el volumen 2 de esta obra), decía: «Porque el éxito, como la felicidad, no puede perseguirse; debe suceder, y sólo lo hace como la consecuencia no intencionada de nuestra dedicación personal a una causa mayor que uno mismo». Lo que el filósofo Sócrates denominaba «lo bueno, lo justo, lo bello». Gary Hamel profundiza hábilmente sobre esta cuestión: «Un sentido de propósito enriquecedor es más que un impulso para alcanzar un logro individual, es una póliza de seguros necesaria contra la conveniencia y la incorrección». Cuando las organizaciones son impulsadas por un propósito noble, los intereses personales avariciosos (siempre peligrosos) quedan en un segundo plano, la ética adquiere un papel principal y las organizaciones se vuelven mucho más fiables. Por definición, toda organización está guiada por unos valores, en algunos casos muy nobles y en otros

muy deprimentes. Por tanto, la pregunta es: ¿qué valores ocupan el asiento del conductor de tu organización?

6. **Hoy ningún líder puede permitirse el lujo de permanecer indiferente ante el desafío que supone comprometer a los empleados en la tarea de crear el futuro.** El éxito de un negocio está en la innovación, y la innovación está altamente relacionada con el compromiso por innovar. En un mundo de conocimiento mercantilizado (todo se copia), los rendimientos van a las compañías que pueden producir un conocimiento no convencional (innovar). Ello exige un alto nivel de compromiso en los equipos. Dice Hamel: «El éxito depende de la capacidad de una compañía para liberar la iniciativa, la imaginación y la pasión de los empleados a todos los niveles, y esto sólo puede darse si todas las personas están conectadas en cuerpo y alma a su trabajo, su compañía y su misión». Son muchos los estudios que corroboran la relación entre compromiso y rendimiento, por ejemplo, el del profesor Raj Sisodia (*Firms of Endearment*, 2007). A pesar de ello, ya sea por ignorancia, indiferencia o impotencia, no existen muchas organizaciones que puedan presumir de un alto compromiso por parte de sus empleados. Así lo confirma la Global Workforce Survey realizada por Tower Perrins entre 90.000 empleados de dieciocho países: sólo el 21 por ciento estaba realmente comprometido con su trabajo en el sentido de «hacer un esfuerzo extra». A pesar de este alarmante dato, curiosamente el 86 por ciento de los empleados dijo que amaba o le gustaba su trabajo. ¿Cómo es posible que exista un vínculo emocional *tan grande* con el trabajo y el compromiso sea *tan bajo*? Los datos del estudio nos dan algunas pistas:

- Sólo el 38 por ciento de los empleados cree que «el personal de alta dirección está interesado en el bienestar de los empleados».

- Menos de cuatro de cada diez coinciden en que «el personal de alta dirección se comunica de manera abierta y honesta».
- Un escaso 40 por ciento afirma que «el personal de alta dirección comunica las razones para tomar las decisiones de negocios».
- Sólo el 44 por ciento de los empleados afirma que «el personal de alta dirección trata de ser visible y accesible».

«Mi conclusión a la luz de estos datos —señala Hamel— es la siguiente: si queremos mejorar el nivel de compromiso debemos empezar por reconocer que si los empleados no se muestran animados, apasionados y entusiasmados, no es porque el trabajo sea malo. Es porque la dirección falla.» Quizá por eso añade que «la verdadera innovación en una empresa, la que tiene un impacto integral y duradero, es la que se refiere a cómo realizan el trabajo las personas, sobre todo los jefes». Por último: «El compromiso puede haber sido irrelevante en la economía *industrial* y opcional en la economía del *conocimiento*, pero ahora constituye sin duda la totalidad del juego».

7. **En una organización donde prima la pasión, los empleados no están presentes sino comprometidos.**
Y prosigue: «El problema no reside en la falta de competencia, sino en la falta de ardor. En los negocios, como en la vida, la pasión es lo que establece la diferencia entre insípido e inspirado». Hoy día la función más relevante para cualquier directivo «consiste en crear un ambiente de trabajo que inspire una contribución excepcional; que justifique un flujo de pasión, imaginación e iniciativa», apunta Hamel. Liderar es crear un entorno en el que las personas puedan despuntar. El talento es la intersección de tres *C*: *capacidad* (sé hacerlo), *compromiso* (quiero hacerlo) y *contexto* (me permiten hacerlo). En entornos sanos el talento

no se siente cohibido, es apasionado y atrevido. La pasión, como lo demuestra la evidencia científica, facilita la creatividad y la inteligencia. Además, la pasión tiene algo único: es contagiosa. Las personas apasionadas generan seguidores apasionados. Es una correa de transmisión que alcanza a otros y, por tanto, una fuente poderosa de energía; algo esencial para levantar algo sólido y que marque una diferencia sustancial en la vida de los demás, una forma de establecer una diferencia positiva en el mundo. Como decía Jack Welch: «El mundo pertenece a la gente apasionada». No son casuales las palabras del ex CEO de General Electric durante más de veinte años. En la obra *El futuro del management*, Hamel habla del concepto de «jerarquía de las capacidades humanas», en la que explica cómo lo que hoy día añade valor es: la pasión (35 por ciento), la creatividad (25 por ciento), la iniciativa (20 por ciento), el intelecto (15 por ciento) y la diligencia (5 por ciento). La obediencia, si bien es necesaria —no se puede construir una organización con empleados indolentes—, no aporta valor para generar ventajas competitivas: «En la cima está la pasión —señala—, empleados que ven su trabajo como una vocación, como una manera de establecer una diferencia positiva en el mundo. Para esos espíritus entusiastas, la diferencia entre vocación y pasatiempo es borrosa en el mejor de los casos. Ellos se vuelcan por completo en su trabajo. Mientras que otros empleados están simplemente *presentes*, ellos están *comprometidos*».

8. **La innovación es la única estrategia para crear un valor a largo plazo. Asimismo, le debemos nuestra felicidad a la innovación.**
   La innovación es la base del progreso económico, social y humano. Las sociedades evolucionan gracias a su capacidad para mejorar (innovar). Cualquier avance en cualquier ámbito es producto de la innovación. Nuestras vidas son el re-

sultado de innovaciones tecnológicas (internet), institucionales (mercados de capitales), sociales (democracia) y así podríamos seguir. Le debemos nuestra prosperidad a la innovación; le debemos nuestro futuro a la innovación; le debemos todo a la innovación. Además, nos enfrentamos a nuevos retos que exigen soluciones innovadoras como el cambio climático, las pandemias globales o el terrorismo internacional. Hoy día, los problemas más acuciantes no son meramente tecnológicos, sino sociales, culturales y políticos. Desde el punto de vista empresarial, es necesario seguir mejorando e innovando, porque si hay algo que es obvio es que todo es más efímero y caduca más rápido. Por dar un dato: dos tercios de los negocios de las cincuenta compañías más innovadoras del mundo publicada por la revista *Fast Company* en 2009 no consiguieron figurar en la edición de 2010. En tan sólo un año, más del 60 por ciento estaba fuera. Así que si la innovación siempre ha sido importante, lo es aún más hoy día para seguir siendo competitivos: «La innovación no es una moda pasajera —apunta Hamel—, es el negocio real, el único negocio». Además, por si fuera poco, y como él mismo señala, «le debemos nuestra felicidad a la innovación. Los humanos son los únicos seres que se dedican a crear por el simple placer de hacerlo. Ya sea diseñar un jardín, componer una melodía, escribir poesía o inventar una receta. Sí, innovamos para resolver problemas, para ganar dinero y prosperar. Pero para la mayoría de nosotros, la innovación es un fin, no un medio. Desde Mihaly Csikszentmihalyi hasta Tal Ben-Shahar, los expertos están de acuerdo: los seres humanos nunca son más felices que cuando están ejercitando su ingenio». La posibilidad de crear algo propio (único) y de dejar nuestra impronta (huella) personal con lo que hacemos es un componente de la felicidad. Nos sentimos más realizados cuando creamos. Ser creativos es la posibilidad de ser nosotros mismos. Cualquier innovación es una proyección de nosotros mismos.

9. **El primer paso (y más importante) para cualquier organización decidida a una innovación continua consiste en enseñar a su gente a observar el mundo con una mirada fresca.**
Una cosa es saber que hay que ser innovador (predicar) y otra innovar realmente (dar trigo). La pregunta es, ¿existe alguna *teoría de la innovación*? Ser innovador, como todo, es una habilidad que se puede desarrollar. Algunas ideas que pueden hacernos más innovadores:

1. *Creencias.* Un innovador cuestiona todas las creencias que los demás dan por sentado. Nuestras creencias nos poseen. ¿Y si algunas de esas creencias son equivocadas? Humildad y desaprendizaje son claves necesarias para innovar. No hay que dar nada por supuesto.
2. *Tendencias.* Los innovadores están muy atentos a las tendencias emergentes: se trata de prestar atención a pequeños cambios que *ya* están ocurriendo (en tecnología, estilo de vida, valores…) pero que pasan inadvertidos para la mayoría de la gente. No es tanto una bola de cristal como tener un gran angular.
3. *Activos/habilidades infrautilizadas.* La innovación queda bloqueada cuando una compañía se define a sí misma por lo que hace y no por lo que sabe o posee. Lo importante no son los productos/servicios sino nuestras capacidades para crear esos productos/servicios que se pueden utilizar para crear cosas nuevas. Todas las personas y todas las empresas cuentan con recursos inexplotados.
4. *Necesidades no satisfechas.* Los innovadores son buenos para detectar los inconvenientes, obstáculos y vejaciones que los clientes han llegado a dar por supuestos. Luego, sorprenden dando una solución. Los innovadores saben aprovechar las críticas.

Dice Hamel: «En la elaboración de una *teoría de la innovación* hablé con docenas de pioneros. No todos ellos eran personas brillantes ni tenían inclinaciones artísticas ni eran el producto de una educación exclusiva. Pero todos ellos habían desarrollado rutinas perceptuales que les ayudaron a ver más allá de lo común, poniendo patas arriba el dogma de la industria, amplificando las señales débiles, explotando competencias y activos, y sintonizando con las emociones de los clientes».

10. **Es bueno que se espere de los líderes influyentes que actúen con excelencia ética. Si ser humano significa alguna cosa, es ser éticamente responsable.**
Los valores importan hoy más que nunca porque los efectos de las decisiones de los directivos —ya sean tanto de entidades privadas como públicas— tienen una trascendencia global. «Si los líderes del siglo XXI parecen especialmente amorales —dice Hamel—, es porque una economía insertada en una matriz global aumenta de manera notable los efectos de las fechorías cometidas por los ejecutivos.» En una economía globalizada e interconectada, cualquier decisión no se circunscribe a un ámbito local o a un perímetro estrecho, sino que puede llevarse por delante a miles de perjudicados de entornos diferentes. Sabemos que las instituciones se asientan en unos cimientos morales, sin embargo, no existe fuerza alguna que sea capaz de erosionar esos cimientos más deprisa que un tsunami de personas con *intereses propios* desorbitados. Dice Hamel: «En su libro *El radicalismo de la Revolución Americana*, Gordon Wood señala en reiteradas ocasiones que los padres fundadores del país exaltaban el *desinterés* como una virtud. Cuando aquella primera cosecha de patriotas emprendió la tarea de fundar los Estados Unidos de América, se esforzó por abstraerse de las preocupaciones egoístas relacionadas con los beneficios y pérdidas personales». La autopsia moral de los escándalos

vividos durante las últimas décadas recientes —son innumerables: Lehman Brothers, Merrill Lynch, Enron, WorldCom, Parmalat, Fannie Mae y Freddie Mac, Bernie Madoff o Elizabeth Holmes (Theranos)— pone de manifiesto que no sólo el *desinterés* está a menudo en entredicho, sino que el interés personal avaricioso es con frecuencia desproporcionado. Quizá por eso, un estudio de la agencia Gallup señalaba que sólo un 15 por ciento de los encuestados calificó de «elevados» o «muy elevados» los estándares éticos de los ejecutivos estadounidenses. Evidentemente, no se trata de renunciar a nuestros intereses personales lícitos, pero éstos no deben dañar los de los demás. Hamel lo explica así:

La libertad que tienen los seres humanos para perseguir sus intereses personales constituye un prerrequisito esencial para una economía abierta, pero no es un fundamento moral para el capitalismo [...]. La superioridad moral del capitalismo se basa en el hecho de que, en un mercado libre, la única manera de prosperar es beneficiando a los demás. El carnicero no nos alimenta porque le preocupa que tengamos hambre, sino porque obtiene un beneficio de ello. El capitalismo está animado por el interés personal, pero cuando no está controlado por la autodisciplina moral, puede volverse deshonesto con toda facilidad.

Sin ética no se puede vivir, es más, *la ética es el modo más inteligente de vivir*. Otra cosa, antes o después, nos condena.

HARVEY CHEYNE (EL PESCAÍTO)

El Pescaíto es el protagonista de la película norteamericana *Capitanes intrépidos* (1937), basada en la novela homónima de Rudyard Kipling publicada en 1897. La dirección del largo corrió a cargo de Victor Fleming (quien dos años después sería uno de los directores de *Lo que el viento se llevó*) y contó con excelentes interpretaciones en las figuras de Spencer Tracy (Manuel) y Freddie Bartholomew (Harvey, el Pescaíto) como actores principales. La trama transcurre del siguiente modo: Harvey Cheyne es un niño rico malcriado que está de viaje en barco con su padre, un magnate de los negocios, después de ser expulsado del colegio por mala conducta. Inesperadamente, cae por la borda y es rescatado por una goleta de pescadores. Antes de poder llevar al chico a tierra firme, el pesquero tiene que acabar la larga campaña de pesca durante tres meses. Harvey, desconcertado y fuera de lugar, se niega a aceptar su nueva situación. Poco a poco, sin embargo, y gracias a la ayuda de Manuel «el portugués» (Spencer Tracy), un bondadoso marinero, irá adaptándose a la vida en alta mar hasta convertirse en una experiencia transformadora. A lo largo de casi dos horas, el Pescaíto –como lo apoda Manuel– va madurando y aprendiendo lo que es la vida, pasando de ser un mocoso mimado a convertirse en un hombre de bien. La cinta, en blanco y negro, nos transmite muchas enseñanzas de gran utilidad para la vida y la empresa, fruto de la entrañable relación entre ambos junto al resto de los miembros de la tripulación: el capitán Disko (Lionel Barrymore), Jack «el largo» (John Carradine) o Dan (Mickey Rooney). El metraje nos enseña, entre otros valores, el sentido de la amistad, la confianza, la autorresponsabilidad, el afecto, el problema de ser autoritario o la necesidad de acompañamiento (coaching). Estrenada el 25 de junio de 1937, la película fue nominada a cuatro premios de la Academia de Hollywood (mejor montaje, película, actor y guion), y finalmente se alzó con la estatuilla a mejor actor principal en la figura de Spencer Tracy, quien también recibiría este galardón en 1938 por *Forja de hombres*, aunque sería nominado siete veces más a lo largo de su carrera cinematográfica. Una de las grandes aportaciones de la película es, sin duda, su banda sonora y las canciones pegadizas que perviven al paso de los años como el inolvidable estribillo: «¡Ay!, mi pescadito, deja de llorar. ¡Ay!, mi pescadito, no llores ya más...».

1. **AUTORITARISMO. «Hay una gran lista de infracciones debido a su actitud de creerse alguien.»**
Son palabras del señor Finley (Walter Kingsford), el director del colegio donde estudia Harvey (Freddie Bartholomew), que ha acudido a casa del señor Cheyne (Melvyn Douglas), su padre, tras ser expulsado durante una temporada después de acumular numerosos incidentes: mentiras, sobornos y mal compañerismo. Desde los primeros compases de la película, Harvey trata a todo el mundo con desdén, soberbia y aires de superioridad: amigos, profesores o el personal de servicio de la casa donde vive junto a su progenitor. Esa actitud arrogante y egoísta le hace ganarse la enemistad de todos, lo que provoca que le vayan aislando hasta recibir incluso un puñetazo por parte de uno de sus compañeros. El propio director Finley le dice a su padre:

—Ese puñetazo, siento decirlo, se lo hubiese dado gustoso cualquiera de los otros ciento veinte alumnos del colegio.

¿Quién quiere estar cerca de alguien tan tirano? Por supuesto, nadie. No obstante, a medida que avanza la cinta, y gracias a Manuel (Spencer Tracy), su mentor y amigo, el «pequeño dictador» va madurando y tomando conciencia de que su comportamiento no le lleva a ninguna parte; entonces, empieza a ser más cercano, generoso y humano, recibiendo lo mismo que da. Por mucha tecnología, inteligencia artificial y otros avances que aparezcan en el mercado, al final somos personas tratando con personas, y a cada uno de nosotros nos gusta que nos traten con respeto y educación. Eso es innegociable y nos lo merecemos todos. La dictadura, el autoritarismo, la tiranía y sus sucedáneos pueden funcionar a corto plazo (la gente tiene que comer), pero son insostenibles a medio y largo plazo. Hay una máxima que nunca falla: *como tratas a los demás, los demás te tratan a ti.*

2. **EDUCACIÓN. «Créame señor Cheyne, Harvey es de buena pasta, pero creo que ha sido mal encaminado, y es listo como pocos de los muchachos que tenemos en el colegio.»**
Son palabras del profesor Tyler (Donald Briggs), que también ha acudido a casa del señor Cheyne, a quien Harvey intentó sobornar y que conoce de primera mano cómo se las gasta con el resto de sus compañeros de clase. Todos necesitamos puntos de referencia que nos sirvan de guía, sobre todo a edades tempranas en las que es más probable que el ser humano se brutalice si no cuenta con directrices rectas. El señor Cheyne, a pesar de sus buenas intenciones, los múltiples negocios que tiene entre manos y la ausencia de la figura materna tras haber enviudado le impiden dedicarse oportunamente a su hijo, lo que le ha convertido en un chico insolente. Él mismo reconoce su descuido:

—Parece ser que he criado un pequeño Maquiavelo.

Y asume el *mea culpa*:

—Pobre Harvey, quién sabe si no es culpa mía.

Sin embargo, no todo está perdido. La capacidad de cambiar existe en todos nosotros siempre que haya buena actitud y voluntad. De nuevo es el director del colegio, el señor Finley, el que con buen tono le da unas palabras de ánimo y esperanza:

—Encárguese durante unos meses de su hijo, no lo lamentará. Si le da ocasión de imitarle a usted seguro que nos hallaremos ante otro futuro ciudadano ejemplar.

3. SOBORNOS. «Ya sabe que quiso sobornar al señor Tyler.»
De nuevo es el director del colegio el que pone en alerta al señor Cheyne sobre los modos de proceder de su hijo. Lo mejor de la vida —confianza, lealtad, afecto, amistad...— no se puede comprar, hay que ganárselo. Por mucho *cash* que se disponga en la cuenta corriente, hay cosas que no están en venta. Las estratagemas de Harvey para ganarse la aceptación de sus compañeros y profesores no tienen desperdicio: comprar favores (sobornos) a quien se interponga en su camino. Una de las escenas más memorables ocurre al inicio de la cinta, cuando varios compañeros de colegio han ido a su casa como invitados. A uno de ellos, Charles (Bill Burrud), le regala una edición de lujo de *La isla del tesoro* de la biblioteca de su padre que le hace especial ilusión. Luego, se da el siguiente diálogo entre ellos:

—Me alegra que te guste tanto —dice Harvey.
—Oye, Harvey, quizá no debería aceptarlo.
—No digas eso, así te demuestro mi amistad. Tal vez algún día tú hagas lo mismo con todos nosotros... Por ejemplo, entrar en el club de los búfalos. Tú eres el presidente, ¿verdad?

Charles le hace ver que eso no depende en exclusiva de él, pero Harvey no entra en razones y contraataca sin piedad:

—Tu padre es vendedor de los automóviles de mi padre en Providence, ¿no es cierto? ¿Y crees que no le gustaría que tuvieses un rasgo de amistad conmigo pudiendo hacerlo? ¿Y si un día mi padre al despertar se entera de tu fea conducta y le dice: «Está despedido»? ¿Sabes tú cuántos están sin trabajo? Millones de personas... Y van andrajosas y hambrientas. Y sus hijos no pueden ir al colegio. Aún eres pequeño para trabajar y tendrías que ir a mendigar con tus padres. Sería terrible que vieras a tu madre sentada en la acera cubierta de harapos y comiendo mendrugos y desperdicios, ¿a que sería terrible?

—Tu padre no puede hacer eso —le dice asustado.

—No es que yo quiera que él lo haga, sólo digo que no me gustaría que tuviese que hacerlo.

El profesor Tyler, al enterarse de las intenciones y formas de Harvey, habla con él y le echa una buena reprimenda:

—Te hace falta una lección que yo no puedo darte.

4. SOBREPROTECCIÓN. «Mi padre todo lo que quiero me lo da.»

La sobreprotección nos vuelve vulnerables. Una vida excesivamente acomodada —como la que ha vivido Harvey desde su nacimiento— no es lo más recomendable para la maduración de la personalidad. Ya decía Eleanor Roosevelt, activista por los derechos sociales: «Cuando la vida es demasiado fácil, debemos tener cuidado o puede que no estemos preparados para afrontar los vientos que tarde o temprano llegan a todos, ricos o pobres». La capacidad instructiva del dolor es inigualable. La resiliencia, como todo, también se educa; y se educa a base de afrontar problemas sin huir de ellos. Ser resiliente es un hábito que se forma ayudando a las personas a aceptar la realidad cuando las cosas no dependen de uno, a tomar acción para modificar aquello que está en nuestras manos, y a ser pacientes mientras las cosas se estabilizan y vuelven a su curso. A pesar de que Harvey pierde todas las comodidades que ha tenido hasta entonces tras caer por la borda del barco en el que viaja y tendrá que acostumbrarse a vivir con las escaseces propias de una humilde goleta de pescadores que le rescata, la experiencia le permitirá madurar y convertirse en un hombre de provecho, no sólo por los hábitos que desarrolla sino por los valores que aprende. Sin duda, la mejor experiencia de su vida.

5. **CONFIANZA/PACIENCIA. «Gracias por cubrirme con tu chaquetón y por todo lo demás. Aun no te he dado las gracias por salvarme la vida, y ya es hora de que te las dé.»** Las relaciones personales, de cualquier tipo, necesitan tiempo para consolidarse. Ganarse la confianza de alguien no es una cuestión de dos días, y mucho menos cuando uno tiene que tratar con personas complicadas. A pesar de la falta de gratitud de Harvey y sus formas altaneras, Manuel no desespera y le sigue tratando con cariño, quizá porque intuye las carencias afectivas del chico. No se desanima, y como responsable de su tutela en el barco, le sigue dando las atenciones que precisa. Los frutos no tardarán en llegar y se forjará una bonita amistad. La benevolencia —del latín *bene-volere* ('querer el bien')— es imprescindible en un proceso de coaching. Si a uno le resulta indiferente el otro, poco hará por él. Le dará igual que escoja un camino u otro, que sea bueno o malo, que conduzca a lo justo o lo injusto... La relación coach-coachee va más allá de un mero acuerdo mercantil entre dos partes. Sólo cuando se acoge con corazón se está en plenas facultades para ofrecer un asesoramiento personalizado verdadero. El coach debe ver al coachee como un reto y creer en el potencial que todo ser humano atesora en su interior. Así es como Manuel lo hace con Harvey.

6. **ACEPTACIÓN. «Sólo quieres hacer lo que te gusta.»** Tras caer por la borda del barco y ser rescatado, Harvey

pasa a una realidad totalmente diferente a la que ha vivido como hijo único entre algodones. Todo eso se ha acabado, pero él se niega a aceptarlo y propone una y otra vez con malas formas al capitán del barco que le lleve a tierra firme: su padre, como hombre adinerado que es, le recompensará oportunamente. El capitán le ignora sin inmutarse, pero Harvey sigue en sus trece entorpeciendo el trabajo de los demás marineros, alterando la convivencia y enrareciendo el ambiente. El capitán Disko (Lionel Barrymore), cansado de su actitud, reflexiona para sí mismo:

—Estoy viendo que no me queda más remedio.

Finalmente le acaba dando una buena bofetada. Mientras el chico está aturdido en el suelo por el golpe, concluye:

—Ahora quédate ahí sentado y piénsalo bien.

Esa escena marca un punto de inflexión en el metraje. Harvey sabe que no le queda otra que aceptar lo que hay y espabilar si quiere sobrevivir durante los tres meses que le esperan en alta mar. A partir de entonces comienza a comportarse como un miembro más de la tripulación. Pasado el duelo, en un momento dado, mientras todos los marineros están limpiando el pescado, le dice a Manuel:

—Pero, yo también quiero hacer algo.
—Sí, pero sólo quieres hacer lo que te gusta [...]. Te diré lo que puedes hacer: baja a la cocina a ayudar a Dan, tira la basura, suda como ha sudado Dan antes de jugar a ser pescador.

Harvey, que a pesar de todo es un chico listo, comprende la lección y decide empezar desde abajo, aceptar las normas, trabajar duro y respetar al grupo.

7. **ÉTICA. «Manuel no tiene un compañero de pesca, sólo un tramposo […]. Y yo no pesco peces como tú con esas argucias.»**

Harvey, a pesar de que va madurando y mejorando como persona, todavía no ha dejado del todo atrás su vida anterior de engaños, mentiras y trampas. En una secuencia, «el portugués» y «el largo», cuya relación es de tirantez, hacen una apuesta a ver quién captura más pescado. Harvey, que también ha tenido que sufrir las burlas de Jack «el largo», le tiende una trampa y se lo comenta a Manuel:

—Anoche, cuando oí que hacías la apuesta con Jack «el largo», subí a cubierta y le enredé su albareque […]. Hice varios nudos y quité cebo de los anzuelos.

Manuel, decepcionado con su comportamiento, reflexiona en su presencia:

—Manuel no tiene un compañero de pesca, sólo un tramposo, y yo no pesco peces como tú con esas argucias.

No todo vale: el fin no justifica siempre los medios. Además, el liderazgo tiene que ver con el ejemplo, y si uno quiere que el resto se comporte de una determinada manera, debe ir un paso por delante marcando el camino. Manuel lo sabe, por eso nada más enterarse de la jugarreta de Harvey decide tirar por la borda toda la pesca capturada hasta el momento, lo que hace que «el largo» le gane la apuesta. Buen ejemplo, sin duda.

8. **ARREPENTIMIENTO. «Estoy muy avergonzado Manuel.»**

Todos pecamos y cometemos errores en ciertos momentos de la vida olvidándonos de los valores que tanto proclamamos. Cuando vemos amenazada nuestra seguridad emocional, tendemos a mentir, trampear, culpar o buscar excusas. La fragilidad de carácter forma parte de la condición humana. Por eso, cuando nos la juegan, es sana una cierta compasión hacia los demás, pero también con uno mismo para no flagelarse y ser un poco más felices. El Pescaíto, que a medida que va transcurriendo la película va convirtiéndose en mejor persona gracias al ejemplo de Manuel, reconoce su error, primero a Jack «el largo», confesando que ha sido él quien enredó el albareque a escondidas, y luego, pidiendo perdón a su mentor:

—Estoy muy avergonzado Manuel.

Éste, con gran humanidad y compasión, acepta las disculpas y le dice:

—Todos tenemos que avergonzarnos alguna vez para no volver a hacer aquello que nos avergüenza.

9. *MENTORING*/COACHING. «Manuel, encárgate de él.» Son palabras del capitán Disko a Manuel después de la llegada del nuevo miembro de la tripulación: Harvey. A partir de entonces, «el portugués» se convierte en su mentor, coach y amigo, y la relación entre ambos —lo mejor de la película— nos deja muy buenos momentos además de muchas enseñanzas. Entre otras:

• Contar con un mentor facilita el periodo de adaptación tan necesario cuando uno se incorpora a una organización. La cultura corporativa, los compañeros, el ambiente o la metodología de trabajo requieren un periodo de acostumbramiento y acomodo. Manuel cumple perfectamente esta labor.
• A la gente hay que ir dándole cancha progresivamente aún a sabiendas de que se va a equivocar, ya que ésta es la mejor forma de que vaya cogiendo tablas y ganando se-

APRENDIENDO DE LOS MEJORES 5

guridad. Manuel le enseña a su grumete a hacer la guardia en la cubierta, y cuando salen por primera vez a pescar juntos, le da la oportunidad de poner en práctica sus habilidades (con los remos, al cebar el anzuelo, al sacar el pescado...), aunque Harvey yerra una y otra vez. Poco a poco, sin embargo, sus mejoras van siendo sustanciales.

• Manuel no sólo le enseña a Harvey cuestiones técnicas y de negocio, sino a conocerse mejor, a aceptarse y a descubrir lo que de verdad importa. Le enseña sobre la vida. Así, en un momento dado, hablando con cariño de su padre fallecido, le da toda una lección cuando Harvey le reprocha que no le hubiese dejado grandes cosas (materiales): «Él me dejo este instrumento [zanfona] que había heredado de su abuelo, él me enseñó a navegar y a pescar, el me dio brazos y manos y pies, y encontrándome bien por fuera me ayudó a encontrarme bien por dentro. Mi padre hizo eso y tenía otros diecisiete hijos».

10. **AFECTO. «Yo no quiero volver a casa Manuel.»**
Pocas cosas unen tanto como el afecto y el cariño. Nadie puede vivir sin él, y cuando eso sucede, el ser humano está incompleto: le falta algo y se siente vacío. Harvey ha tenido dos padres: uno biológico, que le ha dado la vida; y otro, que le ha dado cariño, comprensión y acompañamiento, además de mostrarle los valores reales y verdaderos. La relación de complicidad de Harvey con Manuel, fruto de compartir tiempo y confidencias, ha echado fuertes raíces, a diferencia de la relación que tenía con su verdadero padre que, debido a sus muchas ocupaciones, apenas le prestaba atención. Cuando la temporada de pesca acabe y vuelvan a puerto, Manuel y Harvey tomarán rumbos distintos: el primero, siguiendo su vida; el segundo, con su padre biológico, el señor Cheyne. Harvey se sincera sobre sus auténticos sentimientos:

—Yo no quiero volver a casa, Manuel.

—¿Que no quieres volver? —le dice éste.

—Bueno, quiero decir… Yo quiero quedarme contigo en Gloucester y volver a salir a pescar como ahora.

—¿Quieres ser pescador? —le vuelve a preguntar Manuel.

Harvey, entre lágrimas, concluye:

—Sí, quiero ser tan buen pescador como tú. Quiero quedarme contigo Manuel… ¿me dejas?

Los acontecimientos que suceden a continuación —una fuerte tormenta con trágico desenlace— ponen de manifiesto el cariño de Harvey por Manuel y viceversa. No hay mejor forma de saber lo que se siente por una persona que despidiéndose de ella.

JAMES NESTOR

James Nestor (1950) es periodista y escribe para medios como *Outside, Scientific American, The Atlantic, Dwell* y *The New York Times*. Es colaborador de distintos programas de televisión y vive en San Francisco, California. Ha publicado varios libros, entre ellos *Deep*, mejor libro de ciencia del año por Amazon y finalista del premio PEN/ESPN. También ha escrito el bestseller internacional *Respira*, con subtítulo: *La nueva ciencia de un arte olvidado*. En él se relata, basándose en estudios empíricos (hay más de cuatrocientas referencias científicas), los beneficios de una buena respiración en todos los órdenes de nuestra vida. Probablemente no haya ninguna actividad fisiológica tan importante y desatendida como la respiración. Respiramos para funcionar, pero no de forma saludable. Es la diferencia entre ir tirando o vivir plenamente. Así señala: «Somos los peores respiradores del reino animal desde hace unos cientos de años». Por hacer un paralelismo entre respirar y comer, «yo podría pasarme toda la vida comiendo galletas o bollos y esto me aportaría suficiente glucosa como para poder funcionar, para que mi cerebro pueda pensar y yo pueda más o menos funcionar, pero esto no significa que esté comiendo de manera saludable». El punto de arranque de este libro fue su propia historia personal. Después de años sufriendo problemas respiratorios, como neumonías y bronquitis, sin notar apenas mejoría, un amigo médico le recomendó que probara una clase de respiración. Tuvo una experiencia muy profunda, y a partir de ahí empezó a investigar de manera rigurosa. Años después, su trabajo como periodista le llevó a escribir un artículo sobre el buceo a pulmón libre o apnea. De estos buceadores aprendió «un montón de cosas increíbles que podemos hacer con la respiración». Como él mismo afirma: «Sé que suena ridículo, pero tenemos que aprender a respirar de nuevo. El 90 por ciento de la gente lo hace mal». El libro estuvo dieciocho semanas en la lista de bestsellers de *The New York Times* vendiendo más de un millón de ejemplares durante el primer año de su publicación, ha sido traducido a más de treinta idiomas y ha sido galardonado con diferentes reconocimientos como el de mejor libro de no ficción de 2020 por la American Society of Journalists and Authors, finalista a mejor libro científico del año por la Royal Society, y premiado entre los mejores libros del año de 2020 por diferentes instituciones como *The Washington Post*. Como decía el doctor Wallace J. Nichols en una ocasión, «si respiras, necesitas leer este libro».

1. **Considero la respiración un *arte olvidado* porque gran parte de los descubrimientos no son nuevos en absoluto.** La importancia de la respiración es tal, que ya era considerada una medicina poderosa en la Antigüedad. Alrededor del año 400 a. C., hay libros pertenecientes al taoísmo chino que hablan de cómo la respiración nos puede matar o curar en función de cómo la usamos. Antes de esta época, los hindúes consideraban que el aire y el aliento eran lo mismo, y describían prácticas para equilibrar la respiración y preservar la salud física y mental. Los budistas, por ejemplo, utilizaban la respiración no sólo para alargar la vida sino para alcanzar niveles superiores de conciencia. En una inscripción sobre piedra en los tiempos de la dinastía Zhou, quinientos años antes de Cristo, se decía:

Al transportar el aliento, la inhalación debe ser plena. Si está llena, tendrá gran capacidad. Si tiene gran capacidad, se podrá extender. Si se extiende, podrá penetrar hacia abajo. Si penetra hacia abajo, se podrá asentar tranquilamente. Si está tranquilamente asentada, será fuerte y firme. Si es fuerte y firme, podrá germinar. Si germina, crecerá. Si crece, se elevará. Si se eleva, llegará arriba a la cabeza. El poder secreto de la Providencia se mueve hacia arriba. El poder secreto de la Tierra se mueve hacia abajo. Quien sigue esto, vivirá; quien actúa en contra, morirá.

Hoy la ciencia ha corroborado muchas intuiciones de nuestros antepasados.

2. Nuestra capacidad de respirar ha cambiado durante los largos procesos de evolución humana y la forma en que respiramos ha empeorado notablemente desde los albores de la Revolución Industrial.
James Nestor escribe en *Respira*: «El 90 por ciento de nosotros respiramos de forma incorrecta y este defecto está o bien causando o bien agravando una lista interminable de enfermedades crónicas [...]. Muchas enfermedades modernas —el asma, la ansiedad, el TDAH y la psoriasis, entre otras— podrían o reducirse o revertirse simplemente cambiando la manera en que inspiramos y espiramos». Una respiración saludable mejora notablemente nuestra vida. Respecto a una de sus visitas a Grecia para realizar un reportaje sobre el buceo a pulmón libre, el autor señala: «Un buceador me contó que algunos métodos de respiración nutren nuestro cerebro, mientras que otros matan neuronas, algunos nos proporcionan salud, mientras que otros aceleran nuestra muerte». La cuestión no es respirar, sino *cómo* lo hacemos, mejor o peor. Él dice: «Ahora mismo estoy respirando por la boca: estoy vivo, puedo funcionar, puedo trabajar, puedo hacer ejercicio... ¡pero esto no significa que tenga salud! Respirar mal es como comer bollos toda la vida». Y añade: «Mi suegro, que es neumólogo, siempre me dice: "Yo trato con muertos vivientes"». Evolución no siempre significa progreso, significa cambio. Y la vida puede cambiar a mejor o a peor. En algunos aspectos el cuerpo humano ha cambiado a peor. Es lo que Daniel Lieberman,

biólogo de la Universidad de Harvard, llama *desevolución*, y explica por qué hoy día en comparación con el pasado nos duele más la espalda o los pies, los huesos son más frágiles o por qué respiramos tan mal. Este proceso comenzó hace unos ciento cincuenta años: «Durante la Revolución Industrial es cuando empezamos a procesar los alimentos, empezamos a consumir tanto harina como azúcar, y todo tipo de productos de manera refinada y eso supone menos minerales, menos vitaminas, y por otro lado son alimentos blandos, entonces dejamos de masticar tanto como hacíamos en el pasado. El masticar suficientemente es fundamental en el desarrollo del ser humano desde la más tierna infancia, porque permite desarrollar todas las estructuras del cráneo, y si esto no se hace de manera suficiente acabamos teniendo una boca demasiado pequeña en la que los dientes se tuercen, tenemos también unas vías respiratorias empequeñecidas y el paladar tampoco se desarrolla de manera adecuada». De manera resumida: la forma en que respiramos ha empeorado notablemente por el consumo de más alimentos blandos que han debilitado nuestra capacidad de masticación. Esto ha derivado en el decrecimiento de la parte delantera del cráneo humano, lo que nos hace más propensos a respirar por la boca.

3. **Da igual lo que comamos, cuánto ejercicio hagamos, cuán resistentes sean nuestros genes, lo delgados o jóvenes o sabios que seamos: nada de esto importará a menos que respiremos correctamente.**
   No es que todas estas cosas no sean importantes, que lo son, sino que adquieren un papel secundario si no respiramos bien. El motivo no es otro que la forma en que respiramos afecta a todo. Respirar por la boca —debido a la mayor o menor obstrucción de las fosas nasales— a diferencia de por la nariz provoca muchas enfermedades. Esta obstrucción que, como señalábamos antes, ha aumentado de-

bido a la propia evolución de la especie humana, puede dar lugar a alteraciones en la presión arterial que conduzcan a hipertensión y, por tanto, a un mayor riesgo de sufrir ataques al corazón o derrames cerebrales; a variaciones de la frecuencia cardíaca que llevan al cuerpo a un estado de estrés; o a cambios en el pulso, la temperatura corporal, la claridad mental, la atención o el estado de ánimo. Por poner un caso concreto, «un estudio japonés hecho con humanos en 2013 llegó a la conclusión de que respirar por la boca provocaba una alteración del oxígeno de la corteza prefrontal, el área del cerebro asociada con el TDAH (Trastorno por Déficit de Atención e Hiperactividad). La respiración nasal no tenía tales efectos».

4. Pero ¿por qué necesito aprender a respirar? Si llevo respirando toda mi vida...
Para la mayoría de nosotros respirar es una acción pasiva, algo que hacemos de manera inconsciente como otras muchas actividades, pero respirar no es simplemente una acción binaria —respiro o no respiro— sino que *cómo* respiramos tiene una influencia contundente en numerosos aspectos de nuestra salud. La mayoría de la gente no es consciente de ello. Respirar por la nariz o por la boca no es una cuestión baladí, sino que tiene consecuencias notables. Los chinos de la Antigüedad ya lo sabían. En un fragmento de las enseñanzas taoístas se dice: «El aire inhalado por la boca se llama *nichi'i*, esto es, "aire adverso", el cual es extremadamente dañino. Tened la precaución de no absorber aire por la boca». George Catlin es un investigador que pasó seis años viajando por las Grandes Llanuras —al oeste del río Mississippi y al este de las Montañas Rocosas— para documentar la vida de cincuenta tribus nativas americanas que variaban según la región, costumbres, tradiciones y dietas. Sin embargo, lo que era común a todas ellas era que nadie parecía enfermar y las deformidades u otros problemas de salud cró-

nicos eran raros o inexistentes. Las tribus atribuían su robusta salud a lo que Catlin llamó el *gran secreto de la vida*. Ese *gran secreto de la vida* era la respiración. Los nativos americanos le contaron a Catlin que el aire inhalado por la boca le quitaba fuerza al cuerpo, deformaba la cara y provocaba tensión y enfermedades. Por otro lado, el aire absorbido por la nariz mantenía el cuerpo fuerte, embellecía la cara y prevenía enfermedades. En sus notas dejó escrito: «El aire que entra por los pulmones es tan distinto del que entra en la nariz como el agua destilada es distinta del agua de una vulgar cisterna o de un charco con ranas».

5. **Los beneficios para la salud de la respiración nasal son innegables.**
Son palabras del doctor Mark Burhenne que lleva décadas estudiando la relación entre la respiración bucal y el sueño, y autor del libro *The 8-Hour Sleep Paradox* [La paradoja del sueño de ocho horas]. Uno de estos beneficios es que los senos nasales liberan una buena cantidad de monóxido de nitrógeno, una molécula que desempeña un papel esencial en el aumento de la circulación y en el suministro de oxígeno a las células. Dice Nestor: «El funcionamiento inmunitario, el peso, la circulación, el estado de ánimo y el funcionamiento sexual pueden influenciarse notablemente con la cantidad de monóxido de nitrógeno que tenemos en nuestro cuerpo» (El popular medicamento sildenafil para la disfunción eréctil, conocido por el nombre comercial de Viagra, funciona liberando monóxido de nitrógeno en el torrente sanguíneo, lo cual dilata los capilares en los genitales y en el resto del cuerpo). Por dar algunos datos: sólo respirando por la nariz se puede incrementar el monóxido de nitrógeno por seis, lo cual es uno de los motivos por los cuales podemos absorber cerca de un 18 por ciento más de oxígeno que respirando solamente por la boca. El doctor Burhenne manifestaba: «Tapar la boca con cinta para dor-

mir ayudó a un paciente de cinco años a superar su TDAH, un trastorno directamente atribuible a dificultades respiratorias durante el sueño». No es casual que ya en el siglo xvi un médico holandés, Levinus Lemnius, escribiese: «Más saludable dormir... con la boca cerrada». Por su parte, el citado George Catlin, en su libro *The Breath of Life* [El aliento de la vida], publicado en 1862, decía: «Y si tuviera que esforzarme por legar a la posteridad el lema más importante que pueda transmitir al lenguaje humano, deberían ser estas tres palabras: CERRAD-LA-BOCA. Allá donde lo pintaría y lo inscribiría, en cada guardería y en todas las patas de cualquier cama del universo, no podría confundirse su significado. Y en caso de ser obedecido, la gente pronto se percataría de su importancia». A Catlin la respiración nasal le salvó la vida. Desde pequeño había sufrido problemas respiratorios graves. En su obra escribiría: «Quedé totalmente convencido del peligro del hábito [respirar por la boca] y tomé la decisión de superarlo». Se esforzó en tener la boca cerrada mientras dormía y a respirar por la nariz mientras estaba despierto. Así diría: «Concienzudamente, conquisté por completo a un enemigo malicioso que me atacaba con nocturnidad estando yo desprotegido y que me estaba llevando a la tumba manifiestamente deprisa». Murió a los setenta y seis años, el doble de la esperanza de vida media de la época. Él atribuía su longevidad «al *gran secreto de la vida*, respirar siempre por la nariz».

6. **La respiración afecta a la salud, a la longevidad... y también a la resistencia.**
Pongamos como ejemplo un experimento llevado a cabo en la década de los noventa por el doctor John Douillard, entrenador de deportistas de élite. Este médico estaba convencido de que respirar por la boca estaba perjudicando a sus atletas. Para demostrarlo, reunió a un grupo de ciclistas profesionales, los equipó con sensores para registrar su fre-

cuencia cardíaca y respiratoria y los hizo montar en bicicletas estáticas. A lo largo de varios minutos aumentó la resistencia de los pedales, lo cual exigía que los atletas destinaran más energía al pedaleo. Durante el primer intento les dijo a los participantes que sólo respiraran por la boca. A medida que se incrementaba la intensidad, también aumentaba la frecuencia respiratoria, como ya se preveía. Cuando los atletas alcanzaron la fase más dura del test, pedaleando a doscientos vatios de potencia, jadeaban y les costaba recobrar el aliento. Posteriormente repitió la prueba con los atletas respirando sólo por la nariz. A medida que se incrementaba la intensidad del ejercicio, la frecuencia respiratoria disminuyó. En la fase final, a doscientos vatios de potencia, un sujeto que había estado respirando a un ritmo de cuarenta y siete respiraciones por minuto ahora respiraba a catorce veces por minuto al hacerlo por la nariz. El deportista mantenía la misma frecuencia cardíaca a la que había comenzado la prueba, a pesar de que la intensidad del ejercicio se incrementó por diez. Las palabras del doctor fueron contundentes: «Simplemente entrenarse a respirar por la nariz podía reducir a la mitad el esfuerzo total y proporcionar enormes avances de resistencia». Al respirar por la nariz, los atletas se sentían fortalecidos y no exhaustos. Todos prometieron no volver a respirar por la boca nunca más.

7. **La respiración también puede servir para restituir la salud.**
Si la respiración afecta en múltiples aspectos a nuestra salud, aprender a respirar bien es algo crítico. Para ello existen técnicas para expandir los pulmones, desarrollar el diafragma, inundar el cuerpo de oxígeno, penetrar el sistema nervioso autónomo, estimular la respuesta inmunitaria y reajustar los receptores químicos del cerebro. Podemos pensar que el acto de respirar —inhalar y exhalar— es igual en todas las

personas, pero no es así. No todos respiramos de la misma manera. Igual que no hay dos personas iguales, no hay dos respiraciones idénticas. Y cada manera en que respiremos afectará a nuestro cuerpo de forma distinta. El orificio nasal derecho es el pedal del acelerador. Al inhalar mayoritariamente por este canal, la circulación se acelera, el cuerpo se calienta y los niveles de cortisol, la presión arterial y la frecuencia cardíaca aumentan. Eso ocurre porque respirar por el lado derecho activa el sistema nervioso *simpático*, que pone al cuerpo en un estado elevado de alerta. Por el contrario, inhalar por el agujero izquierdo tiene el efecto contrario: funciona como un sistema de frenado, está conectado con el sistema nervioso *parasimpático* encargado del descanso y la relajación, y gracias al cual disminuye la presión arterial, se enfría el cuerpo y se reduce la ansiedad. Respirar por el orificio izquierdo cambia el flujo sanguíneo hacia el lado opuesto de la corteza prefrontal, el área que influye en el pensamiento creativo y desempeña un papel en la formación de abstracciones mentales. La clave está en respirar *conscientemente* —en cada momento como ordenemos— para lograr los efectos deseados en cada situación: concentración, relajación, activación. Como escribe Nestor:

Nuestros cuerpos operan a su mayor eficiencia en un estado de equilibrio, pivotando entre acción y relajación, soñando despiertos y pensando razonadamente. Este equilibrio está influenciado por el ciclo nasal e incluso puede ser controlado por éste. Es un equilibrio que también puede ser manipulado. Hay un ejercicio de yoga destinado a manipular las funciones corporales forzando la respiración por los orificios de la nariz. Se llama *nadi shodhana* —en sánscrito, *nadi* significa canal y *shodhana* significa purificación— o, más coloquialmente, respirar alternando los orificios.

8. Pulmones más pequeños, vida más corta. Pulmones más grandes, vida más larga.

La respiración medicinal (saludable) no implica sólo respirar por la nariz, sino otros hábitos respiratorios. Dice Nestor: «Respirar por la nariz no sirve de mucho si no tenemos la capacidad pulmonar para mantener el aire». Para ello existen los *estiramientos* o los *Cinco Ritos Tibetanos*. De ello escribió extensamente Peter Kelder en su libro *The Eye of Revelation* [El ojo de la revelación] publicado en 1939. «Los estiramientos para agrandar los pulmones —dice Nestor— se basan en ejercicios reales que se remontan al año 500 a. C. Los tibetanos habían empleado estos métodos durante milenios para mejorar el estado físico, la salud mental, el funcionamiento cardiovascular y, obviamente, para prolongar la vida.» Lo que los tibetanos sabían y aplicaban intuitivamente, la evidencia científica lo ha constatado en las últimas décadas. Una investigación llevada en las últimas décadas del siglo xx a lo largo de setenta años centrada en las enfermedades del corazón con 2.500 pacientes, y en la que se intentaba ver la correlación entre el tamaño de los pulmones y la longevidad, concluyó que el mayor indicador de la esperanza de vida no era la genética, la dieta o la cantidad de ejercicio diario, como muchos sospechaban, sino la capacidad pulmonar. En concreto: «Cuanto más pequeños y menos eficientes se volvían los pulmones, más deprisa enfermaban y morían los sujetos». Nuestra capacidad pulmonar era, según los investigadores, «literalmente una medida del potencial de vida. Sin embargo, ni este estudio ni otros posteriores trataban cómo curar y fortalecer los pulmones. Hasta los años ochenta existía la creencia de que los pulmones, como cualquier otro órgano interno, era inmutable, tenía el mismo tamaño toda la vida. Hoy sabemos, gracias a la ciencia, que los órganos internos son maleables: «Cualquier práctica regular que expanda los pulmones y mantenga su flexibilidad —dice Nestor—

puede conservar o incrementar la capacidad pulmonar. Hacer ejercicio moderado, como caminar o ir en bicicleta, se ha demostrado que puede aumentar el tamaño pulmonar hasta un 15 por ciento». Una de las fórmulas más eficaces es extender las exhalaciones (bocanadas completas): «Por muy básico que suene, rara vez se practican las exhalaciones completas. La mayoría de nosotros solamente usamos una pequeña parte de nuestra capacidad pulmonar total con cada respiración, lo cual requiere hacer más y obtener menos. Uno de los primeros pasos para una respiración saludable es extender las respiraciones, mover el diafragma arriba y abajo un poco más y sacar todo el aire antes de otra bocanada».

9. **[Lo que descubrieron muchos doctores era que] la mejor manera de evitar muchos problemas de salud crónicos, mejorar el rendimiento deportivo y prolongar la longevidad era centrarse en *cómo* respiramos. Para hacerlo deberíamos aprender cómo inhalar y exhalar lentamente.**

    Junto a respirar por la nariz y mejorar la capacidad pulmonar (con exhalaciones completas), otro aspecto de la respiración de primer orden es inhalar y exhalar lentamente. Ello es debido a que así es como se retiene más dióxido de carbono en el cuerpo, que es un elemento esencial para nuestro organismo y la salud. Nestor se hace eco de las palabras del doctor Yandell Hendersson, director del departamento de Fisiología Aplicada de Yale, a principios del siglo pasado y que fueron publicadas en *Cyclopaedia of Medicine* [Enciclopedia de la Medicina]: «El dióxido de carbono es la hormona principal del cuerpo entero; es la única que producen todos los tejidos y la única que probablemente actúa sobre cualquier órgano. El dióxido de carbono es, de hecho, un componente de la materia viva más fundamental que el oxígeno». El sueco Anders Olsson, con el que trabajó James Nestor y autor de *Conscious Breathing* [Respiración consciente], le decía: «Todo el mundo habla siempre de oxígeno […]. ¡Un cuerpo sano siempre tendrá suficiente oxígeno! Lo que nuestros cuerpos necesitan de verdad […] es más dióxido de carbono». Algo que suministra la respiración *lenta* (o *resonante* o *coherente*), y que se ha demostrado que aporta «los mismos beneficios que la meditación para quienes no querían meditar. Y que el yoga para los que no querían levantarse del sofá. Y ofrecía la parte curativa del rezo para los que no son religiosos». En 2001 investigadores de la Universidad de Pavía, en Italia, hicieron un estudio en el que los participantes, «cuando seguían este patrón de respiración lenta, el riego sanguíneo que llegaba al cerebro se incrementaba y los sistemas del cuerpo entraban en un estado de coherencia, cuando el funcionamiento del corazón, la circulación y el sistema nervioso están coordinados para alcanzar un pico de eficiencia».

10. **Hay que respirar menos.**
Es otra de las claves del acto de respirar. Lo que se considera médicamente normal hoy día es respirar entre una docena y veinte respiraciones por minuto con una ingesta media de cerca de medio litro de aire por respiración. Fijándonos en los individuos situados en el rango superior del ritmo respiratorio, es casi el doble que en el pasado. Dice Nestor: «La mayoría de nosotros respiramos en exceso, y hasta una cuarta parte de la población contemporánea sufre un caso aún más grave de hiperventilación crónica». Los yoguis indios se entrenan para reducir la cantidad de aire que inspiran en reposo. Los budistas tibetanos dictaron unas instrucciones a sus monjes en periodo formativo para que redujeran y calmaran la respiración. Médicos chinos de hace más de 2.000 años recomendaban 13.500 respiraciones al día, lo que sale a nueve respiraciones y media por minuto. En Japón se cuenta que los samuráis comprobaban

el estado de preparación de un soldado colocándole una pluma debajo de la nariz mientras inspiraba y espiraba. Si la pluma se movía, el soldado era descartado. Es importante señalar que respirar más *lento* no es lo mismo que respirar *menos*. Lo primero se refiere a las veces que respiramos (velocidad) y lo segundo al volumen de aire que respiramos (cantidad). El objetivo es lograr ambas cosas: respirar menos veces (velocidad) y menos volumen de aire (cantidad): «La clave para lograr una respiración óptima —y para lograr los beneficios de salud, resistencia y longevidad que trae consigo— es practicar para hacer menos inhalaciones y exhalaciones y para inspirar un volumen menor». Así se nos dice: «Enfermedades cardíacas, úlceras e inflamación crónica son todas ellas perturbaciones de la circulación, el pH y el metabolismo. Cómo respiramos afecta a todas estas funciones. Respirar solamente un 20 por ciento (o incluso un 10 por ciento) más de lo que requiere el cuerpo puede sobrecargar nuestros sistemas. Finalmente, éstos se debilitan y flaquean». Una de las personas que más ha estudiado este aspecto es el ruso Konstantín Pavlovich Buteyko. En una de sus conocidas investigaciones concluyó que los pacientes enfermos (asma, hipertensión y otras dolencias) «tenían mucho oxígeno en la sangre, pero menos dióxido de carbono. Su frecuencia cardíaca en reposo era de hasta noventa latidos por minuto. Los pacientes más sanos también respiraban todos ellos del mismo modo: menos. Inhalaban y exhalaban unas diez veces por minuto, con lo cual tomaban un total de entre cinco y seis litros de aire. Su pulso en reposo estaba entre cuarenta y ocho y cincuenta y cinco latidos por minuto y tenían en torno a un 50 por ciento más de dióxido de carbono en el aire que expulsaban». Fruto de este trabajo desarrolló un protocolo basado en los hábitos respiratorios de estos pacientes más sanos que denominó «Eliminación Voluntaria de la Respiración Profunda» cuyo objetivo no era otro que ingerir menos aire. La confirmación científica más convincente de que respirar menos es efectivo vino de la mano de la doctora Alicia Meuret, directora del Centro de Investigación sobre la Ansiedad y la Depresión de la Universidad Metodista del Sur en Dallas. Ella misma decía respecto a una investigación referida a asmáticos: «Cuando la gente hiperventila, ocurre algo muy extraño. En esencia, estas personas aspiran demasiado aire. Pero la sensación que tienen es de falta de aire, de ahogamiento, como si no tuvieran aire suficiente. Es casi como un error del sistema biológico». Forzar el cuerpo a respirar menos parecía corregir aquel error del sistema. Como dijo B. K. S. Iyengar, maestro indio de yoga: «La vida del yogui no se mide por el número de sus días, sino por el número de sus respiraciones». ¿La fórmula de la respiración perfecta? Según las investigaciones «la cantidad óptima de aire que deberíamos ingerir en reposo por minuto es de 5,5 litros. La frecuencia respiratoria óptima es de unas 5,5 respiraciones por minuto. Esto supone inhalaciones de 5,5 segundos y exhalaciones de 5,5 segundos».

JASON FRIED

Jason Fried (1974) es un emprendedor estadounidense, cofundador y CEO de la firma 37signals (actualmente Basecamp), una empresa de consultoría de diseño de páginas web creada en 1999 que posteriormente en 2004 se convirtió en una firma de desarrollo de software web, dando lugar a productos utilizados por millones de usuarios en todo el mundo, entre los que se encuentran Highrise, Backpack, Campfire, Ta-da List, Writeboard, y el más exitoso, Basecamp, un software de gestión de proyectos que ha generado millones de dólares para la compañía. Es autor (junto a David Heinemeier Hansson) del bestseller *Reinicia*, con subtítulo: *Borra lo aprendido y piensa la empresa de otra forma*, que es inspiración para muchos emprendedores. En él se describen verdades incómodas y fórmulas poco habituales sobre productividad, emprendimiento, cultura empresarial o contratación de personal, para que podamos triunfar hoy día. El principal problema son nuestras creencias que condicionan todo lo que hacemos, y muchas de esas creencias son falsas. La mayoría de la gente funciona con los mismos paradigmas, con lo cual los consejos se repiten una y otra vez siendo muy similares. Así se dice: «Algunos de nuestros críticos no comprenden cómo una empresa puede renegar del crecimiento, de las reuniones, los presupuestos, los consejos de administración, la publicidad, los vendedores, y el "mundo real", y a pesar de todo, tener éxito. Es su problema, no el nuestro». Y añade: «Dicen un montón de cosas. Nosotros decimos que se equivocan. Somos una prueba de ello. Y hemos escrito este libro para que tú también puedas demostrar que se equivocan». Asimismo, señala: «No es necesario que trabajes todas las horas del mundo para lograr que tu proyecto funcione. Una jornada semanal de entre diez y cuarenta horas es suficiente. No necesitas jugarte todos los ahorros de tu vida o endeudarte hasta las cejas. Puedes empezar un negocio y, al mismo tiempo, seguir con tu trabajo habitual puede aportarte los ingresos que necesitas. Ni siquiera precisas una oficina. Hoy día puedes trabajar desde casa o colaborar con gente que no has visto en tu vida y que viven a miles de kilómetros de distancia. Ha llegado la hora de *reiniciar* el concepto de trabajo». En esta línea también, es autor (igualmente junto a David Heinemeier Hansson) del libro *Remoto*, con subtítulo: *No se necesita oficina*, cuyo paradigma es «llevar el trabajo a los trabajadores y no los trabajadores al trabajo». Las empresas que adoptan este sistema tienen múltiples ventajas, especialmente en lo que se refiere a la satisfacción de los trabajadores, ya que hoy día la flexibilidad es el principal factor de atracción del talento. Además, el trabajo en remoto hace que las empresas puedan ahorrar grandes cantidades de dinero en infraestructura.

1. **Ser austero no es un problema.**
He tenido la fortuna de entrevistar a cientos de empresarios, y siempre comento, para sorpresa de los que me escuchan, que una de las cualidades que mejor define a los empresarios más destacados es la austeridad. Una empresa, como cualquier organización, tu familia o tu bolsillo, se puede resumir en dos variables: ingresos – gastos; esto es, lo que entra menos lo que sale. Lo importante es el neto: beneficio. Por tanto, tan importante es la pata de ingresos como la de gastos. Habitualmente, ponemos el foco en la primera descuidando de igual forma la segunda, cuando son igual de relevantes. Si ingresas mucho y gastas lo mismo, tu beneficio es cero. Y sin beneficios hay que cerrar. Además, entre los gastos hay que ser especialmente cuidadoso con los gastos fijos, aquéllos que son independientes

de tu volumen de ventas. Los gastos fijos son los que asfixian y matan a las empresas. Las empresas cierran porque en un momento dado las ventas empiezan a caer y el volumen de ingresos no compensa el volumen de gastos fijos. Si esos gastos fuesen variables, la *adaptabilidad* sería mucho más fácil. Es importante subrayar que, antes o después, los ingresos de cualquier empresa acaban menguando: recesión económica, dificultades del sector, factores exógenos (pandemia) u otros. Por tanto, cuanto más livianos sean nuestros gastos y más variables, más fácil nos resultará navegar en épocas de contracción, algo que siempre acaba ocurriendo inevitablemente. Haz de la austeridad una forma de vida y la vida te será más fácil. Gasta, pero con cabeza y sentido común.

2. **Las grandes organizaciones necesitan años para girar.**
Cuando las empresas nacen, suelen ser bastante livianas. A medida que crecen empiezan a acumular exceso de masa: empleados, departamentos, jerarquías… Y cuanto mayor es la masa de un cuerpo más energía se necesita para hacer un cambio de dirección. Por el contrario, cuanto menor es la masa, más sencillo resulta cambiar de dirección con agilidad, algo esencial hoy día. A la mayoría de las empresas, sus estructuras poco flexibles les impiden responder con rapidez a los cambios del mercado debido al exceso de masa. Como le sucedió al *Titanic* en 1912. Cuando se construyó era el «objeto móvil más grande» hasta la fecha; y por esa misma razón, también el más pesado. Cuando avistaron el iceberg, debido a su peso, no les dio tiempo suficiente a virar el barco y chocó por el lado de estribor contra una inmensa masa de hielo, hundiéndose a las pocas horas del impacto. El desenlace de aquella tragedia todavía se recuerda hoy día y ha dado lugar a producciones cinematográficas como la de James Cameron en 1997 —con Leonardo DiCaprio y Kate Winslet como actores protagonistas—,

que le valió once estatuillas de la Academia de Hollywood. El tándem flexibilidad-agilidad es clave en la actualidad ante un entorno tan cambiante, frágil, dinámico e incierto. Se necesitan estructuras flexibles para actuar con agilidad. *Cuanto más costoso es un cambio, menos probabilidad de hacerlo... y más posibilidades de quedarse fuera del mercado.*

3. Los momentos largos de aislamiento son los más productivos.

En *Reinicia* se nos dice: «Cualquier interrupción implica volver a empezar. No puedes conseguir resultados significativos si estás siempre: empiezo, paro, empiezo, paro...». Y también: «Deberías establecer una rutina para aislarte. Cuando no tienes que alternar tu registro mental entre distintas obligaciones avanzas muchísimo». Existe una correlación directa entre foco y rendimiento. Y la mejor práctica para la concentración es evitar al máximo las interrupciones; esto es, eliminar, limitar o desactivar todo aquello que pueda interferir en nuestra concentración. Uno de los mayores retos a los que nos enfrentamos hoy día (¿el que más?) es aprender a estar enfocados. En una «cultura de conectividad» y «culpa virtual», la atención es el activo más valioso. Las personas de éxito convergen en un punto: son personas altamente enfocadas. El foco nos permite hacer *más* (cantidad), *mejor* (calidad) y con mayor *rapidez* (velocidad), y eso es una ventaja competitiva siempre. Josh Billings lo expresó así: «Sé como un sello de correos: pégate a una cosa hasta que llegues a tu destino». Establece tus rutinas de aislamiento y cúmplelas a rajatabla. Y házselo saber a quien corresponda para que eviten interrumpirte. Pueden ser determinadas horas del día o ciertos días de la semana. El día a día está sitiado de interrupciones y es nuestro deber defendernos inteligentemente y con asertividad. Cuando tengas que trabajar en equipo y estar en contacto con otros, utiliza siempre que puedas medios de comunicación menos invasivos, por ejemplo, el correo electrónico mejor que una llamada que no requiere una respuesta inmediata.

4. **Divide tu planificación en pequeñas unidades de tiempo.** Las personas no somos especialmente buenas haciendo previsiones. Y cuanta mayor es la envergadura de un proyecto, mayor suele ser la equivocación. Esto es lo que explica que muchas obras (carreteras, proyectos inmobiliarios, diseños arquitectónicos...) se retrasen meses (años) y difieran mucho del presupuesto inicial previsto. Incluso en tareas domésticas de poca importancia fallamos en nuestras previsiones. Pensamos que nos llevará un par de horas poner en orden los armarios, y al final perdemos todo el día en ello; o salimos a hacer la compra al supermercado para estar de vuelta pronto, y se nos va la mañana. Rara vez los proyectos ocupan menos tiempo del previsto. ¿Cómo podemos ser más eficientes en esta cuestión? Planificando los proyectos en pequeñas unidades; esto es, en lugar de plantearte un proyecto de doce semanas, plantéate doce proyectos de una semana. Cuanto más pequeñas sean estas unidades, más fácil será hacer una previsión. Te equivocarás, pero menos. Si alguna tarea te lleva el doble de tiempo, el impacto sobre el proyecto global será menor y además podrás reajustar el proyecto más fácilmente.

5. **Las grandes decisiones son difíciles de corregir. Toma decisiones pequeñas.**
Las grandes decisiones son difíciles de tomar, y mucho más difíciles de corregir; porque como dice Fried, «es muy difícil cambiar de opinión cuando están en juego el ego y el orgullo». El deseo de no quedar mal (con los demás o con uno mismo) aplaca la voluntad de hacer un giro. Cuando tomas decisiones *pequeñas* no puedes cometer grandes *errores*, lo que implica que puedes cambiar de opinión fácilmente. El precio de equivocarse no es muy alto: lo arreglas

y ya está. Tomar pequeñas decisiones no significa que no se tengan grandes ambiciones, sino que éstas son la consecuencia de todas esas pequeñas decisiones que hemos ido tomando y reajustando por el camino. Lo grande nace de lo pequeño, que acumulado en el tiempo, se convierte en algo mayor. El explorador inglés Ben Saunders explicaba que durante su travesía en solitario por el Polo Norte, la «gran decisión» (treinta y un maratones seguidos durante setenta y dos días) se le presentaba como algo tan imponente que en su día a día se limitaba a decisiones del tipo: «Llegar a aquel trozo de hielo que está a unos metros». Las pequeñas decisiones son avances: las pequeñas tareas son más fáciles de hacer, más fáciles de corregir, nos permiten ser más precisos en la ejecución y nos motivan al ver cómo las cosas toman forma y cobran sentido.

6. **Si lo único que haces es copiar, nunca liderarás.**
Copiar puede ser algo útil para el que está intentando encontrar su propia voz. Un camino para hallarse a sí mismo. Pero dista mucho de ser una estrategia de impacto. Hoy día la copia (sin ningún tipo de ética) de cualquier cosa es brutal. Se copian ideas, productos, servicios o contenidos, por ejemplo. La gente copia porque no entiende lo que hay detrás de la copia. Lo que se *ve* (producto, servicio, contenido...) es el resultado de un proceso (persona o equipo) que *no se ve*. La apariencia *exterior* (magia) de algo es producto de la singularidad (autenticidad) *interior* de una persona (equipo). Y eso no se puede copiar porque es único. Algo es lo que es por la persona (equipo) que hay detrás. Por eso la base del éxito está en la autenticidad: aflorar hacia *fuera* lo que hay *dentro* de cada uno. Copiar nunca te permitirá dejar una huella significativa en los demás, por una sencilla razón: la copia carece de identidad, de sustancia propia, de individualidad. Cuando te limitas a copiar te conviertes en un *reaccionario*, no en un *visionario*. Eres un seguidor, nun-

ca un líder. *Si te limitas a imitar, tu existencia no tiene sentido*. La finalidad de la vida es poner nuestra individualidad (autenticidad) al servicio de los demás. Recuerda, el arte está dentro de ti. Pero tienes que hacer introspección y mirar hacia dentro. Céntrate en ti en lugar de en los demás.

7. **No confundas el entusiasmo con lo prioritario.**
Todos tenemos ideas que nos entusiasman y nos apetece llevar a cabo; en otros casos, son otros los que nos plantean proyectos que nos entusiasman; o colaboraciones que nos entusiasman; o mejoras que nos entusiasman. Cuando algo nos entusiasma, nos sube la adrenalina y vemos sus posibilidades y las ganancias potenciales. Sentimos un cosquilleo interior y deseamos empezar cuanto antes. Sin embargo, sea lo que sea que te entusiasme, debes tener en cuenta que cada vez que dices «adelante», eso te va a consumir recursos: tiempo, energía y dinero; por tanto, no los vas a poder dedicar a otra cosa o los vas a tener que detraer de lo prioritario: tu *core business*. Siempre hay cosas que nos entusiasman, y sería fantástico poder dedicarse a todas ellas con profundidad, pero lo cierto es que los recursos (tiempo, energía, dinero) no son ilimitados, y hay que decidir con rigor a qué los asignamos, porque si nos descuidamos, lo que iba bien puede dejar de hacerlo. Oliver Burkeman, periodista y autor de *Four Thousand Weeks: Time Management for Mortals*, escribe: «La única vía de escape hacia la libertad psicológica es olvidarse de la fantasía de negar los límites e intentar hacerlo todo y, en cambio, centrarte en hacer unas pocas cosas, pero de las que valen la pena». Así que cuando surja una nueva idea, proyecto, colaboración o mejora, deja que se enfríe antes de decidir. No reacciones fruto del entusiasmo, piensa antes. Analízala y estudia su viabilidad en términos de coste-beneficio, y también cómo pueden afectar a tu vida, empresa o proyecto. Decir «no» es más importante de lo que podemos pensar. Siempre es ten-

tador decir «sí», pero a veces nos compromete demasiado. Las palabras de Steve Jobs son siempre inspiradoras: «Estoy tan orgulloso de las cosas que hemos hecho como de las que no hemos hecho. Innovar es decir "no" a mil cosas». Y añadía: «La gente piensa que estar enfocado significa decir "sí" a aquello en lo que tienes que concentrarte, pero ése no es su verdadero significado. Significa decir "no" a otras cien grandes ideas».

8. **Cuando has conquistado una audiencia, no necesitas llamar la atención, ellos te la prestan.**
Y eso te da una ventaja enorme a la hora de vender. Cuando has creado una comunidad te escuchan porque previamente te has ganado su confianza. Cuando tienes una comunidad, todo fluye de otra manera: *no persigues, atraes*. El problema de la venta hoy día es que para que te compren:

• Primero, tienes que captar la atención de la gente, y eso en los tiempos actuales es realmente complicado. Hay miles de personas intentando llamar la atención del público con sus productos y servicios por todos los canales.
• Segundo, si logras que te presten atención, tienes que ganarte su confianza, algo que tampoco resulta sencillo porque la confianza no se gana de un día para otro. La gente cuando compra algo no quiere sorpresas; eso lo garantiza una marca, que no es otra cosa que el crédito de confianza que una empresa tiene en el mercado. Una marca es una promesa de valor: *lo que se espera, se obtiene* (o *se supera*).

La mejor forma de crear una comunidad y así ser conocido y confiable es alimentándola poco a poco; haciéndote visible y compartiendo valor a través de tu blog, tus redes sociales, grabando vídeos o participando en eventos. Lo más importante es la consistencia, es decir, la constancia unida a la paciencia. Además, esta forma orgánica de crecer te permite conectar emocionalmente con tu audiencia, y eso todavía vale más. Ya no es sólo lo que vendes, sino lo que significas para ellos. Si no eres capaz de lograr una comunidad, entonces tendrás que invertir un buen dinero (publicidad, patrocinio, relaciones públicas…) para que te conozcan y que te empiecen a prestar atención. Eso es dinero, propio o ajeno, que detrae recursos para otras cosas.

9. **Todos sabemos que los currículos son una broma. Son puras exageraciones.**
Y añade: «Lo peor de todo es que es demasiado fácil dar el pego. Cualquiera es capaz de crear un currículum aparente, por eso les gustan tanto a los aspirantes mediocres». A la hora de contratar gente es importante prestar atención a varias cosas:

1. *Cuidado con los títulos.* Hay muchas personas inteligentes y espabiladas que no destacaron en clase. No sobrevalores la formación académica. Más importante es la actitud y la personalidad.
2. *Cuidado con la experiencia.* Hay una tendencia a sobrevalorar el tiempo que una persona ha pasado haciendo algo. La experiencia no tiene tanto que ver con los años como con haberse enfrentado a situaciones difíciles y haberlas solventado. Como se suele decir: «Hay gente que no tiene veinte años de experiencia sino un año repetido veinte veces».
3. *Cuidado con las entrevistas.* Algunas personas son expertas en hacer entrevistas de trabajo. Saben dar el pego: *hablan como profesionales, pero no trabajan como profesionales.*

La mejor forma de saber si un candidato es el ideal es poniéndole a prueba y viendo cómo se desenvuelve: cómo toma decisiones, cómo se enfrenta a los problemas, cuál es su actitud… Haz pruebas piloto reales o simuladas: a la gente se la conoce trabajando. Cuando a la gente se la pone frente a la realidad, la realidad de cada persona sale a la superficie. Una cosa es un buen currículum, otra hacer buenas entrevistas, y una completamente diferente realizar un excelente trabajo.

10. **A nadie le gustan las flores de plástico.**
Muéstrate como eres, asume que no eres perfecto (tienes defectos) y que cometes errores (no siempre aciertas). Parecer perfecto y artificial te impide conectar con los demás. La conexión con otros se produce a nivel humano, y eso sucede cuando eres tú, no cuando aparentas ser otro. La perfección no es real, por eso no genera cercanía con la gente. A las personas les gustan las *flores naturales* aunque se marchiten, mucho más que las *flores de plástico* aunque no se estropeen nunca. Los japoneses utilizan la palabra *wabi-sabi* para hablar de «la belleza de la imperfección». Aunque no tiene traducción literal, cuando alguien coge un objeto que tiene rasguños o está dañado y habla de *wabi-sabi*, lo que quiere decir es: «No te preocupes, está bien así». Es un concepto que da más importancia a la identidad que a una fachada impoluta. No tienes que ser de una determinada manera, simplemente muéstrate tal y como eres, con tus virtudes y defectos. Tu belleza está en tu diferencia. *No hay otro tú.* La escritora Virginia Woolf lo resumió así: «No es necesario ser nadie salvo uno mismo». Russ Harriss, en su obra *Hazlo simple*, hace una reflexión que merece la pena traer aquí: «La vida es más fácil cuando reconocemos que no existen personas cobardes, perdedoras o fracasadas. Tan sólo hay seres humanos que —como tú y como yo— a veces abandonan, a veces pierden, y a veces fracasan. Del mismo modo, no existen supuestos ganadores, campeones o triunfadores. Más bien, hay seres humanos que, como tú y como yo, a veces ganan o tienen mucho éxito en algún aspecto de su vida».

JULIA CAMERON

Julia Cameron (1948) es una escritora, profesora, periodista, artista, cineasta, dramaturga y compositora estadounidense. Empezó estudiando en la Universidad de Georgetown, y luego se trasladó a la Universidad de Fordham. Escribió para el periódico *The Washington Post* y luego para la revista *Rolling Stone*, y también trabajó para el periódico *The Village Voice*. En 1976 se casó con el director de cine Martin Scorsese, a quien había conocido mientras realizaba un encargo para la revista *Oui*. Ambos trabajaron en el documental *American Boy: A Profile of Steven Prince*. El matrimonio sólo duró un año, y sus memorias *Floor Sample* detallan su caída en el alcoholismo y la adicción a las drogas tras el divorcio. En 1978 comenzó a dar clases en Nueva York sobre cómo enfrentar los bloqueos creativos. Sus enseñanzas las plasmó en *The Artist's Way* [El camino del artista], que inicialmente se vendía como fotocopias en una librería local. En 1992 una editorial se interesó por su trabajo y a partir de ahí comenzaría su fama internacional. La publicación de *El camino del artista*, con subtítulo: *Un curso de descubrimiento y rescate de tu propia creatividad*, está considerado por muchos «la biblia de los artistas». El libro está planteado como un curso de doce semanas, cada una de ellas dedicada a un aspecto concreto en torno a la creatividad (seguridad, identidad, conexión, abundancia...) y con carácter eminentemente práctico con el objetivo de hacer realidad nuestros sueños, ya que la creatividad no siempre tiene que ver con el arte, sino con la posibilidad de ver cumplidos los anhelos más profundos que todos tenemos. La influencia del libro ha sido reconocida por numerosos artistas y escritores como Patricia Cornwell, Elizabeth Gilbert, Sarah Ban Breathnach, Pete Townshend, Alicia Keys y Helmut Newton. Además, ha escrito otras obras de no ficción como *El camino del artista para padres, El camino del escritor, El arte de escuchar* o *Nunca es tarde para ser artista*, así como cuentos y ensayos, novelas, obras de teatro, musicales y guiones cinematográficos.

1. **La creatividad es nuestra propia naturaleza. La imaginación primaria es el poder de la vida.**

Y añade: «Los bloqueos son la represión antinatural de un proceso que es tan cotidiano y milagroso a la vez como una flor que brota en el extremo de una rama esbelta y verde». A menudo asociamos la creatividad con el mundo artístico (pintores, escultores, escritores, fotógrafos...) pero toda novedad (resolución de un problema, creación de una empresa, diseño de una presentación...) es producto de la creatividad, que es innata al ser humano: «Así como tener sangre es un hecho innegable de tu cuerpo físico, no lo has inventado —dice Cameron—, la creatividad es un hecho innegable de tu cuerpo espiritual, nada que tengas que inventar». Por tanto, todos somos artistas (creativos). Cuando la gente conoce a Julia Cameron y descubre que imparte talleres sobre creatividad, le preguntan con una mezcla de incredulidad y curiosidad:

—¿Cómo se puede enseñar a crear?

Y ella suele contestar:

—No puedo enseñar a crear, sino que trato de que cada uno se permita a sí mismo ser creativo.

De lo que se trata es de «liberar» la creatividad que ya existe en todos, de conseguir que se exprese, ya que a menudo está bloqueada. Ella lo explica del siguiente modo:

«Es un proceso sencillo que consiste en que el Gran Creador participe en el descubrimiento y en la recuperación de nuestros poderes creativos». Ese Gran Creador es una energía divina que se expresa a través de nosotros. Esta visión de Cameron ha sido compartida por otros muchos personajes a lo largo de la historia. El escritor William Blake decía: «Yo por mí mismo no hago nada; es el Espíritu Santo el que lo consigue todo a través de mí»; por su parte, el pintor Piet Mondrian señalaba: «La posición del artista es humilde. En esencia no es más que un canal»; y el compositor Giacomo Puccini afirmaba: «La música de esta ópera [*Madame Butterfly*] me la dictó Dios; yo fui sólo el instrumento que la puso sobre el papel y se la comunicó al público». El Gran Creador es como una forma de electricidad espiritual que da luz a las personas. Tú tienes que darle al interruptor para que la oscuridad desaparezca. Desbloquearte. Ese Gran Creador es una energía divina que se exterioriza a través de las personas, por eso Julia Cameron llama a sus talleres: talleres espirituales de creatividad.

2. **El arte es una transacción espiritual. El corazón de la creatividad es una experiencia de unión mística.**
Y el artista es un canal para su materialización. Existe una fuerza creativa superior (el Gran Creador) que se manifiesta por medio de nosotros, y si nos dejamos llevar por ella (lo que sentimos), el arte fluye. Julia Cameron nos abre los ojos: «Recuerda: hay una energía creativa que quiere expresarse a través de ti»; o «deja que Dios trabaje a través de ti». En 1978 Julia Cameron empezó en Manhattan a enseñar a los artistas a desbloquearse. Compartía las herramientas que le habían servido a ella en su práctica creativa. Con el tiempo, su trabajo se popularizó y los alumnos crecieron de forma exponencial. Toda su experiencia —como formadora y artista— la plasmó en el libro *El camino del artista*, y gracias a ello otros muchos artistas empezaron a sentirse li-

bres para crear. Así se lo hacían saber en sus firmas de libros y eventos a los que acudían para darle las gracias: «Yo recibía agradecimientos que en puridad pertenecían a Dios: yo no era más que un conducto espiritual para el hecho básico, también espiritual, de que el Gran Creador ama a los artistas y ayuda activamente a quienes se abren a su creatividad». Toda su visión del arte y del artista es una visión espiritual: «A lo largo de los siglos los artistas hablaron de "inspiración" y confesaron que Dios les había hablado, o que lo hicieron los ángeles. En nuestra época no suelen manejarse esas ideas del arte como una experiencia espiritual. Y sin embargo, la experiencia central de la creatividad es mística. Al abrir nuestras mentes a lo que se debe crear, entramos en contacto con nuestro Creador».

3. **Si tenemos fe en el acto creativo, el universo está dispuesto a responder.**
    Eso se llama *sincronía*, dos energías que se alinean. Cuando confiamos (tenemos fe) las fuerzas creativas del universo convergen respecto a aquello en lo que confiamos (creemos). Pero hay que confiar (tener fe). Amos Fergurson decía: «No pinto con la vista, sino con la fe. La fe te da vista». Todo se basa en eso: empezar... y tener fe (confiar); o como lo expresa Julia Cameron de manera coloquial: «Tírate y aparecerá la red». También señala: «Hay poderes elevados dispuestos a ayudarnos si se lo pedimos. Debemos mantenernos dispuestos a pedir, con la mente lo bastante abierta como para dejarnos dirigir y dispuestos a creer, a pesar de nuestros ataques de desesperanza. La creatividad es un acto de fe y debemos ser fieles a esa fe, estar dispuestos a compartirla para ayudar a otros, y también a recibir ayuda». Por último: «Da un pequeño paso en dirección a un sueño y mira cómo se abren las puertas de la *sincronía*. Ver, después de todo, es creer. Y si observas los resultados de tus experimentos, no necesitarás creerme a mí». La creatividad,

como conexión espiritual, funciona según unos principios. Si los aplicas, ganas; si los desconoces, no los aplicas, o los aplicas mal, pierdes. ¿Cuáles son esos principios? Julia Cameron nos los revela. Léelos, reléelos e interiorízalos:

1. La creatividad forma parte del orden natural de la vida. La vida es energía: pura energía creativa.
2. Hay una fuerza creativa que subyace a todo cuanto vive, incluidos nosotros mismos.
3. Al abrirnos a nuestra propia creatividad nos estamos abriendo a la creatividad del Creador, que está presente en nosotros y en nuestras vidas.
4. Nosotros somos creaciones y a la vez estamos destinados a mantener la creatividad siendo creativos.
5. La creatividad es un regalo de Dios. Usarla es el regalo que nosotros le devolvemos a Dios.
6. Negarse a ser creativo es obstinarse en contra de nuestra propia naturaleza.
7. Cuando nos abrimos a explorar nuestra creatividad, nos abrimos a Dios: el buen camino.
8. Al abrir un canal entre nuestra creatividad y el Creador, se producen cambios sutiles aunque poderosos.
9. No hay que temer por abrirse a una creatividad cada vez mayor.
10. Nuestros anhelos y sueños creativos proceden de una fuente divina. Cuando nos acercamos a nuestros sueños, nos acercamos a la divinidad.

4. **Siendo creativos nuestras vidas se convierten en una obra de arte.**

La creatividad es la forma de vivir una vida auténtica y darle sentido a nuestra existencia. Porque la creatividad es única y propia: tu creatividad es tuya y de nadie más. Los actos creativos son nuestra forma de dejar nuestra huella personal en este mundo. El artista belga Alain Arias-Misson apuntaba:

«El objetivo del arte no es un destilado enrarecido e intelectual, sino que es la vida, una vida más intensa, brillante». Pero previamente hay que recuperar ese espíritu de creatividad, porque en la mayoría de las personas suele estar bloqueado: sueños abandonados, miedos paralizantes, educación represora, necesidad de aprobación... son sólo algunas manifestaciones de una creatividad enterrada. Tal vez quieras crear tu propia empresa, dar la vuelta al mundo, aprender un idioma, tocar un instrumento, desarrollar una habilidad o cualquier otra cosa que te haga vibrar, sentir vivo e ilusionado. Sea lo que fuere, los saboteadores internos siempre existen. Una vida creativa implica *dejar ir*, dejar atrás ciertas cosas, tal vez a tu *yo* pasado. Y eso implica valentía y también dolor, porque hay renuncias a ciertas cosas que nos resultan cómodas. Es necesario el duelo, o como dice Cameron, «una cierta dosis de dolor es esencial a la hora de enfrentarnos al suicidio de ese yo "tan simpático" con el que nos solíamos conformar. Nuestras lágrimas preparan el terreno de nuestro crecimiento futuro; sin este riesgo, es posible que quedáramos estériles. Debemos permitir que nos golpee el rayo del dolor. No lo olvides: este dolor es útil, el relámpago ilumina». Además, empezar es sólo el inicio, luego hay que continuar perseverando. Los procesos creativos, como todo en la vida, son cimas y valles, momentos de expansión y contracción, de fluir y resistencia. Nada, ningún proyecto, es una línea recta ascendente. La vida creativa (la vida) es tumultuosa. Hay que ser conscientes de nuestras posibilidades, pero también ser flexibles y pacientes. Cualquier proceso tiene su propia travesía por el desierto.

5. **Hay dos herramientas fundamentales para la recuperación de la creatividad. La primera herramienta es confeccionar las *páginas matutinas*.**
   «Lo primero que necesitas para rescatar tu creatividad —dice Cameron— es saber dónde encontrarla.» Las *páginas matu-*

tinas son simplemente tres páginas manuscritas de estricto flujo de conciencia. La idea es vaciar el cerebro. Estas divagaciones diarias no pretenden ser arte. Ni siquiera escritura en un sentido literario. La escritura es simplemente una herramienta más. Están concebidas para que nos familiaricemos con el acto de mover la mano a través del papel y volcar en él todo aquello que te pasa por la cabeza, sea lo que sea. Incluiremos todo, por nimio, tonto, estúpido o raro que pueda parecer. Y es que como decía Anne-Wilson Schaef, «necesitas reivindicar como propios los acontecimientos de tu vida para pertenecerte a ti mismo». Todos aquellos enfados, quejas, miserias, preocupaciones que plasmas en el papel son precisamente las cosas que se interponen entre tú y tu creatividad. Todo esto es lo que satura nuestro subconsciente (la fuerza creativa) y perturba nuestros días. Apúntalo todo. Las *páginas matutinas* son innegociables: *si no tienes ganas, hazlo sin ganas*. Dice Cameron: «Tres páginas sobre cualquier cosa que se te pase por la cabeza, eso es todo lo que tienes que hacer. Si no sabes qué escribir, entonces escribe: "No sé qué escribir". Hazlo hasta que hayas llenado tres páginas. Haz lo que sea para llenar esas tres páginas». Tenemos dos tipos de cerebro: el *cerebro artístico* (de desarrollo) es nuestro inventor, nuestro niño, nuestro científico loco particular, mientras que el *cerebro lógico* (de supervivencia) es aquél que no acepta nada que se aparte de lo razonable, lo sensato, lo correcto, lo conocido. Es el crítico interior (saboteador). La finalidad de las *páginas matutinas* es diluir a ese saboteador. Lo importante es escribirlas (crear, cerebro *artístico*) no si están bien o mal escritas (perfección, *cerebro lógico*); o con palabras de Cameron: «Las *páginas matutinas* mandan al *cerebro lógico* al banquillo para que juegue el *cerebro artístico*». Las *páginas matutinas* nos enseñan a pasar del ridículo, de las burlas, del qué dirán: es una invitación a sacar los pies del tiesto. «En la cima de la risa, el universo se lanza a un caleidoscopio de nuevas posibilidades», decía Jean Houston. Son la forma de conectar con nuestro *poder interior* que tiene la capacidad de transformar nuestro *mundo exterior*. Las *páginas matutinas* son una *práctica espiritual* porque nos ayudan a recuperar la *conexión espiritual* con el Creador. Dice Cameron: «Cualquiera que sea constante en la escritura de las *páginas matutinas* llegará a conectarse con la fuente de sabiduría que hay en su interior. Estuve escribiendo estas páginas durante muchos años antes de darme cuenta de que son el camino para llegar a una firme y clara conciencia de uno mismo, la pista que seguimos por nuestro interior hasta encontrarnos a un tiempo con nuestra creatividad y con nuestro creador».

6. **La segunda herramienta fundamental para la recuperación de la creatividad es la *cita con el artista*.**
   La *cita con el artista* es una parte de tu tiempo (por ejemplo, dos horas a la semana) reservada y enfocada sólo a alimentar tu conciencia creativa, a tu artista interior. Básicamente la *cita con el artista* es una excursión, un juego que planeas y defiendes ante cualquier interferencia. No irá nadie a tu *cita con el artista*, salvo tú mismo y tu artista interior; esto es, tu niño/a creativo/a. Julia Cameron cuenta cómo a menudo los psicólogos preguntan a las parejas en terapia por sus crisis:

   —¿Tenéis tiempo para vosotros?
   —¿Tiempo para nosotros? —suelen responder.
   —Sí, pero ¿es tiempo de calidad? ¿Alguna vez os divertís juntos? —insisten los psicólogos.

   Diríamos que la *cita con el artista* es «tiempo de calidad creativo». Una forma de recibir y absorber *inputs* creativos que ayudan a manifestar la creatividad interior. Como con las *páginas matutinas*, aquí tampoco hay excusas: no tengo tiempo, no tengo dinero, estoy cansado... Lo importante no es tanto lo que hagas (pasear por la playa/campo, ir a ver una película, ver una exposición...) sino tu compromiso con la cita. Gran parte de tu vida está secuestrada por el *cerebro lógico* (que también cumple su función), pero hay que dar rienda suelta al *cerebro artístico*, y para ello hay que alimentarlo. Necesitas animar y sacudir tu arte. Ésa es la finalidad de la *cita con el artista*, acumular reservas (soluciones) creativas. Después, la creatividad (expresión/manifestación) surge: «Para lograr una buena relación con nuestra creatividad —escribe Cameron—, debemos dedicar el tiempo suficiente a cultivarla y cuidarla. Y nuestra creatividad aprovechará este tiempo para establecer un diálogo con nosotros, para que confiemos, para estrechar lazos y para hacer planes de futuro».

7. **El elemento esencial a la hora de alimentar nuestra creatividad radica en alimentarnos a nosotros mismos.**
«El arte es un sistema que se nutre de imágenes —dice Cameron—. Para crear recurrimos a nuestro manantial interior, nuestro *estanque artístico*.» El arte (creación) no surge de la nada, sino de algo previo. La creatividad emana de nuestro *estanque artístico*, que es todo lo que nuestro interior acumula (reservas artísticas) fruto de nuestras experiencias, lecturas, viajes, planes de ocio, en definitiva, de todo lo que hacemos. El arte conecta todo eso dando lugar a una expresión artística. Nuestra misión es que ese estanque sea abundante, y para ello debemos cuidarlo y alimentarlo. Cuando se abusa de él, nuestra creatividad se resiente. Por eso, uno de los riesgos que más amenaza a cualquier artista es el riesgo de repetirse. Y es muy fácil repetirse, ya sea escribiendo libros, haciendo películas, dando conferencias o cualquier otra cosa. La repetición evita el desgaste físico, emocional y de tiempo que requiere cualquier cosa novedosa, eso sí, a costa de sufrir la creatividad. Crear y reinventarse requieren energía, trabajo y

disciplina: absorber *inputs*. El mayor peligro de un artista (como de cualquier persona o empresa) es el acomodamiento. ¿Cómo evitarlo? Alimentando con recurrencia el manantial interior (*estanque artístico*), cuidando la *cantidad, calidad* y *diversidad* de los *inputs* que le suministramos. Alimentar el manantial interior requiere de una búsqueda activa de *inputs* que convoquen a todos nuestros sentidos. Dice Cameron: «El arte es una ocupación del *cerebro artístico* [...]. No se puede estimular o activar un *cerebro* artístico sólo con palabras, pues el *cerebro* artístico es sensorial: vista, oído, olfato, gusto y tacto. Ésta es la materia de la magia, y la magia es la sustancia del arte». Y nos dice: «Cuando quieras alimentar tu manantial piensa en términos de magia. Piensa en placer. Piensa en juego. No pienses en obligaciones [...]. Haz todo aquello que despierte tu curiosidad, investiga sobre todo aquello que te interesa: concéntrate más en el misterio que en la maestría. El misterio nos atrae, nos seduce, nos atrapa, mientras que el deber puede agarrotarnos, provocarnos rechazo, desmotivarnos. Al alimentar tu manantial concéntrate más en la búsqueda del misterio que en los conocimientos que te faltan». En definitiva, date permiso para jugar.

8. **Un artista tiene que tener periodos de inactividad, un tiempo para no hacer nada. Defender tu derecho a este tiempo conlleva coraje, convicción y resistencia.**
    Precisamente por esa necesidad de alimentar nuestro *estanque artístico*, una persona que está excesivamente ocupada no puede desarrollar su potencial creativo plenamente. La producción *exterior* es la consecuencia de nuestra actividad *interior*. Una persona que sólo produce (crea) acaba por repetirse necesariamente: hace lo mismo de otra manera. Ferran Adrià decía en una ocasión: «En los paréntesis crece la innovación: parar, pensar, planear... Y después producir». Lo dice una persona que ha sido galardonada cinco veces como mejor chef del mundo por su restaurante El

Bulli. Cualquier persona que aspire a aportar valor —la creatividad no es una cuestión exclusiva del arte sino de cualquier actividad— necesita distanciarse de la inmediatez del día a día, agendar tiempos para pensar, leer, viajar, desconectar, jugar... y así poder llenar su *estanque artístico* para luego poder recurrir a él y sacar producciones interesantes. Alejarnos de lo que hacemos de manera habitual nos permite después aplicar las energías creativas de manera más productiva y sorprendente.

9. **Muchas veces es la audacia, y no el talento, lo que hace a una persona artista.**
Puedes ser *objetivamente* el mejor artista del mundo, pero si no te expones y eres visible, ¿para qué te sirve? Todo acto de creación es un acto de exposición hacia los demás, y eso implica someterse al escrutinio del público, y éste no siempre es agradable, y muchas veces hasta cruel. Ese «miedo silencioso» al juicio ajeno que existe en todos nosotros (siempre buscamos la aceptación y el reconocimiento) reprime los sueños y carreras de mucha gente. Por eso mismo, todo acto de creación es un acto de valentía. Sin embargo, poca gente es valiente por naturaleza, más bien todo lo contrario. La forma de vencer el miedo —y ganar confianza— es poco a poco. Al miedo no se le derrota de una vez, sino paso a paso para ir sintiéndonos más seguros. Un niño aprende a gatear, luego a andar, y luego a correr. Para superar los bloqueos creativos es necesario ir despacio y con suavidad. No se juzga a un niño por sus primeros movimientos, sino que lo que despierta nuestra ilusión es su atrevimiento y ganas de aprender. Lo importante son los refuerzos positivos, crear un contexto de «seguridad psicológica». Lo mismo en el mundo creativo, lo normal es que las primeras veces (películas, libros, poemas...) no sean excepcionales. No pasa nada. Se trata de hacer progresos, de ir soltándose, de generar inercia, no de lograr la perfección.

Para ser un buen artista antes hay que ser un mal artista.
Date la oportunidad de ser un principiante. No juzgues tu
trabajo ni a ti mismo. Simplemente haz cosas. Como afirma Cameron: «La creatividad florece cuando tenemos una
sensación de seguridad y de autoaceptación».

10. **La ira es la tormenta de fuego que señala la muerte de
nuestra antigua vida. La ira es el combustible que nos
impulsa a nuestra nueva vida.**
«A lo mejor tú podrías hacerlo mejor, pero tienes que atreverte a hacerlo», dice Cameron. Cuando vemos que otras
personas con menos talento, pero más audaces, les va mejor, nos frustramos y sentimos ira. Es algo normal. La ira es
un combustible, y hay que escucharla. Todas las emociones
son un mapa. La ira también lo es, y señala el camino a seguir. Hay que respetarla y nunca negarla. Aprende a en-
frentarte a lo que estás sintiendo. No lo evites. Dice Cameron: «Hay que actuar a partir de la ira. Lo que no hay que
hacer es dejar que actúe a través de nosotros. La ira señala
la dirección. Se trata de usarla como combustible para emprender las acciones que debemos llevar a cabo y trasladar-
nos a donde ella nos dirige. Si pensamos un poco, podemos
ser capaces de traducir el mensaje que nos está enviando».
La ira es una herramienta, y debe ser canalizada a nuestro
favor. En lugar de utilizarla para despotricar y criticar a
otros, debemos utilizarla para darnos una patada en el tra-
sero y ponernos en acción. En *El camino del artista* se nos
dice: «La ira es nuestra amiga. No es una amiga agradable.
No es una amiga dulce. Pero es muy, muy leal. Nos dirá
cuándo nos hemos traicionado a nosotros mismos. Siempre
nos alertará de que es hora de actuar por nuestro propio
interés. La ira no es la acción en sí misma. Es una invitación a la acción».

KEN ROBINSON

Ken Robinson (1950-2020) fue un escritor, conferenciante y asesor internacional sobre educación británico, considerado una de las principales referencias mundiales en temas relacionados con la creatividad y la calidad de la enseñanza. Estudió Filología Inglesa y Arte Dramático en la Universidad de Leeds e hizo su tesis doctoral en la Universidad de Londres acerca de las bondades del teatro en el ámbito educativo. De 1985 a 1989 estuvo al frente del proyecto The Arts in Schools Project, y de 1989 hasta 2001 fue profesor de Educación Artística en la Universidad de Warwick, en la que llegó a ser profesor emérito. Es famoso por el conocido *Informe Robinson*, un estudio sobre la importancia de la creatividad en la educación, redactado después de que David Blunkett, ministro de Educación y Empleo, le pusiera a cargo de un comité consultivo sobre creatividad y cultura. A raíz de esta colaboración también trabajó con otros gobiernos como el de Hong Kong o Singapur. Debido a la relevancia de su actividad en el campo educativo fue nombrado *sir* por la reina Isabel II de Inglaterra en 2003. Asimismo, ha recibido múltiples reconocimientos y premios de numerosas instituciones. Es autor de diferentes libros, el más conocido *El Elemento,* con subtítulo: *Descubrir tu pasión lo cambia todo.* El «elemento» es aquel punto en el que coincide lo que nos *encanta* hacer con lo que *sabemos* hacer. Entonces, la vida se vive de otra manera. Ken Robinson transmite la importancia de que cada persona encuentre su «elemento», motiva al lector a buscarlo y recuerda que nunca es tarde para alcanzarlo. Para que las personas encuentren su «elemento» es clave trabajar el sistema educativo. Como él afirma: «La educación no necesita que la *reformen*, necesita que la *transformen*». También es autor de otras obras como *Encuentra*

tu elemento o *Escuelas creativas*, donde profundiza en los temas de su especialidad. Como orador destacan varias de sus charlas TED, la más famosa *Las escuelas matan la creatividad*, la más visionada de la historia de la plataforma, con más de setenta y cinco millones de reproducciones.

1. **Hay demasiada gente que nunca conecta con sus verdaderos talentos naturales y, por tanto, no es consciente de lo que en realidad es capaz de hacer.**
«No saben quiénes son en el fondo», dice Ken Robinson. La educación es una de las principales razones por las que esto ocurre. La educación, muchas veces sin mala intención, arranca de cuajo las potencialidades de las personas. La obsesión educativa por ciertas aptitudes o habilidades alejan a las personas de sus talentos individuales. Se da más importancia a las matemáticas o a la física que a la música o al dibujo. Existe una jerarquía de asignaturas por este orden de importancia: ciencias-humanidades-arte. Sin embargo, la cantante Rosalía o el pintor Pablo Ruiz Picasso no son especialmente admirados por su destreza con los números. ¿Y si les hubieran convencido para que hicieran otra cosa? Dice Robinson: «Los sistemas educativos inculcan una visión muy reduccionista de lo que es la inteligencia y la capacidad personal, y sobrevaloran determinadas clases de talentos y habilidades». Como consecuencia de esa educación viciada, muchas personas van olvidando por el camino sus talentos únicos, su individualidad, su esencia, su razón de ser. Se supone que la educación es el sistema que debe desarrollar nuestras habilidades naturales y capacitarnos para que nos abramos paso en la vida. En lugar de eso, muchas veces ocurre lo contrario: nos condena.

2. **Nuestros sistemas educativos valoran mucho conocer la respuesta a una pregunta.**

El sistema educativo está pensado para la época de la Revolución Industrial, construido en base a una demanda de competencias *técnicas* enfocadas en sustraer la máxima productividad del trabajador. Sin embargo, en el mundo en que vivimos, de cambio rápido y necesidad de innovación, el pensamiento *creativo* es más importante que nunca: *lo relevante no son las respuestas sino la capacidad de inventarlas.* El actual modelo educativo está obsoleto y ya no sirve a los intereses de la sociedad moderna. Como consecuencia de ello no aprovechamos nuestro auténtico potencial. Los niños nacen con una imaginación brillante, una mente fértil y una buena disposición a correr el riesgo de equivocarse, algo propio del pensamiento *creativo*, cuya base es no descartar de inicio ninguna posibilidad, a diferencia del pensamiento *racional*, que se mueve dentro de la razonabilidad. La experiencia dice que gran parte de los descubrimientos surgen cuando las personas se atreven a obviar las fronteras de lo razonable: pasar de lo que es lógico a lo que podría ser sin juzgar. «Uno de los enemigos de la creatividad y la innovación —dice Robinson—, en particular en relación con nuestro propio crecimiento, es el sentido común. El dramaturgo Bertolt Brecht dijo que cuando algo nos parece lo más evidente del mundo no hacemos ningún esfuerzo por entenderlo.» En cierta ocasión, una maestra de primaria estaba dando una clase de dibujo a un grupo de niños de seis años de edad. Al fondo del aula se sentaba una niña que no solía prestar demasiada atención; pero en la clase de dibujo sí lo hacía. Durante más de veinte minutos la niña permaneció sentada ante una hoja de papel completamente absorta en lo que estaba haciendo. A la maestra aquello le pareció fascinante. Al final le preguntó qué estaba dibujando. Sin levantar la vista, la niña contestó: «Estoy dibujando a Dios». Sorprendida, la maestra dijo: «Pero nadie sabe qué aspecto tiene Dios». La niña respondió: «Lo sabrán enseguida». Para los niños todo es posible, porque para la imaginación no existen límites, y los niños, de imaginación van sobrados. Sin embargo, en el trayecto de la infancia a la adolescencia y de la adolescencia a la edad adulta, como consecuencia de una educación anticuada, la imaginación, al igual que otros muchos talentos, se va diluyendo y carcomiendo hasta prácticamente desaparecer.

3. **Es imprescindible que cada uno de nosotros encuentre su propio «elemento»: el lugar donde converge lo que nos gusta hacer y lo que se nos da bien.**
Primero, porque nos sentiremos más realizados; segundo, porque a medida que la vida se vuelve más complicada, se necesita más gente especializada y comprometida para hacer frente a los desafíos que tenemos por delante. Una persona que no ha descubierto su «elemento» es una persona desaprovechada, no está rindiendo al máximo de su potencial porque está fuera de lugar. Además, su bienestar personal también sufre porque no está haciendo aquello que más le llena. La finalidad de encontrar y cultivar nuestro «elemento» no es otro que sentirnos inspirados, contribuir mejor a la sociedad con nuestros talentos y ser más felices. El presente y el futuro de muchas personas está en peligro porque sus talentos (únicos) permanecen ocultos toda su vida. Las personas «especiales» (referentes) son aquéllas que han descubierto lo que les encanta y saben hacer, y están haciéndolo. Dice Robinson: «Creo firmemente que cuando alguien encuentra su "elemento", adquiere el potencial para alcanzar mayores logros y satisfacciones. Con ello no quiero decir que haya una bailarina, un dibujante de cómics o un premio Nobel de Economía en cada uno de nosotros. Lo que digo es que todos tenemos habilidades e inclinaciones que pueden servirnos de estímulo para alcanzar mucho más de lo que imaginamos. Entender esto lo cambia todo.

También nos ofrece la mejor, y quizá única, posibilidad de conseguir el auténtico y perdurable éxito en un futuro muy incierto». Y añade: «Cuando las personas están en su "elemento" les parece que el tiempo transcurre de manera diferente y se sienten más vivos, más centrados y llenos de vida que en cualquier otro momento; establecen contacto con algo fundamental para su sentido de la identidad, sus objetivos y su bienestar. Experimentan una revelación, perciben quiénes son realmente y qué deben hacer con su vida».

4. **El «elemento» tiene dos *características* principales (capacidad y vocación), y hay dos *condiciones* (actitud y oportunidad) para estar en él.** De manera resumida: «La secuencia es: lo *entiendo*; me *encanta*; lo *quiero*; *dónde está*». Veámoslas una por una:

   1. *Capacidad* (lo entiendo). Capacidad es la facilidad natural para hacer una cosa; es una percepción intuitiva o una comprensión de qué es algo, cómo funciona y cómo utilizarlo.
   2. *Vocación* (me encanta). Hay muchas personas que tienen un talento natural para algo pero que no sienten que ésa sea su vocación. Para estar en tu «elemento» necesitas algo más: apasionarte. Las personas que están en su «elemento» encuentran gran deleite y placer en lo que hacen.
   3. *Actitud* (lo quiero). Hace referencia a nuestra disposición a la vida. Las personas de éxito creen en la causalidad (causa-efecto): acción, perseverancia y optimismo, mientras que a las personas que no les va muy bien suelen achacarlo al efecto suerte (buena-mala suerte).
   4. *Oportunidad* (dónde está). Las aptitudes no llegan a hacerse patentes a menos que tengamos la oportunidad de utilizarlas. Por eso, la clave está en saber provocar oportunidades y aprovecharlas.

5. Una de las razones más importantes por las que la mayoría de la gente no ha descubierto su «elemento» es que tiene una percepción muy limitada de sus propias capacidades naturales.
La pregunta es inmediata: ¿por qué tiene una percepción muy limitada de sus propias capacidades naturales? Ken Robinson nos despeja un poco las dudas: «Estoy convencido de que dar por sabida la definición de inteligencia es una de las razones principales por la que muchas personas infravaloran sus verdaderas habilidades intelectuales y fracasan a la hora de encontrar su "elemento"». Existe un cierto consenso en pensar que la inteligencia se manifiesta en ciertas actividades como las matemáticas o el lenguaje, y en ello se basan las habilidades académicas y las pruebas de coeficiente intelectual. Sin embargo, la pregunta correcta sería: «¿De qué manera eres inteligente?». Howard Gardner, profesor de psicología de la Universidad de Harvard, ha sostenido con gran éxito que tenemos no una sino múltiples inteligencias: inteligencia lingüístico-verbal, lógica-matemática, viso-espacial, musical, corporal-cinestésica, interpersonal, intrapersonal y naturalista. No hay una más importante que otra y todos tenemos distintos puntos fuertes en diferentes inteligencias, por eso la educación debería tratarlas por igual para que todos los niños tuviesen la misma oportunidad de desarrollar sus habilidades individuales. Lo que sí podemos afirmar es que la inteligencia humana parece tener al menos tres rasgos principales:

1. Es muy *heterogénea*. Es decir, muy diversa, no se limita a habilidades verbales o matemáticas. La inteligencia puede dejarse ver en cosas que poco o nada tienen que ver con los números o las palabras. Si no aceptas *tu diversidad*, acabarás siendo lo que se supone que debes ser.
2. Es muy *dinámica*. Es decir, el cerebro humano es muy interactivo, utiliza múltiples partes del cerebro. La utili-

zación dinámica del cerebro —al favorecer nuevas conexiones entre las cosas— da lugar a la innovación. Einstein entrevistó a poetas para aprender más sobre el papel de la intuición y la imaginación, y también recurría al violín en busca de inspiración cuando su trabajo le planteaba algún reto. Él sabía que el desarrollo intelectual y la creatividad llegan a través de la comprensión de la naturaleza dinámica de la inteligencia. El crecimiento se produce a través de la analogía: ver cómo se relacionan las cosas en vez de ver sólo lo diferentes que pueden llegar a ser.

3. Es muy *peculiar*. La inteligencia de cada persona es tan singular como su huella dactilar. Puede que haya diferentes formas de inteligencia, pero cada uno de nosotros las utiliza de forma diferente. Cada persona es un perfil diferente de habilidades consistente en una combinación de inteligencias dominantes y latentes.

6. **La forma más elevada de inteligencia consiste en pensar de manera creativa.**
La mayoría de las personas creen que la inteligencia y la creatividad son cosas totalmente diferentes: que podemos ser muy inteligentes y no muy creativos o muy creativos pero no muy inteligentes. Pero no es así. Como apunta Robinson, «gran parte del trabajo que realizo con algunas organizaciones consiste en demostrar que la inteligencia y la creatividad van de la mano. Estoy convencido de que no se puede ser creativo y no actuar inteligentemente». Al asociar habitualmente la inteligencia a aspectos académicos, hay personas muy válidas en unos ámbitos que acaban creyendo que no lo son en absoluto. A menudo, se asocia la actividad creativa a profesiones artísticas, pero es mucho más que eso. La creatividad es la actividad que nos lleva a concluir de la mejor forma posible una tarea. Y en eso consiste, precisamente, la inteligencia: la capacidad de encontrar soluciones

y resolver problemas. Por tanto, se puede ser creativo en cualquier disciplina o ámbito: ciencia, matemáticas, ingeniería, emprendiendo o gestionando una familia: «Se puede ser creativo en cualquier cosa que suponga utilizar la inteligencia —dice Robinson—. Se puede ser creativo en la música, en la danza, en el teatro, en las matemáticas, en los negocios, en nuestras relaciones con otra gente. Las personas son creativas de maneras tan singulares porque la inteligencia humana es extraordinariamente heterogénea».

7. **Estar en la *zona* es estar en lo más profundo del «elemento».**
O lo que se conoce como estar en *flow*, una especie de experiencia mística (experiencia de flujo) en la que todo es mágico. Una de las señales más significativas de que estamos en la *zona* es la sensación de libertad y autenticidad, «sentimos que estamos haciendo lo que se supone que tenemos que estar haciendo —dice Robinson—, y siendo lo que se supone que tenemos que ser. También el tiempo se siente de forma distinta en la *zona*: el tiempo tiende a pasar más rápido, con mayor fluidez». En su famosa obra *Fluir: Una psicología de la felicidad*, el doctor Mihaly Csikszentmihalyi escribe: «El elemento clave de una *experiencia óptima* es que es un fin en sí misma. La actividad que nos consume se vuelve inherentemente gratificante incluso si en un principio se emprendió por otras razones». Cuando la gente se coloca en situaciones que la llevan a estar en la *zona*, conecta con una fuente de energía primaria. Está literalmente más viva debido a ello. Cuando estamos en la *zona* sentimos una profunda conexión con nuestro *sentido de identidad* (quiénes somos) y nuestro *sentido de vida* (para qué estamos aquí); y *cuanto más vivos nos sentimos, más podemos contribuir a la vida de los demás*. Estar en la *zona* —o en *flow*— no es sólo una cuestión conceptual, sino que cuando vivimos esa experiencia se producen cambios fisiológi-

cos. Es posible que el cerebro libere endorfinas y el cuerpo libere adrenalina. Puede haber un incremento de la actividad de las ondas alfa, cambios en nuestro metabolismo, en el ritmo de nuestra respiración o de los latidos del corazón. Dice Robinson: «Cualquiera que sea la forma de llegar hasta ella, estar en la *zona* es una experiencia poderosa y transformadora. Tan convincente que puede llegar a ser adictiva, pero una adicción en muchos sentidos saludable». Estar en la *zona* tiene mucho que ver con utilizar de forma óptima el tipo de inteligencia que tengas. Cuando una persona se encuentra en la *zona*, se alinea de modo natural con una forma de pensar que funciona mejor para ella. Cuando las personas utilizan un estilo de pensamiento totalmente natural a ellas, todo sucede con mayor facilidad.

8. **Las barreras para encontrar el «elemento» son como tres «círculos de restricción» concéntricos. Estos círculos son personales, sociales y culturales.**
Encontrar el «elemento» es algo maravilloso, pero por lo general no es algo que está esperando en la puerta de tu casa: «Hola, soy tu elemento». Suele ser la consecuencia de probar, dar pasos en falso y, sobre todo, de luchar contra las resistencias, algunas externas y otras internas. Casi nunca es fácil el trayecto. Los grandes sueños presentan siempre dificultades. Como escribe Robinson, «a veces el desafío está en el interior de uno mismo, en la falta de confianza o el miedo al fracaso. A veces la verdadera barrera la forman las personas cercanas a ti y la imagen y las expectativas que tienen de ti. Otras veces los obstáculos no son las personas que conoces sino la cultura general que te rodea». Todas las personas libramos tres batallas:

1. *Con uno mismo.* Por un lado, tenemos que luchar contra nuestros miedos. Los miedos que no controlas te controlan. Los miedos (al rechazo, al fracaso, al cambio…)

que no te atreves a afrontar marcan tus límites. «El miedo es, quizá, el obstáculo más común para encontrar el "elemento"», dice Robinson.

2. *Con los demás.* Por otro lado, tenemos que luchar contra la necesidad de aprobación de familiares y amigos. Muchas veces con sus comentarios, aunque no sean malintencionados, nos alejan de nuestros sueños y nos empujan a renunciar a ellos. La necesidad de no defraudar a los más cercanos pesa mucho en algunas personas. Sin embargo, como señala el experto británico, «El "elemento" consiste en descubrirte a ti mismo, algo que no podrás hacer si estás atrapado dentro de una obligación a la que debes amoldarte».

3. *Con la cultura.* La cultura hace referencia a los valores y las formas de comportamiento que caracterizan a grupos sociales diferentes. Las culturas promueven un comportamiento contagioso, o como dice el antropólogo cultural Clotaire Rapaille, todas las culturas tienen un «manual de supervivencia» no escrito acerca del éxito. Todas las culturas suponen también restricciones que pueden impedir que alcancemos el «elemento» porque nuestras pasiones parezcan incongruentes con la cultura. El comportamiento contagioso se da por proximidad física, así que a veces, encontrar el «elemento» requiere romper con nuestra cultura originaria para alcanzar nuestras metas.

9. **El «elemento» también es una cuestión de actitud.**
Encontrar nuestro «elemento» tiene que ver con la *capacidad* (habilidad) y la *vocación* (pasión) pero también con la *actitud.* La actitud hace referencia a nuestra predisposición ante el aprendizaje, el miedo, el fracaso, el rechazo, el error, el riesgo o las oportunidades. Tiene que ver con nuestra forma de afrontar e interpretar todo lo que nos ocurre. Parece obvio que una buena actitud favorece la buena suerte; una buena actitud ayuda a que el viento sople a nuestro fa-

vor. Una buena actitud no soluciona las cosas sin más, pero sí nos predispone a hacer las cosas de mejor manera; y si haces las cosas de mejor manera, las cosas mejoran. Nuestra actitud ante la vida es un buen indicador acerca de cómo será nuestro futuro. En su libro *Nadie nace con suerte*, el psicólogo Richard Wiseman nos explica un estudio que llevó a cabo con cuatrocientas personas excepcionalmente «afortunadas» y «desgraciadas». Unas y otras tienen una serie de patrones que las definen. Las primeras suelen sentirse protagonistas de su vida, las segundas creen que es el azar quien rige sus vidas; las primeras son capaces de convertir cualquier acontecimiento negativo en un aprendizaje, las segundas todo lo ven como una bendición o una maldición; las primeras suelen tomar acción para provocar que ocurran cosas, las segundas suelen esperar a que se den las condiciones perfectas; las primeras suelen ver a las personas con confianza y como una oportunidad de crecimiento, las segundas con desconfianza y como una amenaza; las primeras suelen considerar la perseverancia un valor fundamental porque rara vez las cosas van bien a la primera; las segundas pretenden que todo sea ideal desde el primer momento. Y así podríamos continuar. Encontrar el «elemento» no es casualidad, hay que llevar la iniciativa, y en ello es fundamental nuestra actitud. Con una buena actitud las cosas siempre acaban funcionando razonablemente bien.

10. **A menudo, encontrar nuestro «elemento» requiere de la ayuda y orientación de otras personas.**
Las soluciones a tu vida no siempre tienen por qué venir de ti, a veces pueden venir a través de otras personas. Por eso, tienes que dejarte ayudar y también pedir ayuda directamente. La ayuda es algo fundamental para avanzar en la vida. Es un rasgo de inteligencia, de «ganador». Otra cosa nos hace quedar estancados. Pero para pedir y recibir ayuda se requiere humildad y dejar el ego (que suele ser grande) a

un lado. Nos da miedo parecer débiles, ser dependientes o estar en deuda. Pero la vida funciona así: nadie lo sabe todo. Cuanto antes aceptes la realidad, antes podrás adaptarte y pedir (recibir) ayuda. Algunas personas (por ejemplo, los mentores), gracias a su experiencia pueden ayudarnos a ganar más claridad y visión sobre nuestra vida. Pueden ser muy útiles para orientarnos hacia dónde encaminar nuestros pasos y encontrar el «elemento», ya que pueden ver cosas que nosotros no somos capaces de apreciar. Los buenos mentores cumplen cuatro funciones:

1. *Reconocer*: los talentos que otros no son capaces de ver.
2. *Estimular*: a creer en las posibilidades que uno mismo atesora.
3. *Facilitar*: el camino mediante consejos, técnicas, herramientas.
4. *Exigir*: empujan a ir más allá de lo razonable, a estirarnos, a desafiar nuestros límites.

KRISTIN NEFF

Kristin Neff (1966) es una psicóloga estadounidense que trabaja como profesora adjunta en el departamento de Psicología Educativa de la Universidad de Texas en Austin, Estados Unidos, y una de las referentes en el campo del impacto beneficioso de la autocompasión en nuestra vida. Es cofundadora del Center for Mindful Self-Compassion (Centro para la Autocompasión con Plena Conciencia) junto a Chris Germer, también psicólogo y profesor de Harvard, con quien desarrolló un programa de entrenamiento de ocho semanas sobre autocompasión que es usado en distintos países del mundo. La profesora Neff es autora de más de cuarenta artículos académicos sobre los efectos positivos de la autocompasión, y también autora del bestseller internacional *Sé amable contigo mismo*, con subtítulo: *El arte de la compasión hacia uno mismo*, que ha sido traducido a catorce idiomas. En él desmenuza cuáles son las claves de la autocompasión, y demuestra empíricamente cómo es un aspecto crítico para una vida más plena y feliz. Neff señala que hay cinco mitos acerca de la autocompasión: primero, que la autocompasión es una forma de lástima hacia uno mismo; segundo, que la autocompasión significa debilidad; tercero, que la autocompasión me hará autoindulgente; cuarto, que la autocompasión es narcisista; y quinto, que la autocompasión es egoísta. Kristin Neff es además autora o coautora de otras obras como *Autocompasión fiera*, *Enseñando el programa de mindfulness y autocompasión* o *Cuaderno de trabajo de mindfulness y autocompasión*.

1. **No podemos sentirnos siempre especiales y por encima de la media.**
Escribe Neff: «En esta sociedad increíblemente competitiva, ¿cuántos de nosotros se sienten realmente bien consigo mismos? Sentirse bien parece algo muy efímero, sobre todo porque necesitamos creernos "especiales y por encima de la media" para tener una autoestima alta. Cualquier cosa por debajo de ese estado parece un fracaso». Este comportamiento poco maduro, pero frecuente, nos conduce inevitablemente a dos cosas:

- *Buscar defectos en los demás para sentirnos mejor con nosotros mismos.* Es lo que se conoce en el mundo de la psicología como «comparación social descendente». El problema es que ese comportamiento nos sume en una actitud de negatividad general que nos produce más daño que beneficio, ya que nos aleja de los demás y nos sume en un estado mental que no es el mejor para construir.
- *Mentir y ocultar la verdad para no dañar el ego.* Los filtros de las redes sociales nos permiten maquillar la realidad, pero en el fondo sabemos que vivimos en una mentira, y eso nos causa un gran vacío porque no resuelve el problema de fondo. Además, antes o después, todo se desenmascara y la verdad acaba saliendo siempre a flote, lo cual nos causa aún más frustración.

El deseo de sentirse especial es comprensible, todos lo experimentamos. El problema es que, por definición, resulta imposible que todo el mundo esté por encima de la media. Además, si bien en algunas áreas podemos destacar más sobre otras personas, en otras áreas serán otras personas quienes destaquen sobre nosotros. Por tanto, si tengo que sentirme mejor que tú para sentirme bien conmigo mismo, estoy perdido, porque eso no es posible siempre y en todo. La conclusión es obvia: frustración, depresión, ansiedad. Neff escribe en *Sé amable contigo mismo*: «El hecho de alimentar continuamente nuestra necesidad de autoevaluación positiva es algo así como darnos un atracón de dulces. Momentáneamente nuestro nivel de azúcar sube, y después se produce el bajón. E inmediatamente después sigue un sentimiento de desesperación cuando nos damos cuenta de que, por mucho que nos guste, no siempre podemos atribuir nuestros problemas a los demás».

2. **La autocompasión es una poderosa herramienta para conseguir bienestar emocional y satisfacción personal.**
¿Cuál es la solución a esa búsqueda constante de destacar y ser perfectos? Dejar de juzgarnos y de evaluarnos; evitar autoetiquetarnos como «buenos» o «malos» y aceptarnos con generosidad. Tratarnos con la misma amabilidad, cariño y compasión que mostraríamos hacia un buen amigo. Al brindarnos a nosotros mismos afecto y consuelo incondicionales evitamos conductas destructivas como el miedo, la negatividad y el aislamiento. Al mismo tiempo, la compasión hacia uno mismo fomenta estados mentales positivos, como la felicidad y el optimismo. El carácter estimulante de la autocompasión nos permite seguir avanzando y creciendo, y no quedar atascados en nuestras miserias mentales. Cuando calmamos nuestras mentes agitadas con la compasión, tenemos más capacidad para apreciar la diversidad de la vida y, por tanto, para apreciar a los demás. La compasión hacia uno mismo proporciona un remanso de paz, un refugio contra la autocrítica feroz, hasta que por fin dejamos de preguntarnos: «¿Soy tan bueno como ellos? ¿Soy lo suficientemente bueno?». Tenemos en nuestras manos los medios para proporcionarnos el afecto que anhelamos. Si conectamos con nuestra fuente interior de dulzura y reconocemos que la imperfección es una característica compartida de la naturaleza humana, podremos empezar a sentirnos más seguros, aceptados y vivos. «La compasión hacia uno

mismo es como la magia —dice Neff—, tiene el poder de transformar el sufrimiento en alegría.» Es algo así como una especie de alquimia gracias a la cual se produce una transformación espiritual y emocional cuando aceptamos nuestro dolor con afecto. Así, nos dice: «Cuando nos dedicamos compasión a nosotros mismos, el nudo de la autocrítica negativa empieza a deshacerse para ser sustituido por un sentimiento de aceptación tranquila y conectada. Es como un diamante reluciente surgiendo del carbón».

3. **No tenemos que ganarnos el derecho a la compasión, ya que nacemos con él.**
Todo el mundo merece compasión. Sólo por el hecho de ser seres humanos. La felicidad es la aspiración universal del individuo, y sin compasión, no es posible, nos flagelamos cruelmente. Dice Neff: «La mayoría de nosotros somos increíblemente duros con nosotros mismos cuando finalmente reconocemos algún defecto o carencia». La compasión permite deshacerte de las expectativas de perfección poco realistas que te hacen sentir insatisfecho y abre la puerta a una satisfacción real y duradera. La perfección es irreal, por eso la compasión es necesaria. Dice el Dalai Lama: «Los seres humanos deseamos la felicidad por naturaleza y no queremos sufrir. Por ese motivo todo el mundo intenta conseguir la felicidad y librarse del sufrimiento, y éste es un derecho fundamental para todos nosotros». Gracias a la compasión, tenemos una mirada más amable de nosotros mismos, en particular, y de la vida, en general, lo cual nos permite ser más felices. A menudo, el sufrimiento no está tan relacionado con la realidad (lo que ocurre) sino con cómo miramos la realidad (cómo la interpretamos). El sufrimiento es la consecuencia del discurso mental que ocurre en nuestra cabeza respecto a los acontecimientos. Por eso es clave buscar la paz mental (interior), y en ello la compasión juega un papel primordial. En el prólogo del libro *Alquimia*

emocional de Tara Bennett-Goleman se nos deja una brillante reflexión: «Como budista [dice el Dalai Lama], he aprendido que lo que más afecta a nuestra paz interior es lo que llamamos emociones perturbadoras. Todos esos pensamientos, emociones y sucesos mentales que reflejan un estado mental negativo o poco comprensivo inevitablemente socavan nuestra experiencia de la paz interior. Las emociones o pensamientos negativos, como el odio, la ira, el orgullo, la lujuria, la codicia o la envidia tienen un efecto perturbador en nuestro equilibrio interior. También tienen un efecto agotador en nuestra salud física». Y continúa: «En el sistema médico tibetano, las perturbaciones mentales y emocionales han sido durante mucho tiempo consideradas como la causa de muchas enfermedades, incluido el cáncer. Los científicos y profesionales de la salud de Occidente comparten cada vez más este punto de vista».

4. **La compasión hacia uno mismo parece ofrecer las mismas ventajas que la autoestima alta, pero sin inconvenientes aparentes.**

Lo primero que hay que saber es que la autocompasión y la autoestima tienden a ir de la mano. Si eres una persona que tiene compasión de sí misma, tenderás a tener una autoestima más alta que si te criticas constantemente. Y como ocurre con una autoestima alta, la autocompasión se asocia con mucha menos ansiedad y depresión, y con más felicidad, optimismo y emociones positivas. Sin embargo, la compasión hacia uno mismo ofrece ventajas claras sobre la autoestima cuando las cosas van mal o cuando nuestro ego se ve amenazado. Por ello, la psicología actual está dejando de utilizar la autoestima como indicador decisivo de la buena salud mental, debido a todas las trampas en las que podemos caer cuando intentamos desarrollar y mantener una autoestima alta: narcisismo, abstracción, ira, prejuicios o discriminación, entre otros. Por ejemplo, en un estudio se pedía a los participantes que se imaginasen en situaciones potencialmente embarazosas: formar parte de un equipo deportivo y echar a perder un partido importante o participar en una obra de teatro y olvidar el guion. ¿Cómo se sentirían si les ocurriese algo así? Los participantes autocompasivos (da igual si tenían alta o baja autoestima) tendrían menos probabilidades de sentirse humillados o incompetentes, o de tomarse los fallos como algo personal. Afirmaron que el fallo se lo tomarían con calma y pensarían cosas del tipo «todo el mundo mete la pata de vez en cuando» o «a la larga, en realidad no importa». Por el contrario, el resto de los participantes no-autocompasivos, tanto con la autoestima alta como baja, manifestaron que tendrían pensamientos como «soy un perdedor» u «ojalá me muriese». Es decir, una autoestima alta tiende a presentarse con las manos vacías cuando las cosas no van bien. Las personas autocompasivas aceptan mejor quiénes son con independencia del rendimiento o de las alabanzas que reciban de los demás. La autoestima, por otro lado, sólo florece cuando las críticas son positivas y puede provocar tácticas evasivas y contraproducentes cuando existe la posibilidad de enfrentarse a verdades desagradables sobre uno mismo. Cuando el sentimiento de valía propia tiene como origen nuestra convicción de ser personas que merecemos respeto por naturaleza, no se tambalea tan fácilmente. Dice Neff, «No es posible tener la autoestima alta en todo momento, y tu vida continuará llena de imperfecciones, pero la compasión hacia uno mismo siempre estará ahí, esperándote como un refugio seguro». De hecho, existe una conocida historia sobre un grupo de sabios occidentales que se reunieron con el Dalai Lama y le preguntaron cómo podían ayudar a las personas con una autoestima baja. Su santidad se mostró confuso por la pregunta. Fue necesario explicarle el concepto de la autoestima. Miró a las personas que le acompañaban, hombres con cultura y éxito, y les preguntó:

«¿Quién de ustedes siente que tiene una autoestima baja?».
Se miraron unos a otros y respondieron: «Todos».

5. **La compasión hacia uno mismo abarca tres elementos fundamentales: el primero, la bondad hacia uno mismo.** Cuando nos enfrentamos a nuestras imperfecciones, lo podemos hacer desde la bondad o desde la dura crítica. La bondad hacia uno mismo implica ser amable y comprensivo con nosotros mismos; es vernos *no como un problema a resolver, sino como seres humanos valiosos que merecen cariño*. Es entender nuestros puntos débiles, fracasos y errores sin condenarlos. Y más aún, no sólo consiste en dejar de juzgarnos, sino que implica también consolarnos activamente, respondiendo tal como lo haríamos ante alguien cercano con dificultades. Significa que nos demos permiso para conmovernos emocionalmente ante nuestro propio dolor. El poder de la bondad hacia uno mismo no es sólo una idea, sino que sus beneficios son muy reales. Optar por relacionarnos con nosotros mismos de manera *amable* y *no despreciativa* resulta muy pragmático. La ciencia ha demostrado que la compasión hacia uno mismo podría ser un poderoso desencadenante de la liberación de oxitocina, la conocida «hormona del amor y el vínculo»; es decir, cuando aumentan los niveles de oxitocina se incrementa en gran medida el sentimiento de confianza, paz, seguridad, generosidad y conexión. La oxitocina reduce el temor y la ansiedad, y es capaz de contrarrestar el aumento de la presión sanguínea y de cortisol asociado con el estrés. La droga conocida como éxtasis imita los efectos de la oxitocina, razón por la que quienes la consumen afirman sentirse más relajados, cariñosos y comprensivos consigo mismos y con los demás cuando están bajo su efecto. Por el contrario, con la autocrítica, la amígdala, esa parte del cerebro encargada de detectar amenazas y peligros, envía señales que aumentan la presión sanguínea, la adrenalina y la hormona del cortisol. Con el tiempo, el aumento

de los niveles de cortisol produce depresión, porque se vacían los neurotransmisores implicados en la capacidad de experimentar placer. La compasión es un regalo que te das a ti mismo, un cálido abrazo que sana. En la sociedad existe la idea de que si te castigas (flagelas) por tus errores, fracasos y defectos, eres mejor persona. Es falso: no eres mejor persona por tratarte mal.

6. **El segundo elemento de la compasión hacia uno mismo es el reconocimiento de la experiencia humana común.** Se trata de conectar tu experiencia personal individual con la experiencia humana general. Reconocer que todos estamos hechos del mismo mármol facilita la compasión hacia uno mismo; es reconocer que todos los seres humanos, por naturaleza, somos falibles y frágiles. Cuando estamos en contacto con nuestra humanidad común, tomamos conciencia de que los sentimientos de inadaptación y decepción son compartidos. Esto es lo que diferencia la *compasión hacia uno mismo* de la *pena por uno mismo*. El dolor que siento en momentos de dificultad es el mismo que tú sientes cuando las cosas no te van bien. Las causas son distintas, las circunstancias son distintas, el nivel de dolor es distinto, pero el proceso es el mismo. La vida no siempre discurre como nos gustaría. Esto es cierto para todos. El novelista británico Jerome K. Jerome escribió: «Son nuestros defectos y nuestros errores, no las virtudes, los que nos conmueven y nos hacen encontrar empatía en los demás. Nuestras locuras hacen que todos seamos uno». El dolor forma parte de cualquier biografía. Al reconocer la naturaleza compartida de nuestra imperfección, resulta más fácil sentir compasión por uno mismo. En lugar de mirar fuera de nosotros en busca de aceptación e integración, podemos satisfacer esas necesidades directamente si miramos en nuestro interior. Por desgracia, la mayoría de la gente no se fija en lo que tiene en común con los demás, sobre todo si

se sienten avergonzados o desplazados. En lugar de contemplar su imperfección a la luz de la experiencia humana compartida, muchas personas se sienten aisladas y desconectadas del mundo que les rodea como si fuesen extraterrestres. Cuando sólo enfocamos la mirada en nuestras carencias sin tener en cuenta el conjunto global de la experiencia humana, nuestra perspectiva tiende a estrecharse. Nos vemos arrollados por nuestros propios sentimientos de incapacidad e inseguridad. Es como si el resto de la humanidad no existiese, como si yo fuese el único rechazado, equivocado o estúpido. Dice Neff: «Cuando nos juzgamos a nosotros mismos por nuestros defectos, damos por sentado que existe una entidad separada y claramente delimitada que llamamos *yo* y que es la culpable de nuestros fracasos». Ser humano no significa ser de una manera determinada; se trata de ser como la vida te ha creado, con tus fortalezas y tus debilidades, tus dones y tus retos, tus rarezas y tus singularidades. Al aceptar cómo es la condición humana de la que todos formamos parte (imperfecta, frágil, contradictoria...) nos aceptamos mejor a nosotros mismos.

7. **El tercer elemento de la compasión hacia uno mismo es la atención plena o *mindfulness*.**
Hace referencia a la aceptación de lo que ocurre en el momento presente. Ver las cosas tal y como son sin juzgarlas, etiquetarlas o flagelarnos. El sufrimiento surge de una sola fuente: de comparar nuestra realidad con nuestras expectativas. Cuando la realidad encaja con nuestros deseos, nos sentimos felices y satisfechos; cuando la realidad no encaja con nuestros ideales, sufrimos. El problema es que las posibilidades de que nuestra realidad encaje completamente con nuestros ideales en todo momento son muy escasas. Por eso el dolor es omnipresente. ¿Cuál es la clave entonces? No resistirse. El sufrimiento aparece cuando nos resistimos al dolor. El sufrimiento procede del deseo de que las

cosas sean distintas a como son. Las personas tenemos una tendencia inconsciente a ignorar el dolor. Es algo natural. Estamos programados para evitarlo porque el dolor es indicativo de que algo va mal y nos proporciona inseguridad. Sin embargo, cuanto más nos resistimos a lo que sucede, más sufrimos. Cuando ocurre algo desagradable (despido, accidente, enfermedad, infidelidad...), no hay nada que puedas hacer para cambiar esa realidad en el momento presente. Las cosas son como son. Puedes optar por aceptar ese hecho o no, pero la realidad seguirá siendo la misma. El *mindfulness* ('atención plena') nos permite dejar de resistirnos a la realidad porque acepta sin críticas toda la experiencia desde la conciencia. Nos permite aceptar el hecho de que está ocurriendo algo desagradable, aunque no nos guste. Al relacionarnos de manera consciente con nuestras emociones difíciles, éstas siguen su curso natural y acaban desapareciendo. Si podemos esperar a que pase la tormenta con relativa ecuanimidad, no empeoraremos las cosas. El dolor es como una sustancia gaseosa. Si permites que simplemente esté ahí, libre, acabará disipándose por sí solo. Todas las emociones, si nos permitimos experimentarlas, son pasajeras. Por el contrario, si luchas contra el dolor y te resistes a él confinándolo en un espacio cerrado, la presión aumentará más y más hasta que explote. Cuando te resistes al dolor acumulas sentimientos de ira, frustración y estrés (además del dolor en sí mismo). Así sólo intensificas el sufrimiento. Dice Neff: «El *mindfulness* nos sitúa en el momento presente y nos aporta la toma de conciencia que forma la base de la compasión hacia uno mismo. Como un estanque transparente y tranquilo, sin ondas, el *mindfulness* refleja los hechos a la perfección y sin distorsiones. En lugar de perdernos en nuestro culebrón particular, nos permite observar nuestra situación con perspectiva y nos ayuda a no sufrir innecesariamente. Cuando percibimos nuestro dolor sin exagerarlo, se produce un momento de *mindfulness*.

Consiste en observar lo que ocurre en nuestro campo de conciencia tal como es: aquí y ahora». Y añade: «El auténtico tesoro que nos ofrece el *mindfulness*, su ventaja más sorprendente, es que nos brinda la oportunidad de *responder* en lugar de limitarnos a *reaccionar*. El *mindfulness* encierra un gran poder: nos aporta el espacio necesario para responder de maneras que nos ayuden en lugar de hacernos daño».

8. **Las personas con más compasión hacia sí mismas sufren menos ansiedad y depresión.**
Las investigaciones demuestran que la compasión hacia uno mismo es el motivo de la variación de entre un tercio y la mitad respecto a los niveles de ansiedad y depresión. Esto significa que la compasión hacia uno mismo constituye un importante factor de protección frente a esos dos trastornos. ¿Cuál es la explicación a esta relevancia de la compasión? Las investigaciones demuestran que nuestro cerebro tiene tendencia a la negatividad, lo que significa que somos más sensibles a la información negativa que a la positiva. Existe un *sesgo de negatividad* en todas las personas. Es una cuestión de pura supervivencia biológica. La información negativa es indicativa de una amenaza, de un peligro para nuestra supervivencia. La información positiva no tiene un impacto tan determinante en nuestras vidas, al menos de manera inmediata. Cuando la mente se centra intensamente en los pensamientos negativos, éstos tienden a repetirse una y otra vez como un disco rayado. Lo que se conoce coloquialmente como «rumiar». La rumiación sobre hechos negativos del pasado conduce a la depresión, mientras que si se centra en hechos futuros potencialmente negativos conduce a la ansiedad. Por esta razón, la depresión y la ansiedad suelen ir de la mano: ambas surgen de la tendencia subyacente a rumiar. Las investigaciones demuestran que las personas autocompasivas tienden a experimentar menos emociones perturbadoras (miedo, irritabilidad, hostilidad o

angustia) que las que no sienten autocompasión. Eso no significa que no vivan esas emociones, pero no son tan frecuentes, duraderas o persistentes. Es decir, la autocompasión hace de contrapeso de todas esas emociones. No hay que sentirse culpable por esos pensamientos perturbadores, es una reacción mental derivada del deseo subyacente de seguridad. Sólo hay que impedir que nos dominen —porque entonces es fácil caer en la ansiedad o la depresión—, y para ello contamos con una herramienta poderosa: la compasión. Como escribe Kristin Neff en *Sé amable contigo mismo*, «con la bondad hacia nosotros mismos apaciguamos nuestra mente atormentada. Nos regalamos paz, calor, amabilidad y empatía a nosotros mismos para que pueda producirse una auténtica curación».

9. **La compasión hacia uno mismo es una poderosa herramienta de inteligencia emocional.**
Y la inteligencia emocional es la base de la vida, porque todo lo que nos ocurre está filtrado por las emociones. El analfabetismo emocional se paga caro. Por el contrario, ser emocionalmente inteligentes nos permite ser más felices y exitosos. La inteligencia emocional, tal y como la define Daniel Goleman, es «la capacidad de controlar las propias emociones y utilizar esa información para guiar el pensamiento y las acciones». Dicho de manera coloquial, la inteligencia emocional es la capacidad de ser consciente de las propias emociones sin que éstas nos dominen y así poder tomar decisiones más acertadas (inteligentes). Cuando las emociones nos hacen suyas, tomamos decisiones estúpidas (poco inteligentes). Por ejemplo, si te das cuenta de que te pones furioso con alguien que acaba de hacer un comentario desafortunado, puedes salir a dar un paseo para calmarte antes de discutirlo en lugar de soltar el primer disparate que te venga a la mente. Una persona calmada y serena es más poderosa que una persona negligente emocionalmen-

te. La vida y la empresa son a menudo un campo de tensiones en nuestro día a día, por eso la inteligencia emocional es crítica. Las investigaciones demuestran que las personas más autocompasivas gozan de mayor inteligencia emocional, lo que significa que tienen más capacidad para mantenerse equilibradas ante situaciones de tensión o que les disgustan. Existen datos fisiológicos que apoyan esta afirmación. Los investigadores midieron los niveles de cortisol y el ritmo cardíaco de un grupo de personas entrenadas para tener más autocompasión. El cortisol es una hormona relacionada con el estrés, mientras que la variabilidad del ritmo cardíaco es un indicador de la capacidad de adaptarse al estrés con eficacia. Cuanto más autocompasiva y menos autocrítica es la persona, menores son los niveles de cortisol y mayor es la variabilidad del ritmo cardíaco. Esto sugiere que las personas que tienen compasión por sí mismas son capaces de enfrentarse a los retos de la vida con mayor equilibrio emocional.

10. **La compasión hacia uno mismo facilita el perdón.**
El perdón se produce cuando dejamos de albergar rencor y nos desprendemos del derecho al resentimiento por haber sido maltratados. La compasión facilita la tarea. Como hemos señalado, los puntos débiles y la imperfección forman parte de la existencia humana. Al reconocerlo en nosotros mismos, también lo aceptamos mejor en los demás, y por tanto resulta más sencillo perdonar a otras personas. El perdón no busca excusar las conductas de los demás, sino que entiende que todos actuamos muchas veces de manera incorrecta por ignorancia, inmadurez, miedo o un impulso irracional. E incluso en los casos en los que la otra persona es consciente del daño que provoca, hay que plantearse: ¿qué herida le ha llevado a tener un comportamiento tan frío e insensible? ¿Cuál es su historia? ¿Qué ha ocurrido para que pierda el contacto con su corazón? Por tanto, no debemos

juzgar a nadie exclusivamente por sus acciones como si tuviese el control pleno de ellas. No podemos ver las cosas en términos absolutos (perfecto o inútil, bueno o malo…) porque eso nos aísla de los demás, nos frustra y nos vuelve irascibles. La gente excesivamente perfeccionista no vive satisfecha. En la vida no todo es blanco o negro, hay mucho gris. Ser humano implica equivocarse, hacer cosas mal, todos. O como dice Neff: «Si fuésemos perfectos, no seríamos humanos. Seríamos como Barbie y Ken: figuras de plástico con buen aspecto, pero también muertas como el pomo de una puerta».

LISE BOURBEAU

Lise Bourbeau (1941) es una conferenciante, formadora y autora canadiense especializada en temas relacionados con el crecimiento personal. En 1966 ya era una directiva destacada responsable de las ventas de una multinacional. Mantuvo este cargo hasta 1982, cuando decidió dedicarse a motivar a las personas a conseguir sus objetivos en la vida, exactamente como lo había hecho ella. Ese mismo año fundó la escuela de crecimiento «Escucha a tu cuerpo», que se ha convertido en uno de los centros de desarrollo personal más relevantes de Canadá, y la más importante del mundo en lengua francesa. Es autora de diversos libros que han sido traducidos a más de veinte idiomas y de los que se han vendido más de cinco millones de ejemplares a nivel mundial. Entre sus obras destaca especialmente *Las 5 heridas que impiden ser uno mismo*, un bestseller internacional en el que profundiza cómo en la vida gran parte de nuestros problemas emocionales provienen de cinco heridas importantes que se producen en la infancia: *rechazo*, *abandono*, *humillación*, *traición* e *injusticia*. Como consecuencia de ello, creamos máscaras para protegernos del sufrimiento asociado a estas heridas. La obra analiza y explica cada una de estas heridas y sus máscaras asociadas para ayudarnos a conocernos mejor. Junto a este libro existe una segunda parte con el título *La sanación de las 5 heridas*, en la que se profundiza de manera más específica en la aceptación y curación de estas heridas para llevar una vida más plena y feliz. Otros de sus títulos también muy conocidos son *Escucha a tu cuerpo* y *Obedece a tu cuerpo*, en los que nos invita a indagar en la verdadera causa de nuestro malestar o enfermedad. El cuerpo siempre «habla» en busca del equilibrio. A menudo, las enfermedades son síntomas de causas más profundas. Como ella dice: «El cuerpo nunca miente, sino que refleja lo que ocurre en los planos emocional y mental». Asimismo, es autora de la obra *¿Quién eres tú?*, a través de la cual nos facilita el autoconocimiento prestando atención a nuestras propias palabras y pensamientos, y a aquello que vemos, oímos y sentimos. En todas sus publicaciones hay un mensaje claro: «La finalidad de nuestro paso por este mundo es el crecimiento, y para crecer hay que aprender a amarse a uno mismo y a los demás».

1. **Todos venimos al mundo con heridas que debemos aprender a aceptar.**

Cualquiera de nosotros ante ciertas situaciones y personas reaccionamos (sufrimos) con mayor o menor intensidad. La pregunta es: ¿a qué se debe esa reacción (sufrimiento)? Si somos capaces de descubrir la fuente de nuestros sufrimientos, podremos solucionarlos. Cada uno de nosotros sufrimos de distinta manera según las heridas que se activen. Esas heridas (heridas del alma) son heridas de la infancia, ciertas situaciones que durante la niñez han dejado una huella (herida) en nosotros. Las personas son como son y se comportan como se comportan porque hay una historia detrás de ellas. Si podemos ayudar a las personas a investigar sobre su propia historia y entenderla, vamos a poder sanar (corregir) muchas cosas que nos impiden ser nosotros mismos y así poder vivir con más paz y felicidad. Como explica Lise Bourbeau en su libro *Las 5 heridas que impiden ser uno mismo* —una obra que es una vuelta a la infancia para conocernos mejor—, nuestras heridas surgen por múltiples circunstancias desde el momento del nacimiento hasta los siete años de edad. Esas heridas son cinco: *rechazo, abandono, humillación, traición* e *injusticia*. Cuando se dan circunstancias y personas similares a las que han originado esas heridas, estas heridas se activan, y al mismo tiempo surgen en las personas unas actitudes y comportamientos asociadas a esas heridas (máscaras) para protegernos y así no sufrir. Únicamente portamos las máscaras cuando tememos sufrir y revivir la herida de la infancia. Las máscaras, sin embargo, no curan las heridas, sólo las disimulan.

2. **La primera herida es el *rechazo*. La máscara asociada es *ser huidizo*.**
Es la herida producida por sentirse rechazado, bien porque los padres no querían tener un niño o porque preferían que fuese de otro sexo. En otras ocasiones, el niño puede sentirse rechazado por otras razones sin ser la intención de los padres. Es la herida emocional más profunda: uno siente incluso que no merece el derecho a existir. Como consecuencia de ello, y para evitar ser rechazado, se desarrolla la máscara de *ser huidizo*, tendencia a alejarse de la realidad y vivir en su mundo imaginario. La persona huidiza prefiere la soledad y desaparecer. Se anula e infravalora, se considera inútil; debido a ello necesita a toda costa ser perfecto y obtener reconocimiento ante sus propios ojos y los de los demás. Como no reconoce la perfección de su «ser», tiene que compensarlo con la perfección de lo que «hace». Las relaciones afectivas también son difíciles, ya que al infravalorarse tampoco se siente digno de ser amado. Cuando es elegido suele sabotear la relación. El gran miedo de estas personas es el juicio y la crítica. Al no considerarse suficientemente valiosos, una mínima crítica (aunque sea sin mala intención) hace abrir la herida de su escaso valor. La sanación de esta herida se produce trabajando la autoestima, ya que el autorrechazo procede de no aceptarse. Lo primero es *reconocer* la herida y dejar de escondernos; segundo, *perdonarnos* por el trato que nos hemos dado y también perdonar a los demás (ellos tienen sus propias heridas); y tercero, empezar a *querernos* y *cuidarnos* sabiendo que la grandeza

de la vida reside en su diversidad. Ser humano no significa ser de una forma concreta. Cada persona es digna de ser amada por ser como es.

3. **La segunda herida es el *abandono*. La máscara asociada es *ser dependiente*.**
    Esta herida surge cuando uno siente que no le han dado lo que necesitaba: la presencia de los padres, su cariño o cosas a nivel material. Quienes sufren abandono consideran que no son queridos. La máscara que se crea entonces es la de *ser dependiente*. Las personas dependientes tienden a convertirse en víctimas para de esta forma llamar la atención y ser atendidos. El dependiente tiende a dramatizar las situaciones, y al llevar las cosas al extremo, también es más fácil que otros le presten atención. Incluso pueden utilizar la enfermedad para conseguir su objetivo. Al dependiente también le gusta representar la figura del «salvador», que es otra forma de llamar la atención. Lo que más demanda el dependiente es la ayuda de otros. Cuando recibe ayuda, se siente querido. Cuando hace algo por los demás, es con la intención de recibir afecto a cambio. A los dependientes les cuesta también tomar decisiones, necesitan sentirse apoyados por otros. Su temor es la soledad, y harán (y aguantarán) todo lo posible por no estar solos (por ejemplo, no terminar una relación tóxica). Prefieren no ver que las cosas no van bien, antes de poner punto y final a una relación y sentirse solos. Cuando el dependiente se siente abandonado, considera que no es lo suficientemente importante para atraer la atención del otro y sufre. Para este tipo de persona también es difícil dejar un lugar o situación: por ejemplo, si se va de viaje, apartarse de los suyos. La tristeza es la emoción más intensa que vive el dependiente, y para no sentirla, siempre busca la presencia de otras personas. El grado de ansiedad que experimenta al estar solo determina la magnitud de la herida. La sanación de esta herida se produce trabajando

la independencia, tomando conciencia de que no se puede recibir atención, amor y cuidado de todo el mundo todo el tiempo. Para las personas dependientes ninguna muestra de atención (amor) es suficiente, y se fijan más en lo que les falta que en lo que reciben.

4. **La tercera herida es la *humillación*. La máscara asociada es *ser masoquista*.** Esta herida surge cuando el niño siente que sus padres se avergüenzan de él o teme que se avergüencen de él por algo que dice o hace. El niño se siente despreciado e indigno. La máscara que se crea entonces es la de *ser masoquista*. El masoquismo es el comportamiento de una persona que encuentra satisfacción sufriendo. Se las ingenia para hacerse daño o castigarse antes de que otra persona le humille (avergüence). Es una herida más difícil de reconocer porque nadie diría que disfruta sufriendo. El masoquista se carga de todo tipo de obligaciones y responsabilidades e intenta que los demás sientan que no podrían hacer nada sin él. Cree que si hace mucho por los demás, nunca le podrán reprochar nada. El masoquista presta muy poca o ninguna atención a sus propias necesidades. Le gusta tener el control porque así no tendrá nada de lo que avergonzarse. Cualquier pequeña crítica le hace sentir humillado (avergonzado). Las personas que sufren esta herida tienden a rebajarse y a quitarse importancia antes de que lo pudieran hacer los demás. El masoquista tiende a culparse por las cosas e incluso a cargar con las de los demás. Al considerarse culpable, cree que a él le toca arreglar la situación. La libertad es fundamental para el masoquista. Para él la libertad significa no ser controlado por nadie, no rendir cuentas a nadie y hacer lo que quiere. Pero ahí está al mismo tiempo la trampa, ya que esa misma libertad le puede hacer sentirse avergonzado por ello. La libertad es, por tanto, el mayor temor del masoquista, lo que le lleva a asumir todo tipo de

responsabilidades para no disponer de tiempo. Paradójicamente, la libertad es lo que más desea, pero en el fondo no la quiere. La sanación de esta herida se produce trabajando la dignidad: cualquier persona es digna de respeto y amor por sí misma; tiene sus propias necesidades que debe satisfacer, y no sólo cargar con las responsabilidades de los demás.

5. **La cuarta herida es la** *traición*. **La máscara asociada es ser** *controlador.*

Según la Real Academia Española, la traición es la «falta que se comete quebrantando la fidelidad o lealtad que se debe guardar o tener». Esta herida surge cuando los progenitores no cumplen sus compromisos (promesas) según las expectativas infantiles (por ejemplo, una madre que no puede atender al hijo de manera incondicional porque tiene otros hermanos y ocupaciones). La máscara asociada a esta herida es la de *ser controlador* para no fallar y que no le fallen. Como le es difícil aceptar cualquier tipo de traición, proveniente de él mismo o de los demás, el controlador hace todo lo posible por ser responsable, fuerte, especial e importante. Busca siempre que todo se cumpla según el guion previsto. De las cinco heridas, el controlador es el que crea mayores expectativas en quienes le rodean porque intenta anticiparlo todo y que no se le escape nada. La persona controladora se las ingenia para no participar en situaciones conflictivas o en las que no tendrá control. Cuando está frente a personas que considera más rápidas y fuertes, se retira por temor a no poder enfrentarse a ellas. Cuando aparecen imprevistos, el controlador se altera. El controlador necesita estar preparado para cualquier cosa, por eso las sorpresas le descolocan. Intenta adelantarse a todo y prever al máximo las situaciones. Y cuanta más profunda es la herida, más necesidad de control. De los cinco caracteres, el controlador es el que sufre más altibajos emocionales, lo que desconcierta a las personas que le rodean. Ese excesivo control de ir un paso por delante en todo le impide disfrutar plenamente el presente. Le cuesta delegar y depositar su confianza en otros. Tiende a verificar continuamente si las cosas se están haciendo según sus expectativas. Parece tener ojos y oídos por toda la cabeza, y así asegurarse de que los demás hacen bien lo que tienen que hacer. No lleva bien la pereza, por eso, si ve a una persona holgazana, no confiará en ella. Se las ingenia para que todo el mundo sepa lo que hace, cómo lo hace y cuándo lo hace. Para él es fundamental que los demás vean qué responsable es y cuánto se puede confiar en su figura. Detesta que no confíen en él porque se considera muy responsable. Suele estar al tanto de todo y hacerse cargo de todo, ya que se considera más fuerte que los demás. Al encargarse de todo es más fácil que se cumplan sus expectativas. Como es controlador, le cuesta que le controlen. No quiere mostrar su vulnerabilidad por temor a que otro se aproveche y lo controle. Para el controlador, el control de otros es por el bien de ellos, para que cumplan oportunamente. Los controladores cuidan mucho su reputación y no les gusta estar en situaciones que no conozcan la respuesta. La herida de la traición se despierta cada vez que alguien no cumple lo prometido. Al controlador le dan miedo los compromisos por no poder cumplir con los suyos. Cree que no cumplir con su palabra y con sus responsabilidades es una traición. La sanación de esta herida se produce trabajando la paciencia, la tolerancia, relativizando, aceptando la incertidumbre y viviendo más el ahora.

6. **La quinta herida es la *injusticia*. La máscara asociada es *ser rígido*.**
La persona que sufre injusticia no se siente apreciada o valorada en su justo valor. También se puede sufrir injusticia cuando se recibe más de lo que se cree merecer. Al niño le

parece injusto no poder expresar su individualidad y ser él mismo. Esta herida nace de las críticas, la intolerancia, la severidad y el autoritarismo del progenitor. La máscara asociada es la de *ser rígido*, no mostrar quién es y lo que siente. Curiosamente, las personas rígidas son muy sensibles, pero no muestran su sensibilidad a los demás, por eso parecen fríos. El rígido procura la justicia y la exactitud a toda costa. Quien sufre la injusticia es más propenso a sentir envidia de quienes tienen más y de quienes, según él, no lo merecen. Cuando se enfrenta a decepciones, da la sensación de que no pasa nada. Logra ocultar tan bien lo que siente que parece imperturbable. Evita los problemas, y cuando existen realmente, se autoconvence de que no los tiene como si negándolos se solucionasen solos. Al rígido le falta tiempo porque pretende que todo sea perfecto y se dedica en exceso a todo. El mérito es importante para el rígido, pero la recompensa no es casual sino siempre el resultado de una buena actuación. Si recibe mucho sin haber trabajado en consonancia, no cree merecerlo. En el rígido son muy frecuentes las palabras *siempre, nunca* y *muy*. Para él, lo *bueno*, lo *malo*, lo *correcto* o lo *incorrecto* son términos muy importantes. Cuando el rígido se siente emocionado prefiere no mostrarlo. No se da el permiso de ser humano: sentir lo que siente en cada momento. El miedo a equivocarse es otra característica del rígido, por eso, cada vez que toma una decisión le da mil vueltas para saber qué es lo más conveniente, justo y correcto. Busca la perfección a toda cosa y se exige demasiado. Siempre tiene que cumplir con su deber. Rara vez se relaja sin sentirse culpable. Y si se da caprichos, intenta que los demás lo consideren justo. El rígido tiene dificultades para identificar y reconocer los límites. Sólo para cuando revienta. Además, prefiere hacer todo solo para que sea perfecto. En ocasiones, el rígido puede parecer controlador, pero no para controlar, sino para que una situación sea justa o correcta. Las personas rígidas rara vez se ponen enfermas (aparentemente), y cuando lo hacen y deciden ir al médico, es porque llevan mucho tiempo sufriendo y no aguantan más. La ira es la emoción más frecuente en el rígido, que le lleva a contraatacar y así recuperar la justicia. También es la persona a la que le cuesta más dejarse amar y demostrar amor. Son muy sensibles, por eso evitan que les toquen psicológicamente, lo que les hace parecer distantes. La comparación es otra fórmula que utiliza el injusto, que tiende a compararse con los que se considera mejores (más perfectos) que él. Devaluarse es una forma de rechazarse a sí mismo. Le atrae todo lo que es noble; para él, el respeto y el honor son muy importantes. La forma de sanar esta herida es tomando conciencia de las veces que ha sido injusto consigo mismo y con los demás. Reconocer que a veces se puede estar mal, que los problemas existen, que es sano pedir ayuda o que no se puede con todo, y no por ello se es peor persona. Flagelarse no hace a un ser humano más valioso.

7. **He llegado a comprender que todos nosotros experimentamos, al menos, cuatro de las cinco heridas.**
   Al hablar de las heridas de la infancia (heridas del alma) hay dos aspectos importantes: primero, la *no-exclusividad*, es decir, identificar una no significa no sufrir otras; y segundo, la *intensidad*, es decir, el dolor que experimenta cada persona. Por ejemplo, cuando somos niños, todos sufrimos algún rechazo por parte de nuestros padres, lo que varía es su magnitud. La importancia de la máscara se crea en función del tamaño de la herida. Cuanto más importante sea la herida, con más frecuencia se sufrirá y, por tanto, con mayor frecuencia habrá necesidad de ponerse la máscara asociada. Dice Lise Bourbeau: «Todos sufrimos el *rechazo*, el *abandono*, la *traición* y la *injusticia*. Sólo la herida de *humillación* parece no estar presente en la totalidad de los individuos. La mayoría de las personas admiten tener,

como mínimo, dos de las cuatro heridas que son más evidentes y dolorosas. Aunque, según los cambios vividos a lo largo de la vida, podemos comprobar que ciertas heridas parecen disminuir mientras que otras aumentan». Y añade: «Cada día, pasamos de una herida a otra según las circunstancias o las personas con las que nos topamos. Me he dado cuenta de que, generalmente, en el trabajo es donde sufrimos más el *rechazo* y la *injusticia*, mientras que en nuestra vida personal es donde sufrimos más el *abandono* y la *traición*. La *humillación* siempre la vivimos con nosotros mismos; no acusamos a los demás de habernos humillado».

8. **El ego es el mayor obstáculo en la sanación de heridas.**
El ego es el mayor obstáculo para todo en la vida: para corregir errores, para aceptar los fracasos, para hacer autocrítica, para pedir ayuda, para dejarse asesorar, para hacer introspección o para cualquier otra cosa. El ego es ese enemigo interior que nos impide avanzar en todos los sentidos. El ego siempre echa balones fuera. Enfrentarse a la realidad cuando no es agradable no es plato de buen gusto para nadie. Exige coraje, mucho coraje. Hacer introspección es «sanador», pero no sencillo, sobre todo cuando arrastramos heridas que vienen de lejos. Cuanto más sufres a causa de una situación o con una persona determinada, significa que el problema está más arraigado. Cada reacción (máscara) ante una situación es provocada por una herida que está activada, y esto siempre es la prueba de la influencia del ego. Cuando te das cuenta de que tu ego ha tomado el control, te haces consciente de que llevas una máscara asociada a tus heridas. Para el ego lo más importante es tener razón, y tiene todo el sentido, porque la necesidad primaria de la vida es la supervivencia, es decir, protegerse de cualquier amenaza. Dejar el ego a un lado significa sentirse vulnerable, sentirnos desprotegidos, que es lo que evitan las máscaras. Por tanto, las máscaras tienen todo el sentido del mun-

do, pero de igual modo tienen sus inconvenientes: nos evitan evolucionar, crecer, mejorar, en definitiva, ser más felices. Sanar las heridas es un ejercicio de toma de conciencia de qué mascaras utilizamos (actitudes y comportamientos), para, a partir de ahí, dar pasos para quitárnoslas. En la vida sólo hay dos opciones: *o eres dueño de tu vida o el ego te controla*. Como escribe Lise Bourbeau en *La sanación de las 5 heridas*:

El método favorito del ego para evitar que sintamos el sufrimiento generado por una herida es incitarnos a ponernos una máscara cada vez que la herida se activa. Cree de verdad estar protegiéndonos y no es consciente de que, actuando así, lo único que hacemos es mantener y alimentar nuestras heridas. Cuanto más se alimenta una herida, más duele. Cuanto más fuerte y rápido reaccionemos, más tiempo durará dicha reacción.

9. **Reconocer qué herida está activada y cómo aceptarla te ayudará a no usar la máscara asociada a esa herida.**
   La aceptación es sanación. Amarse es aceptarse. Amarse cada día más significa aceptarse más incondicionalmente. Cuando una herida se activa, lo peor que podemos hacer es negarla. Negar lo que eres es huir de ti mismo. Negar el dolor es empeorarlo, porque se hace más fuerte. Sin embargo, el ego es especialista en ello, nos impide ser conscientes de cuando una herida está activada. El ego nos juega malas pasadas haciéndonos creer que no sufrimos heridas, como si negándolas no existieran. Creemos además que los demás ni las verán ni las sentirán. Traemos aquí de nuevo las palabras de Lise Bourbeau referidas a esta cuestión: «Nuestro ego hace todo lo posible para que no percibamos nuestras heridas. ¿Por qué? Porque inconscientemente le hemos ordenado que lo haga. Es tal nuestro miedo a revivir el dolor asociado a cada herida, que por cualquier medio evitamos confesarnos a nosotros mismos». Pero el cambio sólo es po-

sible desde la *aceptación*, nunca desde la *negación*. Sólo lo que aceptamos nos libera y nos transforma. Por el contrario, lo que no se acepta se hace fuerte. Como explica la especialista canadiense, «la aceptación total es la única forma de sanar las heridas», entonces «la intensidad de las heridas disminuye y duelen un poco menos cada vez que son activadas».

10. **Cuanto más tiempo esperemos para curar nuestras heridas, más se agravarán.**
    ¿Cómo se activa una herida? De tres maneras distintas:

    1. Cuando te afecta la actitud o el comportamiento que alguien tiene contigo.
    2. Cuando te sientes culpable, esto es, tienes miedo de herir a alguien o de activar una de sus heridas con lo que dices o haces, o con lo que planeas decir o hacer.
    3. Cuando sufres por lo que te haces o por cómo eres contigo mismo.

    Cada vez que vivimos una situación que despierta y toca una herida, añadimos una capa más a nuestro sufrimiento. Es como una llaga que se agranda, de tal manera que podemos llegar a una situación extrema en la que, por ejemplo, la persona que es muy *rígida* verá injusticia por todas partes y se transformará en una persona excesivamente perfeccionista; o la persona *huidiza* se sentirá rechazada por todos y vivirá convencida de que nadie le puede amar. Cada máscara existe porque nos impedimos ser nosotros mismos, porque no nos amamos lo suficiente. Todos los comportamientos relacionados con las máscaras son reacciones, y no comportamientos basados en el amor a uno mismo. Cuanto más nos castiguemos a nosotros mismos, con más frecuencia viviremos situaciones parecidas. Las heridas sólo pueden sanarse, primero, desde la aceptación, y después, con un perdón verdadero a nosotros mismos, a nuestros progenitores y al resto de las personas. A partir de ahí no necesitarás máscaras y volverás a ser tú mismo. Negar, culpar o victimizarse es el mejor camino para que todo siga igual: «El amor verdadero —dice Lise Bourbeau— es la experiencia de ser tú mismo». De tal manera que:

- Tu herida de *rechazo* está en vías de sanación cuando en lugar de adoptar la personalidad del *huidizo*, te atreves a ser tú mismo y a afirmarte.
- Tu herida de *abandono* está en vías de sanación cuando en lugar de adoptar la personalidad del *dependiente*, te sientes bien contigo mismo, eres más autónomo y necesitas menos llamar la atención.
- Tu herida de *humillación* está en vías de sanación cuando en lugar de adoptar la personalidad del *masoquista*, te tomas tiempo para atender tus necesidades antes que las de otros.
- Tu herida de *traición* está en vías de sanación cuando en lugar de adoptar la personalidad del *controlador*, te permites ejercer de líder y delegar sin estar pendiente de todo y de todos.
- Tu herida de *injusticia* está en vías de sanación cuando en lugar de adoptar la personalidad del *rígido*, te permites ser más sensible y expresar tus emociones.

MAFALDA

Mafalda es un personaje de tira cómica: una niña irreverente y protestona creada en la década de los sesenta del siglo pasado por el humorista gráfico argentino Joaquín Salvador Lavado Tejón, más conocido como Quino. Mafalda representa a «una niña espejo de la clase media argentina y de la juventud progresista», y junto a ella aparecen siempre otros personajes como Felipe, Manolito, Susanita, Miguelito, Guille, Libertad y sus padres. Quino dibujó a Mafalda durante nueve años. Su primera aparición fue el 29 de septiembre de 1964, en el semanario *Primera Plana*, y la última tira cómica fue el 25 de junio de 1973. En los años siguientes Quino sólo pintó a Mafalda puntualmente para campañas de defensa de la niñez, a favor de la educación o la democracia. Mafalda es un personaje entrañable para el público, reflejo utópico del deseo por cambiar las cosas y aspirar a un mundo mejor. Preocupada por la humanidad, la definen su carácter reivindicativo y rebelde, adoptando siempre un tono de reproche contra la realidad social y política del mundo (y en especial de Argentina). Mafalda sabe auscultar la realidad con precisión y luego dar una sentencia que nos hace pensar a todos. Las viñetas de Mafalda invitan a la reflexión y abarcan numerosos aspectos cotidianos: el dinero, el poder, el sentido de la vida o las desigualdades, entre otros. Su sagacidad en el diagnóstico de la realidad ha hecho que hoy día sigamos disfrutando de sus ingeniosas frases gracias a muchos fans que las comparten en sus perfiles de redes sociales como forma de denuncia social. Ella decía: «¡Paren al mundo, que me quiero bajar!», o «¿Y no será que en este mundo hay cada vez más gente y menos personas?», o «Como siempre; apenas uno pone los pies en la tierra se acaba la diversión», o «Ya que amarnos

los unos a los otros no resulta, ¿por qué no probamos amarnos los otros a los unos?». El padre de Mafalda (1932-2020) recibió numerosos premios, distinciones y galardones a lo largo de
su vida, entre ellos, el Premio Príncipe de Asturias de Comunicación y Humanidades 2014. El jurado dijo respecto a Mafalda que
ella sueña con un mundo «más digno, justo y respetuoso con los
derechos humanos» y los «lúcidos mensajes» que Quino transmite a través de su personaje siguen «vigentes» décadas después de su nacimiento. Las viñetas de Mafalda han sido traducidas a más de treinta idiomas.

1. **«¿Pero por qué esa vida que uno se gana [trabajando] tiene que desperdiciarla en trabajar para ganarse la vida?»**
Es una de las frases más populares de Mafalda que nunca
pasa de moda. El trabajo es importante: nos da sustento,
reconocimiento, crecimiento personal y sentido de vida.
Pero cuando uno pone toda su energía ahí está renunciando
a otras parcelas que también son importantes y necesarias
para una existencia más equilibrada y plena como son la
familia, los amigos, el tiempo de ocio o la desconexión para
estar con nosotros mismos. Todas estas parcelas nos enri-
quecen, nos estimulan y nos complementan como personas. Por tanto, debemos darles el espacio que se merecen y
dedicarles también una porción de nuestro tiempo. Algunas recomendaciones para lograrlo:

   1. Agendar anticipadamente aquellas actividades más allá
   del trabajo que son importantes para nosotros. *Lo que
   no está en la agenda no existe.* Cuando algo está en la
   agenda es más fácil respetarlo. Por el contrario, cuando
   algo no está en la agenda es más fácil sucumbir a las
   apetencias del momento.

   2. Productividad para ser más eficientes. El exceso de horas a menudo es producto de las interrupciones y las

distracciones. La productividad se basa en mantener la concentración en una tarea el mayor tiempo posible. Bloquea espacios de aislamiento, desconecta las notificaciones, pon el teléfono en modo avión...

3. Asertividad para decir «no» a personas y propuestas que ponen en peligro nuestros objetivos y deseos. La asertividad existe para permitir defendernos inteligentemente de los demás. Es una herramienta que facilita el ser *firmes* (para respetarnos a nosotros mismos) siendo *amables* (para no herir a los demás).

2. **«Me pregunto si la vida moderna no estará teniendo más de moderna que de vida.»**
En otra de las viñetas, Mafalda dirigiéndose a su madre que está lavando la ropa, le pregunta: «Mamá, ¿qué te gustaría ser si vivieras?».

La mayoría de la gente no *vive*, simplemente *sobrevive*. El ritmo de vida actual, con su evolución y avances, está bien siempre que no sea en detrimento de nuestro bienestar. La OMS (Organización Mundial de la Salud) ha definido la salud como «un estado de completo bienestar físico, mental y social, y no solamente la ausencia de afecciones o enfermedades». Los datos de este organismo, sin embargo, no parecen muy halagüeños:

- Los problemas de salud mental serán la principal causa de discapacidad en el mundo en 2030.
- 1 de cada 4 personas tendrá un trastorno mental a lo largo de su vida.
- El 12,5 por ciento de todos los problemas de salud está representado por los trastornos mentales, una cifra mayor a la del cáncer y los problemas cardiovasculares.
- 450 millones de personas en todo el mundo se ven afectadas por un problema de salud mental que dificulta gravemente su vida.

- 3.000 millones de personas en el mundo viven con una depresión, un problema de salud mental que ha aumentado casi un 20 por ciento entre 2005 y 2015.
- Alrededor de 800.000 personas se suicidan cada año, siendo la segunda causa de muerte en personas de 15 a 29 años.

¿A qué se debe esto? Son diversas las causas, pero una de ellas es que hoy día las expectativas están muy altas. En un mundo donde las redes sociales son un escaparate de vidas idílicas, la gente valora su vida en función de lo que le falta y no de lo que tiene, y eso genera una gran frustración. La gratitud y la sencillez solucionarían muchos problemas, pero no es algo que abunde. En cierta ocasión, entrevistando al artista Pedro Ruiz, le preguntaba sobre esta cuestión. Y me decía: «Cada día nos cuesta más caro vivir peor. Estamos en la sociedad de comprar lo que no se necesita y de necesitar lo que no se compra. Nos enseñan pocas cosas buenas, pero hay una que nos falta a todos: sencillez. La vida pegada a lo natural es mejor. Nos hemos comprado un medio de vida absolutamente absurdo». Es sencillo ser feliz, lo difícil es ser sencillo.

3. **«Yo opinaría que... pero mejor no tocar el tema, ¿no?»**
La libertad es un valor supremo, por ello no hay mayor acto de represión que cercenar libertades. Es atentar contra la dignidad de cada persona, contra la posibilidad de expresar la propia individualidad. Es lo que toda dictadura pretende, cero críticas, pero que en democracia existe igualmente donde hay mucha censura velada. Por otro lado, hoy más que nunca existe una gran autocensura. Las redes sociales son caldo de cultivo para *haters*, que bajo el anonimato de un *nick* dan rienda suelta a su odio sin ningún tipo de restricciones. Las personas —todos somos humanos— necesitamos sentirnos queridos y arropados, y las críticas

feroces y descarnadas no son plato de buen gusto para nadie, así que muchos prefieren mantener la boca cerrada —o incluso abandonar el mundo virtual— para no sufrir. En otra tira cómica en la que Mafalda aparece con los pelos desaliñados, defiende con gracia la importancia de poder expresarse sin miedos. Así dice: «No ando despeinada, es que mis cabellos tienen libertad de expresión».

Pocas cosas tan relevantes como la libertad de expresión para generar debate, desenmascarar contradicciones y generar otros puntos de vista que hagan reflexionar. Toda opinión, vertida con respeto y educación, no sólo es válida y debería escucharse, sino que es algo esencial para el progreso. La libertad de expresión es un factor de desarrollo social. La uniformidad de pensamiento sólo genera estancamiento. Cuando todo el mundo piensa lo mismo, nadie piensa mucho.

4. **«Al final, ¿cómo es el asunto? ¿Uno va llevando su vida adelante, o la vida se lo lleva por delante a uno?»**
    Ella también afirmaba: «Lo peor es que el empeoramiento empieza a empeorar».

    La vida siempre nos zarandea, y durante las últimas décadas hemos podido comprobar cómo cada vez lo hace con mayor frecuencia y con mayor virulencia. Cuando no es por un motivo es por otro; no salimos de una y entramos en otra. Sea como fuere, la autorresponsabilidad es siempre una decisión, y la mejor decisión. Ésa es la actitud con la que deberíamos vestirnos. No es fácil, pero sí algo esencial para no caer en la resignación. *Llevar uno su vida adelante* es focalizarse en la búsqueda de alternativas, mientras que *dejar que la vida nos lleve por delante* es caer en un estado emocional muy dañino que no sólo entorpece encontrar soluciones, sino que va minando poco a poco nuestro ánimo, instalándonos en la negatividad de la que no es fácil salir. Mafalda también nos recordaba en otra de sus viñetas: «¡Resulta que si uno no se apura a cambiar el mundo, después es el mundo el que lo cambia a uno!».

5. **«¿Qué importan los años? Lo que realmente importa es comprobar que al fin de cuentas la mejor edad de la vida es estar vivo.»**
Estar vivo es ya, por sí mismo, un regalo. No son pocos los que, viejos o jóvenes, han quedado por el camino. Por tanto, deberíamos aprovechar cada instante para exprimirlo al máximo, porque no sabremos si mañana tendremos que reposar en el camposanto. Dejamos demasiadas cosas para después, y tal vez después no llegue. Si algo sabemos acerca de la muerte es que no discrimina: ni por edad, ni por sexo, ni por raza, ni por religión, ni por nada. Antes o después a todos nos llegará nuestra hora. Paco Fernández Ochoa ha sido uno de los deportistas españoles más importantes. Fue el primer oro olímpico español en Sapporo 1972. Se dedicó profesionalmente al esquí desde 1963 hasta 1982. Se despedía de este mundo el 6 de noviembre de 2006 víctima de un cáncer: un carcinoma epidermoide. Poco tiempo antes había escrito un libro en colaboración con el periodista Pedro Simón, *La vida, un slalom*, en el que le preguntaba acerca de su enfermedad. Y decía: «¿Qué he sacado en claro de la enfermedad si vuelvo a vivir? No perdería ni un minuto en problemas absurdos, programaría el día despacio para que me diera tiempo no a hacer muchas cosas, sino a hacer algunas pocas bien». También apuntaba: «La vida siempre te da excusas para vivirla, siempre te da motivos para sentirte afortunado».

6. **«Sí, ya sé, hay más *problemólogos* que *solucionólogos*, pero ¿qué vamos a hacerle?»**
La realidad no siempre es agradable, pero a menudo olvidamos que siempre está en nuestras manos hacer algo para embellecerla con nuestra actitud. La actitud no modifica la realidad, pero sí nos permite encararla con mejor ánimo y

eso ya es mucho. Ahí reside su poder. Por desgracia, no es algo que abunde, quizá porque no hay nada que requiera menos esfuerzo que dejarse llevar por la negatividad. El derrotismo y el pesimismo es lo que prevalecen por doquier. Quino, a través del personaje de Libertad, más chiquita y radical que Mafalda, dice en una de las viñetas:

—Comienza tu día con una sonrisa y verás lo divertido que es ir por ahí desentonando con todo el mundo.

Empezar el día con una actitud derrotista es empezar ya con mal pie. Es navegar con el viento en contra, lo cual no parece lo más inteligente. A lo largo del día es seguro que nos vamos a encontrar con problemas y momentos delicados (con clientes, proveedores, socios, amigos o familiares) que van a trastocar nuestra tranquilidad, así que mejor afrontarlos con una actitud más positiva que favorece su resolución en lugar de hacerlo desde la negatividad que los enquistan y engordan. Lo único que tienes bajo tu control es tu actitud, procura que sea buena. En otra de las creaciones del dibujante argentino se da el siguiente diálogo entre Mafalda y Miguelito:

—¿Qué planes tenés para esta primavera, Miguelito?
—Vivir —contesta éste.
—Tan chiquito, ... ¡y ya tan organizado! —concluye Mafalda.

De eso va la vida, de VIVIR (con mayúsculas), y una buena actitud influye mucho en ello.

7. **«Unos días más y empezamos a ir a la escuela. ¿Te das cuenta, Susanita? ¡Aprenderemos a leer, a escribir, a hacer cuentas!... ¿No te parece maravilloso?»**
    Son palabras de Mafalda a Susanita. A lo que ésta contesta:

—Sí,… Por una parte sí… Pero por otra, es triste echar ahora por la borda toda una vida dedicada al analfabetismo.

Siempre es más fácil seguir igual que cambiar. Es lo cómodo y es lo que hace la mayoría de la gente: dejarse llevar. La *perecitis* siempre acecha y nos empuja a no complicarnos demasiado la vida; además, genera adicción. Sin embargo, crecer, mejorar y evolucionar es el único camino para aspirar a cotas más altas; eso sí, exige tomar la iniciativa e invertir tiempo y energía en la tarea, y estar dispuesto a sentirse incómodo por el camino. Asumir la responsabilidad de tu vida y de tus resultados es recuperar tu poder. Además, invertir en uno mismo es la inversión más rentable que se puede hacer, porque no sólo es beneficioso para nosotros sino también para los demás: cuanto mejor eres, más valor puedes aportar a otros; cuanto más valor aportas a los demás, más ganas.

8. **«Hoy he aprendido que la verdad desilusiona a la gente.»** Aceptar la realidad no es fácil, nos obliga a reflexionar, cambiar y tomar acción. Por ello, buena parte de las personas prefiere vivir en su burbuja de irrealidad, aunque ello les lastre. La verdad, a menudo, escuece, eso es cierto, pero abre la esperanza para el crecimiento y la mejora. Quien quiere escuchar lo que no quiere escuchar, puede llegar muy lejos en la vida. Busca la verdad a toda costa. Practica la sinceridad radical. Haz de la honestidad brutal tu forma de vida. Ábrete al *feedback* sincero, directo y honesto. No seas evasivo con los hechos: sólo lo que aceptamos lo podemos transformar. Otra cosa nos condena. *La verdad que duele siempre es mejor que la mentira que consuela.* Tu destino tiene mucho que ver con tu capacidad de autocrítica. El arte de mentirse a uno mismo (autoengaño) recuerda a la fábula de la zorra y las uvas: la primera, tras intentar en varias ocasiones hacerse con un racimo de un árbol y no poder por la altura, concluyó que en realidad no le apetecían

porque no estaban suficientemente maduras. Ése es el camino seguro para el estancamiento. Las mentiras te permiten salir del paso, pero arruinan el futuro.

9. **«Si no fuera por el mañana éste sería el país del mañana.»** Es una tira en la que Mafalda observa a todo el mundo hablar del «mañana» como el momento en que tienen pensado hacer las cosas. Es una tendencia humana universal, dejar las cosas para después. Sin embargo, procrastinar y demorar el momento de hacer algo para no tener que coger el toro por los cuernos sólo nos permite aspirar a la normalidad. No es la mejor alternativa, pero sí la más frecuente. No es esta vez la única en la que Quino nos hace reflexionar sobre esta cuestión. En otra de las tiras cómicas, aparece Felipe, amigo de Mafalda, observando un cartel en el que se puede leer: «No dejes para mañana lo que puedas hacer hoy». A lo que exclama:

—¡Desde mañana mismo empiezo!

La procrastinación hace difíciles las cosas fáciles, y hace aún más difíciles las cosas difíciles. Si dejas todo para «después», las cosas se complican. Además, cada día que pasa y no se aprovecha se pierde, porque el tiempo es irrecuperable. Para conseguir cosas, hay que hacer cosas. El secreto de avanzar es empezar por alguna parte. La inacción sí que es el verdadero fracaso. También Felipe, en otro de los dibujos de Quino, apunta:

—¿Y si antes de empezar lo que hay que hacer empezamos lo que tendríamos que haber hecho?

10. **«¿No es increíble todo lo que puede tener dentro un lápiz?»** Son palabras de Guille, el hermano pequeño de Mafalda que protagoniza las típicas travesuras y desperfectos domés-

ticos de los niños, después de haber pintado las paredes de la casa con dibujos y dejarla hecha un desastre. Esta tira representa de manera simbólica cómo la creatividad no tiene límites, nace de las mentes y se manifiesta de múltiples formas. Todo lo que existe en el mundo real es producto de la imaginación. El personaje de Mafalda, precisamente, nació de la punta de un lápiz, y todavía a día de hoy la seguimos recordando y teniendo muy presente. Pongamos otro ejemplo: el imperio Walt Disney. Todo empezó con una simple idea: Mickey Mouse. El imperio Disney no se puede entender sin el entrañable ratón, la primera estrella de la factoría que en 2028 cumplirá cien años de su creación. En 1932, la Academia de Hollywood premió a Disney con un Óscar honorífico por la creación de ese personaje, y en 1978 se convirtió en el primer dibujo animado con una estrella en el Paseo de la Fama de Hollywood, en conmemoración del 50 aniversario de su nacimiento. El personaje es tan popular que su historia se contó en el documental *Mickey: la historia de un ratón*. Su nacimiento se produjo el 18 de noviembre de 1928, a raíz del estreno de *Steamboat Willie*, primer cortometraje sonoro de dibujos animados. Andy Stein, autora del libro *Why We Love Disney: The Power of the Disney Brand*, dijo una vez: «No sé si es posible calcular la influencia global de Mickey Mouse en la cultura popular». Hoy día la marca Disney mueve miles de millones a nivel mundial, no sólo en producciones cinematográficas sino con catorce parques de atracciones en cuatro países que reciben todos los años millones de visitantes. Walt Disney, que prestó su voz al personaje de Mickey durante dieciséis años, desde 1928 hasta 1947, diría en una entrevista en 1954: «Sólo espero que nunca perdamos de vista una cosa: que todo empezó con un ratón». Todo, absolutamente todo, empieza con una idea en la imaginación.

MARTIN SELIGMAN

Martin E. P. Seligman (1942) es un psicólogo y escritor estadounidense, conocido primeramente por sus experimentos
sobre la indefensión aprendida y su relación con la depresión,
y durante las últimas décadas por su trabajo e influencia en el
campo de la psicología positiva. Es licenciado en Psicología
por la Universidad de Princeton y doctor por la Universidad de
Pensilvania. Inicialmente ejerció de profesor asistente en la
Universidad de Cornell y, posteriormente, en la Universidad de
Pensilvania, donde sería nombrado en 1980 director del Programa de Formación Clínica, donde permaneció durante catorce años. En 1996 pasaría a ocupar el cargo de presidente de la
American Psychological Association (APA), compaginándolo
con su tarea como editor de su famoso boletín *Prevention and
Treatment*, hasta que en 2005 sería designado como director
del Departamento de Psicología de la Universidad de Pensilvania. Es uno de los pioneros y una de las figuras relevantes,
junto a Ed Diener y Mihaly Csikszentmihalyi, en el campo de la
psicología positiva, al que luego se han añadido otros nombres
destacables como Tal Ben-Shahar o Sonja Lyubomirsky. El término «psicología positiva» empezó a emerger en los años noventa cuando en una conferencia Seligman señaló algo que a
su parecer consideraba importante: la psicología tenía que ir
más allá y no sólo centrarse en las enfermedades y sus tratamientos, sino también estudiar, desde un punto de vista científico, todo aquello que hace feliz al ser humano. De este modo
se podría ayudar a las personas a construir una realidad más
satisfactoria. La pregunta que planteaba Seligman era: ¿puede
haber una ciencia psicológica que se centre en lo mejor de la
vida? El trabajo del doctor Seligman ha recibido el apoyo del

Instituto Nacional de Salud Mental, la Fundación Nacional para la Ciencia, la Fundación Guggenheim, la Fundación Mellon y la Fundación MacArthur. Ha sido también director de la Red de psicología positiva y director científico de Foresight, Inc. En 1995 la Asociación de Psicología de Pensilvania lo premió por sus «aportaciones cruciales a la ciencia y a la práctica». Es autor de diferentes bestsellers entre los que destacan: *La auténtica felicidad*, *Aprenda optimismo*, o *El circuito de la esperanza*, entre otros. Asimismo, ha impartido una charla TED en 2004 con el título: *La nueva era de la psicología positiva*.

1. **La gente no sólo quiere curar sus enfermedades, sino ser más felices y tener una vida con sentido.**

   Durante más de cincuenta años la psicología se ha centrado en la enfermedad (depresión, ansiedad, alcoholismo...) y sus tratamientos (cómo aliviarla), y lo ha conseguido con acierto en muchos aspectos. Pero para los seres humanos eso es insuficiente. Por eso, como apunta el profesor de la Universidad de Pensilvania, «los mejores terapeutas no sólo curan daños, sino que ayudan a las personas a ser más felices». En eso se enfoca principalmente la psicología positiva. Fue en los años noventa del siglo pasado cuando siendo Seligman presidente de la Asociación Americana de Psicología (APA) dio una conferencia para subrayar algo a lo que hasta entonces no se le había prestado suficiente atención: la psicología necesitaba dar un nuevo paso; era necesario estudiar desde un punto de vista científico todo aquello que hace feliz al ser humano. De este modo se podría ayudar a las personas a construir una realidad más satisfactoria. De ahí empezó a emerger la psicología positiva, que se centra en buscar y describir aquello que nos hace más felices, no ya desde un punto de vista *filosófico*, como hacían Aristóteles o Sócrates, sino desde un punto *científico*, con constataciones empíricas que nos den conclusiones objetivas. Hoy día existe una «ciencia de la felicidad», es decir, sabemos objetivamente qué tenemos que hacer para ser más felices.

2. **Existen tres vías hacia la felicidad con las que alcanzar una vida plena: la vida** *placentera,* **la vida** *comprometida* **y la vida con** *significado.*
Estas tres vías no son excluyentes, pero no nos aportan el mismo grado de bienestar y felicidad. La vida *placentera* (*pleasant life*) es con la que habitualmente asociamos la felicidad. Es el bienestar que nos invade al disfrutar de la comida, la bebida, el sexo, un viaje o conducir un buen coche. Es el estímulo de nuestros sentidos físicos. De manera irónica, Seligman relaciona la vida *placentera* con el estilo de vida hollywoodense o de las campañas publicitarias, lo que hoy día sería la vida de Instagram, «donde las personas sonríen ante las cámaras y luego consumen pastillas para controlar la ansiedad». Seligman nos advierte de los peligros de poner todo nuestro bienestar aquí: «El efecto de esta felicidad dura poco», por eso tiene que repetirse, repetirse y repetirse para alcanzar ese estado de bienestar. Por supuesto, no se trata de excluir la vida *placentera* —a todos nos gusta— sino de ser conscientes de que si destinamos todas nuestras expectativas ahí, antes o después, nos vamos a sentir vacíos. La vida *placentera* hace referencia a la motivación *extrínseca,* aquélla que nos mueve a obtener algo del exterior para sentirnos satisfechos, con lo que si no se obtiene nos sentimos frustrados, pero su obtención es insuficiente. Para tener una vida plena no podemos vivir sólo del placer.

3. **La vida** *comprometida* **(***engagement life***) consiste en poner en práctica y desarrollar nuestras fortalezas personales.**
Hace referencia a la motivación *intrínseca,* al bienestar producido por trabajar en aquello que nos apasiona y crecer con ello. Consiste en identificar y desarrollar nuestras for-

talezas para alcanzar nuestro máximo potencial. Es sentir que trabajamos en nuestros talentos, evolucionamos y mejoramos. Martin Seligman —junto al doctor Christopher Peterson— creó un sistema de clasificación de las fortalezas humanas, cuyo objetivo es identificar aquellas fortalezas que nos caracterizan, trabajarlas para desarrollar nuestro potencial y así poder sentirnos más satisfechos y felices. Son un total de veinticuatro clasificadas dentro de seis grupos de virtudes: sabiduría y conocimiento, valor, amor y humanidad, justicia, templanza, espiritualidad y trascendencia. Seligman apunta: «Cuando el bienestar procede del empleo de nuestras fortalezas y virtudes, nuestras vidas quedan imbuidas de autenticidad». La utilización consciente de nuestras fortalezas y virtudes dotan de autenticidad a nuestra vida, y una vida más auténtica siempre está más cercana a una vida más plena. Por el contrario, una vida impostada —la incoherencia entre lo que *sentimos* y *hacemos*— siempre produce un cierto sabor agridulce. Nos sentimos más felices cuando tenemos el valor de mostrarnos como somos, trabajar nuestras fortalezas y ponerlas en valor al servicio de una buena causa. Cuando esto sucede podemos disfrutar de «experiencias óptimas», lo que Mihaly Csikszentmihalyi —otro representante de la psicología positiva— denominó *Flow* ('fluir'), un estado de presencia en el que estamos ante retos que nos permiten elevar nuestras capacidades hasta alcanzarlos.

4. **Del mismo modo que la vida *comprometida* es algo más que la vida *placentera*, la vida *significativa* (*meaningful life*) es algo más que la vida *comprometida*.**
Si bien la vida *comprometida* es un estadio superior a la vida *placentera*, la vida *significativa* va más a allá de la vida *comprometida*. Tener una vida con significado (sentido) tiene que ver con sentirnos conectados a algo más grande que nosotros mismos. Es la necesidad de autorrealización de la que

hablaba el psicólogo Abraham Maslow en su conocida pirámide de necesidades. Todas las investigaciones empíricas convergen en un punto: nuestra felicidad es mayor cuando nos sentimos vinculados a una causa superior que trasciende nuestra persona. Si quieres ser más feliz: busca tu propósito, entrégate a él y comparte tus dones al mundo, tanto desde un punto de vista *cualitativo* (cómo beneficias a los demás) como *cuantitativo* (a cuánta gente beneficias). El egoísmo individualista —que no es lo mismo que el amor propio— alejado de las necesidades de los demás nos distancia de la felicidad: a mayor (menor) compromiso con una causa, mayor (menor) sentido vital y más (menos) felicidad. La vida *significativa* hace referencia a la motivación *trascendente*, es decir, en qué medida nuestra vida impacta positivamente en la de otras personas. Que tu vida tenga «propósito» (sentido) significa que merece la pena vivir.

5. **No podemos estar felices siempre, pero todos podemos involucrarnos más para ser más felices.**
   La psicología positiva ayuda a aumentar la felicidad. La felicidad, como todo, también se entrena. Para ello propone un modelo de cinco factores que pueden ponerse en práctica y desarrollarse, aumentando nuestros niveles de satisfacción y bienestar. Martin Seligman, presidente emérito y cofundador de la Red Internacional de Educación Positiva (IPEN, por sus siglas en inglés), denomina a este modelo PERMA o teoría del bienestar, formulado en 2010:

   - *P, Positive emotions* ('Emociones positivas'): paz, gratitud, inspiración, amor, esperanza, son ejemplos de este tipo de emociones. Cuando las practicamos, nos sentimos más felices.
   - *E, Engagment* ('Compromiso'): se refiere al pacto con nosotros mismos, con el desarrollo de nuestras fortalezas y las tareas que nos motivan.

- *R, Relationships* ('Relaciones'): dado que somos seres sociales, las interacciones con los demás constituyen un factor clave de apoyo, protección y satisfacción.
- *M, Meaning y purpose* ('Significado y propósito'): que consiste en involucrarse y pertenecer a algo más grande que uno mismo.
- *A, Accomplishment* ('Logros'): se refiere a establecer metas (algo por lo que luchar) y a la satisfacción de cumplirlas.

Cuando conseguimos cubrir razonablemente todos estos ámbitos, podemos tener un bienestar sostenible y pleno. Nos sentimos más llenos y felices.

6. **Uno de los hallazgos más significativos de la psicología de los últimos veinte años es que las personas pueden elegir la forma en que piensan.**
Tus pensamientos condicionan tus sentimientos, y tus sentimientos condicionan tus acciones, y tus acciones determinan tus resultados. Si pensamos que «unos nacen con estrella y otros estrellados», ¿qué margen dejamos para el esfuerzo y el compromiso? Seligman apunta: «Se puede cambiar lo que se siente cambiando lo que se piensa. Los hábitos de pensamiento no tienen por qué persistir para siempre. Uno de los hallazgos más significativos de la psicología en los últimos veinte años es que los individuos eligen su forma de pensar». Si decidimos conscientemente elegir pensar en las posibilidades frente a las limitaciones, en las alternativas frente a las dificultades, en una mentalidad de crecimiento frente a una mentalidad fija, abordaremos la vida de manera totalmente diferente. Nuestra vida tiene mucho que ver con nuestra actitud, y una actitud es algo que se elige conscientemente. Uno de los temas centrales de la obra de Martin Seligman es el de la «indefensión aprendida», que hace referencia a la ausencia de actividad o falta de respuesta frente a situaciones en las que se cree que

uno no puede hacer nada. Los pensamientos automáticos —la inercia en el pensar— ponen el foco en «no hay salida» e impiden actuar. La «indefensión aprendida» (ausencia de esperanza) impide que movilicemos nuestros recursos para intentar salir de una situación complicada. Por eso, la «indefensión aprendida» es una fuente de depresión para muchas personas. Cambiar nuestra forma de pensar es cambiar nuestra forma de vivir. Todos tenemos más posibilidades de las que creemos; todos contamos con más recursos de los que imaginamos.

7. **Las tres *P* del Optimismo son: Personalización, Permeabilidad y Permanencia.**
Después de pasar décadas estudiando cómo las personas afrontan los reveses, Seligman descubrió que hay tres *P* (Personalización, Permeabilidad y Permanencia) que son tres indicadores clave para explicar la forma en que cada uno de nosotros lidia con la adversidad y, por tanto, la posibilidad de superarla y salir fortalecidos de ella. A lo largo de nuestra vida, todos nos vamos a enfrentar a situaciones dolorosas: un despido, un fracaso sentimental, una enfermedad o cualquier otra cosa. Por ello, aprender optimismo —que no ingenuidad— nos ayuda mucho a superar estas situaciones. De hecho, uno de los libros de Seligman lleva precisamente por título *Aprenda optimismo*. Allí nos habla de esas tres *P* del optimismo relacionadas con nuestros procesos mentales —cómo piensas, sientes y cómo sientes, actúas— para una vida más plena:

1. *Personalización (Personalisation)*: hace referencia a la manera en que nos atribuimos las causas de los acontecimientos positivos y negativos. Los pesimistas tienden a pensar que todo lo malo que les ocurre es por su culpa. Se flagelan. Los optimistas, en cambio, saben que no todo depende de ellos —una pandemia— y que lo me-

jor es afrontar aquello que no pueden controlar con una buena actitud.

2. *Permeabilidad* (*Pervasiveness*): hace referencia a cómo un acontecimiento en un área de nuestra vida afecta al resto. Los pesimistas tienden a pensar que «todo me va mal», mientras que los optimistas saben aislar lo negativo sin extrapolarlo a todos los ámbitos de su vida.

3. *Permanencia* (*Permanence*): hace referencia a cómo afrontamos las adversidades, como algo temporal o permanente. Las personas con una disposición optimista ven los infortunios como una «mala racha» (al igual que los delanteros que no meten goles), y las cosas buenas volverán a su cauce antes o después. Como reza el dicho: «No hay mal que cien años dure». Para los pesimistas, en cambio, las cosas buenas son puntuales y pasajeras, y la vida en términos generales es un fastidio.

Aprender optimismo es tomar conciencia de que no todo lo malo que ocurre es por nuestra culpa (*personalización*), que cuando algo no funciona no quiere decir que no vayan a funcionar otros aspectos de nuestra vida (*permeabilidad*), y que la vida quita pero también da (*permanencia*), es la mejor actitud para todas las contingencias de la vida. Esta forma de pensar y proceder nos ayuda a estar más satisfechos con la vida en general.

8. **A lo largo de las últimas décadas he descubierto que los pesimistas tienen ocho veces más de posibilidades de deprimirse que los optimistas cuando surgen contratiempos.**
El profesor de Pensilvania apunta:

Los pesimistas tienen una forma especialmente perniciosa de interpretar los contratiempos y las frustraciones. Piensan que la causa es permanente, dominante y personal: «Durará para siempre, lo va a socavar todo y es culpa mía». Los optimistas en cambio lo ven superable, propio de un problema concreto y provocado por circunstancias temporales.

Esa actitud ante la vida es nefasta y tiene consecuencias desagradables en todas las esferas de nuestra vida. Nuestra mirada de los acontecimientos, con esperanza o desesperanza, condiciona todas nuestras acciones y resultados. Nuestra predisposición, cómo afrontamos todo lo que sucede, afecta considerablemente al devenir posterior de los acontecimientos. Dicho de otro modo: una buena actitud no soluciona las cosas sin más, pero sí nos predispone a hacer las cosas de mejor manera; y si haces las cosas de mejor manera, las cosas mejoran: «Los pesimistas rinden peor en los estudios, en los deportes y en la mayoría de los trabajos que lo que presagia su talento», añade el psicólogo; además, «gozan de peor salud, de una vida más corta y mantienen relaciones personales menos estables».

9. **Las experiencias que provocan las emociones positivas hacen que las emociones negativas se desvanezcan más rápidamente.**
Cuando uno practica la gratitud como hábito, por ejemplo, es mucho más difícil estar triste. La gratitud desactiva la negatividad de nuestra vida. La gratitud te hace consciente de lo abundante que eres. No es que la persona agradecida no perciba lo malo —que existe— sino que se detiene —ha decidido poner conscientemente el foco— más en lo bueno que en lo malo. Y esto es especialmente relevante hoy día en un mundo mucho más inestable dominado por la incertidumbre, el cambio y las crisis de todo tipo: sanitarias, profesionales, personales o políticas, entre otras. Al igual que con la gratitud, lo mismo podríamos decir de otras muchas emociones positivas como la generosidad, la bondad, la esperanza o el entusiasmo, entre otras. Las emociones positi-

vas actúan como barrera contra las desgracias y los trastornos psicológicos. Seligman escribe: «La vida inflige los mismos contratiempos y tragedias al optimista que al pesimista, pero el optimista los resiste mejor». En la década de los ochenta del siglo pasado, las universidades de Harvard y MIT hicieron una intervención conjunta en uno de los barrios más deprimidos de Estados Unidos. A diferencia de casos anteriores, algunos investigadores se centraron no en quienes lo estaban pasando mal, sino en aquéllos que, a pesar de sus difíciles circunstancias, habían sido capaces de salir adelante, que eran precisamente los que mantenían una disposición más optimista de la vida. Estos trabajos fueron el precedente de la psicología positiva, fundada por Martin Seligman y Mihaly Csikszentmihalyi en el año 2000. La psicología positiva nos ayuda a vivir mejor, sobre todo cuando la adversidad toca a nuestra puerta. El sargento Johnny Joey Jones es un conocido militar norteamericano de la Infantería de Marina que en 2010 se dedicaba a la desactivación de explosivos. En una de sus misiones en Afganistán, con tan sólo veintitrés años, perdió sus dos piernas por encima de las rodillas. Él decía: «La gente me pregunta cómo puedo permanecer tan positivo después de perder mis piernas. —Y añadía—: Y yo les pregunto a ellos cómo pueden permanecer tan negativos conservando las suyas».

10. **El éxito requiere de perseverancia, de la capacidad de no abandonar ante el error. Creo que el optimismo como estilo explicativo es la clave de la perseverancia.**
El éxito no es rápido, ni fácil, ni gratuito. Requiere trabajo duro, resiliencia y paciencia. Algo que es difícil abordar desde una actitud vital pesimista. Por eso, hablar de optimismo es hablar de esperanza; pero no de una «esperanza pasiva» basada en que las cosas cambien por arte de birlibirloque, sino de una «esperanza activa» basada en que con entrega y aguante las cosas acabarán funcionando bien. Es la diferen-

cia entre un optimismo *ingenuo* y un optimismo *inteligente*, que es lo que predica la psicología positiva. Sin ese «optimismo vital» no se puede abordar ningún proyecto grande. Pongamos como ejemplo a Abraham Lincoln: no consiguió ser abogado hasta los 36 años, fue derrotado como candidato al Senado a los 40, perdió trágicamente a su mujer a los 50, sucumbió dos veces más en las elecciones presidenciales, con 52 y 60 años, y ya en las postrimerías de su vida fue elegido presidente de Estados Unidos, ¡a los 64 años! Todo un ejemplo de optimismo-perseverancia, y como consecuencia de ello nos dejó uno de los más ricos legados conseguidos por cualquier otro presidente de la historia. Como dice Seligman: «Es la combinación de talento razonable y la capacidad de seguir adelante frente a la derrota lo que conduce al éxito». Eso sólo es posible con una actitud vital positiva (esperanzadora). El filósofo y escritor Miguel de Unamuno nos sirve aquí de inspiración: «Jamás desesperes, aun estando en las más sombrías aflicciones, pues de las nubes negras cae agua limpia y fecundante».

MARY POPPINS

Mary Poppins es la protagonista de la película musical con el mismo nombre producida por Walt Disney y dirigida por Robert Stevenson, basada en la serie de novelas infantiles escritas por Pamela Lyndon Travers, en la que se combinan imágenes reales con animación; una cinta llena de sabiduría, enseñanzas y valores para la vida, en general, y para la empresa, en particular. La trama es la siguiente: Jane (Karen Dotrice) y Michael (Matthew Garber) son una pareja de hermanos capaces de acabar con la paciencia de todas sus niñeras. Su padre, el señor George W. Banks (David Tomlinson), un tipo que trabaja en un banco y se toma la vida muy en serio, decide entonces tomar cartas en el asunto para que la situación no vuelva a repetirse. La madre (Glynis Johns), que nunca acierta con las institutrices, agradece la iniciativa de éste. Frente a la demanda de los chicos de una niñera dulce y divertida, el señor Banks aboga por la disciplina, la obediencia y la rigidez. A pesar de sus exigencias, el puesto finalmente cae en manos de Mary Poppins (Julie Andrews), una niñera poco convencional. Enseguida, Jane y Michael hacen buenas migas con su nueva institutriz; su padre, sin embargo, no la contempla con tan buenos ojos. Con la compañía de Bert (Dick Van Dyke), un artista callejero, los niños y Mary Poppins viven grandes aventuras que hacen las delicias del espectador al tiempo que nos dejan importantes lecciones. Las canciones, como suele ser habitual en este tipo de producciones, ocupan un papel destacado en el largometraje. Entre ellas destacan *Una cucharada de azúcar*, el *Chim Chim Cheree* o la pegadiza e inolvidable *Supercalifragilisticoexpialidoso* que hacen que la cinta sea aún más conmovedora. Los Premios de la Academia celebrados la noche del 5 de abril de 1965 tuvieron una dura pugna entre dos musicales: por un lado, *My Fair Lady*, que había sido nominada en doce categorías, y por otro, *Mary Poppins*, con trece. El enfrentamiento entre ambas estaba motivado porque la británica Julie Andrews había interpretado en el teatro el papel de Eliza Doolittle del musical *My Fair Lady*. Para la versión cinematográfica, Andrews –entonces una actriz poco conocida– fue rechazada por la Warner, cuyo papel iría a parar a Audrey Hepburn, una estrella consolidada. Por su parte, Julie Andrews recibiría la oferta de Walt Disney para interpretar *Mary Poppins*. Finalmente, esta última se alzaría con cinco estatuillas, incluida la de mejor actriz para Andrews. Este reconocimiento le sirvió a la actriz para protagonizar al año siguiente otro musical de gran éxito como *Sonrisas y lágrimas*, que le valdría su segunda nominación, aunque en esta ocasión la ganadora sería Julie Christie por *Darling*. La adaptación musical al teatro de la película fue producida originalmente en Londres en 2004 y estrenada en Broadway en 2006.

1.   **SELECCIÓN DE PERSONAL. «Hemos tenido seis niñeras en cuatro meses y todas han sido un desastre.»**
Son palabras del señor Banks (David Tomlinson), que se muestra muy alterado porque su esposa no ha sabido dar con la niñera adecuada después de muchos intentos. Y es que las mejores estrategias fracasan si no cuentan con las personas adecuadas para llevarlas a cabo. Como recalca Jim Collins, autor de *Build to last*, «primero *quién*, luego *qué*». De lo que se trata es de que *suban* al autobús las personas adecuadas (*get the right people on the bus*, con sus palabras) y que *bajen* las inadecuadas antes de empezar cualquier reto, o es muy probable que el proyecto descarrile. Las empresas que triunfan son especialmente cuidadosas con sus procesos de selección. Saben que seleccionar con rigor es un requisito indispensable (el que más) para tener ciertas garan-

tías de éxito. Cada puesto requiere unas competencias determinadas —mezcla de conocimientos, habilidades y actitudes— y de lo que se trata es de encontrar a la persona que mejor se ajuste a cada posición. El señor Banks, tras protestar y echarle en cara a su esposa Winifred (Glynis Johns) su falta de tino a la hora de seleccionar a las institutrices apunta:

—Elegir una buena niñera es una labor importante y delicada. Requiere perspicacia, serenidad y un poco de psicología. Y en estas circunstancias creo que lo más apropiado es que me ocupe yo de elegir a la próxima. Para buscar una niñera conveniente hay que hacerlo convenientemente.

2. **APARIENCIAS. «Nunca juzgues por las apariencias y menos un bolso de viaje. Yo no lo hago nunca.»**
Eso es lo que le advierte Mary Poppins (Julie Andrews) a Michael (Matthew Garber) nada más instalarse en su habitación, cuando éste ve que va sacando cosas y cosas de su maleta donde aparentemente no había nada hace apenas unos instantes. A veces las apariencias coinciden con la realidad, pero otras muchas veces no es así y uno se lleva chascos. La prudencia a la hora de juzgar a otras personas nunca está de más. La vida siempre sorprende. Mary Poppins, a primera vista, parece una simple niñera, sin embargo, es una niñera mágica capaz de hacer muchas más cosas de las que aparenta. Además, tiene grandes dotes de liderazgo. Su pericia para convertir la «rutina» en una «aventura» hace las delicias tanto del espectador como de Jane (Karen Dotrice) y Michael, que viven experiencias inolvidables. No sólo consigue que los chicos hagan sus deberes, sino que además se diviertan al mismo tiempo. Por si fuera poco, sabe ganarse su cariño. No la ven como otra niñera de las múltiples que han tenido, sino alguien a la que tienen afecto y con la que hay un gran vínculo emocional.

3. TRABAJO OBJETIVO vs. SUBJETIVO. «¿No decíais en vuestro anuncio que supiera jugar a muchas cosas?» Mary Poppins les hace esta pregunta a Jane y a Michael al poco de iniciar su trabajo como niñera y empezar a ordenar la casa, que está hecha un desastre. Jane entonces pregunta:

—¿Es un juego bonito, verdad Mary Poppins?

Y ésta contesta:

—Bueno, según se mire. Todo trabajo tiene algo divertido y si encontráis ese algo, en un instante se convierte en un juego.

Los griegos hacían una distinción entre el trabajo *objetivo* (lo que hay que hacer) y el trabajo *subjetivo* (cómo lo vive cada uno). Ante una misma realidad, cada persona la vive de manera completamente distinta. Hay personas que pueden ver un trabajo como una carga y otras como una forma de realización personal, con independencia de la tarea de la que se trate. En ello tiene mucho que ver también la capacidad de seducir del líder, de plantear cada trabajo como un reto, de cómo vende el proyecto y el trabajo de cada persona. Todos los grandes líderes saben dotar de contenido emocional a la labor de los demás. Mary Poppins, como líder que es, tiene una gran capacidad para convertir lo *ordinario* en *extraordinario*. En un momento dado, Bert (Dick Van Dyke), el artista callejero, le dice a la pareja de hermanos:

—Las niñeras corrientes sí van al parque, pero cuando uno va con Mary Poppins se encuentra de pronto en sitios que ni podía imaginar, y en menos que canta un gallo, empiezan a pasar cosas verdaderamente sorprendentes.

4. **OCIO. «Yo no quiero ir al parque, yo quiero volver a poner las cosas en su sitio.»**
Son las palabras de Michael a Mary Poppins, quien ha descubierto la «magia» de lo que es el trabajo *subjetivo*, y quiere seguir «jugando» a ordenar la casa. A pesar de ser una buena actitud, Mary Poppins le hace ver también la necesidad de descansar:

—No se debe estar todo el día trabajando.

El tiempo de ocio no es una posibilidad, sino algo necesario para nuestro organismo, tanto a nivel físico como psíquico, para destensar, recuperarnos y volver a la carga con mejor ánimo y disposición. Además, los *breaks* son tremendamente estimulantes desde el punto de vista de la creatividad. A menudo, las mejores ideas vienen fuera del ámbito del trabajo, cuando la mente está más relajada y puede hacer asociaciones de ideas —en eso consiste la creatividad— sin ningún tipo de limitaciones, ni de reglas, ni de normas; cuando la *razón* (lo que creemos que es) está en cierto modo anestesiada y deja espacio a la *imaginación* (lo que puede llegar a ser), un campo infinito de posibilidades. El físico austriaco Fritjof Capra decía cierta vez: «Durante [estos] periodos de relajación, después de una actividad cerebral concentrada, parece que la mente intuitiva asume el mando y es capaz de producir esas repentinas y clarificadoras visiones que provocan tanta alegría y deleite». No hacer nada también es hacer mucho.

5. **LIDERAZGO. «Desde que llegó a esta casa Mary Poppins están ocurriendo cosas verdaderamente extraordinarias.»**
Son palabras de la señora Winifred a su marido después de observar el cambio que ha experimentado la casa desde la llegada de Mary Poppins. Es más, en un momento da-

do, el señor Banks, escuchando voces cantando de fondo, dice:

—¿Qué son esos espantosos maullidos en la cocina?
—Es la cocinera que canta —le contesta Winifred.
—Le pasa algo —insiste el señor Banks.
—Que está alegre como un pájaro —concluye Winifred.

Si los líderes se distinguen por algo es por ser generadores de contextos estimulantes; contextos en los que prima la «seguridad psicológica», allí donde las personas se sienten más seguras, confían más en ellas, se sienten apoyadas, y reina un buen ambiente de optimismo y alegría. Conviene recordar que se estima que entre el 30 y el 40 por ciento de los resultados de negocio dependen del clima laboral, y de esa cifra, el 70 por ciento depende del jefe inmediato. Muchas personas en puestos de mando, como el señor Banks, aniquilan —aunque sea sin mala intención— lo mejor de las personas. Como es de esperar, los resultados también se resienten. El señor Banks siempre parece enfadado, con un carácter agrio, distante, rígido y poco dado a la alegría y al tono informal. Mary Poppins representa justo todo lo contrario.

6. **FAMILIA. «¿Vamos a salir con papá? No puede ser. Nunca nos ha llevado de paseo. Ni nos ha llevado a ningún sitio.»**
Jane y Michael le dicen eso extrañados a Mary Poppins cuando se enteran de que su padre los va a llevar al día siguiente de paseo a la ciudad para conocer el banco donde trabaja. Mary Poppins, gran conocedora de la condición humana, intenta restar importancia al comportamiento descuidado del señor Banks con sus hijos:

—Muchas veces las personas ocupadas, aunque ellas no tengan la culpa, no ven más allá de sus narices.

—¿Papá no ve más allá de sus narices? —le pregunta Jane.

—Quiero decir que las cosas pequeñas a veces son importantes —le contesta Mary Poppins.

La carrera profesional, la ambición, el dinero o el estatus son importantes siempre que no pongan en peligro otras áreas de nuestra vida que son igual o más relevantes. Es esencial tener claro que cada parcela de nuestra vida cumple su papel y a cada una de ellas le deberíamos dedicar un tiempo escrupuloso en nuestra agenda, de otro modo es fácil que las ocupaciones y las urgencias del día a día nos sobrepasen sin darnos cuenta y acabemos descuidándolas, algo de lo que, antes o después, nos acabaremos arrepintiendo.

7. **AVARICIA. «Al llegar al banco te enseñaré lo que puedes hacer con tus dos peniques, ya verás como te parece más interesante.»**
Es el consejo que le da el señor Banks a su hijo Michael que lleva dos peniques en los bolsillos con la intención de gastárselos en comida para palomas. Al entrar por la puerta de la institución les dice entusiasmado a sus hijos:

—Ése es el director del banco, un gigante del mundo financiero.

Entonces Michael, sorprendido ante la debilidad del anciano que no puede ni tenerse de pie a pesar de toda su fortuna, contesta:

—¿Un gigante?

Al rato se da el siguiente diálogo entre el chico y el *mandamás*:

—Con que tienes dos peniques —le dice el señor Dawes a Michael.

—Son para la comida de las palomas —contesta éste un poco asustado.

—Valiente tontería, ¿qué vas a conseguir con eso? —concluye el anciano.

El dinero es un medio que nos da libertad para realizar muchas cosas: vivir con mayor bienestar, viajar, ayudar a otros o invertir en nosotros mismos; sin embargo, hay personas cuya única finalidad es amasar, amasar y amasar. La pregunta es: ¿para qué? Estamos de paso y somos lo que vivimos. Un poco de planificación y control financiero están bien, sobre todo pensando en la edad de jubilación cuando los ingresos merman y la capacidad de producir se reduce, pero acumular sin más es perderse muchas oportunidades de disfrute. Al señor Dawes lo único que le interesa es el capital y los intereses. Del resto pasa. Así dice:

—Cuanto más dinero tengamos, más dinero produciremos.

8. **CONFIANZA. «¿Es cierto lo que oigo? Que el banco se niega a devolverle su dinero. Deme mi dinero ahora.»** Cualquier negocio tiene como pilar fundamental la confianza. Sin confianza no hay venta. Pero en el sector de la banca lo es aún mucho más, ya que su función tradicional es la de intermediación: canalizar el dinero de los ahorradores hacia los prestatarios de fondos. Las personas tenemos todo lo ganado con sudor y esfuerzo en una institución financiera que lo guarda a buen recaudo sin correr el riesgo de tenerlo en casa debajo del colchón. La liquidez de ese dinero es absoluta, podemos disponer de él en cualquier momento, pero si por alguna causa hay sospecha sobre ello, la confianza se desmorona inmediatamente y se

produce lo que se conoce como *pánico bancario*, una retirada masiva de fondos que hace que los bancos colapsen y no puedan seguir operando y realizando su labor de intermediación. Eso es lo que ocurre en la cinta. La avaricia del señor Dawes, ante su incapacidad para convencer a Michael de que invierta su dinero en el banco, le lleva a utilizar la fuerza:

—Muchacho, dame el dinero —le dice.
—No quiero, es el dinero para la comida de las palomas —le contesta el chico.

Finalmente le arrebata los dos peniques de la mano y Michael estalla con ira:

—Démelo, es mío. Deme mi dinero. Quiero mi dinero. Es el dinero de las palomas. Mi dinero, devuélvamelo.

Los clientes observan la escena e inmediatamente, ante el pánico de no poder disponer de sus ahorros, todos intentan retirar su dinero produciéndose una fuga de capitales que deja al banco en una situación comprometida.

9. **DINERO. «Todo el día encerrado en ese banco frío y triste, con montones de dinero tan frío y tan triste como el banco. Siempre me ha dado pena ver a un hombre enjaulado.»**
Son palabras de Bert a los chicos tras pasar una jornada con su padre en el banco donde trabaja y que no ha resultado como esperaban. Jane entonces le pregunta:

—¿Papá está en una jaula?
—Hay jaulas de todas clases, algunas con forma de banco con alfombra.

Hay gente que parece rica y es pobre; y gente que parece pobre y es rica. La vida del señor Banks discurre exclusivamente en torno al trabajo: el banco y el mundo del dinero. Poca atención dispensa a sus hijos y la relación con su mujer tampoco es que sea idílica. En realidad, está solo. Bert, con buen tono, se lo hace ver a los chicos:

—¿Quién cuida de vuestro padre? Cuando se encuentra en un apuro, ¿qué hace? Tiene que resolverlo él solo. ¿A quién se lo cuenta? A nadie. No habla de sus problemas en casa para no preocuparos. Él solo se las arregla y sale adelante sin quejarse y en silencio.

Jane, preocupada, le pregunta:

—Bert, ¿tú crees que papá necesita que le ayudemos?

10. **AMBICIONES.** «**Y yo que soñaba con llegar a ser un hombre importante, un gigante de las finanzas, alguien tan grande y tan poderoso como el señor Dawes. Toda una vida de sacrificios, toda una vida dedicada a conseguir una brillante posición social, y cuando estás a punto de lograrlo ves que tus ilusiones se esfuman y que lo pierdes todo en un momento.**» El señor Banks reflexiona para sí mismo —en presencia de Bert— en un momento de debilidad tras su despido del banco al que ha dedicado toda su vida. Tener ambiciones profesionales es bueno; ser tenido por ellas no tanto. La vida tiene patas, y el trabajo es una de ellas, pero no la única ni la más importante. En cualquier momento, a pesar de haber entregado nuestra vida a un proyecto, nos pueden dar la patada y ponernos de patitas en la calle. La familia y los amigos, por el contrario, siempre estarán ahí si los cuidamos. No obstante, nunca es tarde si la dicha es buena, y Bert se lo hace ver al señor Banks. Con ironía, pero con buena intención, le suelta:

—¿Usted se dejó engañar y llevó a los niños al banco? Es increíble. Un hombre tan importante y con tantas ocupaciones paseando a los niños. Usted, un futuro gigante de las finanzas, ¿cómo pudo hacer una cosa así?

Y prosigue:

—No debe malgastar su precioso tiempo en esas tonterías. Sacar a los niños de paseo, ¿para qué? No sirve para nada. Si sus hijos están contentos o tristes, si ríen o lloran, no debe preocuparse. Tiene tantas, tantas, tantas cosas importantes que hacer que nunca tiene tiempo. Y mucho menos para intentar hacer felices a los demás. Pero no debe preocuparse. Un buen día sus hijos serán mayores, levantarán el vuelo y le dejarán solo. Entonces ya no tendrá más problemas, aunque quizá comprenda que se ha equivocado.

NAVAL RAVIKANT

Naval Ravikant (1974) es un emprendedor, inversor y divulgador indio afincado en Nueva York, donde se trasladó con nueve años desde Nueva Delhi. Sus orígenes fueron muy humildes, vivía en un barrio difícil y la biblioteca de su vecindario era donde pasaba gran parte del tiempo después de salir de clase. Empezó a trabajar con quince años como lavaplatos y repartidor de periódicos y comida india para poder ayudar a su madre con la economía familiar. Su vida era de supervivencia, pero entonces aprobó el examen para entrar en el Stuyvesant High School, y eso «me salvó la vida, porque una vez que tuve la marca Stuyvesant, entré en una universidad de la Ivy League que me llevó a la tecnología. Stuyvesant es una de esas situaciones de lotería de la inteligencia en las que puedes entrar con una validación instantánea. Pasas de ser de cuello azul a cuello blanco en un solo movimiento». Estudió economía e informática, y aunque pensaba continuar en la universidad como alumno de doctorado, pronto se iniciaría como emprendedor. A los veinticinco años (1999) fundó Epinions, a los veintisiete (2001) se convirtió en socio de Venture en August Capital, a los veintinueve (2003) dio vida a Vast.com, un mercado de anuncios clasificados, y a los treinta y dos (2007) creó Hit Forge, un pequeño fondo de Venture Capital concebido originalmente como incubadora de empresas. Hoy es el presidente y fundador de AngelList, una plataforma nacida en 2010 que conecta *start-ups* con potenciales inversores. Además, es inversor en unas doscientas empresas, asesor de otras tantas más y forma parte de numerosos consejos de administración. Y como señala, «siempre estoy dándole vueltas a algo nuevo». En 2018 fue elegido «inversor del año». En el apartado de libros hay que destacar *El almanaque de Naval Ravikant*, con subtítulo: *Una guía para la riqueza y la felicidad*, escrito con la colaboración de Eric Jorgenson, que se centra en su filosofía, reflexiones y principios recopilados de múltiples fuentes respecto a los dos temas más tratados por él: riqueza y felicidad. Con palabras del propio Naval Ravikant: «Nací pobre y miserable. Ahora estoy bien acomodado y soy muy feliz. He trabajado duro para ello. Por el camino aprendí ciertas cosas y principios. Intento exponerlos de una manera intemporal para que puedas descubrirlos por ti mismo, porque, al fin y al cabo, yo no puedo enseñarte nada. Sólo puedo inspirarte y, con suerte, darte algunos puntos que recordar».

1. **Escoge socios con inteligencia, energía y, sobre todo, integridad.**
   Analicemos punto por punto estas tres características:

   • *Inteligencia.* La vida son decisiones, y las buenas decisiones nacen de la inteligencia. La inteligencia es el mejor decidir. La inteligencia es producto del estudio, la experiencia, la intuición y la observación. Busca gente inteligente en cada área, ya que como sabemos por Howard Gardner, padre de la *teoría de las inteligencias múltiples*, no existe una única inteligencia sino ocho: inteligencia espacial, lingüística, musical, lógico-matemática, intrapersonal, interpersonal, corporal-cinestésica y naturalista.

   • *Energía.* Con la gente perezosa, vaga y aplatanada es complicado llegar a ningún puerto. La inteligencia y el talento sin trabajo sirven de poco. Los grandes retos exigen una gran dosis de energía: resultados extraordinarios demandan esfuerzos extraordinarios. Y tener energía no es fruto del azar, sino también de cuidarse y no excederse. Hay gente inteligente que se desvía.

- *Integridad.* Todo lo demás sirve de poco si un socio te la puede jugar y causar graves perjuicios empresariales o personales. La falta de integridad se paga carísima en los negocios, en particular, y en la vida, en general. Investiga bien antes de asociarte con alguien, pide referencias y escucha tu intuición. Naval lo expresa así: «Si no te ves trabajando con alguien de por vida, no trabajes ni un solo día con esa persona».

2. **Aplica tu *conocimiento especializado* con *apalancamiento* y lograrás lo que mereces.**
Eso es todo lo que necesitas: algo que *aporte valor* (conocimiento especializado) y *hacerlo crecer* (ser escalable). Veámoslo:

1. *Conocimiento especializado.* Es un tipo de conocimiento que no se puede entrenar, pero se puede aprender. Si la sociedad puede formarte, también puede formar a otro que puede sustituirte. El conocimiento especializado se encuentra en tus talentos innatos, en tu genuina curiosidad y en tu pasión, no en las últimas modas. Adquirir conocimientos especializados te parecerá un juego, pero para los demás será un trabajo. El conocimiento especializado se adquiere con aprendizajes propios, no en escuelas. El conocimiento especializado suele ser: o muy técnico, o muy creativo. No se puede externalizar ni automatizar. Como consecuencia de ello, el mercado te premia: «La sociedad te recompensa por darle lo que quiere y no sabe cómo conseguir. Si lo supiera no te necesitaría. Piensa qué producto o servicio quiere la sociedad, pero que aún no sabe cómo conseguir. Debes ser quien lo facilite, y a gran escala. Ése es realmente el reto a superar para generar dinero». Y también: «La sociedad siempre quiere cosas nuevas. Y si quieres ser rico, tienes que averiguar cuál de esas cosas puedes propor-

cionar a la sociedad que aún no sabe cómo conseguir pero que querrá y que tú puedes aportar, siempre que formen parte de tu conjunto de habilidades y capacidades». El dinero es una forma de transferir riqueza gracias a la aportación de valor: «Si hago bien mi trabajo creando valor para la sociedad, ésta me podría responder: "Oh, gracias. Te debemos algo. Llamémoslo dinero"».

2. *Apalancamiento*. Una vez que encuentras algo que aporta valor, «a continuación, tienes que averiguar cómo escalarlo, porque si sólo construyes una unidad de eso que sabes que se necesita, no será suficiente. Tienes que construir miles, o cientos de miles, o millones, o miles de millones de ellos para que todo el mundo pueda tener uno». El éxito a lo grande tiene que ver con *ser escalable*. Si no puedes escalar, no puedes tener un gran negocio. Steve Jobs y su equipo se dieron cuenta de que la sociedad querría smartphones. Un ordenador en el bolsillo que tuviera toda la capacidad del teléfono multiplicada por cien y que fuera fácil de usar. Así que pensaron en cómo construirlo y luego en cómo escalarlo.

3. **Juega a juegos que se repitan en bucle. Todos los rendimientos en la vida, ya sea en riqueza, relaciones o conocimientos, provienen del interés compuesto.**
   Dicho de otro modo: juega a largo plazo… y ganarás seguro. El interés compuesto es un concepto poderoso que no sólo se aplica al ámbito financiero sino a cualquier ámbito de la vida. Hace referencia a que el cálculo de los intereses sobre una base (capital) es cada vez mayor a medida que los intereses generados se incorporan al capital, con lo que con el tiempo la rentabilidad se dispara. De manera más coloquial: a medida que aumentas tus conocimientos, tu experiencia, tus contactos y tus habilidades, hay más probabilidades de que te vaya mejor. Por eso el foco es tan importante. Si te dispersas es como si no reinvirtieses tu *know-how* y te estu-

vieras desaprovechando. Naval es hoy día un referente en el mundo del emprendimiento y la inversión, pero no siempre ha sido así. Escuchemos sus palabras y aprendamos: «No existen las estrategias para hacerse rico rápidamente. Éstas no son más que otras personas intentando hacerse ricos a tu costa. No he ganado dinero rápido en mi vida. Siempre ha sido fruto de un cúmulo de pequeñas acciones. Se trata más bien de crear riqueza de forma constante mediante la creación de negocios, de oportunidades e inversiones. No ha sido fruto de una gran e impactante jugada. Mi riqueza personal se acumuló poco a poco, sumando más y más factores: más opciones, más negocios, más inversiones, más cosas que puedo hacer». Podríamos decir que: si te enfocas (especialización), piensas a largo plazo (consistencia) y no desistes (paciencia), recogerás una buena cosecha. Él mismo añade: «Juega a largo plazo con socios que también vayan a largo plazo. Cuando encuentres el nicho que pienses que es para ti y a las personas adecuadas para trabajarlo, invierte a fondo. Mantenerse firme durante décadas es la forma de obtener esos beneficios que esperas de tus relaciones y de tu dinero. Tenlo siempre presente, el interés compuesto es muy importante». La fórmula es siempre la misma: *impaciente en las acciones, paciente en los resultados.*

4. **Escapa de la competencia a través de la autenticidad.**
    Básicamente, cuando compites con la gente es porque les estás copiando, estás tratando de hacer lo mismo. Pero cada ser humano es diferente. No copies. Si ofreces algo al mercado que fundamentalmente es una extensión de lo que eres, nadie puede competir contigo. Tenlo siempre presente: *nadie puede competir contigo en ser tú mismo*; y eso te diferencia, te hace único y especial. Deja que tu singularidad se exprese y manifieste y te irá bien o muy bien. Todos podemos ser los mejores en ser nosotros mismos: «Nadie en el mundo te va a ganar en ser tú —apunta Naval—. Nunca vas

a ser tan bueno como yo en ser yo. Yo nunca voy a ser tan bueno como tú en ser tú. Ciertamente, escucha y absorbe, pero no intentes emular. Es un error. Cada persona está capacitada para algo, y tiene unos conocimientos, competencias y deseos específicos que nadie más tiene en el mundo, por pura combinación de ADN y desarrollo humano. La combinación de ADN humano y la experiencia es asombrosa. Nunca hallarás dos humanos sustituibles entre sí». Por desgracia, existe mucha fotocopia y poco original. A Naval Ravikant le sucedió algo parecido, tardó tiempo en llegar a su esencia, su yo más profundo, y darse el permiso de ser él mismo: «Nunca llegué a conocer bien a mi mejor mentor. Deseaba tanto ser como él... Pero su mensaje era el contrario: *sé tú mismo, con intensidad apasionada*». Tu objetivo en la vida es encontrar el negocio o proyecto que más te necesita. Hay algo ahí fuera esperándote sólo a ti. Ejerce tu derecho: «La forma de salir de la trampa de la competencia es siendo auténtico: encontrar aquello que sabes hacer de una manera única y hacerlo de manera excelente».

5. **Decir «no tengo tiempo» es otra forma de decir «no es prioritario» para mí.**
Si algo es importante de verdad para ti, lo vas a hacer. ¿Cuánto de importante es para ti aquello que dices que es importante? La importancia de algo depende de los motivos que tengas para hacerlo. Si tus motivos no son grandes, siempre encontrarás una excusa para justificarte. Para Naval, hay una prioridad que está por encima de todas las demás, incluso de su familia, amigos y trabajo, y es su salud. Tiene *motivos* suficientes para ello: sin salud no te puedes ocupar de nada más, ni de tus negocios, ni de tus seres queridos, ni de cualquier otra cosa. La salud es riqueza, por eso, sus rutinas de entrenamiento matutinas son sagradas: «Como convertí mi salud física en mi mayor priori-

dad, nunca dije que no tenía tiempo. Por la mañana, hago ejercicio, y el tiempo que me lleve es el que me lleva. No empiezo el día hasta que no he hecho ejercicio. No me importa si el mundo está implosionando y derritiéndose, puede esperar otros treinta minutos hasta que termine de hacer ejercicio». Tu agenda es un indicador de tus prioridades. Échale un vistazo, y lo que esté colocado ahí es el indicador de aquello a lo que das importancia ahora mismo. Si realmente no te identificas con esas prioridades, tienes que cambiar algo. Lo fácil, como es evidente, y así lo hace la mayoría, es seguir igual. Priorizar es decir «no» a otras cosas. No se puede llegar a todo. Naval nos abre los ojos: «Cuando quieres cambiar de verdad, cambias. Pero la mayoría de nosotros no queremos cambiar, no queremos tomarnos la molestia. Todo lo que tengas que hacer, hazlo. ¿Por qué esperar? No vas a rejuvenecer. La vida se nos va. No debes pasarla esperando. No quieres pasar por ella como pollo sin cabeza. No tienes que pasarla haciendo cosas que sabes que, en última instancia, no forman parte de tu misión».

6. **Cuando eres joven, tienes *tiempo* y *salud*, pero no *dinero*. Cuando eres de mediana edad, tienes *dinero* y *salud*, pero no *tiempo*. Cuando eres mayor, tienes *dinero* y *tiempo*, pero no *salud*. Así que lo suyo es intentar conseguir las tres cosas a la vez.**
¿Cómo conseguir tener las tres cosas: tiempo, dinero y salud? Siendo más inteligente. ¿Cómo podemos ser más inteligentes? Veamos algunas ideas:

1. *Tiempo*. Es el que es, veinticuatro horas. No hay más. Por tanto, ¿cómo tener más tiempo para ti? De cuatro maneras: siendo más efectivo, delegando, subcontratando y con ingresos pasivos. Si tu actividad y tus ingresos dependen de tu persona física, estás muerto: «Lo que

quieres en tu vida es tener el control de tu tiempo», señala Ravikant.

2. *Dinero*. Desde que nos levantamos hasta que nos acostamos, todo es dinero: la gasolina, la luz, la ropa, el café, la comida, las gafas o cualquier otra cosa. Por tanto, el dinero es importante. La pregunta es: ¿cómo ganar más? Primero, aportando más valor, así tendremos mejor marca y nos pagarán más; segundo, con más apalancamiento, buscando más escalabilidad para nuestro negocio y así llegar a más gente e ingresar más; y tercero, siendo más austeros para controlar mejor los costes y así aumentar el beneficio. Gracias a la democratización de la tecnología, hoy día se puede conseguir todo ello.

3. *Salud*. Sin salud no hay negocio; sin salud todo lo demás es secundario. Lo mejor de todo es que en buena medida depende de nosotros. ¿Cómo tener mejor salud? Ejercicio físico, dieta y sueño constituyen las tres patas principales. Naval lo tiene claro: «Mi prioridad número uno en la vida es mi propia salud. Comienza con mi salud física. En segundo lugar, mi salud mental. En tercer lugar, mi salud espiritual. Luego, la salud de mi familia. Después, el bienestar de mi familia. Y con eso, ya puedo salir y hacer lo que tenga que hacer con el resto del mundo». En cierta ocasión le preguntaban: «¿Qué hábito diría que tiene un impacto más positivo en su vida?». Y contestaba: «Entrenar diariamente por la mañana. Eso me ha cambiado por completo. Me ha hecho sentir más joven y saludable. Evita que salga hasta tarde».

7. **La lectura fue mi primer amor. El amor verdadero por la lectura, una vez cultivado, es un superpoder.**
Leer te pone por delante de mucha gente, y más hoy día cuando la capacidad de atención es nula. Leer en abundancia y asimilar lo leído te convierte en un gran campeón.

Pero leer, como todo, también tiene algunos trucos (método):

- *Asimilar, mejor que ir rápido.* «La lectura de un libro no es una carrera: cuanto mejor sea el libro, más despacio hay que asimilarlo.» Si lees y no retienes, ¿para qué sirve?
- *Releer, mejor que leer.* «No quiero leerlo todo. Sólo quiero leer los cien mejores libros una y otra vez.» La calidad por encima de la cantidad: mucho no es mejor.
- *Hazlo un hábito, no algo puntual.* «Leo menos de lo que la gente piensa, una o dos horas al día, pero eso me da ventaja. La mayoría no lee ni una hora al día.» La vida son hábitos: lo poco, con constancia y paciencia, acaba siendo mucho.
- *Deja libros sin terminar.* «A medida que se sabe más, se dejan más libros sin terminar.» Hay muchas cosas interesantes, así que conviene no regalar el tiempo. La sabiduría permite discernir lo que aporta de lo que no. Abandona lo insustancial.
- *Selecciona bien, la mediocridad abunda.* «Hay mucha basura por ahí. Hay tantos tipos de autores como personas. Y muchos de ellos van a escribir basura continuamente.» Sigue las indicaciones de los referentes para acertar.
- *De lo básico a lo complejo.* «Para pensar con nitidez, hay que entender lo básico. Si estás memorizando conceptos avanzados sin ser capaz de volver a ellos cuando los necesites, estás perdido.» Lo primero son los fundamentos (principios), luego los detalles.
- *Los clásicos nunca mueren.* «Cualquier libro que haya sobrevivido durante 2.000 años ha sido filtrado por muchas personas. Es más probable que los principios generales sean correctos.» Los fundamentos (principios) no varían en el tiempo y el espacio. No caducan. Eso es lo primero que hay que estudiar. Los clásicos se ocuparon de ellos.

- *Huye de los escritores de rentabilidad.* «Si lo escribieron para ganar dinero, no lo leas.» Quien sólo piensa en el rédito es difícil que aporte valor. Apuesta por aquéllos que tengan pasión por lo que hablan y quieran comunicarlo.

En cierta ocasión le preguntaban a Naval: «Si tuviera que transmitir a sus hijos uno o dos principios, ¿cuáles serían?». Y contestaba: «Leer. Lee todo lo que puedas».

8. **Los tiburones devoran, pero viven rodeados de tiburones.**
La vida no va sólo de ganar, sino de sentirse satisfecho, disfrutar y compartir tiempo con otras personas. Quien va de *killer* por el mundo está condenado a sentirse solo, aunque haya mucha gente alrededor. Al final, quien actúa así —saltándose las leyes, la ética y pisoteando a la gente— acaba volviéndose en su contra y se hace daño a sí mismo. Los tiburones, aunque no lo aparenten, también sufren. Todos sufrimos. Sólo hay dos tipos de personas insensibles: los psicópatas y los muertos. El resto necesitamos de los demás para crecer, sentirnos arropados y queridos, y compartir con otros. Quien no tiene a nadie no puede ser feliz. Además, cuando alguien va de tiburón por la vida tiene que cubrirse las espaldas, mirar continuamente a los lados y estar en un estado de tensión permanente, lo que supone un desgaste enorme. Para los tiburones, la vida es una amenaza continua, siempre tienen la sospecha de que alguien se la va a intentar pegar en algún momento. ¿Merece realmente la pena vivir así? Piénsalo. Las palabras de Naval son inspiradoras: «Cuanto más cerca quieras estar de mí, mejores tienen que ser tus valores». La pregunta es: ¿cómo saber si se puede confiar en una persona? ¿Qué señales son importantes? Esta misma cuestión se la hacían en una entrevista al propio autor. Y contestaba: «Si alguien habla mucho de lo

honesto que es, probablemente no lo sea. Éste es un pequeño indicio que he aprendido a detectar».

9. **Las equivocaciones casi siempre son producto de un
   análisis equivocado de la realidad.**
   «La toma de decisiones lo es todo», apunta Naval. Las buenas (malas) decisiones conducen a buenos (malos) resultados, y la mejor forma de tomar decisiones acertadas es
   conociendo al máximo la realidad que tenemos delante
   de nosotros. Y la realidad es la realidad, no nuestra percepción de la misma o nuestro deseo de cómo nos gustaría
   que fuese. Con palabras del físico estadounidense Richard
   Feynman: «Nunca pregunto si "me gusta" o "no me gusta". Pienso "esto es lo que es" o "esto es lo que no es"». Sin
   embargo, hay dos elementos que interfieren en el análisis
   de la realidad:

   1. *Juicios.* Nuestras creencias acerca de cómo son las cosas.
      «Lo que más nos impide ver la realidad —dice Naval—
      es que tenemos nociones preconcebidas de cómo debe-
      ría ser. Lo que deseamos que sea verdad nubla nuestra
      percepción.» Existen *sesgos cognitivos* inconscientes que
      nos llevan a tomar decisiones erradas. La mayoría de los
      sesgos son heurísticos y nos ayudan a ahorrar tiempo y
      energía en la toma de decisiones, pero para las decisio-
      nes importantes es clave hacer un análisis racional del
      problema. Es más fácil y rápido tomar decisiones basa-
      das en nuestras creencias que tomarnos el tiempo y es-
      fuerzo para descifrar la realidad. Caer en *sesgos cognitivos*
      en cuestiones intrascendentes (dónde cenar) es irrele-
      vante, pero puede suponer un gran perjuicio en cuestio-
      nes de peso (dónde invertir).
   2. *Ego.* Al ego no le interesa la verdad (realidad) sino tener
      razón, lo que le lleva a discutir, recriminar y atacar apa-
      sionadamente todo aquello que ponga en peligro su po-

sición. El ego no se lleva bien con el error, la equivocación y el fallo. Son atentados contra el orgullo, y no se lo puede permitir. Por eso, hay que ser muy habilidoso para no engañarse a uno mismo, o como apunta Naval, «las conclusiones interesadas deberían tener un listón más alto». A causa del ego caen imperios, quiebran empresas, se hacen inversiones nefastas y se rompen relaciones, entre otras muchas cosas. No es casual que hace unos años Ryan Holiday escribiese *El ego es el enemigo*, uno de los libros de más éxito de los últimos tiempos. La humildad es siempre la base del aprendizaje, el crecimiento y la mejora.

10. **¿Cómo se aprende a aceptar las cosas que no se pueden cambiar? Fundamentalmente, se reduce a este gran truco: abrazar la muerte.**
Saber que todo es temporal y que nada permanece te hace relativizar y no dar tanta importancia a nada, y mucho menos a aquello que no se puede cambiar. «La muerte es lo más relevante que vas a experimentar —dice Naval—, cuando contemplas tu muerte y la aceptas, en lugar de huir de ella, ésta aportará un gran significado a tu vida. Pasamos gran parte de nuestra vida tratando de evitar la muerte. Podríamos decir que uno de los anhelos por los que más batallamos es la inmortalidad.» La muerte da sentido a la vida, al hacernos conscientes de que cada día cuenta y, por tanto, «aprovecharlo o que pase de largo depende en gran parte de ti», como dice la canción *Hoy puede ser un gran día* de Joan Manuel Serrat. Al final, lo importante es: *disfrutar* de cada instante (estar presentes), las relaciones (a quién quieres y quién te quiere), nuestra *actitud* ante la vida (cómo afrontamos todo) y nuestro *propósito* (para qué vivimos). Piensa en los grandes imperios o empresas que en su día fueron muy admirados y hoy han quedado en agua de borrajas. Naval lo expresa así: «Siempre que me veo atrapado en mis

batallas con el ego, pienso en civilizaciones enteras que han existido y ya no están. Por ejemplo, los sumerios. Estoy seguro de que fueron gente importante e hicieron grandes cosas, pero nómbrame un solo sumerio. Dime algo interesante o importante que hayan hecho los sumerios y que haya perdurado. Nada». Mi pregunta es, y tú, ¿puedes nombrar algún sumerio? Pues lo mismo contigo, conmigo, con todos. *Take it easy.* Las palabras de Ravikant nos sirven de inspiración: «Vas a morir un día, y nada de esto va a importarle a nadie en el futuro. Así que disfruta. Haz algo positivo. Proyecta algo de amor. Haz feliz a alguien. Ríete un poco. Aprecia el momento. Y haz lo que debes».

NIKOLA TESLA

Nikola Tesla (1856-1943) fue un inventor, ingeniero y físico nacido en Smiljan, hoy Croacia. Considerado por muchos el mejor inventor del siglo xx, dedicó su vida a resolver los misterios de la electricidad y a idear la manera de lograr que hiciera más fácil la vida de las personas a través de la corriente alterna. Todo comenzó cuando apenas era un crío: mientras acariciaba el lomo de su gato, el roce de su mano produjo una lluvia de chispas y quiso averiguar cuál era el motivo. Se lo preguntó a su padre, y éste, un sacerdote ortodoxo, le explicó que se trataba del mismo fenómeno que ocurría en los árboles durante una tormenta: la electricidad. Desde aquel momento y hasta el día de su muerte, Nikola Tesla dedicaría su vida a resolver aquel misterio. En 1875 ingresa en la Escuela Politécnica de Graz (Austria) para estudiar energía eléctrica, donde empezó a gestar su propósito que le acompañaría siempre: la posibilidad de energía gratuita para todo el mundo. Unos años después, en 1881, viajó a Viena para trabajar en la Compañía Nacional Telefónica. Posteriormente se trasladó a París, y de ahí hasta Nueva York en 1884, donde comenzó a trabajar con Thomas Alva Edison por recomendación de Charles Batchelor, su último jefe en Europa, quien envió una carta a Edison en la que decía: «Conozco a dos grandes hombres, y usted es uno de ellos. El otro es el joven portador de esta carta». Sin embargo, la relación entre ambos no discurriría por buen camino. Mientras Edison fue el primer introductor y firme defensor de la corriente *continua*, Tesla estaba convencido de que la corriente *alterna* era una solución mejor (hoy es la que seguimos usando en nuestros hogares más de un siglo después). Esta disputa se conoció como «la guerra de las corrientes», y dio lugar a que Edison iniciase una campaña de desprestigio y difamación contra Tesla por miedo a ver peligrar su trabajo, intentando demostrar que la corriente *alterna* podía matar por electrocución. En 1886, Tesla fundó su propia compañía, la Tesla Electric Light & Manufacturing, y un año después construyó un motor de inducción sin escobillas alimentado con corriente *alterna*. En 1893 trabajó en el desarrollo de un proyecto para conseguir el suministro eléctrico a la ciudad de Búfalo aprovechando la fuerza de las aguas de las cataratas del río Niágara, lo que supuso la gran victoria de la corriente *alterna*. Tesla también tuvo problemas con Marconi, a quien se atribuye el invento de la radio que le valió el premio Nobel en 1909, pero para el que había utilizado diecisiete patentes de Tesla. Tesla diría en tono irónico: «Marconi es un buen compañero. Déjalo continuar. Él está usando diecisiete de mis patentes». En 1943 la Corte Suprema de Estados Unidos reconoció a Nikola Tesla como el inventor de la radio y le devolvió la patente. El «genio de la electricidad» dejó un legado inigualable con sus cientos de creaciones, y sigue vivo en libros, radio, cine, televisión, música, teatro, cómics e incluso videojuegos. Como curiosidad, el nombre del famoso grupo de música AC/DC está inspirado en la «guerra de las corrientes»: AC (*Alternate Current*, Corriente Alterna) y DC (*Direct Current*, Corriente Continua), y el escritor Paul Auster (Premio Príncipe de Asturias de 2006) lo cita en su novela *El Palacio de la Luna*. Asimismo, la compañía de coches eléctricos del hombre más rico del mundo, Elon Musk, lleva su nombre en honor a él. Es un personaje inspirador que no recibió merecida fama en su época y pasó penurias económicas y depresiones. Era un tipo adelantado a su época que nació en un siglo equivocado. Registró más de trescientas patentes y muchos de sus inventos todavía no han visto la luz. Fue el precursor de todas las transmisiones inalámbricas como internet, telefonía móvil, radares, radio o televisión, entre otras, además de los rayos X o las luces de neón.

Lo que todavía no se ha logrado es la transmisión inalámbrica de energía a larga distancia, que era su gran sueño. Su vida y obra se pueden conocer mejor en el museo que lleva su nombre en Belgrado (Serbia) y también a través de su autobiografía *Mis inventos*. Sólo doce científicos han sido reconocidos y convertidos en unidad de medida; en el caso de nuestro personaje, el *tesla* es la unidad de inducción magnética del Sistema Internacional de Unidades. En 2010 Barak Obama citó a Tesla junto a Einstein en un discurso como ejemplos de inmigrantes que construyeron la grandeza del país, lo que impulsó su mito. Entre las producciones cinematográficas destacan *El secreto de Tesla* (1980) y *Tesla* (2020), y también aparece su figura puntualmente en *El truco final* (2006), dirigida por Christopher Nolan y con interpretaciones de Michael Caine y Scarlett Johansson.

1. **Si quieres encontrar los secretos del universo piensa en términos de *energía, frecuencia* y *vibración*.**

   Y así es como sucede la «magia» (lo incomprensible) en la vida. De manera más concreta lo podemos explicar de la siguiente manera:

   - *Materia*: es todo lo que tiene masa, peso y ocupa un lugar en el espacio. Todo en el universo es materia: la silla, la mesa o el coche. La materia está formada por partículas muy pequeñas llamadas átomos, que a su vez están constituidas por partículas más pequeñas (partículas subatómicas): electrones, protones y neutrones.
   - *Energía*: es la capacidad de realizar un trabajo o acción, producir movimiento, cambio o transformación. Todo en el universo está hecho de materia y energía. La materia está compuesta de átomos y moléculas (grupos de átomos) y la energía hace que los átomos y las moléculas estén en constante movimiento, girando alrededor de sí mismas, vibrando y creando la vida.

- *Vibración*: es la propagación de ondas de energía y se puede considerar como una oscilación o movimiento repetitivo.
- *Frecuencia*: es la cantidad de veces que oscila (sube y baja) una onda de energía durante un segundo y se mide en hercios o Hertz (Hz). Diríamos que es la «música» en la que se mueven los átomos de la materia.

Cuando se habla de vibración (las personas vibran en distintas frecuencias), lo que se quiere expresar es que en el universo todo es energía, ya que la energía es la que «controla» a la materia. Lo que llamamos materia no son más que movimientos vibratorios. Cualquier cosa tiene una vibración molecular, nada está en reposo; todo se mueve, vibra y circula en distintas frecuencias que se comunican entre sí. Las personas también vibramos porque estamos formados por átomos y moléculas que responden a la energía. Por eso, como señalábamos unas líneas antes, se suele decir que «las personas somos energía vibrando en distinta frecuencia». Además, esto no ocurre tan sólo a nivel físico. Las personas somos más que un cuerpo *físico*, tenemos diferentes dimensiones (cuerpos): *físico* (actúa), *energético* (anima), *emocional* (siente), *mental* (piensa) y *espiritual* (conecta con la inteligencia divina). Estos cuerpos funcionan en sentido ascendente, de manera que los cuerpos superiores controlan a los inferiores: tu mente controla y modifica tus emociones, y tus emociones controlan y modifican tu cuerpo físico; es por ello que al conectar con el Alma (cuerpo *espiritual*), nivel superior, podemos controlar y modificar todos los cuerpos inferiores. La energía que emana de todos ellos pone en movimiento determinadas vibraciones que determinan nuestra frecuencia, y la frecuencia interna «resuena», esto es, atrae o repele frecuencias «externas», así que lo que experimentamos en nuestra vida no es una casualidad sino el resultado de nuestra vibración y frecuencia. Todo pensamiento, intención, sentimiento, deseo o acto vibra, por tanto, debemos tomar conciencia de ello y aprovechar nuestro libre albedrío para *elegir* cómo queremos vibrar, y en consecuencia, cómo queremos vivir. No es casualidad que Tesla afirmase que «nuestros sentidos nos permiten percibir sólo una pequeña porción del mundo exterior». Y tampoco que dijese: «Lo que un hombre llama Dios, otro lo llama leyes de la física».

2. **El desarrollo progresivo del hombre depende vitalmente de la invención; es el producto más importante de su cerebro creativo.**
   Y añadía: «El objetivo final es el dominio completo de la mente sobre el mundo material, el aprovechamiento de la naturaleza humana para las necesidades humanas». En otra ocasión diría: «Admiré las obras de artistas, pero en mi opinión, eran sólo sombras y semblantes. El inventor, pensé, da al mundo creaciones que son palpables, que viven y trabajan». La ciencia hace avanzar el mundo. Es progreso. Cada nuevo paso de la ciencia es un nuevo avance de la humanidad, ya sea en medicina, ingeniería, computación o cualquier otra cosa. La clave está siempre en la curiosidad. Detrás de una vocación científica lo que hay es un enorme afán por entender la esencia de las cosas, lo que empuja a no dejar nunca de hacerse preguntas e indagar: «La historia de las ciencias nos demuestra que las teorías son perecederas», apuntaba Tesla. «Con cada nueva verdad revelada, tenemos una mejor comprensión de la naturaleza, y nuestras concepciones y nuestros puntos de vista se modifican.» Asimismo, afirmaba: «La vida es y seguirá siendo una ecuación incapaz de solución, pero contiene ciertos factores conocidos».

3. **La mente es más aguda y diligente en aislamiento y soledad ininterrumpida. No se necesita un gran laboratorio para pensar. La originalidad florece libre de influencias que puedan mermar la mente creativa.**

Hay que absorber del entorno, pero luego hay que distanciarse y abstraerse de él para poder pensar con claridad, dar orden y estructura a las ideas, y así producir cosas fructíferas. De otro modo, es muy fácil dejarse arrastrar por los pensamientos y opiniones ajenas y convertirse en alguien estándar y corriente, ya que de las multitudes no puede surgir nada original. Cuando el hombre se inserta en la masa pierde su individualidad y, por tanto, su creatividad, que es única. Todos tenemos talento creativo —la creatividad es innata— pero con frecuencia está anestesiada por la educación, la familia, los amigos, los compañeros o las redes sociales. Tesla decía: «Estar solo, ése es el secreto de la invención; estando solo es cuando nacen las ideas». También afirmaba: «El comportamiento antisocial es un rasgo de inteligencia en un mundo lleno de conformistas». Su pasión por la invención y su creencia en la necesidad de estar solo para producir le hizo —como a Leonardo da Vinci— renunciar a una vida en pareja: «Los inventores no tienen tiempo para una vida marital», decía. Para él la invención era un sacerdocio y su pasión era incompatible con una mujer e hijos.

4. **Ansiamos nuevas sensaciones, pero pronto nos volvemos indiferentes a ellas. Las maravillas de ayer son hoy acontecimientos comunes.**

Las personas somos seres permanentemente insatisfechos. Cada novedad conquistada debe ser renovada por otra inmediatamente. No es mala esa insatisfacción, porque la evolución y la mejora nacen siempre de la frustración, de querer cosas nuevas. Por eso, la vida, en cierto modo, siempre es un reto. No obstante, ese deseo de novedades es estimulante siempre que no nos cause ansiedad. Deberíamos contemplar la felicidad como algo parecido a una cinta de correr de gimnasio. Uno camina por ella, pero permanece siempre en el mismo sitio. Lo mismo sucede con cualquier conquista: produce una explosión de placer (felicidad), pero transcurrido cierto tiempo, pasa a convertirse en algo cotidiano y pierde su valor. Por eso, la felicidad es más un estado de tranquilidad y paz interior, que un destino o una búsqueda. Está más relacionada con estar presentes en cada momento (aquí y ahora disfrutando con pasión) y con nuestro propósito vital (aquello por lo que merece la pena vivir) que con los logros alcanzados. Éstos son simplemente una consecuencia de lo que hacemos cada día. Andy Rooney lo expresó así: «Todos quieren vivir en la cima de la montaña, pero la felicidad y el crecimiento suceden mientras se sube».

5. **Todo lo que fue grandioso en el pasado fue ridiculizado, condenado, combatido y reprimido, sólo para emerger de manera más poderosa, más triunfante aún de la lucha.**
Pensar en grande (por lo que todos abogamos) no es gratuito. Cuanto más alto se apunta, más grande suele ser la oposición. Cuanto mayores son las aspiraciones, mayores son las resistencias. Cuanto más desafías lo convencional, más común es la incomprensión y la falta de apoyo. Hay cosas que no han cambiado, ni van a cambiar. Y ésta es una de ellas. La grandeza exige navegar a contracorriente. A menudo, cualquier proceso de cambio, sobre todo si es disruptivo, pasa por cuatro etapas:

- *Negación*: cuando algo nace y es incomprendido o pone en peligro el *statu quo* de algunas personas.
- *Observación*: cuando algo empieza a ser usado por unos pocos y el resto mira desde la distancia.

- *Aceptación*: cuando algo es asumido y utilizado por gran parte de la gente.
- *Admiración*: cuando algo es reconocido socialmente por la multitud.

Cuando aparecieron los primeros televisores en el mundo muchos pensaron: ¿quién va a querer ponerse delante de una caja? Lo mismo ha sucedido con otros muchos inventos a lo largo de la historia. Nikola Tesla lo expresó de esta forma: «La propagación de la civilización puede compararse con un fuego; primero, una chispa débil; luego, una llama parpadeante; después, un poderoso resplandor, cada vez mayor en velocidad y potencia». También decía: «Dejemos que el futuro diga la verdad y juzguemos a cada uno según sus logros y sus objetivos. El presente es de ustedes, pero el futuro, por el que tanto he trabajado, me pertenece».

6. **Tener nuevas ideas es como subir las alturas vertiginosas: al principio te causan incomodidad y estás ansioso por descender, desconfiando de tus propios poderes; pero pronto la lejanía de la agitación de la vida y la influencia inspiradora de la altitud calman tu sangre; tu paso se vuelve firme y seguro y comienzas a buscar alturas vertiginosas.**

Todo es un proceso, ya sea escribir un libro, crear un producto, desarrollar una empresa o realizar un descubrimiento científico. Al principio da vértigo (siempre lo da) pero el deseo, la inspiración y las ganas de dejar huella acaban venciendo al miedo y la pereza. Pero no basta tener buen ánimo para empezar, también es necesario tener buen ánimo para continuar, porque los obstáculos no son pocos cuando uno aspira a cotas elevadas. Por el camino siempre surgen dudas, bajones y momentos de desesperación. Para no sucumbir ante tantos inconvenientes y resistencias, lo mejor es, en primer lugar, tener claro cuál es nuestro *propósito* (aquello por lo que vivimos y estamos aquí), porque entonces sólo existen dos alternativas: ganar o morir; y, en segundo lugar, ponerle mucha *pasión* a lo que hacemos, porque entonces uno no se imagina estar en *flow* de otra manera. Tesla reflexionaba de la siguiente manera: «Cuando la inclinación natural se convierte en un deseo apasionado, uno avanza hacia su meta con botas de siete leguas».

7. **No creo que haya ninguna emoción que pueda atravesar el corazón humano como la que siente el inventor cuando ve que alguna creación del cerebro se desarrolla hacia el éxito. Tales emociones hacen que un hombre se olvide de la comida, el sueño, los amigos, el amor, todo.** Pocas cosas causan tanta emoción, placer y felicidad como la creación de algo, ya que toda creación es una extensión de uno mismo. El mero acto de crear es, ya por sí mismo, estimulante. No es necesario que sea algo científico o artístico, sino cualquier actividad en la que la creatividad se vea involucrada: un libro, una empresa, un evento, un pódcast, un infoproducto, una *app* o la decoración de una casa, por poner sólo algunos ejemplos. El ver que algo propio nace como una idea (como un destello en la imaginación), va tomando forma, acaba manifestándose de manera material y finalmente es disfrutado por el resto, es una de las cosas que más placer causan en las personas. Por eso, los líderes deben dar libertad a sus equipos para que puedan expresarse (crear y ser ellos mismos). No es casual que Daniel Pink, en su libro *La sorprendente verdad sobre lo que nos motiva*, hable de tres factores motivadores de las personas: *maestría*, *propósito* y *autonomía*. Este último hace referencia precisamente a esa cuestión. La gente necesita sentir que es dueña de sus actos y que su trabajo es el resultado de algo propio. Nadie quiere comportarse como un autómata. El creador de las *Leyes de Parkinson*, C. Northcote Parkinson, lo expresó así: «La persona a la que se le niega la oportunidad de

tomar decisiones de importancia empieza a considerar importantes aquellas decisiones que sí le permiten tomar. Se vuelve meticuloso con los archivos, se fija en si los lápices están bien afilados o no, se afana en que las ventanas estén abiertas o cerradas, y se caracteriza por utilizar lápices de dos o tres colores».

8. **Hay algo dentro de mí que podría ser una ilusión, como pasa a menudo con la gente joven entusiasta, pero si tuviera la suerte de lograr algunos de mis ideales, sería en nombre de toda la humanidad.**

Los triunfadores no lo son sólo por lo que consiguen, sino por los valores que representan. Esos valores están siempre unidos al bien que generan en la comunidad, al impacto que producen en la colectividad, al legado que dejan. Para Tesla, su única pasión era el progreso de la ciencia y la humanidad. Él decía: «Todo mi dinero lo he invertido en experimentos para realizar nuevos descubrimientos que permitan a la humanidad vivir un poco mejor». También afirmaba: «La ciencia no es más que perversión en sí misma a menos que tenga como objetivo último mejorar la humanidad». Esos avances y mejoras no tienen que ser siempre definitivos, a veces pueden ser la chispa que despierte el interés de otros colegas de profesión para seguir la misma senda hasta finalmente lograr un gran descubrimiento. Lo importante es sumar y aportar en pro del bien común. Tesla apuntaba: «El científico no tiene por objeto un resultado inmediato. Él no espera que sus ideas avanzadas sean fácilmente aceptadas. Su deber es sentar las bases para aquéllos que están por venir y señalar el camino».

9. **De todas las cosas que conozco, las que más me gustan son los libros.**

Quizá por eso fue un inventor tan prolífico, porque la creatividad —interconexión de ideas— se alimenta de datos, de los *inputs* que recibe nuestro cerebro, y los libros son una de las principales fuentes de conocimiento. Pero mientras Tesla vivió en una época en la que cuando uno se sentaba a leer no había prácticamente interrupciones, lo que permitía ser mucho más productivo desde el punto de vista de la lectura, eso hoy es mucho más complicado. Para leer es fundamental la concentración. Sin embargo, debido a los dispositivos móviles nuestra capacidad de atención se ha reducido de manera alarmante. Las distracciones cargan la mente, producen cansancio y fatiga mental, e impiden concentrarse oportunamente. Por ello es clave inhibir al máximo las interrupciones, las notificaciones y todo aquello que pueda perturbar nuestra atención. Además, la rapidez y las prisas con las que vivimos son otros de los factores que sólo nos permiten transitar por los temas someramente, sin profundizar. Una buena lectura es aquélla en la que uno se da el permiso de detenerse, reflexionar e interiorizar lo que está leyendo. Una buena lectura es la que deja poso, y simplemente pasando páginas eso es complicado.

10. **Mi método es diferente. No me apresuro al trabajo real. Cuando tengo una idea, comienzo a construirla en mi imaginación. Cambio la construcción, realizo mejoras y manejo el dispositivo por completo en mi mente.**
Henry Ford fue uno de los inventores y empresarios más aclamados del siglo pasado. La siguiente anécdota muestra cómo de alineados estaban Ford y Tesla en cuanto a su pensamiento y filosofía de trabajo. En cierta ocasión, el empresario del automóvil contrató a un experto en eficiencia para que diera un vistazo por la fábrica con el objetivo de descubrir qué empleados no eran productivos. El experto hizo un recorrido y finalmente regresó a la oficina de Henry Ford con su informe:

—He encontrado una persona improductiva. Cada vez que paso cerca de él, lo veo sentado sin hacer nada. Creo que usted debería considerar deshacerse de él.

Cuando Henry Ford oyó el nombre al que se refería el experto, negó con la cabeza y dijo:

—Imposible. A ese hombre le pago para pensar y eso es precisamente lo que está haciendo.

Aquel hombre, curiosamente, le había ahorrado al empresario muchos miles de dólares por haber desarrollado sistemas eficientes de mejora del trabajo y la productividad. No es casualidad, por tanto, que el propio Tesla afirmase en su día: «Me acreditan ser uno de los trabajadores más duros, y quizá lo soy, si el pensamiento es equivalente a la labor, ya que he dedicado a ello casi todas mis horas despierto». Tesla dedicaba gran parte de su tiempo a pensar. Cuando lo tenía claro, se ponía manos a la obra. Dedicar tiempo a pensar es uno de los trabajos menos habituales que las personas realizan, quizá porque da la sensación de que cuando uno está pensando no está trabajando. El mismo Henry Ford también lo decía: «Pensar es el trabajo más difícil que existe. Quizá sea ésta la razón por la que haya tan pocas personas que lo practiquen».

PEMA CHÖDRÖN

Pema Chödrön (1936) es una estadounidense practicante del budismo tibetano y discípula de Chögyam Trungpa Rinpoché. Obtuvo una licenciatura en Literatura Inglesa en el Sarah Lawrence College y un máster en Educación Primaria de la Universidad de California en Berkeley. Chödrön comenzó a estudiar con el Lama Chime Rinpoché durante sus frecuentes viajes a Londres. En Estados Unidos aprendió con Chögyam Trungpa Rinpoché, y en 1974, se convirtió en una monja budista novicia bajo la guía de Rangjung Rigpe Dorje, el decimosexto Gyalwa Karmapa. En 1981, en Hong Kong, se convirtió, en la tradición Vajrayana, en la primera estadounidense monja o *bhikṣuṇī* completamente ordenada. Poco después fue nombrada directora del Centro Boulder Shambhala (Boulder Dharmadhatu) en Colorado, y en 1984 se mudó a la Abadía de Gampo, el primer monasterio budista tibetano establecido por occidentales en América del Norte, convirtiéndose en su primera directora. En 1993, recibió el título de *acharya* ('maestro') cuando el hijo de su maestro Chögyam Trungpa, Sakyong Mipham Rinpoché, asumió el liderazgo del linaje Shambhala de su padre. Pema Chödrön ha publicado diferentes libros como: *La sabiduría de la no evasión, Comienza donde estás* o *No hay tiempo que perder*. Entre sus obras destaca *Cuando todo se derrumba*. En esta publicación, la autora señala: «Sólo hay una manera provechosa de aprovechar el sufrimiento. Y esa manera consiste en cesar en los intentos de evadirnos de esas situaciones difíciles y, en cambio, emplear nuestras aptitudes para encararlas con una disposición amigable y curiosa, relajándonos en esa sensación de pérdida de norte y de suelo que las situaciones conflictivas provocan. Es así como nuestra mente se ensancha. Es allí, en medio del caos, donde descubriremos el amor y la verdad indestructibles». En 2016 fue galardonada con el Premio Global Bhikkhuni, otorgado por la Asociación Budista China Bhikkhuni de Taiwán.

1. **El miedo es una reacción natural al acercarse a la verdad.** La Verdad (en mayúscula) siempre intimida. Dejar nuestro confort, aunque sea poco placentero, siempre nos sacude y nos hace perder la estabilidad. Hace falta mucho valor para hacer introspección; hace falta mucho coraje para revisarse a uno mismo. Chödrön escribe: «Embarcarse en el camino espiritual es como meterse en un bote muy pequeño y aventurarse en el océano en busca de tierras desconocidas». Eso a cualquiera, de primeras, le asusta. Sentir miedo es una experiencia universal cuando nos enfrentamos a algo desconocido. Sentir miedo es la reacción natural ante cualquier fase de crecimiento interior. Por tanto, *no hay que tener miedo al miedo*, sino abrazarlo y comprenderlo. Es lo que Chögyam Trungpa Rinpoché, el maestro de Chödrön, llama «reclinarse sobre los puntos más afilados»; esto es, «hacernos amigos de nuestros demonios y de las inseguridades que les acompañan nos lleva a una relajación y alegría muy simples y nunca suficientemente valoradas». Sentir miedo es estar vivos. La ausencia de miedo es la muerte (rutina). En la posibilidad de no tener dónde agarrarse —casi siempre *la mejor alternativa es no tener alternativas*— reside el mayor crecimiento. Dice Chödrön: «Hay algo tierno y palpitante en la sensación de no tener dónde agarrarse [porque entonces], si nos comprometemos a quedarnos donde estamos, nuestra experiencia se vuelve muy *vívida*; las cosas se ven muy claras cuando no hay escape posible». De hecho, el presente, cuando se vive con autenticidad (sin máscaras, sin reprimirnos), es un lugar muy vulnerable, pero justo ahí habita la posibilidad de crecer.

Sólo abrazando nuestra verdadera fragilidad (vulnerabilidad) podemos alcanzar nuestro auténtico potencial.

2. **A veces todo se cae a pedazos y desaparece la posibilidad de escapar. En momentos así, las verdades espirituales más profundas parecen muy evidentes y ordinarias.**
A menudo huimos del presente porque es incómodo, tenemos miedo. Disociarse del miedo es evitar el presente; y evitar el presente es evitar la vida. Sólo queda, pues, una alternativa: familiarizarse con él. El secreto está en no ocultarse. Eso es precisamente lo que ocurre con frecuencia cuando la vida se cae a pedazos: no tenemos escapatoria. En esos momentos sentimos un *gran dolor*, pero también puede ser el inicio de una *gran liberación*. La verdad duele, pero es liberadora. Son momentos para librarnos de lo que nos mantenía atrapados. Como apunta el lema del Instituto Naropa: «El amor a la verdad te pone en su sitio». Cuando no tenemos nada a donde agarrarnos (mecanismos de huida/defensa), entonces puede emerger la verdad. En la vida sólo hay dos opciones: encerrarnos en nosotros mismos o abrirnos a la vida. El camino de la plenitud (felicidad) tiene que ver con la segunda opción, aunque habitualmente sólo la tomamos cuando no nos queda más remedio (no hay escapatoria): enfermedad, accidente, pérdida, trastorno, quiebra o desengaño. Las palabras de Chödrön son esclarecedoras: «Que todo se nos venga abajo es una prueba y también una especie de curación. Pensamos que la cuestión es pasar la prueba o superar el problema, pero en realidad las cosas no se resuelven. Las cosas se caen a pedazos y después éstos se vuelven a juntar. Simplemente sucede así. La curación proviene del hecho de dejar espacio para que todo esto ocurra: espacio para la pena, para el alivio, para la aflicción y para la alegría».

3. Lo más importante es dejar sitio para el *no saber*. La vida es así. No sabemos nada. Decimos que las cosas son buenas o malas, pero en realidad no lo sabemos. Muchas veces de una gran decepción nace una gran aventura; de un gran final surge un gran inicio. Nunca se sabe. Una familia tenía un único hijo. Eran muy pobres y su retoño era la cosa más preciada para ellos. Esperaban que algún día les pudiera sacar de la penuria económica en la que vivían. Cierto día el chaval se cayó de un caballo y se quedó cojo. Aquello hacía presagiar un futuro poco halagüeño para el clan familiar. Sin embargo, dos semanas más tarde, el país entró en guerra y reclutaron a todos los chicos del pueblo para enviarlos al frente menos a él debido a su incapacidad. Nunca se sabe qué puede surgir de algo. Lo más importante es «estar abiertos», tener una actitud de apertura y esperar. Chödrön nos recuerda lo siguiente: «Cuando todo se derrumba y estamos al borde de no se sabe qué, la prueba para cada uno de nosotros es permanecer en ese punto, en ese límite, y no concretar. El camino espiritual no consiste en tratar de llegar al cielo y acabar accediendo a un lugar magnífico. De hecho, esta manera de mirar las cosas es la que nos hace ser desgraciados. Pensar que podemos encontrar placeres duraderos y evitar el dolor es lo que en budismo se llama *samsara*, un ciclo sin salida que da vueltas y vueltas interminablemente y nos causa un gran sufrimiento».

4. Cuando seas una buena amiga de ti misma, la situación también se volverá amistosa. Ése es el consejo que le dieron a Chödrön cuando era directora de la Abadía de Gampo (Nueva Escocia, Canadá), donde pasó por momentos complicados en sus inicios: «El primer año que pasé allí sentí que me habían hervido viva. Lo que me ocurrió al llegar es que todo se me cayó a pedazos. Todas las formas que había tenido de protegerme, de engañarme, todas las vías que había empleado para mantener brillante mi autoimagen... todo se cayó a pedazos». Y continúa su relato: «Durante los primeros años en la abadía descubrí que había estado viviendo en una especie de espejismo. No es que no tuviera buenas cualidades; simplemente, ya no era la mujer absolutamente maravillosa que me creía. Había invertido mucho en esa imagen de mí misma y ya no podía mantenerla más. Todos mis asuntos pendientes quedaron expuestos vívidamente, con precisión, y no sólo para mí misma, también para todos los demás». La autocompasión es la clave de una existencia feliz, o con palabras de Chödrön, la necesidad de *maitri*, palabra en sánscrito que significa *bondad amorosa a uno mismo* o *amor incondicional*. Detrás del perfeccionismo, lo que hay es el razonamiento: «No soy suficientemente bueno/a». Ello lleva a autoengañarnos para dar una imagen de perfección que no es real, y así escapamos de la vida. Sólo a través de la vulnerabilidad y la compasión podemos ser más felices. El siguiente cartel en el despacho de Chödrön lo resume nítidamente: «Sólo en la medida que nos exponemos a la aniquilación una y otra vez podemos hallar en nosotros aquello que es indestructible». Ése es el espíritu del verdadero despertar, el de la vulnerabilidad, que tiene que ver con soltarlo todo (lo que no somos). La vida no va tanto de «añadir» como de «quitar»: eliminar (aniquilar) capas que nos sobran.

5. **Podemos toparnos con un perro de lanas o con un perro guardián rabioso, pero la pregunta interesante es: ¿qué ocurre a continuación?**
    En general, cualquier tipo de incomodidad nos suele parecer una mala noticia. Nos trastorna. Sin embargo, para los «guerreros espirituales» (los buscadores de la Verdad), los sentimientos como la decepción, la vergüenza, el resentimiento, la ira, la rabia o los celos, en lugar de ser una mala

noticia, son en realidad momentos de gran claridad que nos enseñan dónde estamos «pillados»: son mensajeros de dónde estamos atascados; situaciones que nos guían en el autoconocimiento. En esas circunstancias sólo caben dos alternativas: retirarnos o seguir adelante. Cada día se dan muchas oportunidades para abrirnos (valentía) o encerrarnos (cobardía). A diario la vida nos pone cara a cara con nuestros «asuntos pendientes» no resueltos. Las oportunidades más preciosas aparecen en situaciones extremas donde hay poco margen para el autoengaño. Como señala Chödrön, «básicamente, lo que ha ocurrido es que la vida nos tiene clavados. Es como si te miraras al espejo y vieras un gorila. El espejo está delante de ti, te miras a ti mismo y lo que ves tiene un aspecto horrible. Tratas de mirarte desde otro ángulo para cambiar de aspecto, pero hagas lo que hagas sigues pareciendo un gorila. A eso se llama estar clavado por la vida, a ese lugar en el que no tienes otra elección que aceptar lo que está pasando o retirarte». Ante esas situaciones límite, muchas personas deciden retirarse. Todas las adicciones (drogas, alcohol u otras sustancias) son una forma de retirarse, una forma de huida para no afrontar ese dolor, por eso abundan tanto. Una respuesta efectiva rápida a una situación no agradable. El problema es que retirarse alivia, pero no sana. Las huidas son sólo una mudanza de problemas.

6. **La meditación es una invitación a notar el momento en el que llegamos al límite y a no dejarnos arrastrar por la esperanza o por el miedo.**
La meditación nos permite tomar conciencia de lo que ocurre. La meditación es una invitación a estar aquí y ahora, por eso cuando llegan «situaciones límite» es una herramienta muy útil porque permite vivirlas como hay que vivirlas. Un maestro de meditación comparó la atención con la lámpara del minero, que ilumina sólo aquello que enfoca

dejando lo demás a oscuras: *atender aquí supone desatender todo lo demás.* Chödrön lo explica con estas palabras: «A través de la meditación podemos ver con claridad lo que está ocurriendo con nuestros pensamientos y emociones, y también podemos dejarlos ir. Lo bueno de la meditación es que, aunque nos cerremos, ya no podemos cerrarnos de manera ignorante, porque vemos claramente lo que estamos haciendo y este mismo hecho empieza a iluminar la oscuridad de la ignorancia. Podemos ver cómo corremos, nos ocultamos y nos mantenemos ocupados para no tener que dejar que nos penetren el corazón. Por otra parte, la meditación también nos permite encontrar la forma de abrirnos y relajarnos. Básicamente, la decepción, la vergüenza y todos los demás espacios emocionales donde no podemos sentirnos bien son una especie de muerte. Hemos perdido completamente nuestra base, el lugar al que aferrarnos; somos incapaces de mantenerlo en su sitio y de sentirnos por encima de las cosas. En lugar de darnos cuenta de que la muerte es necesaria para que exista el nacimiento, nos limitamos a luchar contra el miedo a la muerte. Llegar a los propios límites no es un castigo. En realidad, sentir miedo y temblores cuando estamos cerca de la muerte es una señal de salud». Vivir es estar dispuesto a morir una y otra vez.

7. **Al practicar la meditación no estamos intentando estar a la altura de ningún ideal; muy al contrario, nos quedamos con nuestra experiencia tal y como es.**
La meditación tiene que ver con abrirse y relajarse con lo que surja, sin escoger ni elegir. Alguna gente medita para evitar pensamientos/sentimientos desagradables que les alteran. Pero no está diseñada para reprimir nada. La enseñanza es ver, simplemente, lo que está pasando. La meditación permite ver las cosas con más claridad, lo que no significa que cuando tomamos conciencia de ellas [indul-

gencias o represiones] desaparezcan: «En su lugar —nos dice Chödrön—, empieza a surgir una perspectiva más amplia, más generosa, más iluminada. La forma de mantenerse en el punto medio entre la indulgencia y la represión es reconocer lo que surge sin juzgarlo, dejando simplemente que los pensamientos se disuelvan; después volvemos al momento presente. Durante la meditación, surgen multitud de pensamientos, pero en lugar de suprimirlos u obsesionarnos con ellos, los reconocemos y los dejamos pasar, y a continuación volvemos a estar simplemente aquí. Después de cierto tiempo, dejamos de luchar y nos relajamos. Dejamos de hablarnos a nosotros mismos y volvemos al momento presente. Es algo que va evolucionando gradualmente, pacientemente, a lo largo del tiempo. ¿Cuánto dura este proceso? Yo diría que dura el resto de la vida. Básicamente seguimos abriéndonos más, aprendiendo más, conectando con las profundidades del sufrimiento y de la sabiduría humanos». La clave del camino espiritual reside en dos cosas: entrar en territorio desconocido y no dejar de avanzar continuamente.

8. Relájate en lo que es.

Milarepa, un yogui tibetano del siglo XII, cantaba canciones acerca de la manera de meditar. En una de ellas dice que la mente tiene más proyecciones que motas de polvo hay en un rayo de sol. La cuestión, por tanto, es dejar de luchar contra los pensamientos. Por eso el concepto de *maitri*, en el que tanto insiste Chödrön, es clave para una vida más plena: «Lo que hace que el planteamiento de *maitri* sea tan diferente es que no estamos tratando de resolver ningún problema. No estamos luchando por hacer que el dolor desaparezca o por ser mejores personas. De hecho, estamos renunciando completamente a controlar y dejamos que los conceptos e ideas se caigan a pedazos». Dicho con otras palabras: «Darnos cuenta de que la honestidad y el sentido del humor nos ayudan más que cualquier tipo de solemne lucha religiosa a favor o en contra de algo». La frustración (dolor) siempre procede de no aceptar la realidad tal y como es. Sufrimos porque pensamos que debería ser de otra manera. Se trata de experimentar lo que estamos sintiendo sin etiquetas, desde una contemplación *maitri* de la vida, con compasión incondicional (bondad amorosa) a uno mismo. Jeff Foster, en su obra *La más profunda aceptación*, escribe: «Cuando nos hacemos amigos de nuestro malestar, de nuestra inseguridad, de nuestra tristeza, de nuestro dolor, de nuestra ira; cuando hacemos una reverencia a su intensidad, honrando su poder y su libertad intrínseca, dejamos de ser víctimas, porque ahora nos alineamos con la vida, dejamos de estar en guerra con la forma como se presentan las cosas».

9. **Nunca es demasiado pronto o demasiado tarde para practicar el amor compasivo (*maitri*).**
La vida cambia, para bien, cuando uno tiene una mirada más amable de sí mismo. Cambia radicalmente, diríamos. Escribe Chödrön: «Es como si tuviéramos una enfermedad terminal pero aún fuéramos a vivir cierto tiempo. Como no sabemos cuánto tiempo nos queda, empezamos a pensar que estaría bien reconciliarnos con nosotros mismos y con los demás en las horas, meses o años que nos quedan». Así funciona el amor compasivo. Las personas más felices son más compasivas, primero, consigo mismas, y como consecuencia de ello, con los demás. La compasión no sólo mejora nuestra relación con nosotros, sino también con otras personas. Con la compasión, el juicio se diluye y todo son ventajas. Conviene aclarar que el concepto de *maitri* no tiene que ver con la *mejora* de uno mismo sino con el *amor incondicional* hacia uno mismo: ahora mismo, ya, en este momento. La forma de disolver nuestra resistencia a la vida es encontrarnos con ella tal y como es. El miedo existe por

un *gap* entre las expectativas y la realidad. Cuando desaparecen las expectativas, desaparece el miedo a defraudar(te). Soltar expectativas nos hace más libres. Apunta Chödrön: «Podemos hacernos el regalo de soltar nuestras expectativas porque no existe cura posible para el frío o el calor, seguirán presentándose siempre. Cuando hayamos muerto, el flujo y el reflujo, las olas del mar, el día y la noche continuarán; así es la naturaleza de las cosas. Ser capaces de apreciar, ser capaces de mirar de cerca, ser capaces de abrir nuestras mentes: ése es el núcleo de *maitri*». Y para acabar: «Practicar el amor compasivo hacia nosotros mismos parece una buena forma de empezar a iluminar la oscuridad de los tiempos difíciles».

10. **La esperanza y el miedo surgen del sentimiento de que estamos incompletos; surgen de un sentimiento de pobreza.**

Así, Chödrön señala: «Si estamos dispuestos a renunciar a la esperanza de que la inseguridad y el dolor pueden ser exterminados, entonces podemos reunir el coraje de relajarnos en nuestra situación sabiendo que no podemos aferrarnos a nada. Éste es el primer paso del camino». En tibetano hay una expresión estimulante: *ye tang che*. La palabra *Ye* significa «totalmente, completamente», y *tang che* significa «exhausto». En resumen, *ye tang che* significa: «completamente harto». Hace referencia a una *total desesperanza*, a renunciar totalmente a que las cosas sean de otra manera. Lo que debemos entender es que si no renunciamos a la esperanza —otro lugar mejor en el que estar u otra persona mejor que ser— nunca nos relajaremos en el dónde estamos y en el quiénes somos. Cuando hablamos de *mindfulness* ('atención plena'), hablamos de ser uno con la experiencia que vivimos, de estar donde estamos, incluso cuando hay sufrimiento: el sufrimiento forma parte de la vida y no tenemos que sentirnos culpables por ello. La esperanza nos roba el momento presente porque pensamos que podría ser diferente: «Sentimos que debe haber alguien que sepa lo que está ocurriendo, pero que a nosotros nos falta algo y por tanto hay algo que falta en nuestro mundo. En lugar de dejar que la negatividad se lleve lo mejor de nosotros, podemos reconocer que en este mismo momento estamos por los suelos y no ser quisquillosos a la hora de echar un vistazo a lo que pasa. Es lo más compasivo y lo más valiente que podemos hacer. Podemos oler nuestra propia porquería, sentirla: ¿qué textura, qué color y qué forma tiene?». Renunciar a la esperanza te anima a quedarte contigo mismo, a ser tu propio amigo: «La más importante de las enseñanzas budistas sobre el poder curativo de la no agresión es aprender a no hacernos daño a nosotros mismos ni a los demás».

REID HOFFMAN

Reid Hoffman (1967) es un empresario, inversor y filántropo norteamericano. Es el cofundador de LinkedIn, creada en 2002 con el objetivo de «conectar a los profesionales del mundo y hacerlos más exitosos y productivos». Inversor en cientos de empresas, entre ellas Facebook en su primera ronda de financiación, es conocido en Silicon Valley por su prestigio en el mundo *start-up* debido a que ha pasado por todos los puestos: fundador, director ejecutivo, inversor privado, inversor institucional y miembro independiente de juntas directivas tanto de empresas públicas como privadas. Es autor del libro *El mejor negocio eres tú*, con subtítulo: *Adáptate al futuro, invierte en ti mismo e impulsa tu carrera*. El libro se convirtió en un bestseller tanto en *The New York Times* como en *The Wall Street Journal*, y *Publisher's Weekly* realizó una crítica del libro manifestando que «con una gran cantidad de valiosos consejos de utilidad en cualquier etapa profesional, este libro ayudará a los lectores no sólo a sobrevivir a nivel profesional en momentos de incertidumbre, sino a destacar sobre los demás y prosperar». Además, es autor de *Masters of Scale* y *Blitzscaling*. Ha recibido muchos reconocimientos y premios por su trabajo. Por citar algunos, en mayo de 2012 Hoffman ocupó el tercer puesto en la Forbes Midas List de los mejores inversores tecnológicos. Ese mismo año recibió la medalla al mérito David Packard concedida por sus contribuciones y avances en la industria de la alta tecnología, su comunidad y la humanidad. En 2011 fue galardonado junto a Jeff Weiner (director ejecutivo de LinkedIn) con el premio Ernst & Young al empresario del año; y en 2010, fue incluido en el puesto 17 de la lista Fast Company que integra a las cien personas más creativas en el mundo de los negocios. Asimismo, la revista *Forbes* describió a Hoffman como «el superinversor de Silicon Valley», y dijo que «había participado en la creación de casi todas las nuevas empresas sociales lucrativas». Hoffman acude frecuentemente al World Economic Forum en Davos (Suiza).

1. Tú naciste empresario.
Muhammad Yunus, Premio Nobel de la Paz 2006 y pionero de las microfinanzas, decía en cierta ocasión: «Todos los seres humanos somos empresarios. Cuando vivíamos en cuevas, éramos autónomos [...], buscábamos nuestra comida y nos alimentábamos solos. Así comenzó la historia de la humanidad. Pero cuando llegó la civilización, lo reprimimos. Nos convertimos en trabajadores porque nos dijeron sois trabajadores y olvidamos que éramos empresarios». Nuestros ancestros eran empresarios porque tenían que inventar cómo vivir cada día: cómo alimentarse y protegerse de todas las amenazas de aquel tiempo, de otro modo su futuro era poco prometedor. Dicho en plata: buscarse la vida. Y eso es precisamente ser empresario: buscar cómo salir adelante y prosperar. La vida estable y acomodada de las décadas pasadas —el *trabajo para toda la vida*— nos ha convertido en «trabajadores» y hemos perdido el instinto empresarial. Debido a ello, muchas personas, cuando se encuentran en una situación de desempleo —ya sea por despido, fin de contrato o cierre de empresa— no disponen de las habilidades necesarias para encontrar un nuevo trabajo o fabricárselo, lo cual les supone un gran impacto a nivel económico y emocional. Tener una mentalidad emprendedora es la mejor mentalidad de la que se puede disponer para defenderse en la vida. Ser emprendedor no consiste exclusivamente en crear empresas, sino que es una actitud vital caracterizada por: descubrir oportunidades donde otros ven problemas, de asumir riesgos cuando

otros buscan seguridad, de tener una gran flexibilidad para adaptarse al contexto, de ser un solucionador de problemas, y de no dejar nunca de invertir en uno mismo para crecer y estar preparado cuando lleguen los momentos difíciles.

2. **Para adaptarnos a los desafíos de la vida empresarial actual, necesitamos redescubrir nuestros instintos empresariales y utilizarlos para crear nuevos tipos de carreras.** El mundo ha cambiado mucho en las últimas décadas, va a seguir cambiando, y lo más importante, lo hace de manera exponencial. Todo dura menos y caduca más rápido: las empresas, los productos, los servicios, la tecnología y las profesiones. Y cuando algo acaba, es necesario recomenzar de nuevo. Entonces tu mayor activo es tu marca personal. Por eso, necesitas *ser empresario de tu propia carrera*, con independencia de si trabajas por cuenta propia o ajena. Si es de manera independiente, porque de ello depende tu sustento; si es por cuenta ajena, porque de la noche a la mañana puedes verte en la calle y tener necesidad de buscar un nuevo empleo o crearlo. Tanto en un caso como en otro, tu principal fortaleza es tu marca personal, es decir, el conocimiento (visibilidad) y la percepción (imagen) que los demás tienen de ti junto a tus relaciones (*networking*). Una marca personal es tanto mejor cuanto más *valor* aporta, más *conocida* es, más *gusta* y más *redes* de apoyos posee. Por tanto, todos deberíamos hacernos continuamente las siguientes preguntas: ¿cómo aportar más valor? ¿Cómo ser más conocido? ¿Cómo persuadir más? ¿Cómo relacionarme mejor? La gestión de una marca es como la gestión de un negocio. Tu éxito depende de que actúes como un empresario. Tu capacidad de prosperar depende de que tengas mentalidad empresarial.

3. **Con la muerte de las carreras en sentido tradicional muere también el desarrollo profesional de las generaciones anteriores.**

Las empresas cada vez están menos dispuestas a invertir en sus trabajadores en formación y acompañamiento. El mercado laboral se ha alterado para siempre. Las causas son diversas. Una de ellas es que las inquietudes personales han cambiado. En el pasado había un cierto acuerdo implícito de hacer carrera a largo plazo en la empresa, mientras que hoy día y cada vez con más fuerza, las nuevas generaciones quieren experimentar cosas diferentes. Se cambia con mayor frecuencia de pareja, de estilo de vida, y también de trabajo. Las relaciones, del tipo que sean, son más efímeras. El nuevo escenario supone un reto para las empresas, pero también para los propios empleados. Si las empresas tienen menos incentivos para invertir en su personal, la conclusión es que tu formación depende básicamente de ti. Los cambios siempre traen oportunidades (para quienes saben aprovecharlas), pero también inconvenientes (para quienes se ven desbordados por ellos). La clave está en la capacidad para adaptarnos al nuevo escenario laboral que vivimos. La pelota está en el tejado de cada persona. Es responsabilidad de cada uno ponerse al mando de su propia carrera profesional: si tú no te salvas a ti mismo, nadie lo hará por ti.

4. **Las estrategias de las compañías de gran éxito y las estrategias en la carrera profesional de individuos exitosos son sorprendentemente similares.**

El espíritu empresarial no es algo exclusivo de quienes crean empresas, sino de toda aquella persona que tiene éxito en su carrera profesional. La pregunta es inmediata: ¿qué tienen en común las compañías de éxito y las personas con carreras profesionales exitosas? Muchas cosas, pero hay una que engloba a todas ellas: la *adaptabilidad*; y ello tiene mucho que ver con la flexibilidad y la agilidad: el aprendizaje continuo y la mejora constante. ¿El mayor enemigo de cualquier empresa y de cualquier persona? La autocomplacencia, relajarse demasiado, despreciar a la competencia y al mercado, caer en un cierto aire de superioridad. Piensa en Detroit, ciudad que tuvo un resplandor sin parangón. La ciudad prosperó a mediados del siglo pasado con la industria del automóvil. Allí estaban Ford, Chrysler y General Motors, esta última fue la primera compañía a nivel mundial en alcanzar los mil millones de dólares de facturación en 1955. Era una ciudad ejemplo de dinamismo mundial y con el ingreso medio más elevado de todo Estados Unidos. Tom Walsh se refirió a la época dorada de Detroit como «el Silicon Valley de la época». El presidente Harry Truman llegó a decir: «En todo el mundo Detroit es sinónimo de la grandeza industrial de Estados Unidos». Los coches más vendidos del mundo se fabricaban en Detroit. Pero año tras año la ciudad fue perdiendo el hambre y el espíritu empresarial, ignorando las señales que llegaban del entorno (no escuchando, no preguntando, no observando...), y en 2009 el gobierno de Obama se vio obligado a rescatar con 70.000 millones de dólares a dos pesos pesados (General Motors y Ford) para evitar su bancarrota. La ciudad, sin embargo, quedó seriamente dañada. En 1952 Detroit tenía 2 millones de habitantes (llegó a los 4 millones) y hoy tiene poco más de 600.000, tres veces menos. Un tercio de la ciudad está vacía, y para los que se quedaron, la ciudad es sombría. El éxito siempre es peligroso, conduce a la gente a pensar que no puede perder. Quizá por eso Andy Groove, fundador de Intel, dijo: «Sólo los paranoicos sobreviven»; sólo aquéllos que siempre están pensando que otros les pueden robar el negocio son los que no se acomodan y siguen trabajando duro y mejorando. Así se nos relata la caída de la ciudad:

En lugar de escuchar a una clientela que buscaba coches más pequeños y que gastaran menos, los ejecutivos construyeron coches más y más grandes. En lugar de tomarse en serio la competencia japonesa, afirmaron con insistencia (ante ellos mismos y sus clientes) que *made in USA* era sinónimo de «lo mejor del mundo». En lugar de aprender los nuevos métodos de eficiencia productiva de sus rivales, se aferraron obstinadamente a sus prácticas de siempre. En lugar de recompensar a los mejores de la organización y despedir a los peores, promovían a los empleados basándose en su longevidad y el nepotismo. En lugar de moverse con rapidez para adaptarse a los cambios del mercado, los ejecutivos se mantuvieron hasta el final en la inercia burocrática. Ross Perot bromeó una vez diciendo que si alguien encontraba una serpiente en algún lugar de una fábrica de General Motors, de inmediato formaba un Comité para saber si debía matarla.

5. **La actitud para que el mejor negocio seas tú: beta permanente.**

«La mayor parte del tiempo, los cambios te superan», decía en una ocasión Reed Hastings, fundador de Netflix. Una vez le preguntaban en una entrevista si sus planes de negocio eran a tres o cinco años. Y contestó que ni una cosa ni la otra, que tres años en Silicon Valley era una eternidad y no se podía planificar con tanta anticipación. Así es, demasiado tiempo: la clave es estar en «beta permanente». Jeff Bezos, fundador y CEO de Amazon, termina siempre sus cartas anuales a los accionistas de la misma manera que lo hizo la primera vez en 1997, recordándoles que siempre «estamos en el día uno». Ése es su mantra: hoy es el día uno, seguimos en el día uno, y así los días sucesivos. Es un recordatorio sobre la necesidad de no relajarse, de seguir aprendiendo, de permanecer alertas, de ser observadores, de no despreciar a otros. Si se llega al día dos, es sinónimo de que uno ya ha empezado a relajarse un poco. Él mismo afirmaba cierta vez: «Aunque somos optimistas, debemos permanecer vigilantes y conservar una sensación de urgencia». Buena filosofía de vida, sin duda. Hoffman es de la misma opinión: «Terminado debería ser un insulto para todos». La adaptabilidad crea estabilidad, y la mejor forma de ser adaptable es estando en «beta permanente».

6. **La actitud de «beta permanente» es una condición necesaria, pero no suficiente. Se requieren otras aptitudes.**
La pregunta es evidente: ¿cuáles son esas otras aptitudes para ganar? Allá van:

- *Diferenciación.* Desarrollar tus *ventajas competitivas* combinando tus *activos* (lo que aportas), tus *aspiraciones* (lo que deseas) y el *mercado* (por lo que estás dispuesto a pagar).
- *Planificación.* Formular un *plan* basado en tus ventajas competitivas, y luego adaptar el plan a las respuestas y lecciones aprendidas (reajustar).
- *Contactos.* Construir *relaciones* reales y duraderas, y disponer de estas relaciones en una poderosa red profesional (por ejemplo, LinkedIn).
- *Oportunidades.* Crear y encontrar *oportunidades* explotando otras redes, siendo emprendedor y estando en movimiento.
- *Riesgo.* Valorar con precisión y tomar *riesgos inteligentes* en la búsqueda de oportunidades profesionales.
- *Información.* Aprovechar la *inteligencia en red* para obtener los conocimientos que te permitan encontrar mejores oportunidades y tomar mejores decisiones.

7. **Silicon Valley se ha convertido en el paradigma de espíritu empresarial y de progreso del siglo XXI. Representa los principios para tener éxito hoy día.**
Como la ciudad de Detroit, la historia está repleta de sectores y empresas en declive o desaparición, y lo más importante: ese declive se ha acelerado de manera acusada. Por dar sólo algunos datos: la vida media de una empresa del S&P 500 ha descendido desde los sesenta y cinco años en los años veinte

303

del siglo pasado a los quince años actuales (Universidad de Yale); por otro lado, de las quinientas empresas que formaban parte del S&P 500 el año de su creación (1957) cuatro décadas después (1997) sólo sobrevivían setenta y cuatro y tan sólo doce habían estado todos los años en el índice (Harvard Business School). Casi siempre la causa de esta escasa supervivencia es la misma: la falta de adaptabilidad, a menudo por arrogancia y exceso de confianza que impiden verlas venir para finalmente, como el *Titanic*, acabar hundiéndose. Hoy día, con la configuración actual del mercado de trabajo, las mismas fuerzas que han hecho desaparecer a industrias y empresas son aplicables a los individuos. Cada persona, si no se prepara, puede «sufrir su Detroit particular». La anticipación es clave. Ya sabes: *prepárate cuando no haga falta, para cuando haga falta estar preparado*. Reid Hoffman escribe en *Tu mejor negocio eres tú*: «Estas empresas [de Silicon Valley] no sólo proporcionan un nuevo modelo de innovación corporativa, sino también la predisposición empresarial que se necesita para triunfar en el mundo profesional». Los principios que inspiran la filosofía de las empresas de Silicon Valley son los principios que deberíamos aplicar a la gestión de nuestra marca personal. ¿Cuáles son esos principios? Tres fundamentales:

1. Construir una red de alianzas que te ayudarán con su inteligencia y recursos.
2. Aprovechar las oportunidades de ruptura y de cambio.
3. Tomar riesgos inteligentes y audaces para lograr algo grande.

8. **Primer principio de Silicon Valley: construir una red de alianzas que te ayudarán con su inteligencia y recursos.** Dice Reid Hoffman: «No importa cuán brillante seas tú o tu estrategia, si trabajas en solitario siempre perderás frente a un equipo». Los profesionales más exitosos crean redes para abrirse camino en el mundo laboral o de los negocios. La

vida, en cualquier ámbito, se basa en interactuar con la gente. Las personas necesitamos de otras personas para «apalancarnos» y llegar lejos. Las personas son una fuente de recursos cognitivos, apoyo emocional, contactos, herramientas y recursos. Eso significa cultivar y cuidar nuestra red de contactos. El valor de una red de contactos depende de la:

- *Cantidad.* Cuanta más gente conozcas, más gente te podrá ayudar. Cualquier persona, directa o indirectamente, puede ser una palanca útil para tus objetivos. No desprecies a nadie.
- *Calidad.* Aún más importante que el número de contactos es quiénes son esos contactos. Hay cosas que se resuelven con una sola llamada si uno conoce a la persona adecuada.
- *Diversidad.* Una red de contactos es más valiosa cuanto más diversa es. Ello es debido a que las mejores oportunidades suelen venir de personas de segundo o tercer nivel (es decir, no tan cercanas), ya que las de primer nivel suelen tener conocimientos parecidos, manejan información similar y conocen a las mismas personas.

«El éxito depende de tus capacidades —dice Hoffman—, y de la capacidad de tu red para ampliar y potenciar tus capacidades.» Tu red de contactos es la mejor expresión de quién eres y hasta dónde puedes llegar en la vida. Es uno de tus mayores activos. Y las redes funcionan con generosidad. El verdadero *networking* es ayudar a los demás a triunfar. Aporta valor a tu red y mantente en contacto. Lo peor que puedes hacer es desaparecer. El seguimiento es clave. Keith Ferrazzi, autor de *Nunca comas solo*, señala: «La vida está relacionada con el trabajo. El trabajo está relacionado con la vida. Pero tanto el trabajo como la vida están totalmente relacionados con las personas»; y añade: «El éxito en cualquier ámbito, pero sobre todo en el mundo de los negocios, se basa en trabajar con las personas, no contra ellas».

9. **Segundo principio de Silicon Valley: aprovechar las oportunidades rompedoras de cambio.**
Para encontrar buenas oportunidades hay que aumentar las probabilidades de encontrar buenas oportunidades. Una de las mejores formas de lograrlo es introducirse en aquellas redes con un mejor flujo de información. Hoffman lo expresa así: «A quién conoces es cuánto sabes». Lo que te ayuda a conseguir tus objetivos es ser capaz de acceder a *la información que necesitas, cuando la necesitas, como la necesitas*; esto lo proporciona la *inteligencia en red*. Para ello debes conocer la forma de acceder, conceptualizar y beneficiarte de la información que fluye a través de la red. La *inteligencia en red* permite acudir constantemente a nuestras redes en busca de flujos de información de todo tipo, desde oportunidades de empleo hasta tendencias del mercado, pasando por cambios en las dinámicas laborales u oportunidades de inversión. Una red es una fuente de *información* e *inteligencia*. En ocasiones te permite acceder a información no pública, en otras como filtrado de información valiosa, y en otras para contrastar ideas propias y así mejorarlas. La *inteligencia en red* se adquiere identificando a las personas adecuadas para hablar, preguntando a estas personas preguntas inteligentes y relevantes, y sintetizando sus respuestas en conclusiones significativas. Además, como bien precisa Hoffman, «la *inteligencia en red* no sólo es útil en tiempos difíciles. Es necesaria en los buenos y en los malos momentos, y es por ello que debemos acudir constantemente a nuestras redes en busca de flujos de información de todo tipo».

10. **Tercer principio de Silicon Valley: asumir riesgos inteligentes y audaces para lograr algo grande.**
Hay mucha competencia por las buenas oportunidades, pero a la gente les cuesta asumir riesgos. En las personas existe un *sesgo de negatividad*, es decir, sobrevaloramos las

amenazas frente a las oportunidades; en nuestras decisiones, la posibilidad de sufrir pérdidas pesa más que las potenciales ganancias. Por tanto, si tomas riesgos inteligentes, donde el potencial de crecimiento justifica la desventaja potencial, serás capaz de aprovechar oportunidades que otros dejan pasar por no atreverse. La valentía es la virtud más importante para lograr grandes cosas en la vida. Sin asumir riesgos (ser valiente) no puede haber grandes ganancias. Pero lo que distingue a los ganadores no es su alta tolerancia al riesgo (eso sería temeridad), sino su inteligencia para evaluar los riesgos y gestionarlos con criterio y rigor. Los ganadores persiguen sólo aquellas oportunidades con suficientes ventajas como para justificar las posibles desventajas; el resto las dejan pasar. La pregunta es: ¿cómo podemos evaluar más acertadamente el riesgo y así aprovechar las buenas oportunidades? Algunas ideas para reflexionar:

- *Racionalización.* Debido a que los seres humanos somos aversos al riesgo, tendemos a enfocarnos más en las amenazas que en las oportunidades. Muchas veces las decisiones no son tan arriesgadas como parecen.
- *Pesimismo.* Consiste en ponerse en el peor de los escenarios posibles y preguntarse: ¿puedo tolerarlo? Evalúa si puedes aguantar (desde un punto de vista económico, emocional…) un escenario catastrofista.
- *Revocación.* Gran parte de las decisiones permiten dar marcha atrás o reajustarlas. Analiza si es fácil cambiar o revocar la decisión. Cuanto más fácil sea revocar una decisión, más riesgo podemos asumir.
- *Incertidumbre.* Algo incierto no es necesariamente riesgoso: el riesgo implica incertidumbre, pero la incertidumbre no implica necesariamente riesgo. Podemos tomar una decisión en un entorno de gran incertidumbre, pero cuyo impacto (riesgo) sea bajo y, por tanto, fácil de asumir.

ROBERT GREENE

Robert Greene (1959) es un psicólogo y escritor estadounidense de origen judío, conocido por sus libros en materia de estrategia, poder y seducción. Cursó estudios en la Universidad de California en Berkeley y en la Universidad de Wisconsin-Madison, donde se graduó en estudios clásicos. Ha trabajado como editor y escritor de varias revistas en la ciudad de Nueva York, y como guionista y también escritor en Los Ángeles. Fuera de Estados Unidos ha vivido varios años en Londres, París y Barcelona. Calificado como «el Maquiavelo moderno» –por la similitud de sus escritos a *El Príncipe* de Nicolás Maquiavelo–, su obra cumbre es *Las 48 leyes del poder*, con más de un millón de ejemplares vendidos sólo en Estados Unidos, un manual de referencia imprescindible para cualquier persona, ya que todas las relaciones humanas son relaciones de poder. El «poder» –la habilidad de barrer para casa– está presente en cualquier interacción humana. Quien mejor se desenvuelve en el arte de la «inteligencia política» más lejos puede llegar y con el menor esfuerzo. Dice Greene: «La sensación de no tener poder sobre las personas y los hechos puede resultarnos insoportable: cuando nos sentimos desvalidos nos sentimos miserablemente mal. Nadie quiere tener poco poder; por el contrario, todos aspiramos a poseer una cuota cada vez mayor». El libro es el resultado de una investigación realizada por Greene después de analizar cómo han dirigido reyes, políticos, estrategas, comerciantes o empresarios a lo largo de la historia, definiendo las leyes que explican las dinámicas de poder entre los seres humanos. Algunos de los personajes que desfilan por la obra son: Alejandro Magno, Iván IV de Rusia, Isabel I de Inglaterra, Henry Kissinger, John D. Rockefeller,

Maquiavelo o Sun Tzu, entre otros muchos. La naturaleza humana es como es, con sus grandezas y miserias, y quien mejor se maneja en el difícil arte de las relaciones personales –todo son relaciones en esta vida– mejores réditos cosechará. Robert Greene es, además, autor de otros libros de gran éxito como *Las leyes de la naturaleza humana, El arte de la seducción, Las 33 estrategias de la guerra, La Ley 50* y *Maestría*.

1. Nunca le haga sombra a su amo.

Nunca demuestres tu superioridad a quien tienes por encima o podrías causar el efecto contrario al deseado debido a su miedo a tus ambiciones. Cuando se quiere ascender por la escalera del poder, lo peor que puede suceder es que los superiores nos consideren una amenaza. La recomendación es esforzarse por conseguir que aquéllos que están más alto en el escalafón se sientan cómodos con nuestra presencia y trabajo, con sensación de superioridad, que perciban que somos sus aliados y que todo lo que hacemos es por el bien de ellos y la institución. El ascenso en cualquier organización se basa en las lealtades personales, cuya argamasa fundamental es la confianza. Si la confianza está en entredicho es fácil que quienes están jerárquicamente por encima empiecen a cortar cabezas o aíslen a sus posibles enemigos. Si tus superiores te ven como un aliado, ellos te recompensarán. La falta de prudencia e impulsividad en este aspecto se paga caro. Cuando una persona está en una posición de poder, lo que más teme es perderlo. No seas tú la amenaza. Greene recomienda: «No permita que sus deseos de complacerlos o impresionarlos lo induzcan a hacer ostentación de sus talentos y de su capacidad, ya que ello podrá generar un efecto opuesto al deseado, es decir, inspirar temor e inseguridad en sus superiores. Hágalos aparecer siempre más brillantes de lo que en realidad son... y accederá a la cumbre del poder».

2. No confíe demasiado en los amigos, aprenda a utilizar a los enemigos.

Los enemigos, una vez que uno sabe quiénes son, están identificados y se les puede observar y seguir sus intenciones y comportamientos. Por el contrario, los amigos —los que son «aparentemente amigos»— en cualquier momento —la fragilidad humana es grande— pueden dejar de serlo al dejarse llevar por sus intenciones malintencionadas en beneficio propio. Por eso, hay que confiar, pero no de manera ciega. El exceso de confianza es dañino. Siempre es bueno tener sanas medidas de control. Basta echar un vistazo a las relaciones de pareja en las que teóricamente ambas partes se quieren mucho, pero luego las infidelidades son moneda de uso común en muchas de ellas. Lo mismo sucede en el ámbito político, donde los mayores enemigos no están en otros partidos políticos sino en la bancada propia. Dice Greene: «Desconfíe de los amigos; suelen ser los primeros en traicionarlo, ya que caen fácilmente presa de la envidia. También suelen convertirse en irrespetuosos y tiranos. En cambio, emplee a quien haya sido su enemigo, y le será más leal que un amigo, ya que deberá hacer mayores esfuerzos por demostrar su adhesión. Lo cierto es que debe temer más a sus amigos que a sus enemigos».

3. Disimula tus intenciones.

Esto se nos dice en *Las 48 leyes del poder*: «Nunca reveles tus intenciones. Mantén al enemigo a oscuras y desprevenido, incapaz de planear efectivamente en previsión de tus movimientos». La impredecibilidad es imprescindible cuando se ostenta una posición de poder. Si la gente te tiene demasiado monitorizado, te vuelves más previsible y te pueden neutralizar con mayor facilidad. Si los demás conocen tu *modus operandi* podrán desarrollar estrategias para contrarrestarte. Dice Greene: «El ser humano es hijo del hábito y tiene una necesidad insaciable de sentirse familiarizado con las actitudes de quienes lo rodean. Si usted se muestra predecible, confiere a los demás la sensación de tener cierto control sobre usted. Invierta los papeles: muéstrese deliberadamente impredecible. Las actitudes que en apariencia carecen de coherencia o propósito desconcertarán a los demás, que se agotarán tratando de explicarse sus movimientos y acciones». El libro *El arte de la guerra* de Sun Tzu, manual de referencia de estrategia militar utilizado en multitud de ámbitos (política, empresa, deporte…), se articula precisamente en torno a esta idea: el arte del engaño. Toda guerra —y la empresa y la vida son muchas veces una guerra— se basa en no dar demasiada información a la competencia, en despistar al contrario y en ocultar nuestras intenciones. Otra cosa nos deja demasiado desprotegidos. Dice Greene: «Desconcierte a la gente y manténgala en la mayor ignorancia posible, sin melar nunca el propósito de sus acciones. Si no tienen la menor idea de qué es lo que usted quiere lograr les resultará imposible preparar una defensa. Condúzcalos por el camino de las falsas suposiciones, envuélvalos en una nube de humo y verá que, cuando al fin caigan en la cuenta de las verdaderas intenciones de usted, ya será tarde para ellos». Cuando los demás saben demasiado sobre ti pierdes tu poder.

4. **No construya fortalezas para protegerse; el aislamiento es peligroso.**
Cualquier persona que destaca lleva una diana en la espalda. Si tienes rédito económico, empresarial o político, antes o después, alguien te va a intentar perjudicar y destronar. Pero la gente atacará con mayor (menor) fuerza según el mayor (menor) poder percibido en la otra parte. Por eso, *el poder necesita siempre colaboración.* La gente te respetará más en la medida que perciba que a tu alrededor hay un mayor número de cómplices, aliados y colaboradores dispuestos a dar la cara por ti. Los «solitarios» son demasiado

vulnerables porque ante los ataques y las amenazas, ¿quiénes les pueden defender? Nadie solo tiene suficientes fuerzas, recursos y energía para luchar en todos los frentes, menos aún en batallas grandes. La clave, por tanto, está en las tribus (comunidades), y como todo, las tribus (comunidades) hay que cultivarlas, alimentarlas y mimarlas. A las tribus (comunidades) hay que cuidarlas con esmero. Nadie da la cara por nadie si no hay un beneficio explícito o implícito, presente o futuro. Dice Greene: «El mundo es un sitio peligroso y los enemigos acechan por doquier; todos necesitan protegerse. Una fortaleza se presenta como la alternativa más segura. Pero el aislamiento lo expone más de lo que lo protege de los peligros que lo rodean, ya que lo aísla de información valiosa y lo destaca como un blanco fácil para los demás. Es mucho más seguro circular, mezclarse entre la gente y buscar aliados».

5. **Menosprecia lo gratuito.**
Ninguna comida es gratis, asevera la sabiduría popular. Detrás de la apariencia de «gratis», lo que hay son intenciones menos confesables que esconden algún truco u obligación oculta. Si partimos del principio de que el ser humano es egoísta por naturaleza y que sus acciones están movidas por el principio de coste-beneficio, habrá que tener cuidado con aquello que aceptamos de terceros, porque muchas veces puede ser que sin darnos cuenta estemos aceptando una deuda implícitamente. Y las personas, antes o después, quieren cobrarse sus deudas. Greene nos recuerda lo siguiente: «Todo lo que es gratuito es peligroso, ya que por lo general implica alguna treta o un compromiso oculto. Las cosas que tienen valor vale la pena pagarlas. De esta manera, no estará obligado a gratitud alguna, se verá libre de culpa y evitará fraudes y engaños. Lo más inteligente es, a menudo, pagar el precio total. Cuando hablamos de excelencia no hay gangas». Así que, si quieres aprovecharte del efecto que

produce lo gratuito, sé tú quien ofrece algo gratis. La generosidad es símbolo de poder, por eso Greene dice: «Sea generoso con su dinero y hágalo circular, dado que la generosidad es señal e imán de poder».

6. **Utiliza la ausencia para incrementar el respeto y el honor.**
Es la ley de la escasez: una persona demasiado *accesible* y *disponible* disminuye su valor. La *accesibilidad* y la *disponibilidad* son indicadores de escaso poder. Los rasgos de poder están asociados a personas con altos niveles de actividad, porque existe precisamente esa percepción de que una alta actividad es la que conduce a puestos de poder. Dicho de otra manera: «estar ocupado» es un símbolo de estatus. Greene escribe: «Demasiada oferta reduce el precio: cuanto más lo vean y oigan, tanto menos necesario lo considerarán los demás. Si ya ha afirmado su posición dentro de un grupo determinado, un alejamiento temporal hará que hablen más de usted, e incluso que lo admiren. Deberá aprender cuándo alejarse. Recuerde que la escasez de un recurso aumenta su valor». Hay que dejarse ver de vez en cuando —siempre en los entornos adecuados— para que los demás sepan que uno existe y no le consideren un ermitaño, pero no con demasiada frecuencia para así dar la sensación de exclusividad y que a uno le valoren oportunamente. El exceso de presencia penaliza. Así se nos recuerda: «El sol sólo puede apreciarse por su ausencia. Cuanto más largos sean los días de lluvia, tanto más se ansía el sol. Pero demasiados días calurosos y soleados nos abruman. Aprenda a mantenerse a oscuras y haga que la gente pida su regreso». El escritor Baltasar Gracián, autor de *El arte de la prudencia*, afirmaba: «Los genios más destacados hacen uso del retiro, de modo que la nostalgia generada por su ausencia los vuelve más estimados».

7. **Cuando pida ayuda, no apele a la compasión o a la gratitud de la gente, sino a su egoísmo.**
Si no les aportas un beneficio a la gente, cuando pidas algo, te ignorarán. La gente se moviliza por ti si piensa que puede obtener algún rédito, del tipo que sea: personal, profesional, de amistad o espiritual. Nadie hace algo sin más. El ser humano es egoísta por naturaleza, aunque sus actos egoístas los vista de «generosidad aparente». Así que la mejor manera de ganarnos el favor de alguien es planteárselo como si fuese él el beneficiario. Si la otra parte percibe que se la está utilizando y aprovechándose de ella, buscará la forma de «dar largas». Apunta Greene: «Si necesita recurrir a la ayuda de un aliado, no se moleste en recordarle el apoyo que usted le dio en el pasado, o sus buenas acciones. Lo pasado se ignora y se olvida. Si, en cambio, al formular su pedido de colaboración usted muestra elementos que beneficiarán a la otra persona y hace gran hincapié en ellos, su contrincante responderá con entusiasmo a su solicitud, al detectar el beneficio que podría obtener». El arte de las relaciones es el arte de conocer la naturaleza humana: si conoces a las personas, tendrás la respuesta adecuada. De eso fue precisamente de lo que se ocupó Dale Carnegie en su clásico de 1936 *Cómo ganar amigos e influir sobre las personas*, la biblia de las relaciones personales, cuyo principio básico es: *para cada persona, ella es la persona más importante*; por tanto, la clave es atraerla a nuestro terreno a través de su propio beneficio.

8. **Descubre el talón de Aquiles de los demás.**
Cualquier batalla (política, empresarial, deportiva...) es un juego de estrategia; y todo juego de estrategia se basa en sacar el máximo partido a las fortalezas (propias) y debilidades (ajenas). Escribe Greene: «Todo individuo tiene un punto débil, una fisura en la muralla que rodea su fortaleza. Por lo general, esa debilidad es algo que le causa inseguri-

315

dad, o una emoción, o una necesidad que lo supera. También puede ser un pequeño placer secreto. Sea lo que fuere, una vez que usted la haya descubierto, esa debilidad se convierte en un elemento de presión que podrá manejar a su antojo y, por supuesto, siempre a su favor». Un ejemplo de esta ley fue cuando el rey Enrique II de Francia murió y Catalina de Médici, reina y madre de los sucesores al trono, se tuvo que hacer cargo de la corona. Sin la figura del rey, su posición era más débil y vulnerable a los ataques de sus enemigos. Catalina identificó entonces a sus dos principales amenazas: Antonio y Luis de Borbón, del Reino de Navarra, y en un acto muy audaz nombró al primero teniente general del reino. Este cargo lo obligaba a vivir en la corte, lo que Catalina utilizó para identificar de qué pie cojeaba, y al darse cuenta de que Antonio tenía una gran debilidad por las mujeres, envió a la mujer más hermosa de la corte para seducirlo y espiarlo. Una vez que Antonio se enamoró locamente de ella, envió a esa misma mujer a seducir a su hermano Luis, causando una ruptura entre ambos. Este acto maquiavélico logró separar a los dos hermanos evitando así que unieran sus fuerzas en contra de ella. Recordatorio: los demás tienen un talón de Aquiles... y tú también tienes tu talón de Aquiles; así que asegúrate de que el resto lo desconoce.

9. **Casi todo depende de su prestigio, defiéndalo a muerte.**
Las llamadas que una persona recibe, las propuestas que otros le hacen o la forma en que los demás le tratan, todo depende del prestigio que una persona atesora. Y también lo contrario ocurre, basta echar un vistazo a los medios de comunicación para comprobar cómo héroes del pasado (políticos, deportivos, empresariales, sociales...) son ignorados y desterrados al ostracismo sin ningún tipo de condescendencia. Greene nos dice: «Su renombre y su prestigio constituyen la piedra angular del poder. Basta el prestigio para inti-

midar y ganar. Sin embargo, una vez que decae, usted se tornará vulnerable y será atacado por todos los flancos. Convierta su prestigio en su fortaleza inexpugnable. Manténgase alerta frente a cualquier tipo de ataques potenciales y desbarátelos antes de que se produzcan. Al mismo tiempo, aprenda a destruir a sus enemigos abriendo brechas en la reputación de ellos. Luego dé un paso al costado y deje que la opinión pública los crucifique». El refranero lo expresa con estas palabras: «Del árbol caído todo el mundo hace leña». En cuanto las debilidades afloran, no hay pocos con la escopeta cargada para disparar y así intentar conquistar el poder, reclamar su tajada, o simplemente subir a base de ver caer a otros. Tu reputación es tu principal activo (sin reputación es complicado llegar lejos), así que preocúpate por trabajarla todos los días, y ten mucho cuidado con los deslices, porque puedes pagar un precio muy alto. Ya lo decía Warren Buffett: «Se necesitan veinte años para construir una reputación y cinco minutos para arruinarla. Si piensas en eso, harás las cosas de manera diferente».

10. **Haga que la gente dependa de usted.**
La vida, en todos los planos, es un juego de dependencias: económicas, emocionales o profesionales; y las dependencias, en cierto modo, son una forma de esclavitud. Por el contrario, quien es capaz de ser más independiente tiene el control de su vida y al mismo tiempo puede extraer más de otros que dependen de él. Cuando en una pareja, uno de los miembros depende económicamente del otro, se vuelve más vulnerable; cuando alguien tiene una hipoteca es más dependiente de su trabajo y está más dispuesto a soportar presiones de su jefe; si un hijo depende del sustento de sus padres tendrá que aceptar sin rechistar las reglas de sus progenitores. Todos, de una manera u otra, las generamos y las utilizamos. Eso sí, las dependencias deben manejarse con sutileza, no con imposición, porque si la otra parte se siente

dominada conscientemente, preparará su venganza. A nadie le gusta «sentirse» bajo el yugo de nadie, aunque la realidad sea ésa. Las dependencias, de una manera u otra, siempre existen, pero no tienen que notarse. Ése es el reto y ahí reside la inteligencia. Greene nos dice: «Para mantener su independencia, es indispensable que los demás lo quieran y necesiten. Cuanto más confíen y dependan de usted, tanta más libertad usted tendrá. Haga que la gente dependa de usted para lograr su felicidad y prosperidad, y no tendrá nada que temer. Nunca enseñe a los demás lo suficiente como para que puedan arreglárselas sin su ayuda».

SALIM ISMAIL

Salim Ismail (1955) es director ejecutivo y embajador global de Singularity University (SU), considerado uno de los principales pensadores en el futuro de las organizaciones. SU nació en 2008 con el objetivo de «educar, inspirar y capacitar a una nueva generación de líderes con el objetivo de aplicar las tecnologías exponenciales para enfrentar los grandes desafíos de la humanidad». Es un tipo de universidad centrada en el «crecimiento exponencial», cuya misión es ayudar a las empresas a impactar positivamente en la vida de millones de personas y cuyos alumnos son los emprendedores más destacados del mundo y ejecutivos del Fortune 500, que buscan actualizar continuamente su currículum gracias a las tecnologías exponenciales y a los modelos de innovación disruptiva. Además, Salim Ismail es presidente de ExO Works; fundador de The Exo Foundation; miembro de la Junta Asesora de Aion y socio general de Rokk3r Fuel ExO Venture Fund. En su labor como escritor es autor del libro *Organizaciones Exponenciales*, junto a M. S. Malone e Y. Van Geest, galardonado con el premio al «libro de crecimiento, innovación y liderazgo del año» (Frost & Sullivan 2014), y que lleva por subtítulo: *Por qué existen nuevas organizaciones diez veces más escalables y rentables que la tuya (y qué puedes hacer al respecto)*. Durante la última década, el mundo empresarial ha sido testigo del surgimiento de una nueva generación de empresas –las Organizaciones Exponenciales (OEx)– que han revolucionado su forma de acelerar el crecimiento. Una OEx puede transformar el modo lineal e incremental en que las empresas tradicionales crecen mediante el uso de activos como: su comunidad, personal bajo demanda, Big Data, Inteligencia Artificial y otras nuevas tec-

> nologías, hasta alcanzar un rendimiento diez veces superior al de empresas similares. En la obra se explica cómo cualquier compañía, con independencia de su tamaño (desde una multinacional a una *start-up*), puede convertirse en una OEx.

1. **Bienvenido a la era del cambio exponencial. Bienvenido al nuevo mundo de las Organizaciones Exponenciales (OEx).**
El cambio siempre ha estado ahí, pero hoy su ritmo es vertiginoso. Por explicarlo de manera más concreta: hasta el siglo XVII, la gente vivía de un modo bastante similar a como se había hecho en las generaciones anteriores. Pocos avances tecnológicos y sociales se habían producido hasta entonces. Sin embargo, en la segunda mitad del siglo XVIII se produce la primera Revolución Industrial (con la máquina de vapor, el ferrocarril y la industria textil y siderúrgica), nacida en el Reino Unido y extendiéndose por Europa y América, que representó la mayor transformación económica, social y tecnológica desde el Neolítico. La segunda Revolución Industrial sucede en la segunda mitad del siglo XIX (con nuevas fuentes de energía: gas, petróleo...), y la tercera en el siglo XX (de tipo científico-tecnológico: televisión, ordenadores...). Y hoy, en el siglo XXI, podríamos hablar de la cuarta Revolución Industrial —como el título de libro de Klaus Schwab, *The Fourth Industrial Revolution*—, en el que uno de los elementos principales es la transformación digital, con una estimación para 2030 de un trillón de dispositivos conectados a internet, con lo que ello supone de impacto para muchas industrias tradicionales. No obstante, junto a la transformación digital hay otros muchos factores que definen el nuevo mundo que vivimos como inteligencia artificial, vehículos autónomos, realidad virtual, impresoras 3D, interfaces cerebro-computadora, ingeniería genética, software colaborativo, biología sintéti-

ca y robótica o minería de datos. Lo más relevante es que estas tecnologías evolucionan de manera exponencial, es decir, cada año multiplican su potencia respecto al año anterior, de ahí que se las denomine «tecnologías exponenciales». Por ejemplo, los dispositivos móviles que llevamos en nuestros bolsillos son mil veces más potentes que el ordenador del *Apolo 11* que llevó al hombre a la Luna. Las organizaciones que no se adaptaron a los cambios de la primera, segunda o tercera revolución industrial, simplemente desaparecieron. Hoy día, los *cambios exponenciales* demandan *organizaciones exponenciales* para responder con éxito al entorno que vivimos: o te adaptas o te extingues. Como se recoge en la obra de Salim Ismail: «Hoy día existen un tipo de organizaciones (OEx) que si no las comprendes, te preparas para hacerles frente y, en última instancia, te conviertes en una de ellas, sufrirás una disrupción». En toda revolución (grandes cambios) hay unos *pocos ganadores* (los mejores) y *muchos perdedores* (los que desaparecen).

2. **Estamos en un momento en el que sólo existen dos opciones: transformarse para *ser el disruptor* o *ser disrumpido* por otros.**
   En 2011, la escuela de negocios Babson College ya predijo que en diez años el 40 por ciento de las empresas del Fortune 500 habrían desaparecido. Y Richard Foster, de la Universidad de Yale, estima que la vida media de una empresa del S&P 500 ha descendido desde los sesenta y cinco años en la década de los veinte del siglo pasado a los quince años actuales, y se va a acortar más debido a la aceleración de las novedades. La causa no es otra que la falta de adaptabilidad; o dicho de otro modo, la solución no es otra que las OEx. Para ello hay tres elementos clave:

   1. *Tecnologías exponenciales.* La tecnología es el principal motor de progreso. Hay un claro vínculo entre tecnolo-

gía y desarrollo económico. La tecnología son todas aquellas técnicas que se aplican para la resolución de un problema, y la diferencia fundamental hoy día es que su potencia (posibilidades: lo que puede hacer) mejora exponencialmente. Un ejemplo son las impresoras 3D. Dentro de poco seremos capaces de comprar cualquier artículo por internet e imprimirlo en casa.

2. *Metodologías de innovación disruptiva.* Las tecnologías exponenciales por sí mismas no crean innovaciones disruptivas, por eso son necesarias organizaciones y modelos de negocio que aprovechen las posibilidades tecnológicas que tenemos. Es decir, de lo que se trata es de conocer de manera muy precisa a los usuarios para ver cómo esas tecnologías satisfacen sus necesidades. Es la diferencia entre inventar e innovar, esta última es la unión de la invención más la comercialización. En ello ha tenido gran protagonismo Eric Ries y su metodología *Lean Startup* (igual que el título de su libro y del que hablamos en el volumen 4 de esta obra).

3. *Escalabilidad.* Pero aún hay que ir un paso más allá. No basta aplicar los principios del *Lean Startup* para encontrar nuevas propuestas de valor interesantes para nuestros clientes, sino que necesitamos metodologías que permitan a nuestras organizaciones escalar de modo exponencial. Es decir, necesitamos innovar y crecer, que nuestra propuesta de valor llegue al mayor número de usuarios posible para que sea rentable. Un negocio es tan grande como nuestra capacidad para escalarlo.

Las OEx son capaces de aunar las tres cosas: las tecnologías exponenciales, los modelos de innovación disruptiva y la escalabilidad.

3. **Una OEx es aquélla cuyo impacto (o resultado) es desproporcionadamente grande (al menos diez veces supe-**

rior) al comparar con sus iguales, gracias al uso de nuevas técnicas organizativas que se sirven de las tecnologías aceleradoras.

En el pasado, la producción era lineal y dependía del factor humano: más personas, más producción. Más adelante, cuando las personas aprenden a domesticar los animales de carga (caballos y bueyes) la productividad aumentó, pero la producción seguía siendo lineal: más animales, más producción. Con la primera Revolución Industrial se produce un cambio importante, un individuo podía manejar una máquina y hacer el trabajo de diez caballos o cien obreros. El factor limitador del crecimiento —personas o animales— pasó a ser las máquinas y con ello los gastos de capital asociados a la industria y su personal: más máquinas, más personal, más inversión... y más riesgo y dificultades de gestión. Este modelo no es el más óptimo desde el punto de vista del crecimiento y la gestión, ya que implica: alta inversión y altos costes de estructura. Las OEx se construyen sobre tecnologías de la información, que toman lo que un día fue físico en la naturaleza y lo desmaterializan en el mundo digital a demanda, lo cual requiere mucho menos capital. Por ejemplo, los mapas y atlas son reemplazados por el GPS; las bibliotecas de libros son sustituidas por los *e-books*; o los discos son cambiados por aplicaciones de música. Fue Arquímedes quien dijo: «Dadme una palanca lo suficientemente larga y moveré el mundo». El apalancamiento (lograr mucho con poco) es la base del crecimiento masivo, y la humanidad nunca ha tenido, como hoy día, una palanca tan brutal. Con mucha menos inversión de activos y personas (y de riesgo), la rentabilidad se dispara.

4. **El pensamiento lineal tradicional no funciona en un mundo exponencial. En otras palabras: no puede competir.**
   «Las organizaciones lineales raramente disrumpen sus propios productos o servicios. No tienen las herramientas, la ac-

titud, ni la perspectiva para hacerlo», dice Salim Ismail. Y añade: «Lo que harán, y lo que están construidas para hacer, es seguir aumentando su tamaño para sacar ventaja a las economías de *escala*. Escala (pero escala lineal) es la razón de ser de la organización lineal». Clayton Christensen inmortalizó esta idea en su clásico *El dilema de los innovadores*, con subtítulo: *Cuando las nuevas tecnologías pueden hacer fracasar a las grandes empresas*. La razón de ser de las organizaciones tradicionales es la eficiencia. La carrera por las economías de escala ha llevado a muchas empresas a la expansión internacional, la deslocalización y las fusiones, en aras de reducir los costes y mejorar el beneficio. Pero con una contrapartida elevada para el contexto actual: mucha inversión, mucha estructura, muchos empleados... y poca flexibilidad y agilidad. Las compañías tradicionales han sido altamente eficientes en expansión y crecimiento en tanto en cuanto las condiciones del mercado parecen invariables, pero eso es lo que las hace extremadamente vulnerables a la disrupción y los cambios de mercado. Simplemente no son flexibles ni ágiles. Como decía Peter Thiel, fundador de PayPal: «La globalización se mueve de uno a *n* copiando productos existentes. Eso fue en el siglo xx. Ahora, en el siglo xxi, nos movemos en un mundo donde de cero a uno y crear nuevos productos será cada vez más una prioridad para las compañías debido al crecimiento de diferentes tecnologías exponenciales». El gran reto para las grandes compañías en el contexto actual es la agilidad. Sin embargo, como apuntaba John Hagel, autor de *The Journey Beyond Fear*, «nuestras organizaciones están diseñadas para resistir cambios del exterior», más que para aceptar esos cambios incluso cuando son útiles. «Resiste y no preguntes», parece ser el lema de muchas empresas.

5. Una OEx representa la estructura más adecuada para hacer frente al ritmo acelerado, no lineal, dirigido por la web, de la vida moderna.

Mientras que las compañías tradicionales sólo pueden conseguir resultados aritméticos, las compañías exponenciales pueden conseguir resultados geométricos. ¿Cómo se logra? En lugar de poseer activos físicos y personal —que requieren inversión y son costes fijos que lastran a las empresas—, aprovechan los recursos externos para conseguir sus objetivos, es decir, mantienen un núcleo muy pequeño de empleados e instalaciones, que permiten una gran flexibilidad y mejoran los márgenes: «Reclutan sus consumidores y aprovechan las comunidades virtuales y físicas para todo —dice Ismail—, desde el diseño del producto hasta el desarrollo de las aplicaciones. Flotan sobre infraestructuras existentes y emergentes en lugar de poseer las suyas propias. Y crecen a un ritmo increíble precisamente porque no están dedicadas a tomar propiedad de su mercado, sino que más bien lo utilizan para sus propósitos». Las OEx se desarrollan en un mundo basado en la información: un entorno que tiene acceso a la información produce innovaciones disruptivas: «Nuestra opinión —continúa Ismail— es que las OEx sobrepasarán a las organizaciones lineales tradicionales en la mayor parte de las industrias, porque aprovechan mejor los recursos externos basados en la información que son inaccesibles para las estructuras tradicionales, una proeza que las capacitará para crecer más rápido —sorprendentemente más rápido— que sus homólogas lineales, y a partir de ahí acelerar». Como apunta con contundencia David. R. Rose, autor del libro *Angel Investing: The Gust Guide to Making Money and Having Fun Investing in Startups*, «cualquier compañía diseñada para triunfar en el siglo xx está abocada al fracaso en el siglo xxi».

6. **Las OEx se basan en: PTM + SCALE + IDEAS.**
    Las OEx se caracterizan por un PTM (Propósito de Transformación Masiva), cinco características que obtienen del exterior (SCALE) y cinco características suyas propias o in-

teriores (IDEAS). No todas las OEx presentan estas once características, pero la experiencia dice que cuanto más presentes estén, más escalable es el negocio. Lo primero de todo es el PTM: Propósito de Transformación Masiva. Las OEx piensan en grande o muy grande. Tienen grandes aspiraciones, pretenden una transformación radical. Por ejemplo, la de Google es «organizar la información mundial»; o la de TED «ideas dignas de difundir». Esto es así porque «si la compañía piensa en pequeño, es improbable que siga una estrategia empresarial de crecimiento rápido. Incluso si la compañía de alguna manera consigue obtener un nivel de crecimiento impresionante, la escala de negocio sobrepasará al modelo de negocio de la empresa, dejándola perdida y sin rumbo». Además, este PTM tiene un aspecto emocional, algo así como un «poder de seducción» que genera un movimiento cultural y de comunidad alrededor de esa OEx que produce una fuerte conexión con su mercado y sus clientes, y que representa una barrera de entrada frente a futuros competidores. No existe sólo una ventaja competitiva en lo que se ofrece, sino también en la comunidad que existe alrededor de la misma. Es un poderoso imán de atracción y fidelización de clientes y empleados, con lo cual «ayudan a disminuir los costes, mejoran la efectividad y aceleran el aprendizaje aprovechando la motivación *intrínseca*, en lugar de la motivación *extrínseca*». Además, potencialmente puede reportar importantes beneficios económicos porque «los mayores problemas del mundo son también los mayores mercados del mundo».

7. **El acrónimo SCALE representa las cinco características *externas* que definen a las OEx.**
   Desde el punto de vista de un cerebro, representaría el hemisferio derecho (creativo, crecimiento, incertidumbre). Veámoslas una por una:

- *Staff on Demand* ('Empleados a demanda'). El riesgo y coste de mantener una plantilla fija permanente es elevado, no sólo en términos económicos sino por la obsolescencia de los empleados. Según John Seely Brown, «la vida media de cualquier habilidad adquirida solía ser treinta años, hoy son cinco años». Los empleados externos dan rapidez, funcionalidad y flexibilidad. En cualquier industria de acceso a la información, un exceso de plantilla es innecesario, contraproducente y costoso.

- *Community & Crowd* ('Comunidad y entorno'). Si construyes comunidades y haces cosas en público, no tienes que encontrar a las personas adecuadas, ellas te encuentran. Las comunidades basadas en características son un arma muy poderosa de inteligencia colectiva.

- *Algorithms* ('Algoritmos'). El mundo funciona a base de algoritmos, desde las recomendaciones de Amazon o el PageRank de Google. Los datos son oro. La compañía UPS utiliza 55.000 camiones para realizar 16 millones de entregas diarias. Gracias a su algoritmo ahorra a sus conductores 137 millones de kilómetros al año, lo que representa un ahorro en costes de 2,55 millones de dólares.

- *Leveraged Assets* ('Activos externos'). La idea de alquilar, utilizar o compartir activos otorga flexibilidad y no genera costes fijos. Salvo cuando el activo es raro o extremadamente escaso, es mejor tener acceso a él que tenerlo en propiedad.

- *Engagement* ('Compromiso'). De lo que se trata es de incentivar al usuario a jugar (competir) y comprometerse en algo que aporte valor y resuelva un problema a cambio de una recompensa. La idea es retar, motivar y aprovechar los recursos de la comunidad a través de un juego (gamificación).

8. **El acrónimo IDEAS representa las cinco características *internas* que definen a las OEx.** Desde el punto de vista de un cerebro, representaría el hemisferio izquierdo (racional, orden, control, estabilidad). Veámoslas una por una:

- *Interfaces* ('Interfaces'). Son los procesos de filtrado y unión entre las externalidades (*scale*) y los marcos de control interno (ideas). La migración de atributos externos a internos sin fricción. Cuanto más desarrolladas y efectivas las interfaces, más poderosas las OEx. Gracias a la interfaz se conectan, por ejemplo, un conductor y un usuario de Uber.
- *Dashboards* ('Cuadros de mando'). Es una forma de medir y gestionar la gran cantidad de datos que maneja una empresa (clientes, empleados, productos...) en tiempo real, como por ejemplo el método Objetivos y Resultados Clave (OKR, por sus siglas en inglés) para seguir la pista de objetivos y resultados individuales, de equipo y de la compañía sin necesidad de esperar al desfase de la revisión anual entre evaluación y reconocimiento.
- *Experimentation* ('Experimentación'). Como la metodología *Lean Startup* de testar hipótesis y experimentar constantemente con riesgos controlados. Como apuntó en su día el que fuese CEO de Zappos, Tony Hsieh, «una gran marca o compañía es una historia que nunca deja de desarrollarse». En un mundo de rápido cambio, la experimentación e iteración de procesos es la mejor forma de innovar y reducir el riesgo: «No sabemos lo que quiere el cliente hasta que no se validan las hipótesis». O dicho de otro modo: falla rápido y falla con frecuencia mientras eliminas lo que no vale.
- *Autonomy* ('Autonomía'). Equipos multidisciplinares que se autoorganizan y operan con autoridad descentralizada. Además, es más necesaria que nunca en entornos

en los que los consumidores son más exigentes y críticos con los plazos de respuesta y entrega.

* *Social Technologies* ('Tecnologías sociales'). Son las interacciones sociales que se producen de manera horizontal en un entorno digitalizado. Su objetivo no es otro que una *empresa de cero latencia*, es decir, aquélla en la que el tiempo entre ideas, aceptación e implementación desaparecen totalmente. Entre sus ventajas están la gestión de las relaciones, la gestión de tareas, la compartición de archivos o la telepresencia. Según datos de Salesforce, aquellas compañías que implantan estas tecnologías consiguen que el compromiso del empleado aumente un 36 por ciento y el acceso a la información se acelere un 43 por ciento.

9. **Un entorno que tiene acceso a la información produce innovaciones disruptivas.**
La información es la base de las OEx. La información lo acelera todo. En un mundo muy digitalizado, gracias a la información se produce una aceleración del metabolismo de los productos, las compañías y las industrias. En ningún sitio resulta más evidente el ritmo de cambio que en el internet de los consumidores. Muchos productos se lanzan pronto —inacabados y en versión beta perpetua— con el único propósito de reunir datos de usuarios tan pronto como sea posible y finalizar el producto lo más fiel a sus necesidades y deseos. Los datos recogidos de estos usuarios originales se analizan rápidamente con el objetivo de obtener información sobre fallos que necesitan corregirse y también conocer qué rasgos prefieren los usuarios. Una vez que los cambios se han implementado se relanza y analiza… y el proceso continúa. Como apuntaba cierta vez Reid Hoffman, fundador de LinkedIn: «Si cuando lanzas el producto no te avergüenzas de él, es que lo has lanzado demasiado tarde». En el libro *Organizaciones Exponenciales* se nos dice: «En la actualidad, los ciclos de desarrollo de producto se miden, no en meses ni

trimestres, sino en horas o días. El movimiento *Lean Startup*, con su paradigma de constante iteración/experimentación, comenzó con la producción en línea de los automóviles de Toyota en los años setenta, se trasladó a Internet en los noventa y, hoy día, es aplicable a cualquier tipo de negocio».

10. **El tamaño importa, pero no de la manera que piensas: mejor pequeño que grande.**
Cada vez más *adaptabilidad* y *agilidad* ganan a *tamaño* y *escala*. Ronald Coase ganó el Premio Nobel de Economía de 1991 por su teoría sobre cómo las grandes compañías obtienen mejores resultados. La explicación es que éstas agregan activos a su propiedad y disfrutan de menores costes de transacción. Dos décadas después, debido a la revolución de internet, se rechaza la necesidad de adquirir activos. Durante décadas *tamaño* y *escala* han sido aspectos deseables para una empresa. Una compañía más grande —decía la teoría— podía hacer más cosas porque podía aprovecharse de economías de escala y negociar con fuerza. Todo esto ha cambiado y ya los costes de transacción no son una ventaja. Un ejemplo es Netflix, que en sus orígenes con su alquiler de DVD y su pequeña marca pudo maniobrar con facilidad y acabó destruyendo a Blockbuster que contaba con 9.000 tiendas y activos físicos distribuidos por cada esquina. Otro caso es Airbnb: al aprovechar los activos físicos de sus usuarios, con 1.324 empleados localizados en una única oficina tiene más valor que la cadena mundial de hoteles Hyatt, que cuenta con 45.000 empleados repartidos por 549 propiedades. Como ha señalado en más de una ocasión Peter H. Diamandis, considerado por *Fortune* como uno de los cincuenta líderes mundiales, «una ventaja de un equipo pequeño es que puede asumir riesgos mayores que uno grande». Las *start-ups* se caracterizan por un alto potencial de crecimiento y pocas desventajas, mientras que las grandes organizaciones se caracterizan justo por todo lo contrario.

SIMONE DE BEAUVOIR

Simone de Beauvoir (1908-1986) fue una filósofa, profesora, escritora y activista feminista francesa, autora de novelas, ensayos, biografías y monografías sobre temas políticos, sociales y filosóficos. Su figura está estrechamente unida a la historia del feminismo del siglo xx. Nació en una familia acomodada, y antes de empezar sus estudios de Filosofía en la Universidad de la Sorbona, se fue a vivir con su abuela. Con una tesis sobre Leibniz, se graduó en 1929, año en que conocería al filósofo Jean-Paul Sartre, que sería su pareja hasta su muerte en 1980, y con quien tendría una relación de libertad y tolerancia poco común en su época que sería la base de su éxito. Aunque dio clases durante un tiempo, gran parte de su vida se dedicó a la literatura. Su pensamiento se enmarca en la corriente filosófica del existencialismo. En 1943 escribió su primera novela, *La invitada*, en la que refleja una relación de tres que ella misma había experimentado con su marido Jean-Paul. Sus ideas existencialistas sobre la responsabilidad personal y sus reflexiones sobre la libertad del individuo aparecen también en sus siguientes novelas, *La sangre de los otros* (1944) y *Los mandarines* (1954), por la que recibió el Premio Goncourt. Sin embargo, su obra cumbre fue *El segundo sexo*, publicada en 1949, que se considera obra de cabecera del feminismo. En ella explica que el sistema ha creado una construcción social de la mujer basada en la biología, cuyos principios y diferencia entre sexos son utilizados para justificar una supuesta debilidad femenina. También habla sobre la emancipación de la mujer, centrándose en su papel en el hogar y en su faceta de madre como factores opresivos y de freno a su independencia. Muchas mujeres se identificaron con la obra, lo que inició un movimiento feminista de gran impacto, y con algunas de ellas creó la Liga de los Derechos de la Mujer. Para ella, el feminismo era «una manera de vivir individualmente y una manera de luchar colectivamente». En otros de sus ensayos posteriores se puede identificar otro tema central –que de nuevo lleva implícito una fuerte relación con el existencialismo– como es el del acercamiento a la muerte a través de profundos análisis (e incluso apologías) de la vejez. Ejemplos de ello son *Una muerte muy dulce* (1964), *La vejez* (1970) o *La ceremonia del adiós* (1981), este último escrito a raíz de la muerte de Sartre en 1980. Fue fundadora, junto a otros intelectuales de la época, de la revista *Tiempos Modernos*. Su obra y figura han sido motivo de numerosos libros y también de diferentes producciones cinematográficas.

1. **Que nada nos limite. Que nada nos defina. Que nada nos sujete. Que sea la libertad nuestra propia sustancia.** Eso lo decía Simone de Beauvoir en una época donde la mujer era tenida en poca consideración en muchos aspectos. Por eso ella no dudó en luchar siempre contra las etiquetas y por los derechos de las mujeres. No obstante, lo mismo es aplicable a muchos ámbitos donde hay prejuicios: no te define tu educación, ni tus estudios, ni tu trabajo, ni dónde has nacido, ni tus circunstancias. Tú eres mucho más que todo eso. Tú eres lo que decidas ser en cada momento. Muchas personas viven limitadas por las etiquetas que otros les ponen, y eso no es vivir, eso es simplemente dejarse llevar, vivir atado de pies y manos. No permitas que nada ni nadie te defina. No dejes que te encasillen. No dejes que las opiniones ajenas coarten tu libertad de ser lo que decidas ser cuando decidas serlo. No es fácil, no lo es, pero sí imprescindible para vivir una vida más auténtica, aunque ello suponga poner límites a los demás, y en ocasiones, alejarse de personas y contextos. Además, las personas

podemos ser muchas cosas al mismo tiempo, ¿por qué no? No tenemos que ser una cosa *o* la otra, podemos ser esto *y* aquello, ¿por qué no? Ya lo decía el filósofo danés Sören Kierkegaard: «Si me clasificas o me etiquetas, me niegas».

2. **El problema de la mujer siempre ha sido un problema de hombres.**

La mujer se ha definido a lo largo de la historia como hija, esposa o madre de alguien (hombre). En la época del siglo xx en la que vivió Simone, existía esa absoluta pertenencia y dependencia del género masculino. «Así, la humanidad es masculina —decía—, y el hombre define a la mujer no en sí misma, sino como relativa a él.» Su obra *El segundo sexo,* publicada en 1949, se convirtió en el libro de cabecera del feminismo y representa un alegato a favor de la independencia de la mujer. En él muchas mujeres encontraron su identidad y supuso un importante movimiento social por la igualdad de los sexos. La obra comienza con estas palabras: «Este mundo ha pertenecido siempre a los hombres»; toda una declaración de intenciones sobre lo que viene a lo largo de las siguientes casi mil páginas. Con los años, los avances en este asunto han sido sustanciales. El *gap* entre lo masculino y lo femenino —si bien quedan mejoras por hacer todavía— se ha ido acortando notablemente durante las últimas décadas, y los derechos de la mujer y su representación se extienden cada vez más por todas las instituciones públicas y privadas. Cuando se escriben estas páginas, y por dar sólo algunos datos: Ursula von der Leyen es la presidenta de la Comisión Europea; Christine Lagarde, la presidenta del Banco Central Europeo; Janet Yellen, la secretaria del Tesoro de Estados Unidos; trece países están presididos por una jefa de Estado y quince países más tienen jefas de gobierno. Sin duda, son buenas noticias, porque la diversidad, por sí misma, ya es enriquecedora; pero más allá de la parte *visible* de la diversidad, hombre o mujer, hay que poner el énfasis en la diversidad *invisible*, aquélla que tiene que ver con diferentes formas de pensar y de interpretar la realidad. Fue De Beauvoir quien dijo: «Cuando abolamos la esclavitud de la mitad de la humanidad, junto con todo el sistema de hipocresía que implica, entonces la división de la humanidad revelará su genuino significado y la pareja humana encontrará su verdadera forma».

3. **Toda opresión crea un estado de guerra. Y ésta no es una excepción.**

Toda dictadura, toda opresión, todo sometimiento, toda tiranía, sea donde sea y del tipo que sea (política, social, empresarial...), es potencialmente carne de rebelión, porque es constreñir lo más esencial que tiene una persona: su libertad (individualidad). Ser libre es la posibilidad de ser uno mismo, por tanto, todo aquello que limite la libertad de las personas crea potencialmente un «estado de guerra». A Simone de Beauvoir le tocó vivir la *opresión* de la mujer, y como consecuencia de ello, la *guerra* por su liberación. Y como toda guerra, supone un gran desgaste de energía, tiempo y resiliencia, además de dejar siempre damnificados por el camino. Pero las causas dignas y justas siempre se abren paso gracias a las personas valientes, aquéllas que están dispuestas a sacrificar su posición —incluso su vida— por desafiar al poder y al *statu quo*. Ella señalaba:

- «La sociedad, al estar codificada por el hombre, decreta que la mujer es inferior; sólo puede acabar con esta inferioridad destruyendo la superioridad del hombre.»
- «El más mediocre de los varones se siente un semidiós en comparación con las mujeres.»
- «Es perfectamente natural que la futura mujer se sienta indignada por las limitaciones que le impone su sexo. La verdadera cuestión no es por qué debería rechazarlas: el problema es más bien comprender por qué las acepta.»

4. **Mediante el trabajo ha sido como la mujer ha podido franquear la distancia que la separa del hombre. El trabajo es lo único que puede garantizarle una libertad completa.**

Hablar de libertad es hablar también —o sobre todo— de *libertad financiera*, porque desde que salimos de la cama por la mañana hasta que nos acostamos por la noche, todo es dinero: la electricidad al encender la luz, el café que nos tomamos, la ropa que nos ponemos, el transporte que usamos o los alimentos que comemos. Nadie puede vivir sin dinero. Gran parte del dominio del hombre sobre la mujer en el pasado ha venido por este aspecto. Cuando alguien se vuelve *dependiente* económicamente de otra persona (jefe, pareja, familiar...) se vuelve muy vulnerable y empieza poco a poco a alejarse de sí mismo. Cuando uno es *dependiente* de otros pierde su *independencia* de ser, hacer y tener, que es lo que nos define como personas, nuestra individualidad, que no es otra cosa que la posibilidad de ser uno mismo y sentirnos realizados. Es por ello que, cuando uno es *dependiente*, también la autoestima y la confianza se resienten y se deterioran, y eso es lo peor que nos puede pasar: dejar de creer en nosotros mismos y en nuestras posibilidades. Simone de Beauvoir siempre lo tuvo claro. En 1985, entrevistada por Margaret A. Simons, le preguntaba acerca de esta cuestión: «¿Y la forma de eliminar la opresión es...?». Y ella respondió tajantemente: «Ser independiente. Trabajar».

5. **He vivido verdaderamente en la medida que quería escribir.**

Que tu vida tenga «propósito» (sentido) significa que merece la pena vivir. Ello tiene mucho que ver con aquella actividad en la que estamos en *flow*; ahí donde nuestro talento (lo que sabemos hacer) y nuestra pasión (lo que nos gusta hacer) se fusionan con la exigencia (lo que debemos hacer) por el bien común (lo que aportamos). Todos deberíamos dedicar tiempo a reflexionar sobre si realmente estamos desempeñando aquel trabajo que nos apasiona, para el cual estamos dotados y para el que hemos venido a este mundo. Por ello debemos luchar siempre. No quiere decir que sea fácil, nunca lo es, pero sí que merecerá la pena al final. Cuando uno pelea por sus sueños siempre hay por el camino cicatrices, decepciones, incomprensiones, errores y fracasos. Todo ello merece la pena por la causa. La vida de Simone de Beauvoir tampoco fue fácil en este sentido. Ya era complicado ser mujer en sus años, más todavía siendo escritora. Ella luchó por ello. Cierta vez le preguntaba su marido, Sartre: «¿Cómo se siente en la vida una mujer de letras?». Su respuesta lo dice todo: «No pienso que haya diferencia entre vivir la vida como escritor o como escritora. Pero se está lejos de admitir que una escritora es, ante todo, una mujer que ha consagrado su vida a la escritura y que no ha tenido lugar para otras ocupaciones llamadas femeninas. Por ejemplo, se me ha reprochado mucho el no haber tenido hijos, mientras que nadie se lo ha reprochado a usted, aunque sea tan normal para un hombre como para una mujer tener hijos y se los pueda querer tanto siendo padre como madre. Pero el reproche ha caído sobre mí porque se piensa que una escritora es, ante todo, una mujer que se distrae escribiendo, lo que no es cierto, porque es el conjunto de una vida que está estructurada por y sobre la escritura y, por tanto, aquello implica montones de renuncias, montones de elecciones también, y éste ha sido mi caso. *He vivido verdaderamente en la medida en que quería escribir*».

6. **Una mujer libre es justo lo contrario a una mujer fácil.** Sólo las personas libres son difícilmente domesticables. La libertad —contraria a la dependencia— es seguir tu propio camino, el que decidas, a cada instante. Por tanto, una persona así es difícil de doblegar por el poder, el dinero, la tradición, los prejuicios, las opiniones o cualquier otro fac-

tor. Las personas libres lo son porque evitan estar atados de pies y manos a toda costa; esto es, ser dependientes. No se venden, y eso les permite ser libres de hacer, decir y sentir. Ya lo decía Wayne W. Dyer: «La libertad significa que no tienes obstruido vivir tu vida como tú eliges. Algo menos es una forma de esclavitud». Evidentemente, toda cara tiene su cruz. La libertad no es sumisa, y eso exige valentía. La libertad, como todo lo valioso, no es gratuita. Ser libre casi siempre es navegar con el viento en contra. A veces implica soledad, carencias, penurias, sequías y otros derivados. Las palabras del líder sudafricano Nelson Mandela, que pasó veintisiete años en la cárcel, así lo muestran: «No hay camino sencillo hacia la libertad en ninguna parte, y muchos de nosotros tendremos que pasar a través del valle de la muerte una y otra vez antes de alcanzar la cima de la montaña de nuestros deseos». La pregunta es ¿merece la pena? Cada cual debe decidir su propio camino, pero quizá la reflexión de Benjamin Franklin nos pueda servir de guía: «Los que pueden renunciar a la libertad para obtener una pequeña seguridad temporal no merecen ni libertad ni seguridad».

7. **Me arranqué de la comodidad segura de las certezas por mi amor a la verdad, y la verdad me recompensó.**
Las certezas, muchas veces, no son tan ciertas. Dicho de otro modo: las certezas que creemos pueden ser interesadas por otras partes. En siglos pasados se daba por hecho (era una certeza) que la mujer era biológicamente inferior al hombre. Sin embargo, ella no lo sentía así y ésa fue su lucha a lo largo de toda su vida: la igualdad de las mujeres respecto a los hombres. Gracias a ello, muchas mujeres disfrutan hoy de los avances conseguidos en materia de derechos sociales. La verdad, antes o después, siempre acaba abriéndose paso. Por eso merece la pena luchar por ella, primero, por nosotros mismos, y después, por todos los beneficiarios de

esa lucha, que a menudo son muchos. Martin Luther King, cuya vida fue una entrega continua por la defensa de los derechos civiles de los negros —a los que también se les consideraba inferiores— y que le costó la vida, decía: «La libertad nunca es dada voluntariamente por el opresor; debe ser demandada por el oprimido». Quizá por eso Simone también afirmaba: «Cuando se mantiene a un individuo en una situación de inferioridad, el hecho es que se vuelve inferior»; y también: «No se nace mujer, se llega a serlo».

8. **Soy demasiado inteligente, demasiado exigente y demasiado ingeniosa para que nadie pueda hacerse cargo de mí por completo. Nadie me conoce ni me quiere por completo. Sólo me tengo a mí misma.**
   Muchas veces depositamos nuestros miedos y esperanzas en los demás. Otras veces somos nosotros quienes cargamos con la mochila de otras personas. Eso nos convierte en vulnerables, frágiles y dependientes de terceros. Todo lo que funciona así son parches; una anestesia que con el tiempo se pasa sus efectos. Nadie puede salvarte excepto tú mismo. Los entrenadores no te ponen en forma, los médicos no te hacen estar sano, los nutricionistas no te hacen adelgazar y las parejas no resuelven las carencias emocionales. Todos ellos te pueden ayudar, acompañar o animar, pero en última instancia, tú eres la causa de tu vida. La responsabilidad es de cada uno o, como apuntaba Simone, «el día en que a la mujer le sea posible amar no en su debilidad sino en su fuerza, no escapar de sí misma sino encontrarse, no rebajarse sino afirmarse... ese día el amor se convertirá para ella, como para el hombre, en una fuente de vida y no de peligro mortal». Sólo puedes querer bien a los demás, en la medida que te quieres bien a ti mismo. Otra cosa se convierte en reproches y demandas. Buscamos en otros lo que no somos capaces de encontrar en nosotros mismos, y cuando no sucede así, nos frustramos y les culpamos. Que-

rerse bien, para querer a otros, parte de la aceptación y la compasión hacia uno mismo.

9. **El secreto de la felicidad en el amor consiste menos en ser ciego que en cerrar los ojos cuando hace falta.**
Ser humanos es ya por sí mismo una circunstancia atenuante. El ser humano es frágil por naturaleza. Desde el punto de vista de las relaciones personales —no sólo de pareja, sino también de amistad, profesional o de otro tipo— no hay nada peor que buscar en la otra persona la perfección, la ausencia de defectos. Eso es pura quimera, y una papeleta para la soledad. Ya apuntaba de manera inigualable Nikola Tesla —en estas mismas páginas— que «nuestras virtudes y nuestros defectos son inseparables, como la fuerza y la materia. Cuando se separan, el hombre deja de existir». Cara (luces) y cruz (sombras) conviven en cualquier personalidad, también en la tuya y en la mía. No se trata de ser ciegos —como bien apuntaba Simone de Beauvoir— sino de ser condescendientes, mirar hacia otro lado, pasar página, perdonar, relativizar y no ser demasiado exigentes. Desde luego que no es sencillo, pero sí algo imprescindible para que la convivencia, del tipo que sea, esté más engrasada. Las personas son como son y se comportan como se comportan producto de muchas circunstancias. Nadie actúa siempre de manera plena y consciente en todos los casos. A veces, las personas —todos— nos dejamos llevar por el miedo, la avaricia, la envidia, los celos, el deseo o el rencor, perjudicando a otras personas. Somos humanos, no perfectos. Ser demasiado quisquillosos con otros no es la mejor estrategia en la gestión de las relaciones humanas.

10. **Cuando era niña y cuando era adolescente, los libros me salvaron de la desesperación: eso me convenció de que la cultura era el valor más alto.**
Un editor manifestaba en una entrevista: «El mundo está tan mal que los libros intentan hacer lo mismo que los mé-

dicos: curar. Y si no pueden curar, te acompañan». Un buen libro siempre es hogar. Su valor es incalculable y puede representar muchas cosas, para cada persona algo diferente: un buen libro puede ser refugio en la tristeza, inspiración en situaciones de atascamiento, conocimiento para desarrollarnos, diversión cuando buscamos algo de relax, compañía en momentos de soledad, diversidad de pensamiento contra el adoctrinamiento o apertura de mente a otras realidades, entre otras muchas cosas. Los libros son siempre buenos aliados en cualquier circunstancia vital. Promover el hábito de la lectura —muchas verdades están en los libros— es uno de los mejores legados que se pueden dejar a las generaciones más jóvenes. Sin embargo, en la era de las tabletas, los móviles y otros dispositivos, cada vez cuesta más conseguirlo. Se busca el consumo rápido y eso choca de bruces con la lectura que exige atención y concentración para digerir, entender e interiorizar las ideas.

SUSAN DAVID

Susan David (1970) es una psicóloga sudafricana que vive en Estados Unidos reconocida como una de las principales pensadoras del *management* en torno a las emociones. Es la CEO de Evidence Based Psychology (una filial de la Facultad de Medicina de Harvard) y cofundadora del Institute of Coaching. Es autora del libro *Agilidad emocional*, con subtítulo: *Rompe tus bloqueos, abraza el cambio y triunfa en el trabajo y en la vida*. En él habla de las habilidades psicológicas vitales para prosperar en tiempos de gran complejidad y rápido cambio. El camino hacia el éxito raramente es una línea recta, hay muchos cambios y algunos nos sacuden fuerte. ¿Qué diferencia a los individuos capaces de dominar este tipo de desafíos de aquéllos que se quedan a mitad de camino? La respuesta está en la «agilidad emocional», en cómo gestionamos nuestro mundo interior: pensamientos, emociones y recuerdos. Las personas emocionalmente ágiles saben adaptarse mejor a las circunstancias, toleran mejor el estrés, actúan en consonancia con sus valores, y realizan pequeños, pero poderosos cambios, que los resitúan en la vía del crecimiento. Como dice Susan David: «El mundo cambia siempre, y necesitamos ser flexibles para asegurarnos de que nosotros también cambiamos». El libro es un bestseller internacional que ha alcanzado el puesto número uno en ventas de *The Wall Street Journal*, y la idea de «agilidad emocional» fue galardonada como «mejor idea de *management* del año» por la *Harvard Business Review*, y también con el premio a la «idea innovadora» del prestigioso Thinkers50. Su charla TED con el título *El don y el poder del coraje emocional* abordando esta temática se convirtió en viral con más de un millón de visitas en su primera semana de lanzamiento, y está entre las veinticinco charlas TED más vistas de la historia con más de diez millones de visionados cuando se escriben estas páginas. Es colaboradora habitual de medios como *Harvard Business Review, The New York Times, The Washington Post* o *The Wall Street Journal,* entre otros. Susan David ha sido incluida en la prestigiosa lista del Thinkers50 de los mejores pensadores del *management,* y como conferenciante y consultora ha trabajado para clientes como el Foro Económico Mundial, EY, Naciones Unidas, Google, Microsoft o NASDAQ.

1. **La «agilidad emocional» trata de cómo podemos mantener una relación sana con nuestras emociones para poder sacar lo mejor de nosotros.**

En la vida conviven lo bello y lo frágil y, probablemente, gran parte de la belleza proviene de la pérdida y la añoranza. En esa dualidad reside la magia de la vida. A lo largo de nuestra existencia hay muchas circunstancias que nos tambalean: una muerte, una enfermedad, un accidente, un divorcio o un despido. La vida nos golpea a todos, y cuando lo hace, la mayoría nos sentimos muy desorientados y no sabemos cómo gestionar esas situaciones. No se nos prepara para ello; no se nos educa para desarrollar las capacidades más esenciales que necesitamos como seres humanos: cómo cuidar de nosotros mismos. Como consecuencia de ello se originan problemas en todos los ámbitos de nuestra vida: salud, carrera profesional, relaciones de pareja o educación de nuestros hijos. La «agilidad emocional» es nuestra capacidad de conectar con nuestro mundo interior; la capacidad de vivir con nuestros *pensamientos, emociones* y *recuerdos* de forma saludable, de tal manera que nos ayude a vivir siendo coherente con nuestros valores (aquello que es importante para nosotros). Gracias a la «agilidad emocional» las personas florecen y se sienten conectadas consigo mismas y con el entorno que les rodea. La «agilidad emocional» es una forma inteligente de interactuar con nuestras emociones: ser consciente de ellas, aceptarlas y luego ir más allá dando pasos certeros para que nuestra vida mejore según nuestros valores (lo que más nos importa).

2. **La «rigidez emocional» es todo lo contrario a la «agilidad emocional».**

La «rigidez emocional» se produce cuando quedamos atascados en nuestros *pensamientos* (no soy bueno), *emociones* (tristeza o estrés) o incluso *recuerdos* (cosas que nos cuentan en la infancia), y no podemos avanzar según nuestros valores (lo que queremos ser). Un ejemplo: podemos considerar que un valor importante para nosotros es «estar presentes»: aquí y ahora. Sin embargo, al llegar a casa y estar con los hijos, estamos pegados al teléfono porque no podemos desconectar del trabajo. Es decir, el estrés guía nuestra vida, y no nuestros valores. Otro ejemplo: podemos estar en una reunión, alguien nos dice algo que nos hace sentir mal, y reaccionemos de una forma que puede ser perjudicial para nosotros o nuestra carrera. Otro ejemplo es cuando una conversación con la pareja se convierte siempre en una discusión. Reaccionamos automáticamente (no controlamos la situación) y entramos en dinámicas que dañan la relación. La «rigidez emocional» es cuando nuestros *pensamientos, emociones* y *recuerdos* nos bloquean y nos dirigen, llevándonos a actuar de una manera negligente. Cada vez más estudios demuestran cómo la «rigidez emocional» está asociada a problemas psicológicos como la depresión o la ansiedad.

3. **La «agilidad emocional» no consiste en controlar los pensamientos o en forzarse a pensar de forma positiva.**

Vivimos en un mundo en el que se nos vende a toda costa que seamos positivos; se nos invita a demostrar ese positivismo incluso cuando la realidad es la contraria, negando nuestras emociones, lo que estamos experimentando en el momento. La «agilidad emocional» no va de ser positivos todo el tiempo. Lo peor que se puede decir es: «no quiero estar triste» o «no quiero estar estresado» o «no quiero sentir rabia». Sentirse mal forma parte de la vida. Negar nuestras emociones es negarnos a nosotros mismos. Tratar de convertir nuestros pensamientos y sentimiento negativos en positivos nos lleva a sentirnos peor. Esa «positividad forzada» es contraproducente. La «agilidad emocional» nos da el permiso de sentirnos como nos sentimos, pero no se queda atascada ahí. Todas las emociones, si les damos su espacio, son efímeras. Así que la «agilidad emocional» toma *conciencia* de las emociones, las *acepta,* se *distancia* de ellas para entenderlas mejor, para a continuación tomar *acciones* que estén alineadas con nuestros valores (lo que queremos ser). No podemos forzar la felicidad, porque entonces no desarrollamos las habilidades necesarias para enfrentarnos a una vida que por naturaleza va a generarnos malestar y dificultades. No podemos elegir vivir solamente buenas experiencias. Eso no es la vida. No puedes vivir una vida significativa sin estrés, sin altibajos, sin decepciones. Sólo los que se atreven a vivir, sufren. Si no quieres estar triste, ni decepcionado, ni estresado… entonces, como dice Susan David, «tienes los objetivos de una persona muerta». Los muertos son los únicos que no sufren decepciones, ni se estresan, ni se les parte el corazón. Y sentencia con contundencia: «El malestar es el precio a pagar por una vida plena». Vivir una vida plena significa experimentar toda clase de emociones. Muchos estudios concluyen que cuanto más se centran las personas en ser felices más infelices son. ¿Por qué? Porque no aceptan que la fragilidad es parte de la existencia, y cuando llega, se derrumban. La realidad de la vida es que vamos a sufrir. Una investigación llevada a cabo por la doctora Iris B. Mauss, profesora de la Universidad de

Denver, para comprender cómo funciona la felicidad en las personas, llegó a la conclusión de que aquellas personas que persiguen más intensamente la felicidad (ser feliz a toda costa) tienden a sentirse peor que aquéllas que tienen una actitud menos exigente. La gente que vive obsesionada con estar feliz todo el tiempo (altas expectativas de felicidad) tiene más probabilidades de caer en depresión. La frustración —que conduce a la depresión— es la no aceptación del dolor (realidad).

4. **Las personas a menudo utilizan dos maneras de lidiar con las emociones: *embotellarlas* o *incubarlas*.** Ambas afectan muy negativamente a nuestra salud, a nuestro bienestar y a todos los aspectos de nuestra vida. Así que veámoslas una por una:

1. *Embotellar* las emociones. Tiene que ver con *negar* las emociones, o según Susan David, «te sientas *encima* de ellas». A veces, porque la sociedad dice que hay que ser positivo (el clásico *flower power*) o por no tener desarrolladas las habilidades de «agilidad emocional» (se piensa que la tristeza o la rabia son malas), tendemos a dejar de lado lo que estamos sintiendo. Es lo que se conoce como «fuga emocional», una forma no saludable de lidiar con las emociones. Lo que sucede cuando apartas tus emociones de manera recurrente es que esa práctica suele estar asociada a: primero, altos niveles de depresión y ansiedad, ya que no aceptamos la realidad; segundo, afecta a nuestra capacidad de resolver problemas eficazmente, ya que se dedican recursos cognitivos para apartar esas emociones, con lo cual contamos con menos herramientas para solucionar los problemas; y tercero, también influye negativamente en nuestras relaciones personales. Por ejemplo, cuando un jefe está descontento con su equipo, pero se lo calla y no lo dice, la tensión arterial del equipo

aumenta sin causa aparente. Ellos no saben que el jefe está *embotellando* sus emociones, pero tienen una respuesta fisiológica, su cuerpo habla. Cuando como jefes, padres, educadores, socios, pareja o amigos retenemos emociones, eso perjudica las relaciones y dificulta la fluidez, aunque no seamos conscientes de ello.

2. *Incubar* las emociones. Cuando incubas las emociones las tratas como hechos, como si tú fueras tus emociones; o según Susan David «te sientas *dentro* de tus emociones», como si estuvieses nadando en medio de ellas. Consideramos a las emociones el centro del universo. Damos vueltas una y otra vez a la situación que nos produce una emoción: ira, tristeza, miedo o culpa, por ejemplo. No podemos quitárnosla de la cabeza. Rumiamos continuamente y no tomamos una distancia saludable con ellas. En el primer caso (embotellar), las negamos; en este caso (incubar), somos todo emociones. Los efectos psicológicos de «incubar» son muy similares a los de «embotellar»: mayor tendencia a la ansiedad y la depresión, afecta a nuestras relaciones personales e interfiere en la habilidad para resolver problemas con eficacia.

La mayoría de nosotros sigue uno de estos dos patrones (*embotellar* o *incubar*) porque es lo que nos han enseñado. Creemos que eso es lo más inteligente, pero ya hemos visto que no. Hay una tercera alternativa: la «agilidad emocional», el punto medio entre *ignorar* las emociones y *dejarse llevar* por ellas.

5. **La «agilidad emocional» es un proceso de cuatro pasos. El primero de ellos es: EXTERIORIZAR.**
Una parte muy importante de la «agilidad emocional» es aceptar y exteriorizar nuestras emociones. Es reconocer que como seres humanos tenemos toda una gama de emociones, algunas más agradables y otras menos, pero todas cum-

plen su función. Nuestras emociones han evolucionado para ayudarnos a adaptarnos, a desarrollarnos, a sobrevivir. Cuando las negamos estamos dejando de lado el «sistema de señalización» que hemos desarrollado como especie. Si te van a atacar y no cuentas con el miedo, mueres. Estos mecanismos nos han ayudado a evolucionar, y están ahí, no se pueden suprimir de un plumazo: hay que aprender a convivir con ellos. Susan David habla de «soltar la cuerda», que no tiene nada que ver con la «resignación pasiva», sino con ser compasivos con nosotros mismos. Dicho de otra manera: «Hacemos lo que podemos contando con quiénes somos». Cada persona es fruto de múltiples factores (educación recibida, circunstancias vitales, recursos con los que contamos...) y eso nos lleva a ser y actuar de una determinada manera. La compasión es uno de los primeros pasos para generar un cierto nivel de autoaceptación. Darnos el permiso de experimentar nuestras emociones nos evita quedar atascadas en ellas. Hace algún tiempo se hizo un estudio entre un grupo de personas que estaban pasando por experiencias negativas, a las que se las dividió en dos grupos. A las del primer grupo se les pidió que escribiesen tres días durante veinte minutos cosas arbitrarias; a las del segundo grupo se les pidió que escribiesen sobre sus emociones (rabia, rechazo, odio...). Seis meses después se descubrió que estas últimas personas tenían tasas superiores de felicidad, bienestar, menos depresión y menos ansiedad. Sólo hay cambios verdaderos cuando la gente se da el permiso de aceptar y exteriorizar la realidad de las emociones complicadas. Otra cosa nos hace quedar bloqueados por ellas. El filósofo estadounidense Eugene T. Gendlin, autor de *Focusing*, escribía:

Aquello que es rechazado y no es sentido, permanece igual. Al sentirlo, cambia. La mayor parte de las personas no saben esto. Piensan que al no permitirse sentir lo negativo se vuelven buenos. Al contrario, eso hace que los sentimientos negativos permanezcan estáticos, iguales año tras año. El sentirlos durante unos minutos en tu cuerpo les permite cambiar. Si hay algo en ti que sea malo, enfermo o poco razonable, déjalo existir interiormente y respira. Sólo así podrá evolucionar y adquirir la forma que necesite.

6. **El segundo paso de la «agilidad emocional» es: DISTANCIARSE.**
Una vez que uno se da el permiso de *sentir lo que está sintiendo*, hay que contemplar la realidad emocional que vivimos como un observador imparcial, viendo las emociones de manera más objetiva. Tomar distancia nos permite no reaccionar con negligencia, sino con inteligencia y de forma saludable. Hay que ver las emociones como lo que son, emociones. Las emociones son datos (dan información), no órdenes (no indican lo que debemos hacer). Una cosa eres tú y otra son tus emociones. Tú no eres sólo tus emociones, eres mucho más que eso. La pregunta es: ¿cómo podemos tomar distancia emocional? Una de las estrategias más eficaces es etiquetar nuestras emociones, es decir, nombrar (identificar) nuestras emociones de la forma más precisa posible. Etiquetar las emociones nos ayuda a ganar claridad emocional acerca de lo que sentimos y, por tanto, a gestionar mucho mejor nuestro mundo emocional y el de los demás. Etiquetar nuestras emociones nos ayuda a entendernos mejor y a entender mejor a los demás. A menudo usamos etiquetas genéricas que no se corresponden exactamente con la realidad. Por ejemplo, hay personas que dicen sentirse «estresadas» en su trabajo, pero en realidad lo que les pasa es que están «frustradas» porque no les gusta lo que hacen; o hay personas que se sienten «rabiosas» con sus parejas, pero la realidad es que se sienten «ignoradas» por ellas. Etiquetar nuestras emociones con precisión nos ayuda a activar lo que los psicólogos denominan «potencial

de disposición», es decir, por qué sentimos lo que sentimos y entonces actuar en consecuencia. ¿Cómo etiquetar las emociones de forma precisa? Una de las mejores herramientas para etiquetar nuestras emociones es llevar un «diario personal de emociones» en el que uno puede descargar todo lo que siente sin ningún tipo de amenaza ni juicio. Escribir en la intimidad es muy poderoso porque nos permite tomar conciencia más fácilmente de lo que nos pasa. La intimidad proporciona sinceridad y saca a la luz lo que nos ocurre realmente.

7. **El tercer paso de la «agilidad emocional» es: PREGUN-TARSE.**
La distancia emocional (etiquetar nuestras emociones) ayuda a preguntarte tus *porqués*, es decir, aquello que es más importante para ti, tus valores. Al etiquetar una emoción debemos hacernos la siguiente pregunta: ¿qué me puede estar diciendo esa emoción que es importante para mí? Tienes que ser *curioso con tus emociones*. Detrás de las emociones que más nos *molestan*, están las cosas que más nos *importan*. Cada emoción difícil tiene un *valor* asociado a ella. No nos enfadamos por aquellas cosas que no nos importan. Cuando apartamos esas emociones difíciles que nos molestan (las negamos) también estamos apartando un valioso aprendizaje sobre nuestros valores, y son esos valores los que sirven para adaptarnos y ser ágiles, para saber qué acciones debemos tomar:

- Imagínate que te sientes solo, esa soledad (emoción) nos indica que das *valor* a la conexión con otras personas y no tienes suficiente. A partir de ahí puedes actuar para corregirla: apuntarte a actividades que impliquen relacionarse con más gente o darte de alta en alguna red social.
- Imagínate que sientes culpa por no estar con tus hijos, esa culpabilidad (emoción) indica que le das *valor* a estar

con ellos, pero ahora no lo haces lo suficiente. A partir de ahí puedes actuar para redefinir las prioridades que están gobernando tu vida.

• Imagínate que sientes aburrimiento en el trabajo, ese aburrimiento (emoción) indica que le das *valor* al crecimiento profesional y no tienes suficiente. A partir de ahí puedes adoptar medidas para buscar mejores expectativas profesionales.

Los valores son reconocidos muchas veces a partir de la insatisfacción. Si no negamos nuestras emociones, sino que las reconocemos y las etiquetamos, tenemos información muy útil para tomar decisiones coherentes con nuestros valores. Por ejemplo: imagínate que un valor importante para ti es la amistad, y has llamado a un amigo y no te ha devuelto la llamada. Lo ves como un desprecio imperdonable y a partir de ahí te distancias de él para siempre. ¿Tiene sentido? ¿Merece la pena? ¿Es útil? ¿Es esa forma de actuar coherente con tus valores? Una decisión de ese tipo puede tirar por tierra toda una amistad de años y su futuro. La «agilidad emocional» tiene mucho que ver con lo que en su día dijo Viktor Frankl, autor de *El hombre en busca de sentido*: «Entre el estímulo y la respuesta hay un espacio. En ese espacio está nuestro poder de elegir nuestra respuesta. En nuestra respuesta está nuestro crecimiento y nuestra libertad». La «agilidad emocional» abre ese espacio entre lo que sentimos y lo que hacemos respecto a lo que sentimos.

8. **El cuarto paso de la «agilidad emocional» es: AVANZAR.**
    Una vez que uno tiene claros sus valores, lo siguiente es tomar acción. Los valores te indican las acciones a seguir. De lo que se trata es de dar pasos que estén alineados con nuestros valores y así mejorar. Imagínate que eres el líder de un equipo y un valor importante para ti es que el grupo esté unido, alegre y con buena actitud. Sin embargo, las personas pare-

cen estresadas, aunque lo que subyace debajo es que se sienten inquietos ante tantos cambios del entorno. En el fondo, lo que buscan es un poco de más estabilidad. Tú como líder a lo mejor no les puedes ofrecer esa estabilidad, ya que la incertidumbre es la que es, pero sí comunicarte con ellos con más frecuencia preguntándoles y escuchándolos acerca de sus necesidades, y que sientan que estás más cerca de ellos, que te importan, es decir, ofrecerles un contexto de «seguridad psicológica». En esta fase lo importante no es lograr grandes avances de la noche a la mañana. Los pequeños cambios funcionan mejor que los grandes cambios. Los microcambios asociados a nuestros valores van modificando y dando forma a nuestra realidad de manera inapreciable, pero hechos de manera consistente acaban dando lugar a resultados sólidos. Querer mucho rápido conduce a la frustración. Pequeños cambios, grandes resultados.

9. **La manera en cómo lidiamos con nuestro mundo interior acaba por determinarlo todo.**
La buena (mala) gestión de nuestro mundo emocional afecta a nuestro rendimiento, a nuestras relaciones, a nuestra salud, a cualquier cosa. Así que conviene *entrenar* la «agilidad emocional», y mucho más aún entre la gente joven para sembrar hábitos que den lugar a comportamientos útiles en la vida adulta. La clave en un mundo tan frágil, incierto y cambiante como el que vivimos es la flexibilidad. La gente rígida emocionalmente lo va a pasar mal... muy mal. No es casual que las tasas de ansiedad, depresión y suicidio se hayan disparado durante los últimos años, y de manera especialmente alarmante entre los más jóvenes. El mundo actual ha venido a denominarse con el acrónimo BANI en inglés: *Brittle* ('quebradizo'), *Anxious* ('que genera ansiedad'), *Non-linear* ('no lineal') e *Incomprehensible* ('incomprensible'). En este mundo, sin habilidades emocionales uno vive desorientado y bloqueado, lo que condu-

ce inexorablemente al estrés, la ansiedad y la depresión: *cuanta más agilidad emocional, menor necesidad de seguridad, mayor aceptación de la incertidumbre*. Durante la última década se han introducido en el mundo empresarial las metodologías *ágiles* (como el *Lean Startup*), con el objetivo de responder al entorno que vivimos de incertidumbre, cambio y fragilidad. Las metodologías *ágiles* lo que buscan son diseñar estructuras y sistemas flexibles para responder con celeridad a los cambios del mercado. Pero junto a la *agilidad empresarial* necesitamos también la *agilidad emocional*, porque si la primera no va acompañada de la segunda (las empresas son personas) el fracaso está asegurado. De tal manera que:

Agilidad emocional = Personas ágiles = Empresas ágiles

10. **La vida nos va a traer dificultades. La pregunta es: ¿qué tipo de habilidades necesito para ser feliz en el mundo como es y no como me gustaría que fuese?**
    Esto es, ¿cómo podemos entrenar la «agilidad emocional»? Apuntamos algunas recomendaciones al respecto:

    1. *Acepta tu autorresponsabilidad*. Declárate responsable de tu vida: de tus decisiones, de tus aciertos y de tus errores. Asumir que estás en el asiento del conductor te da un mayor control de la situación.
    2. *Ama tu individualidad*. Acepta tu identidad (fortalezas y debilidades), con compasión, coraje y curiosidad, y crece y evoluciona continuamente a partir de esa identidad. Tu belleza está en tu diferencia.
    3. *Limita las expectativas*. Abandona las altas expectativas respecto tu persona y acepta que estar vivo significa caerse, estresarse y cometer errores.
    4. *Abandona el perfeccionismo*. Creer que todo puede ser perfecto es una receta para la infelicidad y la soledad.

Relativizar ayuda mucho. La vida no va tanto de buscar la perfección como de gestionar la imperfección: de uno mismo, de otros, del entorno.

5. *No niegues tus miedos.* El miedo forma parte de la vida, y la mejor forma de afrontarlo es teniendo claros tus valores. Cuando tus sueños son mayores que tus miedos siempre acabas atreviéndote.

6. *Evita la resignación.* Tú no eres tus circunstancias, eres tus posibilidades. Date la oportunidad de cambiar, y si el resultado no es el esperado, al menos ganarás experiencia de vida y autoconocimiento, lo que a la larga te reportará beneficios.

7. *Aprecia la dualidad.* Reconoce que la belleza de la vida camina de la mano de la fragilidad. Es el yin y el yang de la filosofía taoísta: toda pérdida supone alguna ganancia, aunque de inicio no sepamos apreciarla.

TIM GROVER

Tim Singh Grover (1964) es un empresario, *speaker* motivacional y entrenador personal estadounidense, propietario y CEO de la empresa Attack Athletics. Es conocido por haber dirigido los entrenamientos personales de algunos de los deportistas más exitosos del mundo, entre los que se incluyen Kobe Bryant, Dwyane Wade y Michael Jordan, y otros cientos de jugadores de la NFL, MLB, NBA, además de atletas olímpicos. Es autor del libro *Implacable*, con subtítulo: *De bueno a excelente y a imparable*. La obra es el resultado de su particular trabajo «mano a mano» con muchas personalidades del mundo del deporte, en el que explica las claves para el dominio físico y mental y así convertirse en alguien *implacable* (*cleaner*). Para Grover, en las personalidades de élite hay tres tipos de individuos: *coolers* ('buenos'), *closers* ('excelentes') y *cleaners* ('imparables'). Y dice: «En cualquier grupo abundan los *coolers*, un porcentaje de *closers*, y sólo tal vez algún *cleaner*. Los *coolers* pueden hacer un partido increíble; los *closers* pueden hacer una temporada increíble; los *cleaners* hacen carreras increíbles». En el libro desmenuza los trece rasgos característicos que definen a los *cleaners*, como la capacidad de soportar (y buscar) la presión, la adicción a los resultados o la capacidad para seguir los propios instintos. Para Grover, «ser *implacable* es exigirte de ti mismo más de lo que nadie podría exigirte, sabiendo que siempre puedes hacer más».

1. **Si quieres tener éxito de verdad, no puedes conformarte con ser «suficientemente bueno».**
   Suficientemente bueno no es *suficiente* para ser un referente. Los referentes exceden las fronteras «formales» de su pues-

to, disciplina, trabajo, responsabilidad o tarea. Tim Grover ahonda en esta cuestión: «Necesitas encontrar una marcha extra. Tener éxito no es lo mismo que tener talento. El mundo está lleno de gente increíblemente talentosa que nunca tienen éxito en nada». El éxito a gran escala exige carácter; carácter para aguantar la presión de las críticas y las envidias, carácter para ser disciplinado cuando las ganas de trabajar no te acompañan; carácter para no acomodarte cuando las cosas empiezan a ir bien; carácter para que no te tiemble el pulso al tomar decisiones importantes; o carácter para aguantar cuando no hay resultados. Dice Tim Grover: «Para ser el mejor... nunca es suficiente con llegar a la cima, tienes que mantenerte ahí, y luego subir más alto, porque siempre hay alguien justo detrás de ti tratando de alcanzarte. La mayoría de la gente está dispuesta a ser *suficientemente buena*». Tener éxito a gran escala implica ser *implacable*, esto es, ser un *cleaner*. Un *cleaner* es el competidor más intenso y motivado que existe.

2. **Ser un *cleaner* no tiene casi nada que ver con el talento. No se necesita talento para trabajar duro, cualquiera puede hacerlo.**
    El talento está sobrevalorado. El talento es lo más común del mundo. Todos tenemos talento para algo. Todos somos habilidosos en ciertos aspectos. Pero el talento es simplemente una cuestión de mínimos. Está claro que para cocinar debes saber lo que es una sartén igual que para jugar al baloncesto saber botar el balón. Si eres un patán en ambas cosas ni siquiera tendrás la oportunidad de ponerte un delantal o vestirte de corto. Pero evidentemente, ni una cosa ni la otra te convierten en un referente de los fogones ni de las pistas de baloncesto. La gente excelente no vive sólo de su talento. Podríamos decir que el talento es un «despertador» de hacia dónde encaminar tus pasos, una señal que nos indica dónde podemos destacar. Una vez decidido esto, el camino es largo

y tortuoso para quienes sueñan con alcanzar cotas reseñables, y mucho más aún para quienes quieren mantenerse en ellas. El talento para hacer algo es sólo una parte de la ecuación, y ni de lejos la más importante. La gente no consigue lo que quiere porque no hace lo necesario para lograrlo. Lo más importante es cuánto de duro estás dispuesto a trabajar y sacrificarte. Eso es algo que depende al cien por cien de ti, te pertenece plenamente. Dice Grover:

- «[Las personas] quieren el camino más fácil. La gente abandona su entrenamiento y su dieta porque son muy duras. Dejan de avanzar en su carrera y en su vida porque requiere mucho trabajo. Los chicos llegan a ser profesionales y luego no quieren jugar para entrenadores que sean demasiado exigentes. No pueden lidiar con la incomodidad, así que buscan el atajo y, cuando no lo encuentran, abandonan.»
- «Los *cleaners* tienen una alta tolerancia al dolor físico y mental. El dolor aparece disfrazado de muchas formas: físico, mental, emocional. ¿Necesitas liberarte de dolor o puedes dejarlo a un lado y mantener tu compromiso y decisión de ir más allá? La elección es tuya.»
- «La gente siempre me pregunta por los secretos y trucos que utilizo para obtener resultados. Lo siento si esto te decepciona, pero no hay ningún secreto. Pregúntate a ti mismo dónde estás ahora, y dónde, en cambio, te gustaría estar. Pregúntate qué estás dispuesto a hacer para llegar allí. Luego traza un plan para lograrlo. Actúa en consecuencia.»
- «Cualquier entrenamiento que implique las palabras *fácil* y *cómodo* no es tal. Es un insulto.»

3. **No importa lo bueno que creas ser, o lo bueno que otros piensen que eres, puedes mejorar.**
Ésa es la filosofía de vida del *cleaner*. Ser implacable trata de no estar nunca satisfecho. Significa crear nuevas metas

cada vez que alcanzas tu mejor marca personal. Dice Grover: «Si eres bueno, significa que no te detienes hasta que eres excelente. Si eres excelente, significa que luchas hasta ser imparable». Y así continúas una y otra vez: ¿estás dispuesto a ello? Poca gente lo está: «Implacable va sobre lograr lo imposible. Te vuelves imparable al no ponerte límites». Grover, que trabajó como entrenador de Michael Jordan fuera de la pista, apunta: «Michael no era el mejor porque pudiese volar por el aire y hacer lanzamientos imposibles. Era el mejor porque era implacable a la hora de ganar, implacable en su creencia de que no existe eso de *suficientemente bueno*. No importa cuántas veces ganara, no importaba lo bueno que llegara a ser, siempre quería más y siempre estaba dispuesto a hacer lo que fuera necesario —y más— para conseguirlo». Otro caso es el de Kobe Bryant, que falleció en enero de 2020 en un trágico accidente de helicóptero. De él decía: «Kobe es igual, es insaciable en su deseo de trabajar. Algunos días volvemos al gimnasio dos veces de día y una vez más por la noche, probando diferentes cosas, trabajando en ciertos temas. Nadie en el mundo del baloncesto actual trabaja más duro ni invierte más en su cuerpo y se rodea de las personas adecuadas para mantenerlo en condiciones óptimas para él».

4. **Le digo a mis chicos: «Presión, presión, presión». La mayoría de la gente huye del estrés. Yo corro hacia él.** Los «ganadores», al igual que los equipos de alto rendimiento, necesitan una sana tensión (exigencia) que los lleva a estirarse, a desperezarse, a rendir al máximo. Sin presión sólo se pueden alcanzar resultados normales, y la normalidad no entra en los planes de un *cleaner*. La presión insufla vida, nos hace trabajar con más ahínco y ganas. Úsala a tu favor, no huyas de ella. La presión es un arma de doble filo, capaz de reventar tuberías, pero también de crear diamantes. En mineralogía, diamante significa *invencible* o *indestructible*.

Todos somos un diamante en bruto, pero para brillar de esa forma que brillan los diamantes, también hay que sufrir todo el proceso que ellos sufren desde la transformación de carbono a diamante; un proceso que va desde la extracción a 120-200 kilómetros por debajo de la superficie, hasta ser tratados y pulidos con tanto cuidado que su brillo enamora; un proceso duro y largo muy similar a los procesos de desarrollo personal. Dice Grover sin ningún tipo de miramientos: «El estrés te mantiene alerta, te desafía de maneras que nunca has llegado a imaginar y te obliga a resolver problemas y gestionar situaciones que envían a otra gente más débil a correr para ponerse a cubierto. No puedes tener éxito sin él. Tu nivel de éxito está definido por lo bien que lo aceptes y lo manejes». O dicho de otro modo: *mínimas expectativas, mínima presión, mínimas recompensas.* Evidentemente, hablamos de presión *interna* (exigencia), aquélla que te lleva a dar más de lo esperado; la presión *externa* (críticas, envidias...), por el contrario, nos despista y nos distrae. Ese tipo de presión hay que abstraerse de ella y dejarla al margen.

5. **Hay una diferencia entre *entrenar* y *domesticar*. Para tener realmente lo que quieres, primero debes ser realmente quién eres.**
Dice: «Se puede *entrenar* a la gente para llegar más alto, ser mejor e ir más lejos de lo que harían por sí mismos. Pero *domesticar* significa entrenar a la gente para que sea algo menos de lo que son». Dicho de otro modo: todo entrenamiento es útil en la medida que nace de la autenticidad. Todos tenemos un instinto natural, algo que nos hace únicos y especiales; algo que nos hace ser quienes somos. A ese instinto natural es al que hay que acceder, escuchar y luego dar forma a través del *entrenamiento*. Otra cosa es ir *contra natura*, o sea, *domesticar*, y eso no tiene futuro. En una de las escenas de la película *La leyenda de Bagger Vance* (2000),

dirigida por Robert Redford, el *caddie* Bagger Vance (Will Smith) le comenta a su pupilo Rannulph Junuh (Matt Damon): «Hay un golpe perfecto que nos elige a cada uno de nosotros y lo único que tenemos que hacer es despejarle el camino». También apunta: «Dentro de cada uno de nosotros está nuestro único, verdadero y auténtico *swing*, algo con lo que nacimos, algo que es nuestro y solamente nuestro. Algo que no puede ser aprendido, algo que tiene que ser recordado». La mayoría de las personas viven despistadas. En lugar de buscar refugio en sí mismas (en quiénes son: en su yo más profundo, en su esencia), están distraídas poniendo la atención en el exterior. Y como dice Grover: «Cuando te concentras demasiado en lo que sucede a tu alrededor, pierdes el contacto con lo que pasa en tu interior». Te alejas de ti mismo. Sin embargo, «cuando miras dentro ves lo que es real». La receta es clara: sigue tu instinto; la excelencia nace del instinto. Todo parte de ahí y luego se moldea para que tome forma. Grover lo resume de esta manera: «El instinto es la arcilla en bruto que puede moldearse en una obra maestra, si desarrollas las habilidades que corresponden a tu talento. Algo que sólo puede proceder del aprendizaje de todo lo que hay que saber sobre lo que uno hace. Pero un verdadero aprendizaje no consiste en aferrarse a las lecciones. Significa absorber todo lo que se pueda y luego confiar en uno mismo para usar lo que sabe en el acto, sin pensar. Instintivo, impulsivo…».

6. Toma una decisión o alguien lo hará por ti. La mayoría de la gente no quiere tomar decisiones.
El hábito de tomar decisiones es una de las habilidades más importantes para el éxito. El día a día está plagado de decisiones, y las que no tomas se acumulan a otras que vienen, y al final uno acaba desbordado. Es cierto que ninguna decisión está libre de inconvenientes, ni de obstáculos, ni de errores a lo largo del trayecto; por eso, a menudo, el mie-

do al fracaso y a sus consecuencias paraliza a muchas personas a la hora de tomar decisiones. La gente ganadora, sin embargo, toma decisiones, confía en sí misma, se equivoca, corrige y vuelve a la carga. La gente ganadora pasa olímpicamente de las opiniones de terceros. Se centra en sus objetivos, se pone anteojeras y mira al frente sin prestar atención a los lados. Pero decide una y otra vez. Dice Grover con ironía: «¿El vaso medio lleno o medio vacío? Se trata de un concepto inventado por alguien que sufría de una completa incapacidad para tomar decisiones. Se tiene algo en el vaso o no se tiene. Si te gusta lo que hay, añade más. Si no, deshazte del contenido y vuelve a empezar. De lo contrario, sólo te quedarás mirando un vaso inexistente pensando: "Maldición, no hay forma de decidir"». Además, conviene apuntar que la competencia nunca está quieta, y mientras tú estás pensando en tomar una decisión, otros seguramente ya han decidido y actuado. Cuidado con los retrasos eternos. La clave es siempre la misma: Decide. Actúa. Focalízate. Comprométete. Ten fe. No desistas. «Mientras tú te sientas sin hacer nada porque tienes miedo de cometer un error —dice Grover—, alguien está ahí fuera cometiendo todo tipo de errores, aprendiendo de ellos y llegando donde tú querías, probablemente riéndose de tu debilidad.»

7. **¿Quieres saber cuál es una de las señales de un *cleaner*? No siente presión cuando mete la pata.**
No puedes esperar volar alto y que no haya fallos. Eso simplemente es una ingenuidad. Algo de decepción es el precio por apostar fuerte en la vida. Pero un *cleaner* no tiene problemas a la hora de admitir que se ha equivocado y cargar con la culpa. Eso es síntoma de confianza en uno mismo, algo que dista mucho de ser arrogante. Confianza significa reconocer que algo no funciona y tener la flexibilidad y el conocimiento para introducir ajustes. La arrogancia —fruto del ego— es la incapacidad de admitir que algo no fun-

ciona y repetir los mismos errores una y otra vez por empecinamiento. Grover nos deja esta reflexión: «Ser implacable significa tener el valor de decir: "Voy a apostar por esto y, si me equivoco, cambiaré algo y seguiré como si nada"». Mientras sigas negando tu responsabilidad, tendrás la carga añadida de cubrir tu error. «El nivel de confianza de un *cleaner* es tan alto que no tiene ningún problema a la hora de admitir que algo ha ido mal —dice Grover—. Ten la confianza de decir que la has cagado, y la gente te respetará por ello.» Autocrítica, flexibilidad y agilidad son aspectos esenciales para crecer y evolucionar en la vida.

8. **Yo soy para mis chicos aquello que no quieren hacer. La comodidad no te hace bien.**
La comodidad está reñida con la excelencia, es la antítesis del desarrollo personal. Él dice: «Casi todo el mundo tiene demasiadas opciones, y rara vez eligen la más difícil. ¿Quieres hacer ejercicio durante 90 o 30 minutos? La mayoría de la gente elige los 30 minutos». Por eso es tan útil trabajar con un coach, porque es alguien que te obliga a estirarte: exige de ti más de lo que tú te exigirías de ti mismo. Te lleva al límite, te desafía, te reta. Grover añade: «Todos los días tienes que hacer algo que no quieras hacer. Todos los días. Desafíate a ti mismo a sentirte incómodo, a disgusto, a superar la apatía, la pereza y el miedo. De lo contrario, al día siguiente tendrás dos cosas que no quieres hacer, luego tres, y cuatro y cinco, y muy pronto ni siquiera podrás volver a la primera. Y entonces todo lo que puedes hacer es atormentarte por el desastre que has creado, y ahora tienes una barrera mental que acompaña a las físicas». Rara vez uno alcanza su máximo potencial por sí mismo, porque el ser humano es acomodaticio por naturaleza y tiende a lo fácil. Por eso todos deberíamos contar con un coach que nos empuje, apriete y ayude a sacar nuestro máximo potencial. «El talento ya lo tienes —dice Grover—, mi traba-

jo es mostrarte lo que eres capaz de hacer con ese talento para escapar de esa jaula que te retiene [...]. Sí, sé que es molesto. No estoy pidiéndote que te guste. Te digo que anheles el resultado de forma tan intensa que el trabajo sea irrelevante». Y concluye: «Mi objetivo es hacer que lo que pase en el gimnasio sea tan difícil que todo lo que pase fuera de él parezca fácil. Aspiramos a ser imparables, y hay un precio por ello». No puedes quedarte en tu zona de confort y esperar tener grandes resultados. No puedes tener un rendimiento *extraordinario* con un nivel de exigencia *ordinario*. O dicho de otra forma: si quieres sol (éxito), tienes que dejar la sombra (seguridad).

9. **Es fácil mejorar la *mediocridad*, no lo es tanto mejorar la *excelencia*.**

«Los mejores» saben que en la competición de élite —da igual si es en los negocios, en el deporte o en cualquier otra cosa— los competidores suelen ser todos muy buenos, así que hay que buscar lo que podríamos denominar la «ventaja adicional», algo extra que descubres producto de estudiar más, reflexionar más, trabajar más: «Si quieres ser el mejor entre los mejores —señala Grover—, son los detalles los que marcan la diferencia». Cuando se compite en una pista de tenis o en un campo de fútbol, hay muchos deportistas que juegan a un alto nivel, pero otra cosa es ser un Rafa Nadal o un Cristiano Ronaldo. La «ventaja adicional» es producto de un escrutinio minucioso de los detalles, las pepitas de oro que se encuentran ocasionalmente para quien trabaja con ahínco hasta la extenuación. No están a la vista de cualquiera ni aparecen inmediatamente, sino que uno es capaz de apreciarlas como consecuencia de un trabajo minucioso y silencioso que pasa desapercibido para la mayoría de la gente. A lo mejor es algún aspecto de la nutrición, o en el aspecto físico, o del calzado deportivo, o alguna debilidad del contrario... Sea lo que fuere, esa pequeña diferencia en la ejecución puede marcar una gran diferencia en el resultado. Eso es lo que buscan siempre los *cleaners*, pequeñas ventajas adicionales que les permitan estar un paso por delante del resto.

10. Un *cleaner* controla sus impulsos, no al revés. Tu autocontrol es lo que te distingue de todos los demás.
Una mala gestión de las emociones te hace perder la concentración y el control y, en última instancia, acaba afectando a tu rendimiento. De lo que se trata es de convertir ciertas emociones (rabia, ira, miedo...) en energía poderosa y no consentir que te destruyan. No puedes permitir que las emociones guíen tus decisiones (acciones) o estás perdido. Todos tenemos un lado oscuro: o lo controlas o él te controla a ti. En la vida siempre hay situaciones que nos van a desestabilizar, por eso, si hay algo que distingue a los *cleaners* es su capacidad para gestionar las emociones con inteligencia:

* Cuando el *miedo* te controla, te paraliza. Cuando por miedo no te atreves, los miedos marcan tus límites.
* Cuando la *rabia* te domina, te impulsa a hacer ciertas cosas que pueden salirte muy caras.
* Cuando los *celos* te hacen suyos, te desestabilizan y pierdes el foco y la concentración.
* Cuando la *pereza* te atrapa, te limitas a hacer lo mínimo y cubrir el expediente, y así no se puede lograr nada destacable.
* ...

Durante la temporada 2010 de la NBA, los Lakers jugaban contra Orlando Magic, que contaba con Matt Barnes, un tipo muy particular en la pista. Éste hizo todo lo posible durante el partido para provocar a Kobe Bryant, líder de los Lakers, chuleándole con la pelota en la cara a escasos dos centímetros de su nariz. Kobe, sin embargo, no perdió los papeles en ningún momento. Después del partido, los periodistas le preguntaron cómo fue capaz de no saltar y responder a las provocaciones de su contrincante. Su respuesta es de *cleaner*: «¿Por qué debería hacerlo?». Eso es autocontrol. Ley del *cleaner*: *controla tu lado oscuro, no dejes que él te controle a ti.*

VITO CORLEONE (*EL PADRINO*)

Vito Corleone es el principal protagonista de la película *El Padrino*, producida en 1972 y dirigida por Francis Ford Coppola. La cinta está basada en la novela homónima de Mario Puzo publicada en 1969, que fue un éxito de ventas que permaneció durante sesenta y siete semanas en la lista de best-sellers de *The New York Times* vendiendo más de nueve millones de copias en dos años. Ambientada entre 1945 y 1955, describe la mafia italiana del Nueva York de la época, dando un papel protagonista a la familia Corleone liderada por Vito Corleone (Marlon Brando), ya en sus últimos años, y la cesión del testigo a su hijo Michael (Al Pacino), que experimentará una notable transformación, pasando de ser un joven reacio a los asuntos familiares a convertirse en un implacable jefe de la mafia. A lo largo de la cinta se pueden extraer numerosas enseñanzas, tanto desde el punto de vista empresarial como personal. La producción contó con un presupuesto de 6 millones de dólares, se estrenó el 15 de marzo de 1972, y el primer fin de semana recaudó más de 30 millones de dólares. En la 45.ª ceremonia de los Óscar se alzó con tres estatuillas: mejor película, mejor actor (Marlon Brando) y mejor guion adaptado (para Puzo y Coppola). Además, entre sus otras candidaturas estuvieron las de Al Pacino, James Caan y Robert Duvall, a mejor actor de reparto, y Coppola, a mejor director. También es obligado destacar la excelente banda sonora de Nino Rota, que constituye una de las partituras más recordadas en la historia del cine. Desde su estreno, la película es considerada de manera unánime como uno de los grandes metrajes de la historia del séptimo arte, y ocupa el segundo lugar como mejor película del cine estadounidense –sólo por detrás de *Ciudadano Kane*– por el American Film Institute. Por su parte, en 2008, la revista *Empire* la ubicó en el primer puesto de su lista de las quinientas mejores películas de todos los tiempos. El éxito comercial alcanzado provocaría una segunda parte (1974) y una tercera (1990) donde se ve el proceso de transformación de la familia Corleone y sus negocios.

1. **EMOCIONES. «No quiero actos de venganza. Quiero que arregles una reunión con los jefes de las Cinco Familias. Esta guerra se termina ahora.»**
Son palabras de don Vito Corleone (Marlon Brando) a su gente mientras se recupera del intento de asesinato que casi le cuesta la vida. Ésa es quizá la mayor virtud del Padrino: su serenidad ante todas las circunstancias. Todo lo que hacemos está filtrado por las emociones, por tanto, la cuestión es si *te controlan a ti o tú las controlas a ellas.* Tienes que ser tú el jinete que lleve las riendas o te vuelves demasiado vulnerable y presa de los acontecimientos. Dejarse arrastrar por la venganza, la envidia, la rabia, el odio, los celos u otras emociones, se suele acabar pagando caro. El analfabetismo emocional es la causa de que, por ejemplo: muchos inversores tomen decisiones temerarias víctimas de la euforia o del pánico; muchas amistades se rompan para siempre por calentones; muchas negociaciones no lleguen a buen puerto por ego; o muchas relaciones superior-subordinado se enfríen por malas formas. El consejo es siempre el mismo: enfría el pensamiento. No actúes con precipitación, tómate tu tiempo para pensar, deja pasar unas horas (días) y mira las cosas con cierta distancia. No contestes mails complicados en caliente, no cierres tratos con prisas, no devuelvas las llamadas sin tener claras las ideas… Cuanto más importantes sean los asuntos, más serenidad es necesaria para afrontarlos con solvencia. Como dice Daniel Goleman, autor de *La práctica de la inteligencia emocional*:

«Las emociones fuera de control pueden transformar en estúpidas a personas inteligentes». Warren Buffett también apuntaba: «Hombre que no controla sus emociones, hombre que no controla sus inversiones».

2. AMISTAD. «...y pides sin ningún respeto, no como un amigo.»

En esta ocasión es el Padrino quien se dirige a Amerigo Bonasera (Salvatore Corsitto), cuando este último le visita para pedirle justicia después de que abusasen de su hija unos tipos y los tribunales no hayan tomado ninguna medida contra los criminales. El Padrino reflexiona entonces en voz alta sobre lo que es y no es la amistad:

—Nos conocemos desde hace muchos años y es la primera vez que vienes a pedirme ayuda. Ya no recuerdo la última vez que me invitaste a tu casa a tomar un café. Y creo que mi mujer es madrina de tu hija. Pero hablemos claro, nunca has deseado mi amistad. Te asustaba estar en deuda conmigo.

Y prosigue:

—Pero ahora vienes a mí a decir «Don Corleone, haga justicia». Y pides sin ningún respeto, no como un amigo. Ni siquiera me llamas Padrino. En cambio, vienes a mi casa el día de la boda de mi hija a pedirme que mate por dinero.

Finalmente concluye:

—Bonasera, Bonasera, ¿qué he hecho para que me trates con tan poco respeto? Si hubieras mantenido mi amistad, los que maltrataron a tu hija lo habrían pagado con creces; porque cuando uno de mis amigos se crea enemigos, yo los convierto en mis enemigos. Y así te temen.

No se puede explicar mejor: *las relaciones se cultivan cuando no hace falta, para que cuando hagan falta estén a tu servicio.* Los «aprovechados de circunstancias», aquéllos que sólo aparecen cuando necesitan algo, suelen ser dejados de lado cuando suplican. Tratar a los demás como meros «medios» (recursos) no es la mejor estrategia, porque cuando llegue la ocasión de pedir ayuda no estarán disponibles. Don Vito, a pesar de la desconsideración de Bonasera, pero sabedor de cómo funcionan los negocios y la vida, decide echarle una mano no sin antes dejarle claro cómo funcionan las relaciones:

—Algún día, y puede ser que ese día no llegue, acudiré a ti para que me hagas un favor, pero hasta entonces, amigo, acepta mi justicia como un regalo el día de la boda de mi hija.

3. **DESPISTAR. «Cuando hablemos de negocios delante de extraños no vuelvas a decir lo que estás pensando.»** Es el consejo que le da el Padrino a su hijo «Sonny» Santino (James Caan), advirtiéndole del error que acaba de cometer en una reunión con Sollozzo (Al Lettieri), uno de los peces gordos del mundo de los narcóticos. Éste ha acudido a casa de los Corleone para tratar la posibilidad de hacer una alianza, pero Corleone rechaza la propuesta amablemente. Sin embargo, mientras explica sus razones, Santino le interrumpe imprudentemente desvelando las verdaderas intenciones de la familia de entrar en el negocio, dado que se presenta como muy prometedor. Debido a este pequeño detalle, Sollozzo se percata inmediatamente de que la familia Corleone sí está interesada en los narcóticos, aunque no con él, lo que le provocará un intento de asesinato a don Vito para quitárselo de en medio. En la escena, el Padrino, dirigiéndose a su invitado, le dice:

—Tengo debilidad por mis hijos y los malcrío, como puede ver. Hablan cuando deberían escuchar.

Cuando una persona no sabe callarse y muestra en exceso sus intenciones, se vuelve vulnerable porque los demás pueden anticiparse o contrarrestarla. La información es poder, así que no la regales. El arte de los negocios es el arte del despiste. De ello se ocupó Sun Tzu en su legendaria obra *El arte de la guerra*. Allí, el militar y filósofo chino dice: «Cuando se está cerca, se debe parecer lejos; cuando se está lejos, se debe parecer cerca. Se muestran carnadas para incitar al enemigo. Se finge desorden y se lo aplasta».

4. **VENGANZA. «Tu padre no está conforme. Esto es un negocio, nada personal.»**
Son palabras del *consigliere* ('consejero') de don Vito, Tom Hagen (Robert Duvall), dirigidas a Sonny Corleone. Éste, algo alterado, le responde:

—Entonces el negocio tendrá que esperar.

La impulsividad de Sonny le lleva a perder los estribos con facilidad. Su inteligencia emocional es nula y ello le acabará costando la vida. La competencia lo sabe y aprovechará su talón de Aquiles para provocarle, tenderle una trampa y cargárselo. El marido de su hermana Connie (Talia Shire) a la que maltrata, Carlo (Gianni Russo), se ha vendido en secreto a otra de las familias de mafiosos. Para provocar a Sonny, le pega una paliza a Connie; ésta llama llorando a su hermano, y Sonny sale de casa enfurecido para ajustar cuentas sin ninguna protección. La emboscada surte efecto y lo acribillan a balazos. Alterarse emocionalmente nubla el cerebro y lleva a tomar decisiones precipitadas. La persona más calmada siempre es la que tiene más poder. Son numerosas las escenas que dejan al descubierto la escasa habilidad del primogénito de don Vito para estar al frente del clan familiar. En una de las escenas, Sollozzo, que ha propiciado un encuentro con Michael (Al Pacino) para negociar, le dice:

—Espero que no seas como tu hermano Sonny. Es demasiado nervioso, no se puede tratar con él.

En otro momento de la cinta, es de nuevo el *consigliere*, quien conocedor de su personalidad irascible, le hace tomar conciencia de su necesidad de ser más frío y reflexivo. Así, tras una escenita subida de tono, le suelta:

—Piénsalo, hazme ese favor.

5. **REUNIONES/NEGOCIACIONES. «Debo contestar que "no" y le daré mis razones.»**
Don Vito ha sido convocado a una reunión por Sollozzo para tratar y negociar una posible alianza estratégica. La propuesta de este último es clara: un porcentaje del beneficio del negocio de las drogas a cambio de financiación y amigos influyentes. Don Vito, que ha preparado a conciencia la reunión investigando quién es su posible socio y las perspectivas del negocio que intuye que le propondrán, finalmente declina la propuesta:

—Es cierto, tengo amigos en la política, pero dejarían de serlo si oyen que ando metido en las drogas en lugar del juego. Para ellos el juego es un vicio inocente y las drogas un negocio sucio.

Las reuniones (negocios) no se improvisan. Saber qué batallas librar y cuáles no sin dejarse deslumbrar por los fuegos artificiales es de personas inteligentes. Todo negocio tiene pros y contras. Por eso, a la hora de emprender o involucrarse en un nuevo proyecto, la rentabilidad económica es un aspecto imprescindible a tener en cuenta, pero no el único. También es necesario evaluar la energía que requiere, el tiempo que nos va a llevar, el tipo de gente con la que tendremos que tratar y, sobre todo, cómo influirá en nuestro estilo de vida (*lifestyle*). Cualquier decisión tiene un coste de oportunidad que conviene sopesar oportunamente para acertar mejor a la hora de tomar nuestras decisiones.

6. **FAMILIA. «Un hombre que no vive con su familia no puede ser un hombre de verdad.»** Aquí es el Padrino quien se dirige a Johnny Fontane (Al Martino), su ahijado. La familia es un núcleo esencial para cualquier persona, mucho más para las italianas donde es una institución suprema. Y es que la familia no es un mero grupo accidental de personas, sino allí donde uno puede «ser» en plenitud: encontrar apoyo emocional, colaboración, intimidad, ayuda económica o cualquier otra cosa. Es en la familia donde uno puede recargarse y encontrar la estabilidad necesaria para luego rendir con más energía en los diferentes frentes que se tienen entre manos. Una persona con una vida familiar rica es una persona que está en mejores condiciones para triunfar en la vida. Y la familia, como todo, hay que cuidarla, mimarla y atenderla para que no se deteriore, así como estar alerta a todo aquello que pueda desestabilizarla. Cuando se casa la hija de don Vito, Connie, su *consigliere* le pregunta qué hacer con el nuevo marido de ésta:

—¿Habrá que darle un buen puesto?

La respuesta del Padrino es clara:

—Nunca. Que viva bien, pero en la familia que no intervenga.

Más adelante, ya al final del largometraje, es Mike el que, en un rifirrafe con su hermano Fredo (John Cazale), al poco de asumir el mando del clan familiar, le deja las cosas claras:

—Fredo, tú eres mi hermano mayor, y te quiero. Pero nunca vayas en contra de la familia, nunca.

7. ESCUCHAR/OPORTUNIDADES. «Santino, ¿tú qué dices?»

El negocio de las drogas parece tener un futuro prometedor, pero toda oportunidad también entraña riesgos, así que es bueno investigar y asesorarse. Don Vito pregunta en primer lugar a su hijo:

—Santino, ¿tú qué dices?

Y éste contesta:

—Hay mucho dinero a ganar.

Luego pregunta a Tom, quien le da su visión particular:

—Yo diría que sí. En potencia hay más dinero en las drogas que en todo lo que podamos emprender. Y si no entramos, lo hará otra familia o puede que todas. Con lo que ganen podrán comprar policías y políticos, y nos eliminarán. Cierto que dominamos los sindicatos y el juego, pero el asunto de los narcóticos es el futuro. Si dejamos pasar esta oportunidad podemos perder lo que tenemos. No hoy, pero sí de aquí a diez años.

Parece obvio afirmar la necesidad de escuchar cuando uno ocupa puestos de mando, más en tiempos complejos y de cambio como los actuales, aunque luego la realidad parece ser otra y no es algo habitual. Don Vito lo sabe y no duda en contar con la figura del *consigliere* así como pedir opinión a su gente cuando tiene que tomar una decisión importante. Escuchar no es hacer caso a lo que a uno le dicen, pero sí estar mejor preparado para tomar decisiones. Las ventajas de escuchar son evidentes:

1. *Sirve para obtener información.* Lo que uno no sabe siempre gana por goleada a lo que sabe. Para tomar buenas decisiones es bueno aglutinar los máximos datos de todas las fuentes disponibles.
2. *Sirve para matizar sesgos cognitivos.* Las personas tenemos puntos ciegos que distorsionan la interpretación de la realidad. A veces, lo que damos por cierto es falso. Es fundamental contrastar nuestros puntos de vista para ganar rigor.
3. *Sirve como herramienta de motivación y compromiso.* Escuchar es hacer sentir importante a la gente. De otro modo, más pronto que tarde, el desánimo hará acto de presencia.

8. **ANTICIPACIÓN. «Barzini irá contra ti primero; te invitará a una reunión con alguien de tu absoluta confianza garantizando tu seguridad, y en ese encuentro serás asesinado.»**
Son palabras de don Vito dirigidas a su hijo Mike advirtiéndole de las intenciones del clan de los Barzini (una de las cinco familias mafiosas en el Nueva York de la época), que le prepararán una emboscada para quitárselo de en medio. Lo peor de todo, es que la traición vendrá de un miembro del propio clan, Tessio (Abi Vigoda), que tras muchos años trabajando con los Corleone se vende al bando enemigo:

—Quien te hable de esa entrevista con Barzini —dice don Vito—, ése es el traidor.

Gracias a la sagacidad y experiencia de su padre, Michael se anticipa y se deshace de todo el organigrama de los Barzini antes de que éste ejecute sus malas intenciones. La visión de futuro es la que marca la diferencia entre un mero gestor y un verdadero líder. El líder va siempre un paso por delante y sabe anticipar escenarios. Pero anticiparse, a diferencia de lo que pudiese parecer, no es fruto de la casualidad, sino que tiene mucho que ver con estar informado, ser curioso, estudiar, relacionarse bien o saber escuchar la intuición para *ver lo que la mayoría no ve*. Don Vito anticipa la mayor parte de las jugadas, y por eso marca las diferencias con la competencia.

9. **DESCONFIANZA. «La experiencia es la que me enseñó a no ser confiado.»**
De nuevo son palabras de don Vito a su hijo Michael (Al Pacino), al poco de sucederle éste al frente del clan familiar. Cuando hay negocio en juego, siempre hay gente dispuesta a hacer las tretas más sibilinas con tal de conseguir sus objetivos. La confianza, en general, es necesaria con las personas en cualquier ámbito de la vida (socios, amigos, pareja...), pero nunca debería ser totalmente ciega, ya que la debilidad humana es grande, mucho más aún cuando hay una buena tajada a repartir. Don Vito, ya con algunas canas a sus espaldas, sabe cómo se las gastan el resto de las familias del Nueva York de la época y pone en aviso a su heredero para que sepa lo que le espera en su nueva función como jefe de la familia. Como decía el político y diplomático Benjamin Franklin: «La desconfianza y la precaución son los padres de la seguridad». Charles Handy, autor de *The Empty Raincoat*, también afirmaba: «La confianza, lo mismo que la autoridad, ha de merecerse, probarse y, si es necesario, retirarse».

10. COMPETENCIAS. «**Tom Hagen ya no es** *consigliere.*»
Son palabras que pronuncia Michael una vez que sucede a
su padre para comunicar a todo el equipo cómo va a ser el
nuevo organigrama del clan familiar. Después de tantos
años como mano derecha del Padrino, la decisión le pilla
por sorpresa a Tom que pide explicaciones:

—Mike, ¿por qué me dejas fuera?
—Tom, tú eres un buen *consigliere*, pero no para la guerra
que se va a organizar.

Cada contexto requiere un conjunto de competencias
específicas. No todo el mundo vale para todas las situaciones. En momentos de crisis, se necesita mucha más firme-
za, determinación y contundencia; esto es, que el pulso
tiemble menos a la hora de tomar decisiones. Tom tiene un
perfil más conciliador y amable, y el contexto de guerra que
amenaza entre las familias de la mafia no parece ser el más
recomendable para su perfil. Los cambios implican flexibilidad y capacidad de adaptación —otra cosa nos deja en
fuera de juego—, y a veces esos cambios suponen tomar
decisiones difíciles como dejar de contar con personas que
hasta entonces nos habían acompañado por el camino, pero
que debido al cambio de circunstancias son prescindibles.

A MODO DE RESUMEN: 300 *tips* para tu desarrollo personal

Al igual que en los cuatro volúmenes anteriores de *Aprendiendo de los mejores*, para acabar y de despedida, te dejo trescientos *tips* breves a modo de titular que te pueden ser útiles para enfocarte en lo importante:

1. Tener éxito no es lo mismo que tener talento: el mundo está lleno de gente muy talentosa que no ha destacado en nada.
2. La gente excelente no vive sólo de su talento.
3. El talento ya lo tienes, la cuestión es qué estás dispuesto a hacer con tu talento.
4. La gente no consigue lo que quiere porque no hace lo necesario para lograrlo.
5. El talento no es la variable que mejor predice el futuro de una persona.
6. Si quieres sol tienes que estar dispuesto a dejar la sombra.
7. El esfuerzo no se negocia.
8. El mundo está lleno de gente que quiere cambiar de vida... y no cambia.

9. Cuanto mayor es el sueño, mayores son las resistencias, mayor es la gloria, mejor es la vida.
10. Triunfar a lo grande te permite ayudar a lo grande.
11. Los grandes sueños siempre presentan grandes dificultades; están ahí para que demuestres tu grandeza.
12. El éxito se basa en ver lo posible donde otros sólo ven lo imposible.
13. Casi todo es complicado, pero casi todo se consigue.
14. Lo que hoy es *locura*, mañana será *cordura*.
15. La historia está repleta de personas (expertas) que estaban equivocadas en sus predicciones.
16. Soñar no es tener metas inalcanzables, sino permitirnos crecer como personas.
17. Soñar es dar forma al futuro.
18. Ser valiente es perseguir tus sueños.
19. Creer en algo es empezar a crearlo.
20. Los «ganadores» no miran las cosas como son, sino cómo pueden llegar a ser.
21. Escucha a tus sueños porque ellos saben lo que quieres.
22. El rasgo que mejor define a las personas altamente exitosas es que se dan el permiso de pensar en grande.
23. El límite de tu negocio (vida) eres tú (tus creencias).
24. Cuestiona tus creencias (limitantes): confiamos en lo que creemos y nuestras creencias nos invitan a sufrir.
25. Las certezas, muchas veces, no son ciertas.
26. Tu mente es tu principal activo: no dejes que tu mayor fuerza se convierta en tu mayor debilidad.
27. Si tu mundo es escaso, es porque tú eres escaso. La escasez es un conjunto de creencias.
28. «No hay cambio mental más importante que el dejar de verte como escultura para pasar a verte como escultor.» Anthony Robbins.
29. Los sueños son algo muy frágil, por eso necesitas mucha confianza en ti mismo y mucha determinación.

30. El miedo es una señal: te indica hacia dónde dirigirte (lo que más temes).

31. La cobardía no evita la muerte, evita la vida.

32. Lo que nos debe asustar no es la muerte, sino echar a perder la vida.

33. No puedes evitar el miedo, sólo aceptarlo y hacer lo que tienes que hacer.

34. La valentía es necesaria para todo lo importante de la vida.

35. Ante la duda, coraje; ante el miedo, coraje.

36. Casi nadie es valiente por iniciativa propia: todos necesitamos un cómplice que nos empuje.

37. La mayoría de la gente actúa por impulso para evitar el miedo o el dolor. Los «ganadores» actúan impulsados por sus verdaderos objetivos.

38. Si esperamos hasta estar preparados, esperaremos el resto de la vida.

39. Para empezar, empieza.

40. La vida no espera a que estemos listos y preparados.

41. Lo que haces hoy te será más fácil hacerlo mañana.

42. El crecimiento es conocimiento en acción.

43. Conocimiento sin acción = Información.

44. Conocimiento con acción = Transformación.

45. El problema es que cada vez hay menos paciencia.

46. Somos adictos al cortoplacismo: eso es ir *contra natura*.

47. La perseverancia no es una carrera larga, son muchas carreras cortas: una tras otra.

48. La mayor tentación es siempre abandonar. Y eso es lo que hace la mayoría de la gente.

49. La gente de éxito es consistente: constancia + paciencia.

50. La disciplina surge de manera natural cuando tienes claro tus objetivos y el precio a pagar.

51. Las personas de éxito tienen el hábito de hacer cosas que a otros no les apetece hacer.

52. La incomodidad es el precio a pagar por crecer y subir de nivel.

53. Avanzar en la vida supone gestionar problemas, dificultades, inconvenientes y resistencias.
54. No esperes a los tiempos difíciles para tomar decisiones inteligentes.
55. En toda revolución (grandes cambios) hay unos *pocos ganadores* (los mejores) y *muchos perdedores* (los que desaparecen).
56. Cada vez más *adaptabilidad* y *agilidad* ganan a *tamaño* y *escala.*
57. La adaptabilidad es la base de las empresas duraderas: o te adaptas o te extingues.
58. La mejor forma de ser adaptable es estando en «beta permanente».
59. El arte de la vida es un continuo reajuste al entorno.
60. La base del éxito es un entrenamiento permanente.
61. La innovación no es fácil, pero no hay otra alternativa.
62. Hoy día no hay ventajas *permanentes*, sólo ventajas *transitorias.*
63. Cambia para que las cosas cambien.
64. Lo importante no es tener respuestas, sino la capacidad de inventarlas.
65. Hoy la flexibilidad es más importante que la inteligencia.
66. La gente rígida (inflexible) vive frustrada y estancada.
67. Nunca te definas por lo que haces, y sí por lo que sabes y puedes aprender.
68. El éxito siempre es peligroso, conduce a la gente a pensar que no puede perder.
69. El peligro siempre viene del exceso de relajación: la autocomplacencia no perdona.
70. «Una gran marca o compañía es una historia que nunca deja de desarrollarse.» Tony Hsieh.
71. Donde hay humildad hay sabiduría.
72. La humildad impide que las *ideas* se conviertan en *ideologías.*
73. Arrogancia = Ignorancia + Convicción.
74. La arrogancia nos ciega ante nuestros propios defectos.

75. En tiempos tan cambiantes, la humildad es la nueva inteligencia.
76. La clave de la vida es vivir en un estado de no-saber.
77. «Aprender es navegar por archipiélagos de certezas en un océano de incertidumbre.» Edgar Morin.
78. Para el arrogante, estar equivocado es admitir una derrota; para el humilde, un paso más hacia la verdad.
79. «No importa lo genial que creas que eres, no eres lo suficientemente genial como para despreciar a nadie, nunca.» Paul Walker.
80. Éxito: hacer lo correcto (conocimiento), hacerlo bien (ejecución), hacerlo siempre (consistencia).
81. Éxito = Mentalidad + Aprendizaje + Mejora.
82. Éxito = Ambición + Humildad + Determinación.
83. No se trata de hacer muchas cosas a un nivel «mediocre» sino de hacer alguna a un nivel «excelente.» FOCO.
84. Los buenos emprendedores siempre están pensando en vender y en crecer.
85. El futuro siempre nos reserva algo mejor si tenemos el coraje de seguir luchando: quien resiste, vence.
86. Primero define tu *lifestyle*, luego define tu modelo de negocio. Lo contrario se paga caro.
87. Hablar en público es una de las mejores formas de mejorar tu marca personal.
88. Hablar en público es un privilegio que debemos aprovechar.
89. Las presentaciones de éxito son: *emocionantes* (nos tocan el corazón), *originales* (nos enseñan algo) y *memorables* (no las olvidamos).
90. En los negocios, la incapacidad de comunicar castiga mucho.
91. Si te niegas a ti mismo, sólo puedes aspirar a la mediocridad: sé auténtico.
92. Si te dejas llevar por tu instinto, la vida te guiará.
93. «Lo que resulta realmente difícil e increíble es dejar de tratar de ser perfecto y empezar a ser uno mismo.» Anna Quindlen.

94. Escapa de la competencia a través de la autenticidad: sólo hay un tú.

95. Una buena fórmula: valentía ante el miedo; humildad ante el éxito; resiliencia ante la adversidad; autenticidad siempre.

96. Ser humano no significa ser de una determinada manera: tu grandeza está en tu diferencia.

97. El éxito consiste en ir quitando capas hasta que quede tu esencia y explotar esa esencia.

98. Nuestras virtudes son nuestros defectos: explota tu singularidad (autenticidad).

99. Podrás dejar tu huella en el mundo cuando descubras quién eres de verdad y te atrevas a serlo.

100. Hasta que no descubres quién eres no sabes lo que necesitas.

101. No copies a otros porque nadie es tan bueno como el original.

102. Copiar nunca te permitirá dejar una huella significativa en los demás.

103. Ser normal te convierte en invisible.

104. En la vida hay muchos juegos, así que mejor jugar a uno al que se pueda ganar.

105. Si tienes un don, no lo malgastes.

106. Uno sólo puede ser su mejor versión a través de sus fortalezas.

107. El valor de tu marca personal viene definido por tus clientes y tu facturación.

108. La gente a la que le va bien habla de clientes y resultados; la gente a la que no le va bien habla de conocimientos y títulos.

109. No intentes convencer, convence (con resultados).

110. Deja siempre claros tus resultados cuando quieras ganar (construir) autoridad.

111. No confundas autoridad (resultados) con visibilidad (seguidores): muchos seguidores no significan mucha influencia.

112. Vivir es vender.
113. El mercado nunca premia el esfuerzo que haces sino el valor que aportas.
114. Hazte visible: lo que no se anuncia no se vende.
115. Si tienes algo de lo que sentirte orgulloso, haz que la gente se entere.
116. Ser visible no es ser extravagante: es poner en valor aquello que uno sabe hacer.
117. Ponerse en valor implica visibilidad, pero ser visible no implica aportar valor.
118. Si sabes lo que vales, exige lo que mereces.
119. Lo que no sabes te mantiene pobre: invierte en ti mismo.
120. Para ganar más, aprende más.
121. El problema es que la mayoría de la gente se cree sus propias mentiras.
122. El principal pecado del ser humano es el autoengaño.
123. La verdad siempre es incómoda porque nos obliga a cambiar.
124. Las opiniones de los demás no pagan las facturas.
125. Los ganadores son indiferentes a las críticas.
126. O criticas o rindes.
127. Cuanto más ocioso estás, más pendiente de la vida de los demás.
128. Cuando estás enfocado y ocupado, no tienes tiempo de vivir atento a las vidas ajenas.
129. Cuando alguien te envía su veneno y te lo tomas como algo personal, te lo tragas y se convierte en tuyo. Ignora.
130. No puedes llevar una vida auténtica sin decepcionar a algunas personas.
131. No puedes ser admirado sin antes ser criticado.
132. Maestro, ¿qué es trabajar en uno mismo? Dejar de esperar que los otros cambien.
133. Tener expectativas sobre otras personas es un juego muy peligroso.
134. O controlas tu agenda o eres la agenda de otros.

385

135. Sin prioridades no se puede llegar a ningún sitio interesante.

136. Cuando tienes demasiadas prioridades, las verdaderas prioridades pierden importancia.

137. Decir «no tengo tiempo» es otra forma de decir «no es prioritario» para mí.

138. Decir «sí» a todo es lo mismo que decir «sí» a nada.

139. Todos tenemos tiempo cuando tenemos ganas (es importante).

140. Las urgencias de otros no tienen por qué ser tus prioridades.

141. Cuando te enfocas con determinación en algo, empiezan a ocurrir cosas buenas en esa dirección.

142. Todo empieza a alinearse a tu favor en el momento que tienes claro lo que quieres y tomas acción.

143. Ante todo, FOCO. «Sé como un sello de correos: pégate a una cosa hasta que llegues a tu destino.» Josh Billings.

144. La gente pobre es campeona en desperdiciar el tiempo.

145. La pobreza es la ineficiente utilización de las horas. Busca la simplicidad a toda costa: el éxito se explica por unas pocas causas.

146. El problema de la multitarea es que es adictiva: cuanto más se practica, más difícil es desprenderse de ella.

147. La única manera de hacer mucho y llegar a mucho es: delegar, delegar y delegar.

148. Presta atención a tus emociones: detrás de las emociones que más nos *molestan*, están las cosas que más nos *importan*.

149. No puedes permitir que las emociones guíen tus decisiones (acciones) o estás perdido.

150. Todos tenemos un lado oscuro: o lo controlas o te controla a ti.

151. Entender nuestras emociones nos ayuda a controlar mejor nuestras ansiedades.

152. «Hombre que no controla sus emociones, hombre que no controla sus inversiones.» Warren Buffett.

153. No puedes tener éxito sin estrés. El estrés bien gestionado saca lo mejor de las personas.
154. «La vida es cometer errores y la muerte es desear haber cometido más.» Andy Tennant.
155. No puedes hacer nada original si no estás preparado para equivocarte.
156. Las equivocaciones casi siempre son producto de una mala interpretación de la realidad.
157. Intenta y falla, pero no falles en intentarlo.
158. Dos grandes enemigos en la toma de decisiones: sesgos cognitivos y ego.
159. «Lo peligroso de los sesgos cognitivos es que fácilmente los reconocemos cuando actúan en los demás, pero no en nosotros mismos.» Richard Thaler.
160. Las personas tomamos muchas decisiones que no son racionales, pero son humanas.
161. «La gente no piensa lo que siente, no dice lo que piensa y no hace lo que dice.» David Ogilvy.
162. Cuanto más convulsos sean los tiempos, más necesidad de parar, pensar y reflexionar.
163. Sólo hay dos formas de conseguir las cosas: con poder o con influencia.
164. El arte de las relaciones es el arte de conocer la naturaleza humana: si conoces a las personas, tendrás la respuesta adecuada.
165. Escuchar no es hacer caso a lo que a uno le dicen, pero sí estar mejor preparado para tomar decisiones.
166. Nadie es tan inútil que no puede aportar algo, ni nadie tan perfecto que lo sepa todo.
167. Cuando escuchas pensando que tienes la razón, no escuchas.
168. Conocer (mejor) a otra persona es aprender a descifrar sus silencios.
169. Hay más verdad en los silencios que en las palabras.
170. Los triunfadores no lo son sólo por lo que consiguen, sino por los valores que representan.

171. Si ser humano significa algo, es ser éticamente responsable.
172. Sin ética la vida no tiene sentido.
173. Ética: la sabiduría de decidir bien.
174. La ética no es una cuestión de palabras sino de hechos: puede ceder ante el miedo y la avaricia.
175. Contrata a la persona, no al CV.
176. Contratar es una apuesta, despedir no.
177. En caso de duda, no contrates.
178. «No importa lo brillante que sea tu mente o tu estrategia, si juegas en solitario perderás.» Reid Hoffman.
179. Liderar es conseguir que la gente dé lo mejor.
180. El límite de crecimiento de una empresa está en el desarrollo de sus profesionales.
181. Hay líderes sin cargos y cargos que no son líderes.
182. Necesitamos buenos líderes, pero también buenos seguidores.
183. No puedes vivir rodeado de mediocridad y que no te salpique.
184. La gestión de las emociones, con *inteligencia* o *negligencia*, determina gran parte de nuestra vida.
185. El mundo emocional está íntimamente ligado con el cuerpo.
186. El cuerpo nunca miente: refleja lo que ocurre en los planos emocional y mental.
187. Las emociones no pueden ser ignoradas sin tener consecuencias.
188. Las emociones bloqueadas causan estrés en la mente y en el cuerpo.
189. Aquello que es rechazado y no es sentido, permanece igual. Al sentirlo, cambia.
190. Huir de emociones incómodas nos empobrece emocionalmente.
191. Sentirse mal forma parte la vida: las emociones dolorosas también hay que sentirlas y luego dejarlas ir.

192. El mayor error al hablar de la felicidad es pensar que ser feliz es estar alegre todo el tiempo.

193. La positividad extrema es perjudicial: las personas que persiguen la felicidad a toda costa presentan mayores niveles de ansiedad y depresión.

194. Ser fuertes no significa suprimir nuestras emociones.

195. Aparentar ser fuerte no es ser fuerte.

196. No podemos sanar lo que no nos permitimos sentir.

197. Puedes huir de la vida, pero la vida no huye de ti.

198. Escapar es simplemente una mudanza de problemas.

199. En la vida sólo hay dos opciones: encerrarnos en nosotros mismos o abrirnos a la vida.

200. Cuando no niego lo que siento, el dolor se siente de otra forma (más amable).

201. «Cuando aprendes a sufrir, sufres menos.» Thich Nhat Hanh.

202. El duelo es el precio a pagar por amar y pensar en grande.

203. Se llama *duelo* porque *duele*.

204. «El que sabe de dolor, todo lo sabe.» Dante Alighieri.

205. Sin sufrimiento sólo conoceríamos una parte pequeña de la vida.

206. Sólo los que se atreven a vivir, sufren. El resto sobreviven.

207. Sólo desde la vulnerabilidad podemos alcanzar nuestro auténtico potencial.

208. La vulnerabilidad conduce a la autenticidad; la autenticidad al despliegue de nuestras posibilidades.

209. El autoconocimiento es la única manera de apartarse de la oscuridad sin recurrir a la huida (que es lo habitual).

210. Hay que aprender a aceptarse sin crueldad.

211. No te conviertes en mejor persona por tratarte mal.

214. La compasión mejora nuestra relación con los demás y con la vida.

215. Las personas compasivas sufren menos ansiedad y depresión.

216. «Si tu compasión no te incluye a ti mismo, está incompleta.» Jack Kornfield.
217. La compasión y la empatía siempre tienen consecuencias positivas.
218. El apoyo y la ayuda son fundamentales para progresar, y para ello hay que hacérselo saber a los demás.
219. La mayoría de la gente no reconoce un problema hasta que toca fondo.
220. Con apoyos emocionales, las dificultades se convierten en retos.
221. Con otros siempre es más fácil; con otros siempre se llega más lejos.
222. Puedes estar en la oscuridad, pero no eres oscuridad.
223. La excelencia exige pasión.
224. La excelencia es el resultado natural de nuestro propósito.
225. La excelencia descarta competencia.
226. Si no tienes un jefe que te exija, estás en el lugar equivocado.
227. Para tener éxito, haz de tu profesión un arte. No existe profesión pequeña, existe trabajo hecho con desgana.
228. La pasión te conecta con tu propósito.
229. Sigues adelante porque te importa: hay propósito.
230. La disciplina es la consecuencia de tener un motivo para ser disciplinado.
231. Tener muy presente por qué empezaste te da fuerza para seguir.
232. «Si estás trabajando en algo que te importa de verdad, nadie tiene que empujarte: tu visión te empuja.» Steve Jobs.
233. Tomar conciencia de nuestro propósito lo cambia todo: el propósito da sentido al trabajo y a la vida.
234. Ser importante no es lo más importante. Servir (aportar valor) sí lo es.
235. El problema es que hay mucho movimiento y poca acción. La acción se dirige siempre a un fin.
236. No te preguntes «cómo puedo tener más éxito», pregúntate «cómo puedo ser más útil».

237. Para atraer dinero, debes merecer dinero.
238. Entrégate más y tu vida te llenará más.
339. Lo que ayuda a la gente, ayuda a los negocios.
240. El éxito es una mezcla de pasión (disfrute) y contribución (aportar).
241. «La vida no se hace insoportable por las circunstancias, sino por la falta de sentido y propósito.» Viktor Frankl.
242. Si persigues un sueño y un «no» puede desanimarte, entonces no es tu sueño.
243. Una buena actitud combina con todo.
244. Tu actitud ante el fracaso determina tu actitud después del fracaso.
245. Un cambio en la interpretación de lo que ocurre produce un cambio en la emoción y en su intensidad.
246. No hay fuerzas externas que puedan alterarte emocionalmente por mucho que lo parezca: te alteras tú a ti mismo con tus pensamientos.
247. Pensamientos productivos (destructivos) = resultados positivos (negativos).
248. «Eres tú, con tu forma de hablarte cuando te caes, el que determina si te has caído en un bache o en una tumba.» William James.
249. «La paz interior empieza en el momento en que eliges no permitir que otra persona o evento controle tus emociones.» Pema Chödrön.
250. Mientras más paz (interior) haya en tu vida más feliz vas a ser.
251. «La felicidad no es un derecho sino un deber, porque si no eres feliz estás amargando a todo el mundo.» Facundo Cabral.
252. En cualquier circunstancia se puede crecer. Es una elección.
253. Cuando aceptamos (abrazamos) la realidad, despejamos el camino para que algo bueno se manifieste.
254. La mayor parte de nuestro sufrimiento procede de la no-aceptación.

255. Cuando aceptas que la vida es como es, no como te gustaría que fuese, todo es más sencillo.

256. El lenguaje del dolor es universal: todos sufrimos.

257. El estrés no existe, sólo una mala gestión de las emociones.

258. Más *libros* = Más *libres*.

259. Hay libros a los que hay que acudir, no tanto por lo que aportan sino por las sensaciones (inspiración) que despiertan.

260. Hay libros que curan, y si no curan, dan compañía.

261. No es lo mismo estar solo, que sentirse solo.

262. La soledad también puede darte grandes momentos.

263. No damos importancia a la salud cuando nos sobra.

264. Muchos problemas de salud (como otros de tantos ámbitos) se pueden evitar con prevención y anticipación.

265. El problema de los malos hábitos es que sus efectos nunca son inmediatos.

266. No hace falta explicación para que el vicio exista, es fácil entregarse a él.

267. Aprende a respirar bien: tu respiración es lo único que está contigo desde que naces hasta que mueres.

268. Aprender a respirar es aprender a vivir mejor.

269. La respiración afecta a la salud, a la longevidad y la resistencia.

270. El sol sólo puede apreciarse por su ausencia: cuanto más largos sean los días de lluvia, tanto más se ansía el sol.

271. «La vida sólo está disponible en el presente.» Thich Nhat Hanh.

272. Es sencillo ser feliz, lo difícil es ser sencillo.

273. «A veces no necesitamos que alguien nos arregle, sólo necesitamos que alguien nos quiera mientras nos arreglamos nosotros mismos.» Julio Cortázar.

274. La mejor medicina contra la tristeza es el cariño (afecto).

275. Tener dinero ayuda a la felicidad, pero tiene menos influencia de la que se cree.

276. Todos buscamos lo mismo: ser aceptados, comprendidos y queridos.

277. A las personas no les interesa cuánto sabes, sino cuánto les importas.
278. La felicidad empieza por la gratitud.
279. Ser felices hace que ocurran cosas buenas.
280. ¿Cuál es el problema? Que en algún momento dejaste de confiar en ti mismo.
281. Creer que alguien más tiene la culpa es lo que te impide cumplir tus sueños.
282. Hay gente que no busca un coach, busca a alguien que le solucione la vida: no es posible.
283. En última instancia, la misión de un coach es ayudar a la gente a creer en sí misma.
284. Cuando confiamos (tenemos fe), las fuerzas creativas del universo convergen respecto a aquello en lo que confiamos (creemos).
285. Da un pequeño paso con fe en dirección a un sueño y mira cómo se abren las puertas de la *sincronía*.
286. Cuando lo imaginas (lo sientes), ya lo estás creando, aunque de momento sólo sea en el plano mental.
287. Decide. Actúa. Focalízate. Comprométete. No desistas. Ten fe (confía).
288. La fe es la evidencia de lo imposible; la fe es la consciencia de la posibilidad.
289. La fe te regala el valor que necesitas para atreverte.
290. Felicidad; esto es, FE(licidad).
291. Debes convencerte de que hay una conexión cierta entre la realidad *invisible* (imaginación) y la realidad *visible* (manifestación).
292. El universo tiene formas de actuar que escapan a nuestro control y capacidad de entendimiento: confía.
293. No se puede vivir sin esperanza: si no hay esperanza, te resignas.
294. Esforzarnos por cultivar una actitud de esperanza es una de las formas más poderosas de vivir.
295. La esperanza multiplica tu fuerza.

296. «La esperanza no es la convicción de que las cosas saldrán bien, sino la certidumbre de que algo tiene sentido, sin importar el resultado final.» Václav Havel.
297. No es posible encontrar una paz interior plena teniendo temas emocionales pendientes por solucionar.
298. Crecer (madurar) es aprender a decir adiós.
299. La finalidad de nuestro paso por el mundo es aprender lo que es el amor: aprender a amar.
300. «El amor es el puente entre tú y todo lo demás.» Rumi.

Querid@ lector@

Antes de nada, me gustaría darte las gracias por haber elegido *Aprendiendo de los mejores 5* entre tus lecturas. Espero que hayas disfrutado del libro y te haya aportado ideas y reflexiones de valor para llevar a la práctica en tu vida personal y profesional.

Te animo también, si no lo has hecho todavía, a que leas los volúmenes anteriores que incluyen más personajes interesantes de ámbitos diferentes al de este quinto volumen.

Para terminar, me gustaría pedirte tu opinión sincera acerca de libro. Para cualquier persona, antes de comprar o leer un libro, las opiniones de otras personas —las críticas— son referencias muy importantes para no perder tiempo ni gastar dinero sin sentido.

Por este motivo, te agradezco que me dejes tu valoración del libro en cualquiera de los canales que utilices (Amazon, Goodreads, Google Play, iTunes, Casa del Libro, Audible…). Siéntete libre para expresar tu opinión con total honestidad.

A cambio, me gustaría ofrecerte una copia de mi *e-book Lidera tu marca personal*, que estoy seguro de que te gustará y aportará ideas interesantes para tu desarrollo.

Ponte en contacto conmigo en <info@aprendiendodelosmejores.es> y mándame un pantallazo de tu reseña o comentario donde aparezca tu nombre y apellidos para comprobar tu identidad y te enviaré tu regalo.

Asimismo, me tienes a tu disposición en esa dirección de mail para comentar cualquier otro tema que pueda ser de tu interés.

Te deseo todo lo mejor.

ANEXO I. Clasificación por temáticas y disciplinas

A continuación te dejo una relación de todos los personajes incluidos tanto en este volumen 5 como en los cuatro volúmenes anteriores, clasificados por temáticas/disciplinas, para que te sea más fácil dirigirte a aquéllos que más te puedan interesar en función de tus preferencias. En algunos casos se han incluido en varias categorías para facilitar su identificación. Asimismo, para distinguir a los personajes femeninos y masculinos, en el primer caso aparecen con fondo oscuro.

ACTITUD
Guido Orefice (*La vida es bella*), vol. 4, p. 193

ANTROPOLOGÍA
Jane Goodall, vol. 3, p. 161

ARQUITECTURA
Frank Gehry, vol. 3, p. 105

ARTE
Frida Kahlo, vol. 5, p. 113   Leonardo da Vinci, vol. 3, p. 195

AUTENTICIDAD
Elizabeth Gilbert, vol. 4, p. 147

AUTOCONOCIMIENTO
Lise Bourbeau, vol. 5, p. 211

AUTOESTIMA
Nathaniel Branden, vol. 3, p. 285

BIOLOGÍA
Bruce Lipton, vol. 3, p. 51

CAMBIO
Chip & Dan Heath, vol. 5, p. 79

CIENCIA
Albert Einstein, vol. 2, p. 33
Eduardo Punset, vol. 1, p. 111

CINE
Eliot Ness (*Los Intocables*),
    vol. 4, p. 137
El Pescaíto (*Capitanes intrépidos*),
    vol. 5, p. 137
El Principito, vol. 4, p. 159
El Rey León, vol. 5, p. 103
Forrest Gump, vol. 4, p. 181

COACHING
Bernard Hiller, vol. 5, p. 47
John Whitmore, vol. 4, p. 241

COMPASIÓN
Kristin Neff, vol. 5, p. 197
Lise Bourbeau, vol. 5, p. 211

COMUNICACIÓN
Oprah Winfrey, vol. 1, p. 241

CREATIVIDAD
Dabiz Muñoz, vol. 5, p. 93
Elizabeth Gilbert, vol. 4, p. 147

Bernard Hiller, vol. 5, p. 47

James Clear, vol. 4, p. 205

Marie Curie, vol. 3, p. 219
Nikola Tesla, vol. 5, p. 273

Guido Orefice (*La vida es bella*),
    vol. 4, p. 193
Mary Poppins, vol. 5, p. 247
Vito Corleone (*El Padrino*),
    vol. 5, p. 367
Will Smith, vol. 1, p. 363

Sócrates, vol. 3, p. 385

Pema Chödrön, vol. 5, p. 285

Ferran Adrià, vol 1, p. 119
Julia Cameron, vol. 5, p. 173

DEPORTE

Arnold Schwarzenegger, vol. 4, p. 69
Carlo Ancelotti, vol. 5, p. 57
Jorge Valdano, vol. 2, p. 199
Kobe Bryant, vol. 4, p. 251
Michael Jordan, vol. 2, p. 245

Muhammad Ali, vol. 2, p. 253
Pau Gasol, vol. 3, p. 319
Phil Jackson, vol. 2, p. 303
Rafa Nadal, vol. 3, p. 341
Toni Nadal, vol. 1, p. 331

DERECHOS HUMANOS / ACTIVISTAS

Eleanor Roosevelt, vol. 2, p. 105
Gandhi, vol. 1, p. 127
Helen Keller, vol. 2, p. 145
Jane Goodall, vol. 3, p. 161
Mafalda, vol. 5, p. 225

Martin Luther King, vol. 3, p. 231
Maya Angelou, vol. 3, p. 241
Mungi Ngomane, vol. 4, p. 317
Nelson Mandela, vol. 1, p. 229
Simone de Beauvoir, vol. 5, p. 331

DESARROLLO PERSONAL

Alex Banayan, vol. 4, p. 23
Angela Dukworth, vol. 4, p. 45
Anthony Robbins, vol. 1, p. 43
Brené Brown, vol. 3, p. 41
Brian Tracy, vol. 1, p. 61
Carol Dweck, vol. 4, p. 91
David J. Schwartz, vol. 1, p. 91
Earl Nightingale, vol. 3, p. 71
Hal Elrod, vol. 3, p. 125
Jack Canfield, vol. 1, p. 145
James Altucher, vol. 2, p. 177

Jim Rohn, vol. 1, p. 175
John C. Maxwell, vol. 1, p. 181
Mel Robbins, vol. 3, p. 253
Napoleon Hill, vol. 1, p. 221
Naval Ravikant, vol. 5, p. 259
Og Mandino, vol. 1, p. 235
Robin S. Sharma, vol. 1, p. 283
Stephen Covey, vol. 1, p. 295
Tim Grover, vol. 5, p. 355
W. Clement Stone, vol. 3, p. 455
Zig Ziglar, vol. 1, p. 369

EDUCACIÓN

Angela Duckworth, vol. 4, p. 45
Carol Dweck, vol. 4, p. 91

Ken Robinson, vol. 5, p. 185

EMPRENDIMIENTO

Alexander Osterwalder, vol. 5, p. 37
Amancio Ortega, vol. 1, p. 37
Aristóteles Onassis, vol. 2, p. 41
Bill Gates, vol. 1, p. 55
Carlos Slim, vol. 1, p. 67
Coco Chanel, vol. 2, p. 63
Donald Trump, vol. 1, p. 105
Elon Musk, vol. 3, p. 81
Eric Ries, vol. 4, p. 169

Guy Kawasaki, vol. 1, p. 133
Henry Ford, vol. 1, p. 139
Howard Schultz, vol. 2, p. 153
Jack Ma, vol. 2, p. 169
Jason Fried, vol. 5, p. 163
Jeff Bezos, vol. 1, p. 157
John D. Rockefeller, vol. 2, p. 191
Leopoldo Fernández Pujals, vol. 2, p. 223

Marc Randolph, vol. 4, p. 273
Mary Kay Ash, vol. 2, p. 237
M. J. DeMarco, vol. 3, p. 263
Naval Ravikant, vol. 5, p. 259
Peter Thiel, vol. 3, p. 331
Phil Knight, vol. 2, p. 311
Ray Kroc, vol. 2, p. 327

Reid Hoffman, vol. 5, p. 297
Richard Branson, vol. 1, p. 271
Salim Ismail, vol. 5, p. 319
Steve Jobs, vol. 1, p. 301
Tim Ferriss, vol. 2, p. 365
Walt Disney, vol. 2, p. 373

ESPIRITUALIDAD

Bruce Lee, vol. 2, p. 49
Dalái Lama, vol. 1, p. 73
Deepak Chopra, vol. 1, p. 97
Eckhart Tolle, vol. 2, p. 95
Hermann Hesse, vol. 3, p. 331
Jay Shetty, vol. 4, p. 217
Lao Tsé, vol. 1, p. 187
Louise Hay, vol. 1, p. 193

Maya Angelou, vol. 3, p. 241
Miguel Ruiz, vol. 4, p. 305
Neale Donald Walsch, vol. 2, p. 261
Osho, vol. 1, p. 247
Pema Chödrön, vol. 5, p. 285
Rumi, vol. 2, p. 343
Thich Nhat Hanh, vol. 1, p. 319
Wayne W. Dyer, vol. 1, p. 357

ESTOICISMO

Marco Aurelio, vol. 3, p. 207
Ryan Holiday, vol. 3, p. 363

Séneca, vol. 4, p. 341

ESTRATEGIA

Michael Porter, vol. 1, p. 215
Robert Greene, vol. 5, p. 309

Sun Tzu, vol. 1, p. 307

ÉTICA / VALORES

Eliot Ness (*Los Intocables*),
 vol. 4, p. 137

El Pescaíto (*Capitanes intrépidos*),
 vol. 5, p. 137

FELICIDAD

El Principito, vol. 4, p. 159
Robert A. Emmons, vol. 3,
 p. 351

Sonja Lyubomirsky, vol. 3,
 p. 397
Tal Ben-Shahar, vol. 3, p. 421

FEMINISMO

Frida Kahlo, vol. 5, p. 113
Simone de Beauvoir, vol. 5, p. 331

Virginia Woolf, vol. 4, p. 353

FILOSOFÍA

Aristóteles, vol. 4, p. 59
Bertrand Russell, vol. 1, p. 49

Henry David Thoreau, vol. 1, p. 85
Jiddu Krishnamurti, vol. 1, p. 169

Marco Aurelio, vol. 3, p. 207
Ralph Waldo Emerson, vol. 1, p. 265

Séneca, vol. 4, p. 341
Simone de Beauvoir, vol. 5, p. 331
Sócrates, vol. 3, p. 265

FÍSICA CUÁNTICA
Joe Dispenza, vol. 3, p. 173

FOCO
Cal Newport, vol. 4, p. 79

GASTRONOMÍA
Dabiz Muñoz, vol. 5, p. 93

Ferran Adrià, vol. 1, p. 119

GESTIÓN DEL TALENTO
Lynda Gratton, vol. 4, p. 261

GRATITUD
Robert A. Emmons., vol. 3, p. 351

HÁBITOS
Aristóteles, vol. 4, p. 59
James Clear, vol. 4, p. 205

Hal Elrod, vol. 3, p. 125
Stephen Covey, vol. 1, p. 295

HABLAR EN PÚBLICO / PRESENTACIONES
Carmine Gallo, vol. 5, p. 69
Chris Anderson, vol. 2, p. 55

Nancy Duarte, vol. 3, p. 275

HERRAMIENTAS / MÉTODOS / MODELOS / PRINCIPIOS
Alexander Osterwalder / Modelo Canvas, vol. 5, p. 37
David Allen / Método GTD, vol. 2, p. 77
Eric Ries / Método Lean Startup, vol. 4, p. 169
Hal Elrod / Método Salvavidas, vol. 3, p. 125
James Clear / 4 leyes del cambio, vol. 4, p. 205

John Whitmore / Modelo Grow, vol. 4, p. 241
Martin Seligman / Modelo Perma, vol. 5, p. 235
Mel Robbins / Regla 5 segundos, vol. 3, p. 253
Robert B. Cialdini / 7 principios de influencia, vol. 4, p. 329
Susan David / 4 pasos de Agilidad Emocional, vol. 5, p. 341

HUMOR
Groucho Marx, vol. 3, p. 115

INFLUENCIA / PERSUASIÓN

Dale Carnegie, vol. 1, p. 79
Keith Ferrazzi, vol. 2, p. 207
Olivia Fox, vol. 3, p. 295

Robert B. Cialdini, vol. 4, p. 329
Robert Greene, vol. 5, p. 309

INNOVACIÓN

Dabiz Muñoz, vol. 5, p. 93
Eric Ries, vol. 4, p. 169

Ferran Adrià, vol. 1, p. 119
Salim Ismail, vol. 5, p. 319

INNOVACIÓN CONTINUA

Eric Ries, vol. 4, p. 169

Salim Ismail, vol. 5, p. 319

INTELIGENCIA / AGILIDAD EMOCIONAL

Daniel Goleman, vol. 2, p. 69

Susan David, vol. 5, p. 341

INVENTOR

Nikola Tesla, vol. 5, p. 273

INVERSIÓN / LIBERTAD FINANCIERA

Aitor Zárate, vol. 2, p. 25
Charlie Munger, vol. 4, p. 103
Kim Kiyosaki, vol. 2, p. 215
M. J. DeMarco, vol. 3,
p. 263
Ray Dalio, vol. 2, p. 319

Robert Kiyosaki, vol. 1,
p. 277
T. Harv Eker, vol. 1, p. 313
T. J. Stanley/W. D. Danko,
vol. 2, p. 357
Warren Buffett, vol. 1, p. 351

LENGUAJE CORPORAL

Amy Cuddy, vol. 4, p. 35

LIDERAZGO

Adam Grant, vol. 5, p. 25
Carlo Ancelotti, vol. 5, p. 57
Daniel Coyle, vol. 4, p. 125
Eliot Ness, vol. 4, p. 137
El Rey León, vol. 5, p. 103
Inma Shara, vol. 2, p. 161
Jack Welch, vol. 1, p. 151
James Kerr, vol. 3, p. 149
Jim Collins, vol. 4, p. 229
Mary Poppins, vol. 5, p. 247
Pablo Isla, vol. 3, p. 309

Peter F. Drucker, vol. 1,
p. 253
Sheryl Sandberg, vol. 2,
p. 351
Simon Sinek, vol. 3, p. 373
Tom Peters, vol. 1, p. 325
Vito Corleone (El Padrino),
vol. 5, p. 367
Warren Bennis, vol. 1, p. 345
Winston Churchill, vol. 3,
p. 467

LITERATURA

Elizabeth Gilbert, vol. 4, p. 147
El Principito, vol. 4, p. 159
Hermann Hesse, vol. 3, p. 137
J. K. Rowling, vol. 2, p. 185
Maya Angelou, vol. 3, p. 241
Paulo Coelho, vol. 2, p. 295

Rumi, vol. 2, p. 343
Simone de Beauvoir, vol. 5, p. 331
Steven Pressfield, vol. 3, p. 409
Virginia Woolf, vol. 4, p. 353
Winston Churchill, vol. 3,
   p. 467

MARCA PERSONAL

Reid Hoffman, vol. 5, p. 297

MARKETING

Philip Kotler, vol. 1, p. 259

Seth Godin, vol. 1, p. 289

MEDICINA

Luis Rojas Marcos, vol. 1, p. 199

Valentín Fuster, vol. 1, p. 339

MEDITACIÓN / *MINDFULNESS*

Pema Chödrön, vol. 5, p. 285

MERCADO LABORAL / EMPLEO

Lynda Gratton, vol. 4, p. 261

METODOLOGÍAS AGILES

Eric Ries, vol. 4, p. 169

Salim Ismail, vol. 5, p. 319

MODA

Coco Chanel, vol. 2, p. 63

MUERTE

Elisabeth Kübler-Ross, vol. 2, p. 113

MÚSICA

Inma Shara, vol. 2, p. 161

NEGOCIACIÓN

Chris Voss, vol. 4, p. 113

Donald Dell, vol. 2, p. 87

NETWORKING

Dale Carnegie, vol. 1, p. 79
Keith Ferrazzi, vol. 2, p. 207

Olivia Fox, vol. 3, p. 295

NEUROCIENCIA
Matthew Walker, vol. 4, p. 295

NÓMADA / *KNOWMAD* DIGITAL
Jason Fried, vol. 5, p. 163
Reid Hoffman, vol. 5, p. 297

Tim Ferriss, vol. 2, p. 365

NUEVO PENSAMIENTO / CIENCIA MENTAL
Earl Nightingale, vol. 3, p. 71
Joseph Murphy, vol. 3, p. 183
Napoleon Hill, vol. 1, p. 221
Neville Goddard, vol. 2,
  p. 269

Norman Vincent Peale, vol. 2, p. 285
Rhonda Byrne, vol. 2, p. 335
W. Clement Stone, vol. 3, p. 455
William Walker Atkinson, vol. 2,
  p. 381

ORDEN
Marie Kondo, vol. 4, p. 285

ORGANIZACIONES EXPONENCIALES
Salim Ismail, vol. 5, p. 319

PENSADORES DEL *MANAGEMENT*
Adam Grant, vol. 5, p. 25
Daniel Pink, vol. 3, p. 61
Eric Ries, vol. 4, p. 169
Gary Hamel, vol. 5, p. 123
Jim Collins, vol. 4, p. 229
Lynda Gratton, vol. 4, p. 261
Michael Porter, vol. 1, p. 215

Peter F. Drucker, vol. 1, p. 252
Philip Kotler, vol. 1, p. 259
Simon Sinek, vol. 3, p. 373
Stephen Covey, vol. 1, p. 295
Tom Peters, vol. 1, p. 325
Warren Bennis, vol. 1, p. 345

PODER
Robert Greene, vol. 5, p. 309

POLÍTICA
Benjamin Franklin, vol. 3, p. 31

Winston Churchill, vol. 3, p. 467

PRODUCTIVIDAD
Cal Newport, vol. 4, p. 79
David Allen, vol. 2, p. 77

Tim Ferriss, vol. 2, p. 365

PROPÓSITO / SENTIDO DE VIDA
El Principito, vol. 4, p. 159
Simon Sinek, vol. 3, p. 373

Viktor Frankl, vol. 3, p. 431

PSICOLOGÍA
Amy Cuddy, vol. 4, p. 35
Angela Duckworth, vol. 4, p. 45
Carol Dweck, vol. 4, p. 91
Daniel Goleman, vol. 2, p. 69
Kristin Neff, vol. 5, p. 197
Martin Seligman, vol. 5, p. 235

Robert A. Emmons, vol. 3, p. 351
Robert B. Cialdini, vol. 4, p. 329
Sonja Lyubomirsky, vol. 3, p. 397
Susan David, vol. 5, p. 341
Tal Ben-Shahar, vol. 3, p. 397

PSICOLOGÍA POSITIVA
Martin Seligman, vol. 5, p. 235
Robert A. Emmons., vol. 3,
    p. 351

Sonja Lyubomirsky, vol. 3,
    p. 397
Tal Ben-Shahar, vol. 3, p. 397

PSICOTERAPIA
Nathaniel Branden, vol. 3, p. 285
Viktor Frankl, vol. 3, p. 431

Virginia Satir, vol. 3, p. 443

PSIQUIATRÍA
Elisabeth Kübler-Ross, vol. 2,
    p. 113

Luis Rojas Marcos, vol. 1, p. 199
Viktor Frankl, vol. 3, p. 431

RELACIÓN MENTE-CUERPO
Bruce Lipton, vol. 3, p. 51
Deepak Chopra, vol. 1, p. 97

Joe Dispenza, vol. 3, p. 173
Louise Hay, vol. 1, p. 193

RESILIENCIA / SUPERACIÓN PERSONAL
Arnold Schwarzenegger, vol. 4,
    p. 69
Ernest Shackleton, vol. 3, p. 93
Forrest Gump, vol. 4, p. 181
Frida Kahlo, vol. 5, p. 113

Gustavo Zerbino, vol. 2, p. 137
Hal Elrod, vol. 3, p. 125
Helen Keller, vol. 2, p. 145
Nick Vujicic, vol. 2, p. 277
Viktor Frankl, vol. 3, p. 431

RESPIRACIÓN
James Nestor, vol. 5, p. 149

SALUD
James Nestor, vol. 5, p. 149
Matthew Walker, vol. 4, p. 295

Valentín Fuster, vol. 1, p. 339

SOCIOLOGÍA
Brené Brown, vol. 3, p. 41

SOLIDARIDAD / ACCIÓN SOCIAL
Madre Teresa de Calcuta, vol. 1, p. 207

SPORT MANAGEMENT
Carlo Ancelotti, vol. 5, p. 57
Donald Dell, vol. 2, p. 87
James Kerr, vol. 3, p. 149

Jorge Valdano, vol. 2, p. 199
Mark Cuban, vol. 2, p. 231

START-UP
Elon Musk, vol. 3, p. 81
Eric Ries, vol. 4, p. 169
Gary Vaynerchuk, vol. 2, p. 121
Marc Randolph, vol. 4, p. 273
Mark Cuban, vol. 2, p. 231

M. J. DeMarco, vol. 3, p. 263
Peter Thiel, vol. 3, p. 331
Salim Ismail, vol. 5, p. 319
Tim Ferriss, vol. 2, p. 365

SUEÑO
Matthew Walker, vol. 4, p. 295

TALENTO
Angela Duckworth, vol. 4, p. 45

Carol Dweck, vol. 4, p. 91

TRABAJO EN EQUIPO
Daniel Coyle, vol. 4, p. 125
Eliot Ness, vol. 4, p. 137
James Kerr, vol. 3, p. 149

Mungi Ngomane, vol. 4, p. 317
Vito Corleone (*El Padrino*),
   vol. 5, p. 367

VENTAS
Grant Cardone, vol. 2, p. 129

Jeffrey Gitomer, vol. 2, p. 171

VOCACIÓN / PASIÓN
Ken Robinson, vol. 5, p. 185

ANEXO II. Documentales y películas

A continuación se detallan algunas producciones audiovisuales (documentales y películas) sobre la vida y aportaciones de los personajes de este volumen 5 y de los anteriores. No todas las producciones han sido dobladas al español, si bien en la mayoría de los casos están disponibles con subtítulos.

AMANCIO ORTEGA (vol. 1).
- *Zara, la història de l'home més ric del món* [Zara, la historia del hombre más rico del mundo]. Documental. Dirección: Florence Kieffer. Año 2016. Duración: 51 minutos.
- *Planeta Zara.* Documental. Dirección: J. Serra Mateu y M. Ruiz Calzado. Año 2002. Duración: 55 minutos.

ALBERT EINSTEIN (vol. 2). *El extraordinario genio de Albert Einstein.* Documental. Dirección: E. W. Geary. Año 2010. Duración: 1 hora y 43 minutos.

ANTHONY ROBBINS (vol. 1). *No soy tu gurú.* Documental. Dirección: Joe Berlinger. Año 2016. Duración: 1 hora y 55 minutos.

ARISTÓTELES ONASSIS (vol. 2).
- *Aristóteles Onassis: The Golden Greek.* Documental. Dirección: William Cran. Año 1992. Duración: 60 minutos.

- *Biografía de Aristóteles Onassis*. Grandes biografías de grandes personajes. APA International Film Distributors. Duración: 45 minutos.

ARNOLD SCHWARZENEGGER (vol. 4). *Pumping Iron*. Documental. Dirección: George Butler y Robert Fiore. Año: 1977. Duración: 85 minutos.

BERTRAND RUSSELL (vol. 1). *The Three Passions of Bertrand Russell*. Documental. Dirección: Will Pascoe, David Wesley. Año 2008. Duración: 2 horas y 6 minutos.

BILL GATES (vol. 1). *Bill Gates: Bajo la lupa*. Serie-Documental. Dirección: Davis Guggenheim. Año 2019. Duración: 3 capítulos (2 horas y 39 minutos).

BENJAMIN FRANKLIN (vol. 3). *Benjamin Franklin: Ciudadano del mundo*. Documental. Dirección: Adam Friedman y Monte Markham. Año 1994. Duración: 49 minutos.

BRENÉ BROWN (vol. 3). *Sé valiente*. Documental. Dirección: Sandra Restrepo. Año 2019. Duración: 1 hora y 16 minutos.

BRIAN TRACY (vol. 1). *Maximum Achievement: The Brian Tracy Story*. Documental. Dirección: Nick Nanton. Año 2017. Duración: 60 minutos.

BRUCE LEE (vol. 2).
- *Yo soy Bruce Lee*. Documental. Dirección: Pete McCormack. Año 2012. Duración: 1 hora y 34 minutos.
- *La misteriosa vida de Bruce Lee*. Documental. Dirección: Toby Russell. Año 1993. Duración: 92 minutos.

BRUCE LIPTON (vol. 3). Ver otros documentales: *Heal*.

CARLOS SLIM (vol. 1). *Gigantes de México: Carlos Slim*. Documental. Dirección: Matías Gueiburt. Año 2017. Duración: 60 minutos.

COCO CHANEL (vol. 2).
- *Las guerras de Coco Chanel*. Documental. Dirección: Jean Lauritano. Año 2018. Duración: 52 minutos.
- *Coco: de la rebeldía a la leyenda*. Película. Dirección: Anne Fontaine. Año 2009. Duración: 1 hora y 51 minutos.

DABIZ MUÑOZ (vol. 5). *El Xef*. Documental. Dirección: David F. Miralles. Año: 2016. Duración: 4 capítulos (60 minutos/capítulo).

DALE CARNEGIE (vol. 1). *Dale Carnegie: Man of influence*. Documental. A & E (Arts & Entertainment). Duración: 47 minutos.

DALÁI LAMA (vol. 1).
- *Dalái Lama-Científico*. Documental. Dirección: Dawn Engle. Año 2019. Duración: 1 hora y 30 minutos.
- *The Enlightenment*. Documental. Dirección: Natalie Fuchs. Año: 2018. Duración: 1 hora y 23 minutos.

DANIEL GOLEMAN (vol. 2). *Emotional Inteligence with Daniel Goleman*. Documental. Dirección: Rachel Lyon. Año 1999. Duración: 1 hora y 10 minutos.

DEEPAK CHOPRA (vol. 1).
- *Las 7 leyes espirituales del éxito*. Documental. Dirección: Ron Frank. Año 2006. Duración: 1 hora y 15 minutos.
- *Who Is Asking 'Who Am I?'*. Encuentro-Conversación: Deepak Chopra y Eckhart Tolle. Hay House. Año 2016.
- Ver otros documentales: *El poder del corazón*.

DONALD TRUMP (vol. 1). *Trump: un sueño americano*. Serie-Documental. Dirección: Matthew Cracknell. Año 2017. Duración: 4 capítulos (3 horas y 42 minutos).

ECKHART TOLLE (vol. 2).
- *Who Is Asking 'Who Am I?'*. Encuentro-Conversación. Hay House. Año 2016.
- Ver otros documentales: *El poder del corazón*.

ELEANOR ROOSEVELT (vol. 2).
- *The Eleanor Roosevelt Story*. Documental. Dirección: Richard Kaplan. Año 1965. Duración: 1 hora y 30 minutos.
- *Eleanor, First Lady of the World*. Documental. Dirección: John Erman. Año 1982. Duración: 1 hora y 36 minutos.

ELIOT NESS (vol. 4). *Los Intocables*. Película. Dirección: Brian De Palma. Año: 1987. Duración: 119 minutos.

ELISABETH KÜBLER-ROSS (vol. 2). *Acompañar a morir*. Documental. Dirección: Stefan Haupt. Año 1998. Duración: 1 hora y 38 minutos.

ELON MUSK (vol. 3). *The Real Life Iron Man*. Documental. Dirección: Sonia Anderson. Año 2018. Duración: 1 hora y 11 minutos.

EL PRINCIPITO (vol. 4).
- *El principito*. Película animada. Dirección: Mark Osborne. Año: 2015. Duración: 106 minutos.
- *El principito*. Película. Dirección: Stanley Donen. Año: 1974. Duración: 90 minutos.

EL REY LEÓN (vol. 5). *El Rey León.* Película. Dirección: Rob Minkoff y Roger Allers. Año: 1994. Duración: 85 minutos.

ERNEST SHACKLETON (vol. 3).
- *Atrapados en el hielo.* Documental. Dirección: George Butler. Año 2000. Duración: 1 hora y 48 minutos.
- *El capitán de Shackleton.* Documental. Docufilia. Duración: 52 minutos.

FERRAN ADRIÀ (vol. 1).
- *El Bulli: Historia de un sueño.* Serie-Documental. Dirección: David Pujol. Año 2011. Duración: 15 capítulos (14 horas y 31 minutos).
- *El Bulli: Cooking in progress.* Documental. Dirección: Gereon Wetzel. Año 2012. Duración: 1 hora y 26 minutos.

FORREST GUMP (vol. 4). *Forrest Gump.* Película. Dirección: Robert Zemeckis. Año: 1994. Duración: 142 minutos.

FRANK GEHRY (vol. 3). *Apuntes de Frank Gehry.* Documental. Dirección: Sydney Pollack. Año 2005. Duración: 1 hora y 26 minutos.

FRIDA KAHLO (vol. 5).
- *Frida Kahlo: naturaleza viva.* Película. Dirección: Paul Leduc. Año: 1983. Duración: 108 minutos.
- *Frida: la cinta que envuelve una bomba.* Documental. Dirección: Ken Mandel. Año: 1992. Duración: 60 minutos.
- *Frida.* Película. Dirección: Julie Taymor. Año: 2002. Duración: 120 minutos. Premios: Óscar a mejor maquillaje y a la mejor banda sonora original.
- *Frida Kahlo.* Documental. Dirección: Ali Ray. Año: 2002. Duración: 90 minutos.

GANDHI (vol. 1).
- *Gandhi.* Película. Dirección: Richard Attenborough. Año 1982. Duración: 3 horas y 11 minutos.
- *Tras los pasos de Gandhi.* Documental. Documentales de RT. Año 2019. Duración: 50 minutos.
- *Mahatma Gandhi: Pilgrim of peace.* Documental. Dirección: Noah Morowitz. Duración: 45 minutos.

GROUCHO MARX (vol. 3). *The unknown Marx Brothers.* Documental. Dirección: David Leaf y John Scheinfeld. Año 1993. Duración: 2 horas y 6 minutos.

GUIDO OREFICE (vol. 4). *La vida es bella.* Película. Dirección: Roberto Benigni. Año: 1997. Duración: 117 minutos.
GUSTAVO ZERBINO (vol. 2).
• *¡Viven!* Película. Dirección: Frank Marshall. Año 1993. Duración: 2 horas y 7 minutos.
• *La tragedia de los Andes.* Documental. Dirección: Frank Marshall. Año 1993. Duración: 45 minutos.
• *La sociedad de la nieve.* Documental. Dirección: Gonzalo Arijón. Año 2007. Duración: 1 hora y 50 minutos.
GUY KAWASAKI (vol. 1). *Welcome to Macintosh.* Documental. Dirección: Rob Baca, Josh Rizzo. Año 2012. Duración: 1 hora y 13 minutos.
HAL ELROD (vol. 3). *The Miracle Morning.* Documental. Dirección: Nick Conedera. Año 2018. Duración: 1 hora y 27 minutos.
HARVEY CHEYNE (El Pescaíto) (vol. 5). *Capitanes intrépidos.* Película. Dirección: Victor Fleming. Año: 1937. Duración: 116 minutos.
HELEN KELLER (vol. 2).
• *El milagro de Ann Sullivan.* Película. Dirección: Arthur Penn. Año 1962. Duración: 1 hora y 47 minutos.
• *The Unconquered: Helen Keller in Her Story.* Película. Dirección: Nancy Hamilton. Año 1954. Duración: 55 minutos.
HENRY DAVID THOREAU (vol. 1).
• *Walden: Life in the woods.* Película. Dirección: Alex Harvey. Año: 2017. Duración: 1 hora y 44 minutos.
• *Surveyor of the Soul.* Documental. Dirección: Huey. Año: 2017. Duración: 1 hora y 54 minutos.
HENRY FORD (vol. 1).
• *Ford: El hombre y la máquina.* Película. Dirección: Allan Eastman. Año 1987. Duración: 3 horas y 20 minutos.
• *Henry Ford.* Documental. History Channel. Duración: 44 minutos.
• *Henry Ford.* Documental. American Experience. Dirección: Sarah Colt. Año 2013. Duración: 1 hora y 55 minutos.
• *The Birth of Ford Motor Company.* Documental. Duración: 1 hora y 30 minutos.
HERMANN HESSE (vol. 3).
• *Hermann Hesse.* Reportaje. Programa: Un mundo feliz. Año 1982. Duración: 27 minutos.

- *Hermann Hesse-Superstar*. Documental. Dirección: Andreas Ammer. Año 2012. Duración: 30 minutos.

HOWARD SCHULTZ (vol. 2). *Starbucks Unfiltered*. Documental. Dirección: Gilles Bovon, Luc Hermann. Año 2019. Duración: 54 minutos.

JACK CANFIELD (vol. 1). Ver otros documentales: *El secreto*.

JACK MA (vol. 2). *Un cocodrilo en el Yangtze*. Documental. Dirección: Porter Erisman. Año 2012. Duración: 1 hora y 15 minutos.

JAMES KERR (vol. 3). *Todo o nada. Los All Blacks de Nueva Zelanda*. Documental. Dirección: Lance Wordsworth. Año 2018. Duración: 6 capítulos (4 horas y 20 minutos).

JANE GOODALL (vol. 3). *Jane*. Documental. Dirección: Brett Morgen. Año 2017. Duración: 1 hora y 30 minutos.

JEFF BEZOS (vol. 1).
- *El mundo según Amazon*. Documental. Dirección: Simon Brown. Año 2019. Duración: 54 minutos.
- *El imperio de Amazon: ascenso y reinado de Jeff Bezos*. Documental. Dirección: James Jacoby. Año 2019. Duración: 2 capítulos (54 minutos/capítulos).

JIDU KRISHNAMURTI (vol. 1).
- *El desafío del cambio*. Documental. Dirección: Michael Mendizza. Año 1984. Duración: 1 hora y 20 minutos.
- *Jiddu Krishnamurti: With a silent mind*. Documental. Dirección: Michael Mendizza. Año 1990. Duración: 1 hora y 40 minutos.
- *The Mind of J. Krishnamurti*. Documental. Dirección: Michael Mendizza. Duración: 59 minutos.

J. K. ROWLING (vol. 2). *Un año en la vida de J. K. Rowling*. Documental. Dirección: James Runcie. Año 2007. Duración: 48 minutos.

JOE DISPENZA (vol. 3). Ver otros documentales: *Heal* y *¿Y tú qué sabes?*

JOHN DAVISON ROCKEFELLER (vol. 2). *The Rockefellers*. Documental. American Experience. Dirección: Elizabeth Deane. Año 2000. Duración: 3 horas y 30 minutos.

KOBE BRYANT (vol. 4).
- *Dear Basketball*. Documental. Dirección: Glen Keane. Año: 2017. Duración: 5 minutos. Premio: Óscar al mejor cortometraje animado (2018).

- *Kobe: una storia italiana.* Documental. Dirección: Jesús Garcés Lambert. Año: 2022. Duración: 81 minutos.

LEONARDO DA VINCI (vol. 3).

- *Leonardo V Centenario.* Documental. Dirección: Francesco Invernizzi. Año 2019. Duración: 1 hora y 30 minutos.
- *Leonardo.* Serie-Documental. BBC. Duración: 3 capítulos (2 horas y 39 minutos).
- *El hombre del Renacimiento: Leonardo da Vinci.* Documental. Dirección: Molly Thompson. Año 1996. Duración: 45 minutos.
- *La vida de Leonardo da Vinci.* Serie-Documental. RTVE. Dirección: Renato Castellani. Año 1971. Duración: 5 capítulos (5 horas y 53 minutos).

LOUISE HAY (vol. 1). *Tú puedes sanar tu vida.* Documental. Dirección: Michael A. Goorjian. Año 2007. Duración: 1 hora y 30 minutos.

MADRE TERESA DE CALCUTA (vol. 1).

- *Madre Teresa.* Película. Dirección: Fabrizio Costa. Año 2003. Duración: 2 hora y 53 minutos.
- *Madre Teresa: camino a la santidad.* Documental. CNN Español. Año 2016. Duración: 30 minutos.
- *La Madre Teresa.* Documental. Dirección: Pierre Bélanger. CBC/Radio Canadá. Año 2003. Duración: 52 minutos.
- *Madre Teresa: el legado.* Documental. Dirección: Ann Petrie. Año 1986. Duración: 1 hora y 22 minutos.

MARCO AURELIO (vol. 3).

- *Gladiator.* Película. Dirección: Ridley Scott. Año 2000. Duración: 3 horas.
- *La caída del imperio romano.* Película. Dirección: Anthony Mann. Año 1964. Duración: 4 horas.

MARIE CURIE (vol. 3).

- *Marie Curie.* Película. Dirección: Mervyn LeRoy. Año 1943. Duración: 2 horas y 24 minutos.
- *Los méritos de Madame Marie Curie.* Película. Dirección: Claude Pinoteau. Año 1997. Duración: 1 hora y 46 minutos.
- *Marie Curie: Una mujer en el frente.* Película. Dirección: Marie Noëlle. Año 2016. Duración: 1 hora y 35 minutos.
- *Radioactive.* Documental. Dirección: Marjane Satrapi. Año 2019. Duración: 1 hora y 49 minutos.

MARIE KONDO (vol. 4).
- *¡A ordenar con Marie Kondo!* Documental. Dirección: Marie Kondo. Año: 2019. Duración: 8 capítulos (40 minutos/capítulo).
- *Sé feliz con Marie Kondo.* Dirección: Marie Kondo. Año: 2021. Duración: 3 capítulos (42 minutos/capítulo).

MARK CUBAN (vol. 2). *Mark Cuban: How I became a millonaire* [Mark Cuban: cómo me hice millonario]. Documental. Año 2014. Duración: 24 minutos.

MARTIN LUTHER KING (vol. 3). *La lucha pacífica de Martin Luther King.* Documental. Dirección: Peter W. Kunhardt. Año 2018. Duración: 1 hora 51 minutos.

MARY KAY ASH (vol. 2). *La batalla de Mary Kay.* Película. Dirección: Ed Gernon. Año 2002. Duración: 1 hora y 20 minutos.

MARY POPPINS (vol. 5).
- *Mary Poppins.* Película. Dirección: Robert Stevenson. Año: 1964. Duración: 132 minutos.
- *El regreso de Mary Poppins.* Película. Dirección: Rob Marshall. Año: 2018. Duración: 130 minutos.

MAYA ANGELOU (vol. 3).
- *Maya Angelou: And Still I Rise* [Maya Angelou: Y aun así me levanto]. Documental. Dirección: Rita Coburn Whack y Bob Hercules. Año 2016. Duración: 1 hora y 54 minutos.
- Ver otros documentales: *El poder del corazón.*

MICHAEL JORDAN (vol. 2). *El último baile.* Documental. Dirección: Jason Hehir. Año 2020. Duración: 50 minutos/episodio (Miniserie de 10 episodios).

MUHAMMAD ALI (vol. 2).
- *Ali.* Película. Dirección: Michael Mann. Año 2001. Duración: 2 horas y 47 minutos.
- *Me llamo Muhammad Ali.* Documental. Película: Antoine Fuqua. Año 2019. Duración: 2 horas y 45 minutos.
- *Muhammad Ali: la leyenda.* Documental. History Channel. Año: 2017. Duración: 54 minutos.
- *I am Ali.* Documental. Dirección: Clare Lewins. Año 2014. Duración: 1 hora y 51 minutos.

NAPOLEON HILL (vol. 1). *Napoleon Hill's Master Key.* Documental. Año 1954. Duración: 15 capítulos (3 horas y 32 minutos).

NELSON MANDELA (vol. 1).
- *Invictus.* Película. Dirección: Clint Eastwood. Año 2009. Duración: 2 horas y 15 minutos.
- *Mandela: un largo camino hacia la libertad.* Película. Dirección: Justin Chadwick. Año 2013. Duración: 2 horas y 32 minutos.
- *Death of Apartheid: Mandela's Fight for Freedom.* Documental. Dirección: Stephen Clarke, Mick Gold. Año 1995. Duración: 2 horas y 30 minutos.
- *Nelson Mandela: Free at last.* Película. Dirección: Rory O'Connor. Año 1990. Duración: 1 y 20 minutos.

NICK VUJICIC (vol. 2). *Born without limbs.* Documental. Dirección: Riaz Patel. Año 2015. Duración: 45 minutos.

NIKOLA TESLA (vol. 5).
- *El secreto de Tesla.* Película. Dirección: Krsto Papic. Año: 1980. Duración: 115 minutos.
- *Tesla, el maestro del rayo.* Documental. Dirección: Robert Uth. Año: 2000. Duración: 87 minutos.
- *Tesla.* Película. Dirección: Michael Almereyda. Año: 2020. Duración: 102 minutos.

NORMAN VINCENT PEALE (vol. 2). *Positive Thinking: The Norman Vincent Peale Story.* Documental. Public Broadcasting. Duración: 56 minutos.

OSHO (vol. 1). *Wild, Wild country.* Serie-Documental. Dirección: Maclain Way, Chapman Way. Año 2018. Duración: 6 capítulos (6 horas y 44 minutos).

PAU GASOL (vol. 3).
- *Pau Gasol: una vida a su medida.* Documental. RTVE. Año 2014. Duración: 40 minutos.
- *Creciendo juntos: Pau Gasol y Marc Gasol.* Documental. Canal Plus. Año 2016. Duración: 60 minutos.
- *El lugar donde nacen los sueños.* Documental. Nike. Año 2019. Duración: 1 hora y 7 minutos.

PAULO COELHO (vol. 2).
- *Paulo Coelho: el alquimista de la palabra.* Documental. Discovery Channel. Año 2001. Duración: 46 minutos.
- *El joven Paulo Coelho.* Documental. Discovery Channel. Año 2014. Duración: 112 minutos.

PETER DRUCKER (vol. 1). *Peter Drucker: An Intellectual Journey.* Documental. CNBC. Año 2002. Duración: 58 minutos.

PHIL KNIGHT (vol. 2).
- *Nike – Phil Knight.* Documental. Groundbreakers. BBC 2. Año 2015. Duración: 50 minutos.
- *Air.* Película. Dirección: Ben Affleck. Año 2023. Duración: 1 hora y 54 minutos.

RAFAEL NADAL (vol. 3).
- *Informe Robinson: Rafa Nadal.* Documental. Dirección: Michael Robinson. Año 2016. Duración: 54 minutos.
- *La Décima.* Documental. Dirección: Manuel Herrero y Benjamin Montel. Año 2017. Duración: 27 minutos.
- *Nadal vs. Federer y el partido del siglo.* Documental. Dirección: Andrew Douglas. Año 2018. Duración: 1 hora y 38 minutos.

RALPH WALDO EMERSON (vol. 1). *The ideal America.* Documental. Dirección: David A. Beardsley. Año 2007. Duración: 53 minutos.

RAY KROC (vol. 2). *El fundador.* Película. Dirección: John Lee Hancock. Año 2016. Duración: 1 hora y 55 minutos.

RHONDA BYRNE (vol. 2). *El secreto.* Documental. Dirección: Drew Heriot. Año 2006. Duración: 1 hora y 31 minutos.

RICHARD BRANSON (vol. 1).
- *Don´t look down.* Documental. Dirección: Daniel Gordon. Año 2016. Duración: 1 hora y 37 minutos.
- *My Virgin Records Story.* Documental. Duración: 15 minutos.

RUMI (vol. 2).
- *Rumi: Poeta del corazón.* Documental. Dirección: Haydn Reiss. Año 1998. Duración: 58 minutos.
- *Rumi Returning: The Triumph of Divine Passion.* Documental. Dirección: Kell Kearns. Año 2007. Duración: 57 minutos.

SIMONE DE BEAUVOIR (vol. 5).
- *Cinquantenaire du deuxième sexe, 1949-1999.* Documental. Dirección: Carole Roussopoulos. Año: 2001. Duración: 47 minutos.
- *Simone de Beauvoir – No se nace mujer, se llega a serlo.* Documental. Dirección: Virginie Linhart. Año: 2007. Duración: 51 minutos.

SÓCRATES (vol. 3).
- *Filosofía: una guía para la felicidad* (capítulo 1). Documental. Dirección: Celia Lowenstein. Año 2000. Duración: 24 minutos.
- *Genius of the Ancient World* (capítulo 2). Documental. Dirección: Rob Cowling. Año 2015. Duración: 55 minutos.

STEVE JOBS (vol. 1).
- *Steve Jobs.* Película. Dirección: Danny Boyle. Año 2015. Duración: 2 horas y 2 minutos.
- *Steve Jobs: El hombre detrás de un Mac.* Documental. Dirección: Alex Gibney. Año 2015. Duración: 2 horas y 8 minutos.
- *iGenius: el hombre que cambió el mundo.* Documental. Discovery Channel. Año 2011. Duración: 55 minutos.
- *Jobs.* Película. Dirección: Joshua Michael Stern. Año 2013. Duración: 2 horas y 7 minutos.

STEVEN PRESSFIELD (vol. 3). *La leyenda de Bagger Vance.* Película. Dirección: Robert Redford. Año 2000. Duración: 2 horas y 7 minutos.

SUN TZU (vol. 1). *El arte de la guerra.* Documental. History Channel. Año 2008. Duración: 1 hora y 30 minutos.

THICH NHAT HANH (vol. 1): *Camina conmigo.* Documental. Dirección: Marc James Francis, Max Pugh, Marc Francis. Año 2008. Duración: 1 hora y 42 minutos.

TONI NADAL (vol. 1). *Mestre Toni* [Maestro Toni]. Documental. Dirección: David J. Nadal y Antonio Lara. Año 2011. Duración: 54 minutos.

VIKTOR FRANKL (vol. 3). *Viktor and I.* Documental. Dirección: Alexander Vesely. Año 2010. Duración: 1 hora y 20 minutos.

VIRGINIA SATIR (vol. 3). *Virginia Satir U. S. S. R. 1988.* Documental. Dirección: Lb Johson. Año 2013. Duración: 44 minutos.

WALT DISNEY (vol. 2).
- *Walt: el hombre detrás del mito.* Documental. Dirección: Jean-Pierre Isbouts. Año 2001. Duración: 1 hora y 59 minutos.
- *El sueño de Walt.* Película. Dirección: John Lee Hancock. Año 2013. Duración: 2 horas y 6 minutos.
- *Walt Disney.* Serie-Documental. Film & Arts. Año 2017. Duración: 4 capítulos (60 minutos).
- *Walt Disney.* Documental. American Experience. Año 2015. Duración: 60 minutos.

- *The Imagineering Story*. Serie-Documental. Dirección: Leslie Iwerks. Año: 2019. Duración: 6 capítulos (6 horas).

WARREN BUFFETT (vol. 1).
- *Cómo ser Warren Buffett*. Documental. Dirección: Peter Kunhardt, Brian Oakes. Año: 2017. Duración: 1 hora y 30 minutos.
- *Warren Buffett: Investor. Teacher. Icon.* CNBC. Año 2018. Duración: 44 minutos.

WAYNE W. DYER (vol. 1). *El cambio*. Documental. Dirección: Michael A. Goorjian. Año 2009. Duración: 2 horas.

WILLIAM CLEMENT STONE (vol. 3). *Napoleon Hill's Master Key*. Documental. Año 1954. Duración: 15 capítulos (3 horas y 32 minutos).

WINSTON CHURCHILL (vol. 3). *Winston Churchill: un gigante del siglo*. Documental. Dirección: David Korn-Brzoza. Año 2014. Duración: 55 minutos.

ZIG ZIGLAR (vol. 1). *Zig: You were born to win*. Documental. Dirección: Andy Costa. Año 2017. Duración: 1 hora y 25 minutos.

VIRGINIA WOOLF (vol. 4).
- *¿A qué temía Virginia Woolf?* Documental. Dirección: Adrian Munsey y Vance Goodwin. Año: 2020. Duración: 48 minutos.
- *The Mind and Times of Virginia Woolf*. Documental. Dirección: Eric Neal Young. Año: 2002. Duración: 25 minutos.
- *Las horas*. Película (basada en su novela *La señora Dalloway*). Dirección: Stephen Daldry. Año: 2002. Duración: 114 minutos.
- *Orlando*. Película (basada en su novela *Orlando*). Dirección: Sally Potter. Año: 1992. Duración: 90 minutos.
- *A ghost story*. Película (basada en su novela *La casa encantada*). Dirección: David Lowery. Año: 2017. Duración: 87 minutos.

VITO CORLEONE (vol. 5). *El Padrino*. Película. Dirección: Francis Ford Coppola. Año: 1972. Duración: 175 minutos.

ANEXO III. Charlas TED

A continuación te dejo también una relación de las charlas TED de los personajes que han ido apareciendo a lo largo de los cinco volúmenes de *Aprendiendo de los mejores*.

TED (Tecnología, Entretenimiento y Diseño), con el lema *Ideas worth spreading* ('Ideas que merece la pena difundir'), nació en 1984 de la mano de Richard Saul Wurman y Harry Marks, y su conferencia anual se realiza desde 1990. Después de 2002, Wurman cedió los derechos del acontecimiento a Chris Anderson, que es ahora el anfitrión. Hasta 2008 tenía lugar en Monterrey (California), y desde 2009 se lleva a cabo en Long Beach (California). Además, la conferencia TED cuenta desde 2005 con un acto asociado, el TED Global, que se realiza en distintos lugares del mundo.

Desde junio de 2006, las charlas TED —más de cuatro mil hasta el momento— se encuentran disponibles online en su web (<www.ted.com>), traducidas a cerca de cien idiomas y de las que se han realizado más de mil millones de visionados. En 2009 se creó también el programa TEDx para la realización de actos locales organizados de manera independiente con la misma filosofía de reunir personas para «compartir ideas que merezcan ser difundidas».

La mayoría de las charlas están disponibles en español subtituladas, salvo algunas excepciones:

ADAM GRANT (vol. 5):
* *Los sorprendentes hábitos de los pensadores originales*, febrero de 2016.
* *¿Eres un altruista o un oportunista?*, noviembre de 2016.

ALEXANDER OSTERWALDER (vol. 5): *A blueprint for entrepreneurship*, noviembre de 2020.

AMY CUDDY (vol. 4): *El lenguaje corporal moldea nuestra identidad*, junio de 2012.

ANGELA DUCKWORTH (vol. 4). *Grit: el poder de la pasión y la perseverancia*, mayo de 2013.

ANTHONY ROBBINS (vol. 1): *Por qué hacemos lo que hacemos*, febrero de 2006.

BILL GATES (vol. 1):
* *Bill Gates: How the pandemic will shape the near future*, junio de 2020.
* *How must we respond Coronavirus Pandemic*, marzo de 2020.
* *¿La próxima epidemia? No estamos preparados*, marzo de 2015.
* *Teachers need real feedback*, mayo de 2013.
* *How state budgets are breaking US schools*, marzo de 2011.
* *Innovating to zero!*, febrero de 2010.
* *Mosquitos, malaria y educación*, febrero de 2009.

BRENÉ BROWN (vol. 3): *El poder de la vulnerabilidad*, junio de 2009.

CAL NEWPORT (vol. 4): *Abandonen las redes sociales*, junio de 2016.

CAROL DWECK (vol. 4): *El poder de creer que puedes mejorar*, diciembre de 2014.

DANIEL GOLEMAN (vol. 2): *¿Por qué no somos más compasivos?*, diciembre de 2007.

DANIEL PINK (vol. 3): *La sorprendente ciencia de la motivación*, julio de 2009.

DAVID ALLEN (vol. 2): *Are you out of your mind?*, abril de 2018.

ELON MUSK (vol. 3): *El futuro que estamos construyendo*, abril de 2017.

GARY VAYNERCHUK (vol. 2): *Do what you love*, septiembre de 2008.

GUY KAWASAKI (vol. 1): *Lessons from a life*, octubre de 2018.

JANE GOODALL (vol. 3): *Dr. Jane Goodall with Guy Kawasaki,* septiembre de 2018.

JEFF BEZOS (vol. 1): *La próxima innovación en la web,* febrero de 2003.

J. K. ROWLING (vol. 2): *El poder del fracaso y la imaginación,* Harvard University, junio de 2008.

KEITH FERRAZZI (vol. 2): *Interdependent leadership,* marzo de 2018.

KEN ROBINSON (vol. 5): *Las escuelas matan la creatividad,* febrero de 2006.

KRISTIN NEFF (vol. 5): *The difference between self-compassion and self-esteem,* febrero de 2013.

LYNDA GRATTON (vol. 4):
- *How to be ready for your future, now,* junio de 2012.
- *Redesigning Your Work Is Important Because...,* abril de 2023.

MARTIN SELIGMAN (vol. 5): *La nueva era de la psicología positiva,* febrero de 2004.

MATTHEW WALKER (Vol. 4): *Dormir es tu superpoder,* abril de 2019.

MEL ROBBINS (vol. 3): *Cómo dejar de autoboicotearse,* junio de 2011.

NANCY DUARTE (vol. 3): *La estructura secreta de los grandes discursos,* noviembre de 2011.

RAY DALIO (vol. 2): *Cómo construir una compañía donde triunfen las mejores ideas,* abril de 2017.

RICHARD BRANSON (vol. 1):
- *La vida de Richard Branson a 30.000 pies,* marzo 2 de 2007.
- *Second Chances,* mayo de 2014.

ROBERT KIYOSAKI (vol. 1): *Why the rich are getting richer,* mayo de 2016.

ROBIN S. SHARMA (vol. 1): *The 3 habits of happiness,* septiembre de 2017.

SETH GODIN (vol. 1):
- *Las tribus que lideramos,* febrero de 2009.
- *Cómo hacer que tus ideas se propaguen,* febrero de 2003.
- *This is broken,* septiembre de 2006.

SHERYL SANDBERG (vol. 2): *Por qué tenemos tan pocas dirigentes mujeres,* diciembre de 2010.

SIMON SINEK (vol. 3):
- *Por qué los buenos líderes te hacen sentir seguro,* marzo de 2014.
- *Cómo los grandes líderes inspiran,* septiembre de 2009.

STEVE JOBS (vol. 1): *How to believe before you die,* Stanford University, junio de 2005.

SUSAN DAVID (vol. 5): *El don y el poder del coraje emocional,* noviembre de 2017.

TONI NADAL (vol. 1): *El valor del esfuerzo,* febrero de 2018.

TIM FERRISS (vol. 2): *Por qué debes definir tus miedos en lugar de tus metas,* abril de 2017.

A continuación se recogen las treinta charlas TED más vistas en su historia (a junio de 2023), ordenadas de mayor a menor audiencia:

PONENTE	TÍTULO	FECHA	AUDIENCIA
1. Ken Robinson	¿Matan las escuelas la creatividad?	Febrero de 2006	75.009.429
2. Amy Cuddy	El lenguaje corporal moldea nuestra identidad	Junio de 2012	68.488.780
3. Tim Urban	En la mente de un procrastinador	Febrero de 2016	67.398.894
4. James Veitch	Esto es lo que pasa cuando se responde un correo basura	Julio de 2009	64.147.456
5. Simon Sinek	Cómo los grandes líderes inspiran a la acción	Septiembre de 2009	62.224.556
6. Brené Brown	El poder de la vulnerabilidad	Junio de 2010	61.845.191
7. Julian Treasure	Cómo hablar de forma que la gente te quiera oír	Junio de 2013	55.213.703
8. Sam Berns	Mi filosofía para una vida feliz	Octubre de 2013	46.908.143
9. Robert Waldinger	¿Qué resulta ser una buena vida?	Noviembre de 2015	45.069.514
10. Bill Gates	¿La próxima epidemia? No estamos preparados	Marzo de 2015	44.787.843
11. Mary Roach	10 cosas que no sabías sobre el orgasmo	Febrero de 2009	41.038.995
12. Cameron Russell	El aspecto no lo es todo. Créeme, soy modelo	Octubre de 2012	39.707.329

PONENTE	TÍTULO	FECHA	AUDIENCIA
13. Graham Shaw	Por qué la gente cree que no puede dibujar	Febrero de 2015	39.501.434
14. Tom Thum	Una orquesta en mi boca	Mayo de 2013	37.331.202
15. Chimamanda Adichie	El peligro de una sola historia	Julio de 2009	34.041.586
16. Susana Cain	El poder de los introvertidos	Febrero de 2012	33.044.560
17. Pamela Mayer	Cómo descubrir a un mentiroso	Julio de 2011	32.882.470
18. Apollo Robbins	El arte de desorientar	Junio de 2013	32.730.291
19. Mel Robbins	Cómo dejar de machacarte a ti mismo	Junio de 2011	31.797.785
20. Elon Musk	El futuro que estamos construyendo	Abril de 2017	31.553.096
21. Kelly McGonigal	Cómo convertir el estrés en tu amigo	Junio de 2013	31.230.734
22. Angela Duckworth	Grit: el poder de la pasión y la perseverancia	Mayo de 2013	30.076.824
23. Anthony Robbins	Por qué hacemos lo que hacemos	Febrero de 2006	29.573.472
24. Daniel Pink	La sorprendente ciencia de la motivación	Julio de 2009	29.442.103
25. David Blaine	Cómo aguanté la respiración durante 17 minutos	Octubre de 2009	29.000.456
26. Jill Bolte Taylor	Mi fuerte derrame cerebral de lucidez	Febrero de 2008	28.906.334
27. Jon Ronson	Respuestas insólitas al test del psicópata	Marzo de 2012	28.744.875
28. Celeste Headlee	10 formas de tener una mejor conversación	Mayo de 2015	28.257.570
29. Shawn Anchor	El feliz secreto para trabajar mejor	Mayo de 2011	25.368.005
30. Elizabeth Gilbert	Sobre darle alas a la creatividad	Febrero de 2009	21.196.275

ANEXO IV. Guía de 200 libros para el éxito clasificados por temática

Acontinuación de dejo una guía de doscientos libros recomendados para el éxito profesional y personal clasificados por temáticas y ordenados alfabéticamente, que engloba múltiples temas de interés para nuestro crecimiento: liderazgo, emprendimiento, *networking*, emociones, espiritualidad, libertad financiera, meditación, autoestima, ventas, negociación, hábitos, innovación, estrategia, estoicismo, productividad, PNL o intuición, entre otros muchos.

1. **ANSIEDAD | *Ansiedad,* Augusto Cury.**
   Con subtítulo: *Cómo enfrentar el mal del siglo.* La ansiedad no es una enfermedad, es un síntoma de algo que sucede a nivel emocional; es una respuesta a una situación (real o imaginaria) que anticipamos como peligrosa y que nos hace perder el control. Un libro práctico para saber cómo se origina y poder detectarla, gestionarla y superarla.
2. **APALANCAMIENTO (I) | *Retírate joven y rico,* Robert Kiyosaki.**
   Hay una palabra que distingue a los millonarios del resto de las personas: apalancamiento; esto es, hacer *mucho* con *poco.* No te

despiertes para trabajar, despiértate para encontrar apalancamiento. ¿Cuáles son las claves para lograrlo?

3. **APALANCAMIENTO (II) | *La vía rápida del millonario*, MJ DeMarco.**
Para disfrutar de la vida se necesita dinero, pero también salud. Contar con dinero en la jubilación es demasiado tarde, las fuerzas caen y nada garantiza que lleguemos a esa edad. La clave es llevar una vida más acelerada que nos permita gozar de tiempo, dinero y buen estado físico cuando somos jóvenes.

4. **AUTENTICIDAD (I) | *Deja de actuar: Empieza a vivir*, Bernard Hiller.**
Nadie puede ser tan bueno como tú en ser tú mismo. Escapa de la competencia a través de la autenticidad. Las marcas personales de referencia no son perfectas, pero sí auténticas. Un libro para atrevernos a ser quienes somos y hacer de nuestra diferencia nuestro estilo de vida.

5. **AUTENTICIDAD (II) | *Libera tu magia*, Elizabeth Gilbert.**
A través de esta escritora podemos explorar cómo funcionan los procesos creativos y conectar con quiénes somos de verdad y expresarnos sin miedo. En la vida, más importante que ser originales es ser auténticos. La creatividad no es otra cosa que la expresión de nuestra autenticidad.

6. **AUTOCONOCIMIENTO (I) | *Tus zonas erróneas*, Wayne W. Dyer.**
Gran parte de los problemas e insatisfacciones de las personas están en las «zonas erróneas», que nos bloquean e impiden ser felices. Aquí se nos explica cuáles son esas «zonas erróneas» y cómo superarlas, siempre asumiendo la responsabilidad y el compromiso del cambio.

7. **AUTOCONOCIMIENTO (II) | *Las 5 heridas que impiden ser uno mismo*, Lise Bourbeau.**
Todos tenemos asuntos pendientes sobre nosotros mismos. Durante la infancia se producen situaciones que dan lugar a heridas (rechazo, abandono, humillación…) que hacen que se desarrollen unas máscaras (mecanismos de defensa) asociadas a las mismas para protegernos, y que nos las ponemos cuando se repiten situaciones que nos pueden doler. Las máscaras protegen, pero también nos impiden crecer. La única solución pasa por el autoconocimiento, la compasión y el perdón.

8. AUTOCONOCIMIENTO (III) | *Busca en tu interior*, Chade-Meng Tan.

Su autor, uno de los primeros ingenieros que formaron parte de Google, diseñó un programa corporativo («Busca en tu interior») con la intención de transformar el modo de trabajar, que plasma en este libro donde ahonda en los beneficios profesionales de la inteligencia emocional y la meditación. La felicidad se entrena, y la inteligencia emocional es la clave para alcanzarla.

9. AUTOESTIMA (I) | *Los seis pilares de la autoestima*, Nathaniel Branden.

La autoestima hace referencia a cómo nos vemos a nosotros mismos. Una sana (deficiente) autoestima afecta para bien (mal) a todas las áreas de nuestra vida: relaciones, trabajo o salud. Trabajar la autoestima es una de las mejores inversiones que se pueden hacer en la vida.

10. AUTOESTIMA (II) | *La autoestima: nuestra fuerza secreta*, Luis Rojas Marcos.

¿Hay algo más determinante en nuestra vida que cómo nos sentimos con nosotros mismos? En esta obra se analizan los factores explicativos de la autoestima (infancia, genes, valores culturales...) y cómo podemos fortalecer la misma. Con lenguaje pedagógico y con estudios que refuerzan las explicaciones.

11. BIOGRAFÍAS (I) | *Steve Jobs*, Walter Isaacson.

Walter Isaacson ha realizado la biografía de múltiples personalidades de referencia a lo largo de la historia como Einstein o Leonardo da Vinci. En este caso sobre unas de las personalidades más carismáticas del mundo empresarial y líder tecnológico del siglo xx.

12. BIOGRAFÍAS (II) | *Leonardo da Vinci*, Walter Isaacson.

Hay una cualidad que distingue a todos los genios: la curiosidad; el querer saber e indagar por qué las cosas son como son y cómo podrían ser. Leonardo da Vinci fue una de las figuras más destacadas de la historia y del Renacimiento (Siglo de Oro), una de las épocas de mayor explosión de creatividad e innovación de la humanidad.

13. CAMBIO (I) | *Cambia el chip*, Chip Heath y Dan Heath.

Los grandes cambios en las empresas siempre asustan: ¿qué hay que hacer para sacarlos adelante? Todo resulta más sencillo cuando uno sabe a dónde va (dirección), por qué vale la pena cambiar (motivos) y el contexto ayuda (entorno). Aquí se explican con detalle esas claves.

14. CAMBIO (II) | *Al frente del cambio*, John Kotter.
Gran parte de las estrategias de cambio empresariales fracasan. Aquí se nos muestra los errores habituales que surgen en todo proceso de cambio y qué podemos hacer para corregirlos. El libro ofrece un modelo de ocho pasos que puede aplicarse en cualquier iniciativa de cambio.

15. CAMBIO (III) | *La danza del cambio*, Peter Senge.
¿Qué hay que hacer para gestionar el cambio? No es fácil revitalizar las organizaciones ya que éstas disponen de complejos sistemas inmunológicos destinados a dejar las cosas como están. Aquí se nos muestra cómo crear organizaciones abiertas al aprendizaje, cómo acelerar el éxito y evitar los obstáculos que se presentan.

16. COACHING (I) | *Coaching: el método para mejorar el rendimiento de las personas*, John Whitmore.
El coaching es un proceso de acompañamiento que ayuda a las personas a optimizar su rendimiento y alcanzar su máximo potencial. El coaching busca el despliegue de las posibilidades presentes en toda persona. El coaching ayuda a las personas a creer en ellas mismas. Todo explicado por uno de los pioneros y referentes en la materia.

17. COACHING (II) | *Coaching: el arte de soplar las brasas*, Leonardo Wolk.
El libro se centra en los fundamentos del coaching y va desgranando de manera pedagógica y sencilla cada uno de los aspectos clave que forman parte de este proceso de acompañamiento y contraponiéndolo con otras técnicas, lo que permite tener una visión global e integral de su utilidad y eficacia.

18. COMPASIÓN (I) | *Sé amable contigo mismo*, Kristin Neff.
La compasión es una de las herramientas que mayor bienestar y felicidad producen a las personas, además de mejorar nuestra relación con los demás y con el mundo. A veces somos compasivos con otros, pero nos olvidamos de serlo con nosotros mismos. Ser autocompasivo cambia la vida… para bien.

19. COMPASIÓN (II) | *Cuando todo se derrumba*, Pema Chödrön.
Buena parte de nuestra felicidad tiene que ver con el «amor compasivo» hacia uno mismo (*maitri*, en sánscrito), de permitirnos ser quienes somos y sentir lo que sentimos en cada momento.

A menudo huimos de nosotros mismos, y la huida alivia, pero no cura. La aceptación (y amor) de uno mismo es el camino de la liberación.

20. **COMUNICACIÓN** | *¿Por qué los españoles comunicamos tan mal?* y *¿Por qué los profesionales no comunicamos mejor?*, **Manuel Campo Vidal.**
Comunicar bien nos hace más competitivos. Por el contrario, una mala comunicación penaliza mucho y nos hace perder muchas oportunidades. En ambos libros del mismo autor se reflexiona y analiza los principales pecados que se cometen desde el punto de vista de la comunicación y qué hacer para solventarlos.

21. **CONFIANZA (I)** | *Confianza en uno mismo*, **Ralph Waldo Emerson.**
Uno de los ensayos más emblemáticos del autor, reflejo de su humanismo y fe en el ser humano. Él mismo decía: «La confianza en uno mismo es el primer secreto del éxito y en la confianza en uno mismo están comprendidas todas las demás virtudes». Si la confianza existe, casi todo lo demás es secundario.

22. **CONFIANZA (II)** | *Confianza*, **Rosabeth Moss Kanter.**
La confianza es el puente que une expectativas y rendimiento. La confianza es el alimento del talento. Nada puede igualar al poder de la confianza que impulsa a alcanzar logros excepcionales. La misión de un líder es, en última instancia, crear contextos de «seguridad psicológica» que favorezcan la confianza. Un equipo es, sobre todo, un estado de ánimo.

23. **CONFLICTOS (I)** | *La caja*, **The Arbinger Institute.**
La vida es un conflicto continuo: con pareja, amigos, familia, compañeros, jefes... Y la capacidad para resolver conflictos y conseguir la colaboración tiene mucho que ver con nuestra percepción del conflicto y nuestra predisposición a solucionarlo.

24. **CONFLICTOS (II)** | *De la guerra a la paz*, **The Arbinger Institute.**
Como dice el subtítulo del libro: *La resolución de conflictos desde su raíz.* Cuando nos encontramos ante un conflicto, ¿hacemos todo lo que está en nuestras manos para solucionarlo? ¿Es posible que, sin saberlo, estemos perpetuando aquello que pretendemos resolver? Basado en experiencias reales nos aporta las herramientas para resolver aquellas diferencias que enquistan las relaciones.

25. CREATIVIDAD (I) | *Seis sombreros para pensar*, Edward De Bono.
Uno de los libros de referencia en el mundo de la creatividad. Todos somos creativos y todos podemos desarrollar más nuestra creatividad. La creatividad sirve para cualquier campo, porque la creatividad es la habilidad para encontrar alternativas y soluciones.

26. CREATIVIDAD (II) | *El camino del artista*, Julia Cameron.
Uno de los mejores libros para entender los procesos creativos y liberar la creatividad que todos atesoramos. Ser humano es ser creativo por naturaleza. A menudo, nuestros mayores bloqueos son nuestros miedos que nos hacen diluirnos en el anonimato de la masa.

27. CREENCIAS (I) | *Controle su destino*, Anthony Robbins.
Un libro inspirador que nos lleva a tomar conciencia de que no es nuestra incapacidad la que nos limita, sino la creencia de que no somos capaces. Como él dice: «Lo que podemos o no podemos hacer, lo que consideramos posible o imposible, pocas veces es un reflejo de nuestra verdadera capacidad, sino más bien un reflejo de nuestras creencias acerca de quiénes somos».

28. CREENCIAS (II) | *La magia de pensar en grande*, David Schwartz.
Otro libro inspirador para aprender a confiar en uno mismo. Creer posible algo te moviliza a ir a por ello; creer que no es posible, te paraliza. La confianza en uno mismo es el origen de todo éxito. Ganar confianza es el reto al que todos nos enfrentamos a diario.

29. CREENCIAS (III) | *El poder está dentro de ti*, Louise Hay.
Todos tenemos dentro una Sabiduría Infinita que es capaz de proporcionarnos la mejor vida posible. Aprendiendo a confiar en esa sabiduría interior podemos comenzar a introducir cambios en nuestra vida. Pero lo primero de todo es ser conscientes de ello, de que somos potencialidad pura.

30. DECISIONES (I) | *Decídete*, Chip Heath y Dan Heath.
Con subtítulo: *Cómo tomar mejores decisiones en la vida y en el trabajo*. La vida son decisiones que van configurando nuestra vida sin darnos cuenta. Sin embargo, tomar decisiones casi nunca resulta sencillo y el corazón y la cabeza a menudo entran en conflicto y muchas veces somos víctimas de la parálisis por análisis. ¿Cuáles son las claves para lograrlo?

31. DECISIONES (II) | *Pensar rápido, pensar despacio*, Daniel Kanheman.

Las personas tenemos dos sistemas de pensamiento: el sistema 1 (intuitivo/rápido/automático) y el sistema 2 (lógico/lento/calculador); ambos sistemas luchan por tomar el control de nuestras decisiones. Un libro que no es fácil de leer, pero con información reveladora para saber cómo pensamos, juzgamos y actuamos.

32. DEPORTE – EMPRESA (I) | *Once anillos*, Phil Jackson.

Tomando como metáfora el deporte, y más concretamente el baloncesto, Phil Jackson, el entrenador que más títulos ha ganado de la NBA, nos explica las claves para liderar equipos. Phil Jackson es valorado como entrenador de baloncesto, pero más aún como líder de equipos.

33. DEPORTE – EMPRESA (II) | *Los 11 poderes del líder*, Jorge Valdano.

En este caso, utilizando como metáfora el fútbol y con ejemplos del deporte rey, se describen y analizan las once características que distinguen a los mejores líderes. Entre otras cualidades destacan la pasión, la credibilidad, la esperanza, la autenticidad o el talento.

34. DEPORTE – EMPRESA (III) | *Rafa: mi historia*, John Carlin.

Rafa Nadal es uno de los mejores jugadores de la historia del tenis y del deporte. En esta obra se nos revela qué factores le han convertido en un campeón. Así se habla, entre otros aspectos, de: capacidad de sufrimiento, disciplina, la importancia del entorno y la familia, el aspecto mental o la gestión del éxito y el fracaso.

35. DEPRESIÓN | *Sentirse bien*, David D. Burns.

Con subtítulo: *Una nueva terapia contra las depresiones*. A partir de los principios de la terapia cognitiva, el autor expone un método para que el lector pueda reconocer en sí mismo actitudes contraproducentes como el perfeccionismo exagerado, la excesiva dependencia de la opinión ajena o la tendencia al pesimismo, y al mismo tiempo cambiar la perspectiva desde la que analiza su realidad, ayudándole a superar su estado depresivo, ganar confianza y recuperar las ganas de vivir.

36. DESARROLLO PERSONAL (I) | *El líder que no tenía cargo*, Robin Sharma.

Una fábula sobre la vida y la empresa que nos ayuda a tomar conciencia de que el éxito nos pertenece por derecho, pero debemos tomar las riendas de nuestras vidas. Al final, o eres víctima o eres protagonista; o eres actor o eres espectador. Tu autorresponsabilidad es tu poder.

37. DESARROLLO PERSONAL (II) | *El almanaque de Naval Ravikant*, Naval Ravikant.
Con subtítulo: *Una guía para la riqueza y la felicidad*. Breves reflexiones del autor en torno a muchos aspectos de la vida y el crecimiento personal que ha ido compartiendo en redes sociales a lo largo de su vida y que aparecen condensadas y explicadas. Entre otras: hábitos, decisiones, ego, socios, lectura, riqueza o salud.

38. DESARROLLO PERSONAL (III) | *Implacable*, Tim Grover.
La cuestión no es si tienes talento, sino hasta dónde estás dispuesto a llevarlo. La mayoría de la gente se conforma con ser «suficientemente buena». Aquí se dan las claves para ser un número uno por parte del entrenador personal de figuras como Michael Jordan, Kobe Bryant o Dwyane Wade.

39. DESARROLLO PERSONAL (IV) | *La tercera puerta*, Alex Banayan.
Da igual de lo que se trate: negocios, relaciones personales, proyectos… siempre hay tres puertas de entrada —como en una discoteca— para lograr lo que se quiere: la primera, la de la gente corriente que hace cola y que no te asegura entrar; la segunda, la de los vips, que entran sin esperar; y la tercera, la de aquéllos que también consiguen pasar utilizando el ingenio y la creatividad. Un libro inspirador.

40. DESARROLLO PERSONAL (V) | *Tu futuro es HOY*, Francisco Alcaide y Laura Chica.
El futuro no existe, es sólo un resultado; el resultado de lo que hacemos cada día. Aquí las cuarenta y seis claves más importantes para crear tu destino en capítulos breves y prácticos: hábitos, productividad, *networking*, vocación, ventas, negociación o inteligencia emocional, son algunos de los temas que se abordan.

41. DISCIPLINA (I) | *Todo se puede entrenar*, Toni Nadal.
Rafa Nadal es uno de los mejores deportistas de la historia, y Toni Nadal, su tío y entrenador durante veintisiete años, una figura clave en su éxito. La formación del carácter (voluntad, disciplina, resiliencia…) son claves necesarias en cualquier ámbito de la vida. Toni le ha enseñado a Rafa, sobre todo, a saber sufrir.

42. DISCIPLINA (II) | *La disciplina marcará tu destino*, Ryan Holiday.
La disciplina es el puente que conecta nuestros sueños con la realidad. A menudo, lo difícil no es saber lo que hay que hacer sino hacerlo. La disciplina (que también se entrena) consiste en enfocarse en lo que hay que hacer, guste o no, apetezca o no.

43. EGO | *El ego es el enemigo*, Ryan Holiday.
Da igual la edad y época de tu vida en la que te encuentres, el ego siempre es el enemigo: tanto a la hora de aprender, como de gestionar el éxito o de lidiar con el fracaso. El ego nos hunde. Aquí nos ayuda a tomar conciencia de ello y aprender a gestionarlo con muchos ejemplos.

44. EMOCIONES (I) | *Agilidad emocional*, Susan David.
En tiempos de rápido cambio hay que ser muy ágiles (a nivel personal y empresarial), pero esa agilidad debe ir acompañada de la *agilidad emocional* (una correcta gestión de las emociones) o las consecuencias inevitables son la ansiedad y la depresión.

45. EMOCIONES (II) | *Inteligencia emocional*, Daniel Goleman.
Si hay una habilidad imprescindible para la vida y la empresa es la inteligencia emocional, más aún en puestos de dirección. La inteligencia emocional no es otra cosa que nuestra forma de interactuar con el mundo. Hay personas con un elevado CI que fracasan, mientras que otras con un CI más modesto triunfan a lo grande. La inteligencia emocional tiene mucho que ver con ello.

46. EMOCIONES (III) | *Dejar ir*, David R. Hawkins.
Con subtítulo: *El camino de la liberación.* «Dejar ir» es una técnica gracias a la cual podemos ser capaces de vivir en armonía y en paz con nosotros mismos y con los demás. A través de esta práctica se nos enseña cómo deshacernos de las emociones, pensamientos y sentimientos negativos que lastran nuestra vida y nos impiden ser felices. Aprender a «dejar ir» es imprescindible para vivir una vida más equilibrada y plena.

47. EMOCIONES (IV) | *Brújula para navegantes emocionales*, Elsa Punset.
Las emociones *incómodas* nos sirven para salir airosos de entornos hostiles, amenazantes y peligrosos. Si existen es por algo. El problema es cuando esas emociones cobran vida en otro entorno distinto

433

al que deberían ser. Conocer nuestras emociones nos ayuda a controlar mejor nuestras ansiedades.

48. **EMPRENDIMIENTO (I)** | *Nunca te pares*, **Phil Knight.**
Sobre la historia de Nike y su fundador: Phil Knight; una historia plagada de adversidades, dificultades, obstáculos, y también de resiliencia, determinación y pasión, hasta convertirse en una de las marcas más valiosas del mundo. Un relato en primera persona que cautiva.

49. **EMPRENDIMIENTO (II)** | *De cero a uno*, **Peter Thiel.**
Casi todo se copia y se mejora, y a una velocidad inusual. Por tanto, para tener éxito empresarial, la clave está en ser capaces de crear «monopolios creativos», ventajas competitivas tan buenas donde la competencia se vuelva irrelevante.

50. **EMPRENDIMIENTO (III)** | *Eso nunca funcionará*, **Marc Randolph.**
La historia del nacimiento, evolución y éxito de Netflix contada de la mano de uno de sus fundadores, así como todos los problemas e inconvenientes en la puesta en marcha de un negocio, desde la validación de la idea hasta la gestión del equipo. Un libro escrito desde las trincheras.

51. **EMPRENDIMIENTO (IV)** | *El mito del emprendedor*, **Michael E. Gerber.**
Emprender nunca es sencillo. Los datos muestran que la tasa de mortalidad empresarial es elevadísima. Este libro es una guía para el éxito en la gestión de los pequeños negocios y Pymes, en la que se explican por qué fracasan algunos de ellos y qué podemos hacer para evitarlo.

52. **EMPRENDIMIENTO (V)** | *Principios*, **Ray Dalio.**
En 1975, Ray Dalio fundó Bridgewater Associates desde su pequeño apartamento de Nueva York. Cuarenta años después, es la quinta compañía privada más importante de Estados Unidos (*Fortune*) y gestiona el *hedge fund* ('fondo de cobertura') más exitoso de la historia (Bloomberg). Aquí te cuenta los *principios* que explican su éxito.

53. **EMPRENDIMIENTO (VI)** | *Aquí no hay reglas*, **Reed Hastings.**
Reed Hastings, cofundador y CEO de Netflix además de un referente en el mundo *start-up* de Silicon Valley, desvela la cultura y los principios de gestión de una de las compañías de más éxito de

los últimos años. Trabajo en equipo, coraje, velocidad o flexibilidad, entre otros, son algunos de los factores que se abordan.
54. **EMPRENDIMIENTO (VII) | *Generación de modelos de negocio*, Alexander Osterwalder, Yves Pigneur, Tim Clark.**
Un modelo de negocio describe cómo una empresa crea, entrega y captura valor; es un anteproyecto de una estrategia que se implementará a través de estructuras, procesos y sistemas organizacionales. El Modelo Canvas es una herramienta práctica para plasmar un modelo empresarial en un lienzo (folio) y así comprender un negocio de forma sencilla, visual, directa, estructurada y organizada.
55. **EMPRENDIMIENTO (VIII) | *MBA personal*, Josh Kaufman.**
Con el subtítulo: *Lo que se aprende en un MBA por el precio de un libro*. Una obra que condensa los conceptos esenciales de todas las áreas de gestión empresarial: emprendimiento, desarrollo del producto, marketing, ventas, negociación, contabilidad, finanzas, productividad, comunicación, psicología, liderazgo, diseño de sistemas, análisis y dirección de operaciones. Un MBA resumido en un libro.
56. **EMPRENDIMIENTO SOCIAL | *La fortuna en la base de la pirámide*, C. K. Prahalad.**
Se analiza el potencial de consumo que representa la población mundial que se encuentra en el nivel de pobreza si las empresas se implicasen en la solución de sus problemas vitales. Plantea la posibilidad de que las grandes empresas se dirijan a un mercado potencial de 4.000 millones de consumidores que están «en la base de la pirámide» y viven con menos de 2 dólares al día. Inspirador y diferente.
57. **ENFERMEDAD (I) | *El cuerpo como herramienta de curación*, Christian Flèche.**
Con subtítulo: *Descodificación psicobiológica de las enfermedades*. El autor propone un acercamiento a la enfermedad considerándola una reacción biológica de supervivencia frente a un acontecimiento emocionalmente incontrolable, dado que cualquier enfermedad y cualquier órgano dañado corresponden a un sentimiento muy preciso. La enfermedad como herramienta de autoconocimiento y mejora de nuestra vida.
58. **ENFERMEDAD (II) | *La enfermedad como camino*, Thorwald Dethlefsen y Rüdiger Dahlke.**
Con subtítulo: *Un método para el descubrimiento profundo de las enfermedades*. El mundo emocional está íntimamente ligado con el

cuerpo. No hay una diversidad de enfermedades curables, sino una sola enfermedad determinante del «mal estar» del individuo. Lo que llamamos enfermedades son en realidad síntomas de esta única enfermedad.

59. ESPIRITUALIDAD (I) | *Las 7 leyes espirituales del éxito*, Deepak Chopra.
Un libro para comprender la conexión que existe entre el mundo inmaterial (invisible/espiritual) y el mundo material (visible/terrenal). El mundo es un campo de infinitas posibilidades para quien conoce estas leyes y las aplica. Un libro inspirador del que también existe documental.

60. ESPIRITUALIDAD (II) | *Inspiración: encuentra tu verdadera esencia*, Wayne W. Dyer.
Un libro para comprender mejor nuestra relación con esa Inteligencia Infinita (Poder Supremo, Dios, Inteligencia Divina) que ordena y rige el universo con la que estamos en permanente conexión, aunque a veces el vínculo pueda estar oxidado y haya que limpiarlo. En la medida que esa relación fluye, todo fluye en nuestra vida.

61. ESPIRITUALIDAD (III) | *Piensa como un monje*, Jay Shetty.
Con subtítulo: *Entrena tu mente para la paz interior y consigue una vida plena*. Tras tres años en la India para convertirse en monje, meditar todos los días entre cuatro y ocho horas y dedicar su vida a ayudar a los demás, regresó a Londres donde empezó a enseñar la filosofía de los monjes acerca del bienestar, el propósito y la atención plena.

62. ESPIRITUALIDAD (IV) | *Los cuatro acuerdos*, Miguel Ruiz.
Los *acuerdos* (creencias) son ideas que hemos aceptado, aunque no las hayamos elegido. Si quieres mejorar tu vida a nivel de paz y tranquilidad interior, hay cuatro acuerdos que debes desarrollar: primero, sé impecable con tus palabras; segundo, no te tomes nada personalmente; tercero, no hagas suposiciones; cuarto, haz siempre lo máximo que puedas. Todo ello se explica con detalle.

63. ESPIRITUALIDAD (V) | *Volver al amor*, Marianne Williamson.
¿Queríamos llegar a ser, en realidad, las personas en las que nos hemos convertido? ¿Habíamos imaginado para nosotros las tensiones a las que nos sometemos cada día? Basado en los principios de *Un*

curso de milagros, la obra es una guía para un viaje espiritual, para aceptar el amor que nos hemos estado negando y alcanzar la paz interior.

64. **ESPIRITUALIDAD (VI) | *El monje que vendió su Ferrari*, Robin Sharma.**
A través de una fábula se nos cuenta el caso de un abogado de éxito que, tras sufrir un ataque al corazón, vive una crisis existencial, decide vender todas sus pertenencias y viajar a la India. Allí aprenderá la sabiduría de la vida gracias a los monjes de un monasterio del Himalaya.

65. **ESTOICISMO (I) | *Meditaciones*, Marco Aurelio.**
Reflexiones del emperador Marco Aurelio que gobernó Roma entre los años 161 y 180, escritas para sí mismo como recordatorio de cuáles son las mejores prácticas para el autogobierno. El estoicismo siempre es una buena filosofía de vida, más aún en situaciones de incertidumbre, cambio y caos como las actuales.

66. **ESTOICISMO (II) | *Cómo ser un estoico*, Massimo Pigliucci.**
El estoicismo es una filosofía basada en distinguir entre lo que no se puede y lo que sí se puede controlar. Lo primero, lo acepto con buen ánimo; lo segundo, lo gestiono y crezco. Un libro para empezar a entender mejor los principios estoicos y a sus referentes.

67. **ESTOICISMO (III) | *El obstáculo es el camino*, Ryan Holiday.**
Todo lo que se interpone entre tu objetivo y tú es tu maestro. O como dice una máxima latina: *amor fati* ('amor al destino'). Crecemos al nivel de las dificultades que vamos encontrando por el camino. Enamórate de los problemas, así se crece.

68. **ESTRATEGIA (I) | *Estrategia competitiva*, Michael Porter.**
Uno de los libros más importantes sobre estrategia empresarial. La esencia de formular una estrategia competitiva es relacionar a una empresa con su entorno. La situación competitiva en un mercado está en función de cinco factores: el poder de los proveedores; las barreras de entrada a nuevos competidores; el poder de los clientes; los posibles productos o servicios sustitutivos; y el grado de competencia existente.

69. **ESTRATEGIA (II) | *La estrategia del océano azul*, W. Chan Kim y Renée Mauborgne.**
El éxito consiste en ser diferente. La competencia encarnizada queda reducida a un océano ensangrentado (océano rojo) de rivales

que luchan por unos beneficios cada vez más pequeños. Basado en un estudio de ciento cincuenta estrategias (que cubre más de cien años a través de treinta sectores empresariales), los autores muestran que el éxito duradero se basa en la creación de «océanos azules», nuevos espacios de mercado sin explotar.

70. ESTRATEGIA (III) | *El arte de la guerra*, Sun Tzu.
Un clásico de la estrategia militar de aplicación a la empresa, el deporte o cualquier otro ámbito cuyos principios no caducan. En la vida, todo es estrategia. La inteligencia estratégica y su ejecución determinan en buena medida el éxito de los proyectos a nivel profesional y personal.

71. ESTRATEGIA (IV) | *El Cuadro de Mando Integral*, David Norton y Robert Kaplan.
El Cuadro de Mando Integral (CMI) revolucionó el sistema de gestión orientado a canalizar energías, habilidades y conocimientos específicos de los colaboradores de una organización hacia la consecución de objetivos estratégicos a medio y largo plazo. Los autores enseñan la forma en que los ejecutivos de diferentes sectores utilizan el CMI, tanto para guiar la gestión actual como para marcar objetivos futuros.

72. ÉTICA – VALORES | *¿Para qué sirve realmente la ética?*, Adela Cortina.
La ética es la ciencia que se encarga de la bondad (maldad) de los comportamientos humanos. La ética no es opcional, sino algo imprescindible —y más aún en un entorno en el que todo se sabe más y más rápido— porque, como decía Ortega y Gasset, «toda verdad ignorada prepara su venganza». La ética es la forma más inteligente de vivir.

73. ÉXITO (I) | *La regla 10X*, Grant Cardone.
Un libro inspirador que ayuda a pensar en grande; un libro escrito en un lenguaje directo (como el propio autor) que pone el foco en el cliente, la determinación y la ambición a gran escala. Como escribe Grant Cardone, «la obsesión no es un mal, es un don».

74. ÉXITO (II) | *Éxito: una guía extraordinaria*, Robin Sharma.
Un libro con mensajes breves, sencillos y profundos, al estilo de Sharma, que te aportarán una visión más clara de las claves del éxito, el desarrollo personal y la vida; una guía para el éxito exterior e interior.

75. FE | *La fe es tu fortuna*, Neville Goddard.
La fe es la consciencia de la posibilidad; la fe es la certeza sin evidencia. La fe es confiar en uno mismo. Casi todos los problemas del ser humano se resumen, en última instancia, en una causa: falta de confianza en uno mismo. Todas las enseñanzas que se explican toman como metáfora la Biblia, principal manual para tener éxito en la vida.

76. FELICIDAD (I) | *Fluir*, Mihaly Csikszentmihalyi.
Con subtítulo: *Una psicología de la felicidad*. A menudo confundimos placer con felicidad, pero esta última tiene que ver más con un estado de *flow* en el que estamos plenamente presentes en una tarea que nos apasiona, es retadora y vinculada a un propósito que nos lleva a perder la noción del tiempo. Todos debemos buscar nuestro *flow* para sentirnos más plenos.

77. FELICIDAD (II) | *La ciencia de la felicidad*, Sonja Lyubomirsky.
Sólo un 10 por ciento de la felicidad se asocia con factores externos. Una buena parte de la felicidad depende de nosotros, de nuestras actitudes y comportamientos. La felicidad es un hábito, y como todo hábito hay que entrenarlo y cultivarlo. Aquí se muestran qué actividades deliberadas (gratitud, relaciones, perdón, esperanza…) conducen a una vida más plena.

78. FINANZAS | *Finanzas para directivos*, Eduardo Martínez Abascal.
Un libro para aprender, de manera sencilla y práctica, todo lo necesario sobre finanzas a nivel empresarial: balance, cuenta de resultados, *cash-flow*, deuda… Al final, todas las decisiones en la empresa tienen un impacto financiero. Saber de finanzas no es una alternativa, es una necesidad.

79. FÍSICA CUÁNTICA | *Deja de ser tú*, Joe Dispenza.
No somos observadores de la realidad, sino creadores de la realidad. Para la física clásica, la realidad es algo que existe; para la física cuántica es algo que estamos creando a cada instante con nuestra intención. Un libro para ensanchar la mente, ampliar nuestro marco de realidad y reprogramarnos.

80. GESTIÓN DEL TALENTO (I) | *Remoto: no se requiere oficina*, Jason Fried y David Heinemeier Hansson.
Cada vez más la presencialidad pierde sentido. La flexibilidad per-

mite a las personas ahorrar tiempo además de poder disponer de sus agendas como mejor les convenga para conciliar con su vida personal. Para la empresa supone un ahorro de costes importantes. La flexibilidad con autorresponsabilidad mejora los resultados y nos hace más felices.

81. **GESTIÓN DEL TALENTO (II)** | *La vida de 100 años: vivir y trabajar en la era de la longevidad*, **Lynda Gratton.**
El incremento de la esperanza de vida, unido a la caída de la natalidad y a las dudosas pensiones, hacen que los planteamientos empresariales tengan que revisarse a la hora de gestionar el talento. La vida en tres etapas (educación, trabajo y jubilación) da paso a una vida multietapa donde formación-trabajo-ocio se van alternando. Las empresas que gestionen bien este cambio tienen una oportunidad de diferenciarse y atraer al mejor talento.

82. **GRATITUD** | *¡Gracias!*, **Robert Emmons.**
La gratitud tiene el poder de desactivar la negatividad de nuestra vida. Es un factor asociado íntimamente a la felicidad y al bienestar, y sirve de protección contra la ansiedad y la depresión. Pocas emociones tan importantes como la gratitud. Cuanto más agradeces, mejores cosas ocurren en tu vida.

83. **HÁBITOS (I)** | *Hábitos atómicos*, **James Clear.**
Tu calidad de vida depende de la calidad de tus hábitos. Los hábitos son el interés compuesto del desarrollo personal. Pero generar hábitos buenos no es sencillo, ni tampoco es sólo una cuestión de voluntad, sino que requiere método. James Clear nos explica de forma clara y estructurada cómo lograrlo.

84. **HÁBITOS (II)** | *Los 7 hábitos de la gente altamente efectiva*, **Stephen Covey.**
Un clásico que nos ayuda a tomar conciencia de aquellos hábitos que nos impulsan a alcanzar nuestros objetivos. Los buenos hábitos conducen a la buena vida; los malos hábitos nos hacen quedar estancados y conducen a la frustración.

85. **HÁBITOS (III)** | *El efecto compuesto*, **Darren Hardy.**
Con subtítulo: *Multiplicar el éxito de forma sencilla.* Todo en esta vida es el resultado del «efecto compuesto», término usado habitualmente en el mundo financiero como «interés compuesto». Pequeñas acciones cotidianas hechas de forma consistente tienen un gran impacto en el largo plazo.

86. HÁBITOS (IV) | *Mañanas milagrosas*, Hal Elrod.
El día es largo y tenso, más aún cuando se tienen importantes responsabilidades. Por eso, empezar bien el día aporta energía, enfoque y claridad. Aquí se describen algunas rutinas matutinas: silencio, gratitud, ejercicio, lectura o afirmaciones, entre otras.

87. HÁBITOS (V) | *El club de las 5 am*, Robin Sharma.
A modo de fábula, se narra la historia de dos personas que quieren mejorar sus vidas, algo que les parece imposible en medio de tantas distracciones digitales y una agotadora complejidad. Entonces, conocen a un peculiar magnate, su mentor, que les desvelará las claves para desarrollar aquellos hábitos que les harán tener una vida más plena en todos los sentidos.

88. HÁBITOS (VI) | *Hábitos para ser millonario*, Brian Tracy.
Con subtítulo: *Duplica o triplica tus ingresos con un poderoso método*. Brian Tracy es una de las personas más autorizadas en el mundo del desarrollo personal: aporta valor y lo hace con un lenguaje sencillo. Aquí nos cuenta aquellos hábitos que distinguen a las personas que son capaces de lograr resultados excelentes.

89. HÁBITOS (VII) | *El poder de los hábitos*, Charles Duhigg.
Otro libro interesante acerca del aspecto más importante para nuestro éxito: los hábitos. Por medio de diferentes descubrimientos científicos, el autor nos explica por qué existen los hábitos, cómo nos condicionan y cómo cambiarlos. Un manual para conocer la naturaleza humana y su potencial.

90. HABLAR EN PÚBLICO (I) | *Charlas TED*, Chris Anderson.
Uno de los mejores libros para mejorar las habilidades como *speaker*, en base al análisis de los conferenciantes que han pasado por las charlas TED. ¿Qué tienen en común todos ellos? Cada oportunidad de hablar en público es un privilegio que no debemos desaprovechar.

91. HABLAR EN PÚBLICO (II) | *Hable como en TED*, Carmine Gallo.
El autor revela cuáles son las nueve claves que distinguen a los mejores conferenciantes; un libro que es el resultado de analizar más de quinientas charlas TED (unas ciento cincuenta horas de grabación) y haber entrevistado a numerosos neurocientíficos, psicólogos y expertos en comunicación. Tomando como fundamento los estudios científicos sobre el cerebro, el autor explica

qué es lo que funciona y qué no cuando se está delante de una audiencia.

92. **HISTORIA (I) | *Sapiens*, Yuval Noah Harari.**

Una breve historia de la humanidad desde los primeros humanos que caminaron sobre la Tierra. Si conoces a las personas tendrás la respuesta adecuada. Conocer la evolución humana, las diferencias biológicas entre hombres y mujeres y otras cuestiones nos ayudan a actuar con más precisión. Comprender de dónde venimos es esencial para relacionarnos mejor.

93. **HISTORIA (II) | *Memorias de Adriano*, Marguerite Yourcenar.**

A través de las reflexiones del emperador Adriano se nos muestra lo que significa gobernar; lo importante que es saber calibrar y valorar las cosas en su justa medida; la toma de decisiones; la importancia del equilibrio; la gestión de la duda y otras muchas reflexiones sobre la naturaleza humana.

94. **HUMILDAD | *Piénsalo otra vez*, Adam Grant.**

Donde hay humildad, hay sabiduría. La humildad evita que las *ideas* se conviertan en *ideologías*. La humildad lleva a preguntar, escuchar, cuestionar y hacer autocrítica. Lo contrario nos lleva a estrellarnos. Sabiduría es también saber que no se sabe.

95. **INFLUENCIA / PERSUASIÓN (I) | *Influencia, la psicología de la persuasión*, Robert B. Cialdini.**

La persuasión funciona según unos principios psicológicos que hay que conocer e interiorizar, porque desde que nos levantamos por la mañana hasta que nos acostamos por la noche, todo es influencia y persuasión. La influencia nos permite obtener la respuesta que deseamos de las personas.

96. **INFLUENCIA / PERSUASIÓN (II) | *El arte de cautivar*, Guy Kawasaki.**

Todos queremos influir más y tener empresas más cautivadoras. El «evangelizador de Apple» nos desvela las claves para conseguirlo. Cautivar no tiene nada que ver con manipular, sino con ser capaz de transformar situaciones y relaciones donde haya un beneficio mutuo.

97. **INNOVACIÓN (I) | *El efecto Medici*, Frans Johansson.**

Uno de los mejores libros sobre creatividad e innovación repleto de ejemplos prácticos. La innovación nace de la diversidad, del cruce, roce e intersección de disciplinas y campos del conocimiento diferentes. Piensa en el Circo del Sol, un circo en el que no hay animales.

98. INNOVACIÓN (II) | *El dilema de los innovadores*, Clayton M. Christensen.
El subtítulo ya dice mucho: *Cuando las nuevas tecnologías pueden hacer fracasar a las grandes empresas*. Todas las organizaciones se enfrentan a un nuevo escenario competitivo muy exigente en el que deben tomar decisiones entre la continuidad y el cambio.

99. INNOVACIÓN CONTINUA | *Organizaciones Exponenciales*, Salim Ismail.
En un mundo de continuo cambio, la única ventaja competitiva sostenible es la innovación permanente, algo que sólo es posible para aquellas organizaciones con estructuras que así lo permitan y apliquen los principios de la innovación continua: las Organizaciones Exponenciales (OEx).

100. INTUICIÓN | *Inteligencia intuitiva*, Malcolm Gladwell.
La intuición no es irracional, sino que es la razón acelerada. Nos dice *qué* hacer, pero no *por qué* hacerlo (procede del inconsciente), por eso no le prestamos suficiente atención. Saber acceder a ella y escucharla nos da ventaja a la hora de tomar decisiones.

101. INVERSIÓN (I) | *El inversor inteligente*, Benjamin Graham.
Escrito en 1949 y libro de referencia para Warren Buffett, es la biblia del *value investing* ('inversión en valor'), apostar por valores que están infravalorados por el mercado respecto a sus fundamentales, y por tanto con un alto potencial de rentabilidad. Su filosofía se basa en: compra un negocio, no una acción.

102. INVERSIÓN (II) | *Un paso por delante de Wall Street*, Peter Lynch.
El autor explica de forma sencilla las claves que le han convertido en uno de los mejores gestores de fondos de inversión de la historia. Con sus palabras: «Si no analizas las empresas, tienes las mismas oportunidades de éxito que un jugador de póquer apostando sin mirar las cartas».

103. LEAN STARTUP | *El método Lean Startup* y *El camino hacia el Lean Startup*, Eric Ries.
En un mundo que cambia a gran velocidad, la flexibilidad y la agilidad son esenciales. El exceso de planificación nos hace llegar

tarde. Las empresas deben ser capaces de probar sus negocios antes de lanzarlos y así ahorrar tiempo, dinero y energía. Ello lo permiten las metodologías ágiles basadas en iterar: testar, aprender y mejorar. El primer libro está centrado en el mundo *start-up*, el segundo en las grandes empresas.

104. **LIBERTAD FINANCIERA (I) | *Padre rico, padre pobre*, Robert Kiyosaki.**

Una persona es libre financieramente cuando tiene un conjunto de activos que cubren todos sus gastos sin necesidad de trabajar. Todo se basa en crear, comprar y mejorar activos. Aquí se aborda el tema a través de la relación del autor con sus dos padres: uno biológico (padre pobre), que todo lo basa en el trabajo y el esfuerzo; y el padre de su mejor amigo (padre rico), que le enseña la filosofía y mentalidad de los ingresos pasivos.

105. **LIBERTAD FINANCIERA (II) | *El millonario de la puerta de al lado*, Thomas J. Stanley y William D. Danko.**

El mundo financiero se basa en varios conceptos que hay que dominar: ingresos, gastos, ahorro, inversión, deuda y fiscalidad. En este libro se describen empíricamente los comportamientos que distinguen a aquellas personas que saben actuar de manera inteligente en esos aspectos.

106. **LIBERTAD FINANCIERA (III) | *Dinero: domina el juego*, Anthony Robbins.**

Con subtítulo: *Cómo alcanzar la libertad financiera en 7 pasos*. El libro es el resultado de realizar una exhaustiva investigación, así como de entrevistar a los cincuenta inversores más influyentes de la actualidad, desde millonarios hechos a sí mismos a ganadores del Premio Nobel.

107. **LIDERAZGO (I) | *Empresas que perduran* y *Empresas que sobresalen*, Jim Collins.**

Ambas obras del mismo autor son complementarias basadas en investigaciones empíricas que destilan los factores que explican que haya empresas que llevan en su ADN el éxito (*empresas que perduran*) y aquéllas que siendo normales consiguen dar el salto a exitosas (*empresas que sobresalen*).

108. **LIDERAZGO (II) | *Winning (Ganar)*, Jack Welch.**

Con subtítulo: *Las claves para el éxito del ejecutivo más admirado del mundo*. Jack Welch fue durante veinte años el CEO de General Electric llevando a cabo una de las mayores transformaciones en la empresa. Mínima burocracia, *empowerment*, sinceridad y propósito, son algunas de las enseñanzas que nos deja.

109. LIDERAZGO (III) | *El líder resonante crea más*, Richard Boyatzis, Daniel Goleman y Annie McKee.

Los «mejores líderes» no se distinguen a menudo por sus capacidades técnicas, sino por su habilidad para inspirar en otros energía, pasión y entusiasmo. Un liderazgo efectivo pasa por gestionar adecuadamente las propias emociones y potenciar sentimientos positivos en los equipos, es decir, «crear resonancia» para obtener lo mejor de las personas.

110. LIDERAZGO (IV) | *Las 21 leyes irrefutables del liderazgo*, John C. Maxwell.

Liderar es hacer que las cosas sucedan. Liderar es la capacidad para convertir sueños en realidades. No es sencillo, como todo, tiene su ciencia y su arte. Aquí el autor nos revela a través de historias, y con un lenguaje sencillo y claro, las veintiuna leyes para ejercer un liderazgo eficaz.

111. LIDERAZGO (V) | *Un nuevo impulso*, Marshall Goldsmith.

Con subtítulo: *Descubra los 20 hábitos que frenan su ascenso*. Las verdades duelen, sobre todo cuando señalan comportamientos evidentes para todos excepto para nosotros mismos. Pero la verdad inicia el camino del cambio y la libertad. El libro aborda situaciones reales desde la óptica del líder obligándonos a hacer un autoexamen honesto para así mejorar y crecer.

112. LIDERAZGO (VI) | *El mito del líder*, Santiago Álvarez de Mon.

El liderazgo es algo más sencillo y cotidiano de lo que *a priori* pensamos. En el libro se desmitifica la idea del «superlíder» y se nos muestra una visión de su figura alejada del liderazgo carismático. El liderazgo tiene mucho que ver con la humildad, la comunicación, el equipo y los valores.

113. *MANAGEMENT* (I) | *En busca de la excelencia*, Tom Peters y Robert H. Waterman.

Un clásico del *management* basado en el estudio de cuarenta y tres de las empresas mejor gestionadas de Estados Unidos en diferentes campos, que proporciona ocho principios básicos de la gestión que han hecho que estas organizaciones triunfen.

114. *MANAGEMENT* (II) | *La quinta disciplina*, **Peter Senge.**
Otro clásico del *management*. La capacidad de aprender con mayor rapidez que los competidores quizá sea la única ventaja competitiva sostenible. Una obra precursora sobre la construcción de organizaciones inteligentes, aquéllas que están abiertas al aprendizaje.

115. *MANAGEMENT* (III) | *Compitiendo por el futuro*, **C. K. Prahalad y Gary Hamel.**
Las organizaciones líderes van siempre un paso por delante del mercado. Son capaces de ver las tendencias y crear un nuevo mañana. Son generadoras de nuevos espacios competitivos en lugar de buscar posicionarse en los mercados ya existentes.

116. *MANAGEMENT* (IV) | *La práctica del management*, **Peter F. Drucker.**
Uno de los libros de referencia por uno de los mejores pensadores en gestión empresarial. La verdadera innovación en una empresa, la que tiene un impacto integral y duradero, es la que se refiere a cómo realizan el trabajo las personas, sobre todo los jefes. Drucker explica con rigor en qué consiste el *management*.

117. *MANAGEMENT* (V) | *El management del siglo XXI*, **Peter F. Drucker.**
Un libro visionario en el que Drucker ya anticipaba el poder del «trabajador del conocimiento» en la sociedad, donde el principal valor de las personas es su capacidad de generar ideas, pensar nuevas soluciones, analizar la información y definir estrategias. Trabajadores que no sólo siguen órdenes, sino que son capaces de autogestionarse.

118. *MANAGEMENT* (VI) | *El futuro del management*, **Gary Hamel.**
El *management* es el factor crítico de éxito de las organizaciones, pero no se pueden dirigir empresas del siglo XXI con estructuras del siglo XX y un estilo de dirección del siglo XIX. Hamel carga contra las creencias heredadas que impiden a las empresas actuales superar los nuevos retos. La clave está en la innovación y las personas.

119. *MANAGEMENT* (VII) | *Capitalismo de Karaoke y Funky Business*, **Kjell Nordstrom y Jonas Ridderstrale.**
Ambos libros de los profesores de la Universidad de Estocolmo ayudan a contemplar la gestión desde un punto de vista singular, rompedor e innovador. Destacar, dejar huella y conquistar mer-

cados exige nuevas formas de pensar, hacer y gestionar, donde el talento es el elemento diferencial.

120. MARCA PERSONAL (I) | *El mejor negocio eres tú*, Reid Hoffman.

Tanto si se trabaja por cuenta ajena como si se trabaja por cuenta propia, el mayor activo que tiene una persona es su marca personal, mucho más hoy día en un entorno tan cambiante donde podemos vernos obligados a reinventarnos de un día para otro. El autor nos da las claves para gestionar eficazmente nuestra marca personal.

121. MARCA PERSONAL (II) | *Tu modelo de negocio*, Alexander Osterwalder, Yves Pigneur, Tim Clark.

Tras *Generación de modelos de negocio*, surge la aplicación de la herramienta del Modelo Canvas a la marca personal en carreras profesionales. Un método sencillo y estructurado para tener una visión global en la elaboración de un plan de negocio personal.

122. MARKETING (I) | *Dirección de Marketing*, Philip Kotler.

Una empresa son dos cosas: innovación (aportar valor) y marketing (vender). Otro clásico que no envejece y sigue siendo la biblia del marketing. Entre los asuntos que trata, destacan el valor de la marca, la segmentación o el posicionamiento. Para dirigir empresas hay que saber de marketing.

123. MARKETING (II) | *La clave del éxito* (*The Tipping Point*), Malcolm Gladwell.

Todos aspiramos a que nuestros productos y servicios se pongan de moda. El *tipping point* es un punto de inflexión a partir del cual la demanda se dispara y algo es querido por todo el mundo. ¿Qué lo produce? Aquí se explican las claves y cómo utilizarlo a tu favor.

124. MARKETING (III) | *Contagioso*, Jonah Berger.

Con subtítulo: *Cómo conseguir que tus productos e ideas tengan éxito*. En la misma línea que *The Tipping Point*, explica con detalles y ejemplos por qué las ideas, productos y servicios se viralizan gracias a cinco aspectos. Un libro muy útil para todos, y más en tiempos de redes sociales cuyo acceso es gratuito y de un enorme potencial.

125. MARKETING (IV) | *El marketing del permiso*, Seth Godin.

Debido a los múltiples canales de comunicación que existen hoy día respecto al pasado, el consumidor está saturado. El contexto actual requiere un marketing más amable, una nueva forma de relacionarse con el consumidor donde no se trata tanto de perseguir como de atraer.

126. (NEURO)MARKETING (V) | *Buyology*, Martin Lindstrom.
Con subtítulo: *Verdades y mentiras de por qué compramos.* El autor presenta los hallazgos de tres años de investigación sobre el comportamiento de dos mil voluntarios de todo el mundo mientras se le mostraban diversos anuncios, logotipos, comerciales, marcas y productos, y cuyas conclusiones no son las que podrían pensarse *a priori*. El neuromarketing, la unión del marketing y la ciencia, es la llave de nuestra «lógica para la compra».

127. (NEURO)MARKETING (VI) | *Brainfluence*, Roger Dooley.
Con subtítulo: *100 formas de convencer y persuadir a través del Neuromarketing.* Según la neurociencia, el 95 por ciento de nuestros pensamientos, emociones y aprendizaje ocurren antes de que seamos conscientes de ello; sin embargo, las acciones del marketing se siguen concentrando en los mensajes racionales que apelan al 5 por ciento. Aquí muchos consejos prácticos para sacar tajada de ello.

128. MEDITACIÓN | *Cómo meditar*, Pema Chödrön.
Con subtítulo: *Y ser al mismo tiempo un buen amigo de tu mente.* La meditación es una forma de entrar en contacto con nosotros mismos; una forma de hacerse amigo del momento presente. En una sociedad cada vez más acelerada, meditar es más imprescindible que nunca.

129. MENTE – CUERPO (I) | *Usted puede sanar su vida*, Louise Hay.
La relación entre nuestras emociones y nuestro cuerpo es muy estrecha. El cuerpo nunca miente: refleja lo que ocurre en los planos emocional y mental. Las emociones no pueden ser ignoradas sin tener consecuencias. Como dice la autora: «Sólo hay una cosa que sana todo problema: amarse a uno mismo».

130. MENTE – CUERPO (II) | *La biología de la creencia*, Bruce Lipton.
Un libro que habla de la *epigenética* (más allá de la genética): los genes y el ADN no controlan nuestra biología, sino que es el ADN el que está controlado por las señales procedentes del medio externo celular, entre las que destacan los poderosos mensajes que provienen de nuestros pensamientos.

131. METAS | *Metas*, Brian Tracy.
La gente de éxito está fuertemente orientada hacia sus metas. Las metas dan sentido, enfoque y energía a nuestra vida. El éxito se basa en establecer metas, diseñar planes para alcanzarlas y trabajar todos los días en ellas. Sin metas uno anda a la deriva. Aquí las claves para lograrlo.

132. MIEDO | *El poder de los cinco segundos*, Mel Robbins.
Por un lado, todos tenemos miedo; por otro lado, para todo lo importante de la vida es necesaria la valentía. Por tanto: o controlas tus miedos o tus miedos te controlan. En este libro se nos enseña cómo ser más valientes.

133. *MINDFULNESS* / ATENCIÓN PLENA (I) | *El poder del ahora*, Eckhart Tolle.
Sólo el presente existe. No hay nada fuera del aquí y el ahora. El futuro sólo será otro momento presente cuando llegue. Por tanto, la clave es estar con atención plena a lo que estamos viviendo. La causa del estrés es estar *aquí*, pero querer estar *allí*.

134. *MINDFULNESS* / ATENCIÓN PLENA (II) | *Mindfulness en la vida cotidiana*, Jon Kabat-Zinn.
Con subtítulo: *Donde quiera que vaya, ahí estás*. La idea que subyace en esta obra es que «estar bien» no depende tanto de «dónde» estás, sino de «cómo» estás tú, con independencia de dónde te encuentres. Una invitación a estar presentes: aquí y ahora.

135. MOTIVACIÓN | *La sorprendente verdad sobre qué nos motiva*, Daniel Pink.
Las tres claves de la motivación residen en la: *autonomía* (libertad), *maestría* (dominio) y *propósito* (contribuir). Las prácticas de liderazgo deben dirigirse a cómo lograr eso en los equipos. La gente quiere ser dueña de su trabajo, ser experta en algo y contribuir a algo más grande que ellos mismos.

136. MUERTE (I) | *La rueda de la vida*, Elisabeth Kübler-Ross.
Con subtítulo: *Sólo haciendo lo que de verdad os importa, podréis bendecir la vida cuando la muerte esté cerca*. La autora dedicó toda su vida a tratar con enfermos terminales. Paradójicamente, los moribundos nos enseñan el arte de vivir. Morir es tan natural como nacer y crecer, pero no lo vemos así. *La rueda de la vida* es su legado espiritual que nos ayuda a reconciliarnos con la muerte y así amar más intensamente la vida.

137. MUERTE (II) | *Morir para ser yo*, Anita Moorjani.
Con subtítulo: *Mi viaje a través del cáncer y la muerte hasta el despertar y la verdadera curación.* La propia autora dice: «Tuve una experiencia cercana a la muerte. Fue entonces cuando aprendí una de las lecciones más importantes: el cielo no es un destino final, sino un estado de vida». Muchos de nuestros problemas son producto de vivir de acuerdo a las expectativas de los demás. Su propuesta espiritual es clara: ámense a sí mismos incondicionalmente y sean ustedes mismos sin temor.

138. NEGOCIACIÓN (I) | *Nunca hagas la primera oferta*, Donald Dell.
Saber negociar, como saber vender, son dos habilidades imprescindibles para la vida y la empresa. El coste de no saber negociar es altísimo. Aquí las claves de uno de los representantes de deportistas más conocidos cuya vida ha sido una negociación continua.

139. NEGOCIACIÓN (II) | *Rompe la barrera del No*, Chris Voss.
Los nueve principios clave para negociar según un exagente del FBI experto en negociaciones internacionales con terroristas y secuestradores. Lo más importante es entender que las personas nos guiamos mayoritariamente por nuestras emociones. Las personas muchas veces tenemos comportamientos irracionales, pero humanos.

140. NEGOCIACIÓN (III) | *Negociar lo imposible*, Deepak Malhotra.
Con subtítulo: *Cómo destrabar y resolver conflictos difíciles (sin dinero ni fuerza).* Este profesor de Harvard explica cómo se puede llegar a acuerdos con éxito cuando no se tiene la fuerza o el dinero para resolverlos. En el libro se describen dieciocho *tips* para conseguirlo.

141. *NETWORKING* (I) | *Nunca comas solo*, Keith Ferrazzi.
Tu calidad de vida depende de la calidad de tus relaciones. La habilidad para crear, mantener y ampliar nuestra red de contactos es clave para nuestro éxito profesional. Como todo, también tiene su técnica y su método.

142. *NETWORKING* (II) | *El poder de las relaciones*, John C. Maxwell.
Trabajar duro no es suficiente; tampoco ser excelentes en lo que hacemos; para ser exitoso hay que aprender a establecer relacio-

nes. Saber relacionarse es útil en todas las áreas de nuestra vida. Y las relaciones tienen mucho que ver con el interés que mostramos por los demás.

143. *NEW AGE* / **NUEVO PENSAMIENTO (I)** | *Piense y hágase rico*, **Napoleon Hill.**
La base de todo éxito es un *deseo ardiente*, una energía poderosa que trasciende cualquier limitación e impulsa a hacer lo que haga falta el tiempo que haga falta. Si ese *deseo ardiente* existe, el resto es aprendizaje y determinación. Por el camino aparecerán las personas y circunstancias precisas para avanzar. Un clásico de 1937.

144. *NEW AGE* / **NUEVO PENSAMIENTO (II)** | *El poder de la mente subconsciente*, **Joseph Murphy.**
La sabiduría del universo reside en nuestro interior: el inconsciente. El inconsciente es la fuerza suprema. Ser conscientes de ello y ser capaces de dominarlo es la clave de todo. Las creencias (inconscientes) son fuerzas atractivas, tanto en sentido constructivo como destructivo.

145. *NEW AGE* / **NUEVO PENSAMIENTO (III)** | *El secreto*, **Rhonda Byrne.**
Uno de los libros de mayor impacto en cuanto a esta corriente de pensamiento, que plasma por escrito lo que antes fue una producción en formato documental de gran éxito. *El secreto* no es otra cosa que la *ley de la atracción*: somos imanes que atraemos a nuestra vida aquello en lo que nos concentramos.

146. *NEW AGE* / **NUEVO PENSAMIENTO (IV)** | *La ciencia de hacerse rico*, **Wallace D. Wattles.**
En la misma línea, pero enfocado estrictamente en el aspecto material de la riqueza. La pobreza es un estado de la mente. El ser humano es la expresión de sus creencias; la pobreza es la manifestación material (tangible) de unas creencias de escasez. El documental *El secreto* se inspiró en esta obra.

147. **OPTIMISMO** | *La fuerza del optimismo*, **Luis Rojas Marcos.**
El optimismo multiplica tu fuerza. Está demostrado científicamente que los optimistas perseveran más y, por tanto, logran más. Además, son más felices, tienen mejores relaciones y son más longevos. Todo ello con una explicación sencilla y numerosos estudios que avalan las conclusiones.

148. PNL (I) | *Cómo cambiar creencias con la PNL*, Robert Dilts.
Las creencias condicionan para bien o para mal nuestra existencia. La PNL busca analizar, codificar y modificar creencias y conductas por medio del lenguaje (verbal y no verbal). La PNL busca la programación para el éxito, poner a nuestra disposición los modos de hacer de las personas exitosas. La PNL es tecnología conductual, un modelo de conducta para el éxito.

149. PNL (II) | *El poder de la palabra*, Robert Dilts.
Nuestra forma de pensar y responder al contexto está condicionada por un «mapa neurológico» (representación de la realidad), y muchas veces nuestras respuestas ante las circunstancias no son las más óptimas. Gracias a la PNL se pretende influir en ese mapa neurológico a través del lenguaje para generar cambios positivos en las personas.

150. PNL (III) | *Poder sin límites*, Anthony Robbins.
Un clásico de uno de los referentes del desarrollo personal, que nos ayuda a descubrir el poder interior que todos tenemos; la cuestión es si ese poder está activado o desactivado, bloqueado o desbloqueado. Con palabras de Robbins, «la PNL es como la física nuclear de la mente. La física estudia la estructura de la realidad, la naturaleza del mundo. La PNL hace lo mismo con su cerebro. Permite descomponer los fenómenos en las partes constituyentes que determinan su funcionamiento».

151. PRESENTACIONES (I) | *El arte de presentar*, Gonzalo Álvarez Marañón.
Con subtítulo: *Cómo planificar, estructurar, diseñar y exponer presentaciones*. Una presentación tiene en cuenta tres partes: contenido, diseño y exposición. Cada uno de estos elementos es importante y hay que cuidarlo con detalle para impactar en la audiencia. Una obra bien estructurada y clara en la exposición.

152. PRESENTACIONES (II) | *Resonancia*, Nancy Duarte.
Con subtítulo: *Cómo presentar historias visuales que transformen a tu audiencia*. Aplicando técnicas recurrentes del cine y la literatura, la autora nos enseña cómo transformar cualquier presentación en una aventura (relato) fascinante y emocionante para el público.

153. PODER | *Las 48 leyes del poder*, Robert Greene.
La vida, en cualquier esfera, son relaciones de poder (inteligencia política); y de una u otra manera a todos nos gusta el poder por-

que es capacidad de decisión. Alcanzar el poder (influencia) es sólo un primer paso, luego hay que conservarlo, porque otros también lo quieren.

154. PRODUCTIVIDAD (I) | *Céntrate*, Cal Newport.
Nunca ha sido tan fácil distraerse; nunca ha sido tan fácil perder el tiempo. Sin embargo, la ciencia demuestra que existe una correlación directa entre atención y rendimiento. Hoy más que nunca es fundamental aprender a enfocarse. Este libro nos da las claves.

155. PRODUCTIVIDAD (II) | *Lo único*, Gary Keller.
Con subtítulo: *La sencilla y sorprendente verdad que hay detrás del éxito*. Al final, lo único verdaderamente importante es el FOCO: ser capaces de concentrar todas las energías en una dirección sin distraerse. Hacer *sólo eso* es ya hacer mucho. No se trata de hacer grandes cosas, sino de hacer algo de forma consistente. Todos los éxitos en la vida se basan en el interés compuesto.

156. PRODUCTIVIDAD (III) | *La semana laboral de 4 horas*, Tim Ferriss.
Un libro que ensancha la mente y hace ver otras posibilidades más allá de las clásicas formas de trabajo. Se trata de utilizar la tecnología a nuestro favor, automatizar tareas y aprovechar la deslocalización para optimizar nuestra vida y nuestro trabajo.

157. PRODUCTIVIDAD (IV) | *Organízate con eficacia*, David Allen.
La única forma de ser capaces de hacer más cosas y estresarnos menos es siendo más efectivos. Gracias al método GTD (*Getting Things Done*) del autor es posible. Aquí te da las claves para conseguirlo gracias a su método de cinco pasos: recopila, procesa, organiza, revisa, ejecuta.

158. PRODUCTIVIDAD (V) | *El ejecutivo al minuto*, Kenneth Blanchard.
Uno de los mayores problemas desde el punto de vista del *management* es saber optimizar nuestro tiempo. Todo el mundo desea hacer más cosas y perder menos tiempo. En ello es clave no asumir responsabilidades que no nos tocan, saber delegar y ser efectivos.

159. PROPÓSITO (I) | *Empieza por el porqué*, Simon Sinek.
Mucho más importante que lo *que* hacen las empresas y *cómo* lo hacen, es *por qué* lo hacen. Las empresas que dejan huella y cauti-

van e impactan tienen un propósito motivador que les mueve. Los productos y servicios que ofrecen son sólo una extensión de su propósito.

160. **PROPÓSITO (II)** | *Delivering Happiness: ¿Cómo hacer felices a tus empleados y duplicar tus beneficios?*, **Tony Hsieh.**
Una política de empresa basada en la felicidad de todos sus miembros (empleados, clientes, proveedores...) ayuda a tener una mayor productividad y beneficios a largo plazo. Si hay una empresa que se ha caracterizado por ello es Zappos. Un libro que fue n.º 1 de *The Wall Street Journal* y de *The New York Times* durante veintisiete semanas consecutivas.

161. **PROPÓSITO (III)** | *Una vida con propósito*, **Rick Warren.**
Con subtítulo: *¿Para qué estoy aquí en la Tierra?* Llevar a cabo el propósito para el que fuiste creado implica ir más allá de la supervivencia y el éxito. Conocer tu propósito tiene cinco beneficios: explica el significado de tu vida; simplifica tu vida; enfoca tu vida; aumenta tu motivación; y te prepara para la eternidad.

162. **PSICOLOGÍA DE LA RIQUEZA (I)** | *Los secretos de la mente millonaria*, **T. Harv Eker.**
Un libro centrado en la mentalidad (*mindset*) de la riqueza aplicable al resto de las parcelas de nuestras vidas. Las creencias nos crean. Nuestra mentalidad determina nuestros pensamientos y nuestros pensamientos determinan nuestros comportamientos. Trabaja tu mente y tu mente llenará tu bolsillo.

163. **PSICOLOGÍA DE LA RIQUEZA (II)** | *La psicología del dinero*, **Morgan Housel.**
«El nivel supremo de riqueza es la posibilidad de levantarte por la mañana y hacer lo que te dé la gana», dice Morgan Housel. En ello tiene mucho que ver la libertad financiera. Aquí se describen las dieciocho claves que explican la riqueza y cómo piensan y actúan los ricos.

164. **PSICOLOGÍA POSITIVA (I)** | *La auténtica felicidad*, **Martin Seligman.**
Hasta hace poco, la psicología se ocupaba de la enfermedad y su curación. Pero a partir de los años noventa, una serie de autores se dieron cuenta de que la psicología debía dar un paso más: ocuparse de la felicidad. Y ése fue el origen de la psicología positi-

nes. Saber relacionarse es útil en todas las áreas de nuestra vida. Y las relaciones tienen mucho que ver con el interés que mostramos por los demás.

143. *NEW AGE* / **NUEVO PENSAMIENTO (I)** | *Piense y hágase rico*, **Napoleon Hill.**
La base de todo éxito es un *deseo ardiente*, una energía poderosa que trasciende cualquier limitación e impulsa a hacer lo que haga falta el tiempo que haga falta. Si ese *deseo ardiente* existe, el resto es aprendizaje y determinación. Por el camino aparecerán las personas y circunstancias precisas para avanzar. Un clásico de 1937.

144. *NEW AGE* / **NUEVO PENSAMIENTO (II)** | *El poder de la mente subconsciente*, **Joseph Murphy.**
La sabiduría del universo reside en nuestro interior: el inconsciente. El inconsciente es la fuerza suprema. Ser conscientes de ello y ser capaces de dominarlo es la clave de todo. Las creencias (inconscientes) son fuerzas atractivas, tanto en sentido constructivo como destructivo.

145. *NEW AGE* / **NUEVO PENSAMIENTO (III)** | *El secreto*, **Rhonda Byrne.**
Uno de los libros de mayor impacto en cuanto a esta corriente de pensamiento, que plasma por escrito lo que antes fue una producción en formato documental de gran éxito. *El secreto* no es otra cosa que la *ley de la atracción*: somos imanes que atraemos a nuestra vida aquello en lo que nos concentramos.

146. *NEW AGE* / **NUEVO PENSAMIENTO (IV)** | *La ciencia de hacerse rico*, **Wallace D. Wattles.**
En la misma línea, pero enfocado estrictamente en el aspecto material de la riqueza. La pobreza es un estado de la mente. El ser humano es la expresión de sus creencias; la pobreza es la manifestación material (tangible) de unas creencias de escasez. El documental *El secreto* se inspiró en esta obra.

147. **OPTIMISMO** | *La fuerza del optimismo*, **Luis Rojas Marcos.**
El optimismo multiplica tu fuerza. Está demostrado científicamente que los optimistas perseveran más y, por tanto, logran más. Además, son más felices, tienen mejores relaciones y son más longevos. Todo ello con una explicación sencilla y numerosos estudios que avalan las conclusiones.

148. PNL (I) | *Cómo cambiar creencias con la PNL*, Robert Dilts.
Las creencias condicionan para bien o para mal nuestra existencia. La PNL busca analizar, codificar y modificar creencias y conductas por medio del lenguaje (verbal y no verbal). La PNL busca la programación para el éxito, poner a nuestra disposición los modos de hacer de las personas exitosas. La PNL es tecnología conductual, un modelo de conducta para el éxito.

149. PNL (II) | *El poder de la palabra*, Robert Dilts.
Nuestra forma de pensar y responder al contexto está condicionada por un «mapa neurológico» (representación de la realidad), y muchas veces nuestras respuestas ante las circunstancias no son las más óptimas. Gracias a la PNL se pretende influir en ese mapa neurológico a través del lenguaje para generar cambios positivos en las personas.

150. PNL (III) | *Poder sin límites*, Anthony Robbins.
Un clásico de uno de los referentes del desarrollo personal, que nos ayuda a descubrir el poder interior que todos tenemos; la cuestión es si ese poder está activado o desactivado, bloqueado o desbloqueado. Con palabras de Robbins, «la PNL es como la física nuclear de la mente. La física estudia la estructura de la realidad, la naturaleza del mundo. La PNL hace lo mismo con su cerebro. Permite descomponer los fenómenos en las partes constituyentes que determinan su funcionamiento».

151. PRESENTACIONES (I) | *El arte de presentar*, Gonzalo Álvarez Marañón.
Con subtítulo: *Cómo planificar, estructurar, diseñar y exponer presentaciones*. Una presentación tiene en cuenta tres partes: contenido, diseño y exposición. Cada uno de estos elementos es importante y hay que cuidarlo con detalle para impactar en la audiencia. Una obra bien estructurada y clara en la exposición.

152. PRESENTACIONES (II) | *Resonancia*, Nancy Duarte.
Con subtítulo: *Cómo presentar historias visuales que transformen a tu audiencia*. Aplicando técnicas recurrentes del cine y la literatura, la autora nos enseña cómo transformar cualquier presentación en una aventura (relato) fascinante y emocionante para el público.

153. PODER | *Las 48 leyes del poder*, Robert Greene.
La vida, en cualquier esfera, son relaciones de poder (inteligencia política); y de una u otra manera a todos nos gusta el poder por-

brevir en condiciones inhumanas durante casi dos años. Un relato de superación inspirador.

176. RESILIENCIA (III) | *La sociedad de la nieve*, Pablo Vierci.
Visión coral de los dieciséis supervivientes del accidente aéreo de los Andes de 1972, que más allá de narrar su experiencia, cuentan cómo aquel episodio impactó en sus vidas. Un gran ejemplo de superación y de cómo las personas reaccionamos de forma diferente a los mismos estímulos.

177. RESILIENCIA (IV) | *Milagro en los Andes*, Nando Parrado.
Con subtítulo: *Mis 72 días en la montaña y mi largo regreso a casa.* Otro libro sobre el accidente aéreo de los Andes de 1972, en este caso relatado por uno de los supervivientes y figura clave en el rescate, que emprendió la expedición para intentar cruzar los Andes a pie y encontrar ayuda para volver a casar.

178. SALUD (I) | *La ciencia de la salud*, Valentín Fuster.
La salud no lo es todo, pero sin la salud todo lo demás es nada. La salud es riqueza. Aquí muchos consejos sencillos y prácticos para mejor nuestra calidad de vida. Como siempre, prevenir es la mejor medicina. Si no te ocupas de tu salud, te tendrás que ocupar de la enfermedad.

179. SALUD (II) | *Respira*, James Nestor.
La respiración es lo único que nos acompaña desde que nacemos hasta que morimos. Una buena (mala) respiración tiene un impacto enorme en nuestro organismo, pero pocas personas son conscientes de ello. Todos deberíamos aprender a respirar de nuevo.

180. SALUD (III) | *Por qué dormimos*, Matthew Walker.
No hay ninguna función del organismo que no se vea perjudicada por la falta de sueño. Dormir bien (en cantidad y calidad) afecta al aprendizaje, la memoria, al sistema inmunitario y a otras muchas funciones. En las sociedades desarrolladas, la calidad del sueño ha empeorado.

181. SENTIDO DE VIDA | *El hombre en busca de sentido*, Viktor Frankl.
Sobre la vida del autor en el campo de concentración de Auschwitz durante la Segunda Guerra Mundial y de por qué unas personas querían morir y otras seguir adelante. La vida no se vuelve insoportable por las circunstancias sino por la falta de sentido y de propósito. Un relato conmovedor.

182. SILENCIO (I) | *Biografía del silencio*, Pablo d'Ors.
Con subtítulo: *Breve ensayo sobre la meditación*. Se nos relata la importancia de la quietud para el autoconocimiento, con un lenguaje sencillo y capítulos cortos sobre la experiencia del propio autor, quien gracias a esta práctica ha ido descubriendo que no hay *yo* y *mundo*, sino que *mundo y yo* son una misma y única cosa.

183. SILENCIO (II) | *El silencio en la era del ruido*, Erling Kagge.
¿Qué es el silencio? ¿Dónde se encuentra? ¿Por qué es hoy más importante que nunca? El autor explora, a partir de su experiencia personal y de las ideas de filósofos, escritores y artistas clásicos y modernos, la importancia de «aislarse del mundo», pero no en sentido literal sino espiritual; porque silencio no significa necesariamente «ausencia de ruido», sino que es una práctica que podemos practicar en cualquier momento y lugar.

184. *STORYTELLING* | *Cómo construir una Storybrand*, Donald Miller.
Las historias conectan con la gente, y para ello es fundamental apelar a sus instintos más primarios. La conexión se produce siempre a un nivel emocional. Conocer la naturaleza humana es estar en mejores condiciones para cautivar a las personas. Aquí las claves para construir un relato en torno a nuestra marca.

185. TALENTO (I) | *Grit: el poder de la pasión y la perseverancia*, Angela Duckworth.
El talento está sobrevalorado; el talento es lo más común del mundo. El mundo está lleno de gente con talento que no ha llegado demasiado lejos. El talento no es la variable que mejor explica el éxito, sino el concepto de *Grit*, una mezcla de pasión y perseverancia a largo plazo unida a un propósito.

186. TALENTO (II) | *Mindset: la actitud del éxito*, Carol Dweck.
Nuestra mentalidad (*mindset*) ante el aprendizaje dice mucho acerca de hasta dónde podemos llegar en la vida. Hay dos tipos de mentalidades: fija y de crecimiento. La primera cree que unos nacen con estrella y otros estrellados; la segunda considera que el talento está basado en la tolerancia al error, el *feedback* y la mejora.

187. TALENTO (III) | *Número Uno*, Anders Ericsson.
El subtítulo lo dice todo: *Secretos para ser el mejor en lo que nos propongamos*. La clave del talento no es la práctica, sino la práctica deliberada; un conjunto de técnicas eficaces (ya demostradas),

saliendo de la zona de confort, con objetivos definidos y concretos, atención plena y *feedback* que anima a mejorar continuamente. El talento innato es un mito.

188. TALENTO (IV) | *Fueras de serie*, Malcolm Gladwell.
A través de historias reales curiosas se analiza por qué unas personas tienen éxito y otras no. Intenta descifrar qué hacen los *fueras de serie* hasta llegar a la conclusión de que no existen como tales ya que, como él mismo dice, «hemos prestado demasiada atención al árbol, cuando deberíamos haber mirado más el bosque».

189. TALENTO (V) | *El código de las mentes extraordinarias*, Vishen Lakhiani.
Con subtítulo: *10 leyes no convencionales para redefinir tu vida y alcanzar el éxito*. Todos tenemos el potencial de construir una vida extraordinaria, pero ello no es posible si vamos dando palos de ciego. El éxito tiene sus reglas, y si las conoces, primero, y las aplicas, después, seguro que a ti también te va bien.

190. TALENTO (VI) | *Las claves del talento*, Dan Coyle.
Una visión del talento desde las neurociencias. La base del talento reside en la mielina, una sustancia que rodea el núcleo de las neuronas. El talento no es, por tanto, un don misterioso que responde a las leyes del azar o la genética: puede desarrollarse. Cuanta más práctica, más talento.

191. TRABAJO EN EQUIPO (I) | *Cuando las arañas tejen juntas pueden atar a un león*, Daniel Coyle.
Las empresas de éxito son capaces de crear equipos de alto rendimiento basados en la cooperación, la unión, la vulnerabilidad, la comunicación o la humildad, entre otros factores. Aquí se explican esas claves con ejemplos, datos e investigaciones.

192. TRABAJO EN EQUIPO (II) | *Legado*, James Kerr.
Las claves del éxito de uno de los equipos deportivos más exitosos: los All Blacks, la selección nacional de rugby de Nueva Zelanda. Propósito, compromiso o humildad, son algunos de los factores que definen a este equipo tan especial y referente.

193. TRABAJO EN EQUIPO (III) | *Equipos ideales* y *Las cinco disfunciones de un equipo*, Patrick Lencioni.
Un proverbio afirma: «Si quieres ir rápido, ve solo; si quieres ir lejos, ve con otros». Ambos títulos del mismo autor son imprescindibles para sacar tajada de la labor conjunta de un equipo, que

no de un grupo. Un grupo es la suma de sus partes; en un equipo se produce un efecto sinérgico.

194. UBUNTU | *Ubuntu*, Mungi Ngomane.
Ubuntu es el mejor legado que África ha dejado al mundo y representa el espíritu de lo que es una comunidad: *yo soy porque tú eres*. Nos necesitamos los unos a los otros. Solos no somos nadie. La comunidad hay que cuidarla en base a unos principios que hay que aplicar o la ruptura hará acto de presencia.

195. VENTAS (I) | *Vendes o vendes*, Grant Cardone.
La vida va de vender: o estás vendiendo o estás fallando. Todo es una venta: entrevista de trabajo, obtención de financiación, conseguir patrocinio, realizar un evento y que acuda la gente, pedir un aumento de sueldo... Pero vender no es vender, es ayudar. Vender es tener vocación de servicio.

196. VENTAS (II) | *Vender es humano*, Daniel Pink.
Todos estamos vendiendo todo el tiempo. En cualquier interacción humana hay implícitamente una venta. Y como dice su autor: «Vender es relacionarse honestamente con otras personas para ofrecerles algo de valor para ellas».

197. VOCACIÓN / PASIÓN (I) | *El Elemento* y *Encuentra tu Elemento*, Ken Robinson.
Ambos libros del mismo autor son complementarios (el segundo con un enfoque más práctico) para hallar nuestro Elemento: allí donde se junta nuestro talento (lo que sabemos hacer) con nuestra pasión (lo que nos gusta hacer). Entonces, existe la posibilidad de dejar huella, fluir más y ser más felices.

198. VOCACIÓN / PASIÓN (II) | *Nací para esto*, Chris Guillebeau.
Con subtítulo: *Cómo encontrar tu verdadera vocación*. Encontrar un trabajo perfecto no es algo inmediato; no hay un camino directo hacia él. Sin embargo, vale la pena empeñarse en hacer lo que se tenga que hacer para conseguirlo. Aquí el autor nos da esas claves.

199. VUCA – BANI | *Antifrágil*, Nassim Nicholas Taleb.
Vivimos en un mundo dominado por el caos, la incertidumbre, el cambio y la imprevisibilidad. De ello va precisamente este bestseller, de no sólo cómo aguantar los embates del mundo, sino sacar tajada de ellos. Lo *antifrágil* se beneficia del desorden, las crisis y el caos.

200. VULNERABILIDAD | *El poder de ser vulnerables*, Brené Brown. Sólo cuando nos atrevemos a ser vulnerables podemos alcanzar nuestro auténtico potencial. La vulnerabilidad lleva a pedir ayuda, preguntar, hacer autocrítica y mejorar. El orgullo (aparentar ser fuertes) nos hace quedar estancados.